U0604429

本书获得四川大学中国大学生财经素养课题组支持，
同时获得"2024年建设世界一流大学经费——管理科学与国家治理经费"
（项目号：20838044E0038）资助

中国大学生
财经素养状况
蓝皮书（2024）
——数学素养和阅读素养的作用

徐玖平◎主编　　牛永革　　李小平◎副主编

THE BLUE BOOK OF FINANCIAL LITERACY OF
CHINESE UNDERGRADUATES
—THE ROLE OF MATHEMATICAL LITERACY AND READING LITERACY

经济管理出版社
ECONOMY & MANAGEMENT PUBLISHING HOUSE

图书在版编目（CIP）数据

中国大学生财经素养状况蓝皮书．2024：数学素养和阅读素养的作用 / 徐玖平主编；牛永革，李小平副主编．-- 北京：经济管理出版社，2025．-- ISBN 978-7-5243-0176-9

Ⅰ．F812

中国国家版本馆 CIP 数据核字第 2025Z0D617 号

组稿编辑：郭丽娟
责任编辑：范美琴
责任印制：许　艳
责任校对：王淑卿

出版发行：经济管理出版社
　　　　　（北京市海淀区北蜂窝 8 号中雅大厦 A 座 11 层　100038）
网　　址：www.E-mp.com.cn
电　　话：（010）51915602
印　　刷：唐山玺诚印务有限公司
经　　销：新华书店
开　　本：720mm×1000mm/16
印　　张：19.5
字　　数：396 千字
版　　次：2025 年 4 月第 1 版　　2025 年 4 月第 1 次印刷
书　　号：ISBN 978-7-5243-0176-9
定　　价：99.00 元

目　录

第一章　引言

所谓财经素养，通常被认为是消费者做出合理财经决策并最终实现个人财经福祉所需的意识、知识、技能、态度和行为的组合（Atkinson and Messy, 2011）。这不仅包含消费者的财经知识，还包括其财经态度、财经行为和财经技能。联合国经济合作与发展组织（Organization for Economic Cooperation and Development, OECD）将财经素养定义为学生对财经概念和风险的相关知识的掌握程度和理解力，以及运用这些知识和理解力的技能、动机和信心，使个体能够在广泛的财经情境中做出有效决策，提升个人和社会参与经济生活的能力。

2021 年出版的《中国大学生财经素养状况蓝皮书》（以下简称"2021 年蓝皮书"）主要关注大学生财经素养"是什么"。该蓝皮书从大学生的财经素养意识、知识、技能、态度和行为五个方面构建变量，通过描述性统计方法报告大学生的财经素养现状，分析个体人文统计变量和家庭人文统计变量对大学生财经素养的影响。从"是什么"的角度定量描述中国大学生财经素养的意识、知识、技能、态度和行为，以及这些变量在不同水平的个体和家庭人文统计变量之间的异同性，进而从总体上描述中国大学生财经素养的现状和关键特征，并在此基础上形成重要结论。

《中国大学生财经素养状况蓝皮书（2022）——家庭环境的作用》（以下简称"2022 年蓝皮书"）主要关注家庭环境因素"如何"以及"为什么"影响大学生财经素养。该蓝皮书对大学生财经素养的衡量基础做出扩展，将其发展为大学生财经态度、财经满意度、财经行为合理性、独立、信用、未来规划六个方面。大学生经历的第一个社会环境是家庭，大学生的财经素养在家庭环境中受到父母观念和决策的长期影响。该蓝皮书聚焦于家庭环境的作用，着重探讨家庭人文统计因素、家庭财经交流和家庭成长环境对大学生财经素养状况的影响，并从大学生财经素养六个方面构建变量，分析个体人文统计变量、家庭财经交流和家庭成长环境对大学生财经素养状况（财经态度、财经满意度、财经行为合理性、独立、信用、未来规划）的影响，探索家庭环境因素"如何"以及"为什么"影响大学生财经素养，从家庭的视角出发，描述大学生财经素养的现状和关键特征，以寻找提升大学生财经素养的方法。

《中国大学生财经素养状况蓝皮书（2023）——学校教育和社会教育的作用》（以下简称"2023 年蓝皮书"）主要关注学校教育和社会教育两个方面因素"如何"以及"为什么"影响大学生财经素养。该蓝皮书将大学生财经素养的衡量维度扩展到八个方面：客观财经知识、主观财经知识、财经态度、财经满意度、财经行为合理性、独立、信用以及未来规划。除了家庭外，学校和社会教育对大学生财经素养也有显著影响。学校教育是大学生接受正规教育的主要途径，使他们获得学科知识和技能；社会教育则是大学生通过非正式途径获取社会经验和实践的重要方式。该蓝皮书重点探讨了学校教育和社会教育对大学生财经素养的影响。通过构建涵盖八个方面的变量，分析个体人文统计变量、学校教育和社会教育对大学生财经素养（包括客观财经知识、主观财经知识、财经态度、财经满意度、财经行为合理性、独立、信用以及未来规划）的影响。该蓝皮书从学校和社会的视角出发，描述了大学生财经素养的现状和关键特征，并探索了提升大学生财经素养的方法。

《中国大学生财经素养状况蓝皮书（2024）——数学素养和阅读素养的作用》（以下简称"2024 年蓝皮书"）主要关注学生个人素养，包括数学素养和阅读素养两个方面因素"如何"以及"为什么"影响大学生财经素养。本蓝皮书延续2023 年蓝皮书对大学生财经素养的衡量维度：客观财经知识、主观财经知识、财经态度、财经满意度、财经行为合理性、独立、信用、未来规划八个方面。具体而言：①客观财经知识，是指 23 道常识性的客观财经知识问题作答得分。②主观财经知识，是指对财经知识的掌握和理解程度的自我评判。③财经态度，是指个体即时满足抑或延迟满足的愿望，以及能否正确处理储蓄和消费之间的关系。④财经满意度，是指个体对目前财务状况的满意程度。⑤财经行为合理性，是指个人的财经行为是否符合正常的规范。⑥独立，是指个体依靠自己的力量去做某事的心理变量。⑦信用，是指基于人们之间的互相信任，通过具有法律效力的契约或协议提供给自然人的信用。⑧未来规划，包括生涯适应能力和未来承诺两个方面。其中，生涯适应能力是指个人在认知和行动上指向未来时间的偏好以及对未来发展的探索和准备；未来承诺是指个体把未来规划付诸行动的决心。

本书将调查主题聚焦于学生的个人素养，包括数学素养和阅读素养两个方面的作用，着重讨论数学素养和阅读素养对大学生财经素养状况的影响。数学素养是大学生理解和分析财务数据的基础，对他们在财经知识应用、财务决策和风险评估等方面具有重要影响。高水平的数学素养能够帮助大学生更准确地解读财务报表、掌握投资理财的数学模型，从而提升他们的财经素养。阅读素养则是大学生获取财经信息和提升金融决策能力的关键。优秀的阅读素养使大学生能够高效地理解财经新闻、政策文件和市场分析报告，增强他们对金融市场的洞察力和判断力，从而提高他们的财经素养。具体而言，数学素养包括数学竞赛和建模、学术成就、高级数学课程、独立研究、实际应用、统计与数据分析、计算工具、数学历史八个变量；阅读素养包括阅读频率、阅读时长、阅读类型、阅读媒介、阅读主动性、阅读计划完成度、阅读影响七个变量。为了更清楚地了解学生个人素养（数学素养、阅读素养）对大学生财经素养的影响机制，本书还调查了大学生稳定性人格（认知需求、自我效能、延迟满足）这一心理特征变量。

由此可见，2021年蓝皮书报告了大学生财经素养"是什么"，2022年蓝皮书报告了家庭环境因素"如何"以及"为什么"影响大学生财经素养，2023年蓝皮书报告学校教育和社会教育因素"如何"以及"为什么"影响大学生财经素养。2024年蓝皮书则在上述研究基础上，延续2023年的衡量维度，即将大学生财经素养的衡量维度拓展到八个方面，并转变研究方向，聚焦学生个体，研究数学素养和阅读素养两个方面因素"如何"以及"为什么"影响大学生的财经素养。这是对已有蓝皮书调查范围和调查深度的拓展。本书得出的结论，部分可直接解释，部分还需要进一步研究以作解释，更加复杂的作用边界（调节问题）因篇幅有限尚未涉及，以上可为发现新的科学命题和探索其中的解释机理、作用边界提供有价值的线索和方向。

本书的现实意义有三个方面：①蓝皮书呈现的数据可全景式地刻画中国大学生财经素养现状和关键特征，并与2021年、2022年、2023年的数据结果形成对比，呈现中国大学生财经素养状况的纵向展示。②数学素养的提升能够显著增强大学生在财务分析和决策中的能力。数学素养通过八个变量提升大学生的财务分析和决策能力。教育机构可根据这些变量，在教学中注重数学素养的培养，开设相关课程和活动，优化教学方式和课程计划，从而增强学生在财经领域的能力。③阅读素养的提升能够帮助大学生更好地获取和理解财经信息，做出明智的财务决策。阅读素养通过七个变量帮助大学生更好地获取和理解财经信息。教育主体可根据这些变量，开展财经知识宣传活动和多种形式的阅读培训，鼓励学生参与财经信息交流和经验分享，促进其在实践中提升阅读素养和财经素养。

第二章　文献研究和研究框架

综观国内外学者关于学生财经素养的研究，其研究对象涵盖从幼儿园到博士研究生所有层次的学生。国外学者在学生财经素养领域已经形成了比较丰富的系统性成果，而国内学者在此领域的研究却极为有限，基本上局限于对国际学生评估项目（Program for International Student Assessment，PISA）测试内容的应用。经济合作与发展组织（Organization for Economic Co-operation and Development，OECD）三年一次的 PISA 考试从 2012 年起涵盖了财经素养的测试。PISA 是一项由 OECD 统筹的学生能力国际评估计划，主要对接近完成基础教育的 15 岁学生进行评估，测试学生是否掌握了参与社会活动所需要的知识与技能。本章旨在通过对国内外学者发表的英文论文进行梳理，总结学生财经素养形成的影响因素和理论解释机理。然后，在此基础上，根据本书设定的研究目的，聚焦于大学生这个特定的群体，构建本书的研究框架。

本章包括六节：第一节，财经素养包含的维度和关联的测量。第二节，学生财经素养的影响因素。存在人文统计和感知性两类影响因素。人文统计因素，即表述个体属性、能力和行为特征的变量，主要有个体的性别、年龄、国别、受教育程度、认知能力、家庭财经环境、数学素养、学校财经教育状况、学生的理财经验和习惯九个因素。感知性影响因素，即由于对财经素养定义和测量方法差异所导致的对同一个体财经素养测量差异的因素。第三节，财经素养的作用。评判财经素养对财经行为、日常行为、财经幸福感、金融体系健全和效率、企业持续发展这五个方面的作用。第四节，财经素养教育。概述了较为成熟的美国财经教育的发展阶段和方法。第五节，学生财经素养的形成理论。梳理出六个与学生财经素养教育相关的理论：家庭资源管理理论、家庭社会化理论、社会学习理论、行为经济学理论、调节定向理论以及家庭成长环境理论。第六节，研究框架。根据前述理论以及本书的目的与宗旨，构建本书的框架。

第一节　财经素养包含的维度和关联的测量

所谓素养，是指学生在主要学科领域应用知识和技能的能力，以及在不同情境中提出问题、解释问题和解决问题时有效地分析、推理和交流的能力（OCED，2010）。起初，财经素养通常被认为是消费者的一种专业知识，与如何成功地管理自己的财经活动有关（Alba and Hutchinson，1987），或是与个人金融相关的特定形式的人力资本。后来，财经素养的定义逐渐丰富。20国集团领导人在2012年采用了Atkinson和Messy（2011）提出的定义，即"财经素养是做出合理的财经决策并最终实现个人财经福祉所需的意识、知识、技能、态度和行为的组合"。这样的定义表明，财经素养不仅是知识，还包括态度、行为和技能。而OCED（2005）将财经素养定义为学生对财经概念和风险的相关知识的掌握程度和理解力，运用这些知识和理解力的技能、动机和信心，使个体能够更好地在广泛的财经情境中做出有效决策，提升个人参与经济生活的能力，同时，提高个人和社会经济利益。相较于前者，OCED的定义是一个比较综合的概念，包括了人们对"倾向与交易""规划与理财""风险与回报""金融视野"等与个人生活息息相关的概念的认知、理解、分析、推理、评估与运用的能力，涉及人们解决财经问题的整个过程。

关于财经素养的测量，不同时期人们采用了不同的方法。早期研究通过询问个体财经领域关联的问题，由被试作答，在此基础上判断对错，由此衡量人们的财经素养状况（Hilgert et al.，2003；Lusardi and Mitchell，2014；Volpe et al.，1996），如利率、通货膨胀、风险分散、储蓄和借款、保险和投资等。PISA2012关于财经素养的测评框架包括内容（Content）、过程（Process）和情境（Contexts）三个维度。其中，内容维度包含了财经知识以及对财经知识的理解程度，主要包括货币与贸易、规划与理财、风险与回报、金融视野与金融世界四个方面的内容（Lusardi，2007；OCED，2013）。过程维度描述的是学生在处理材料或面对任务时所采用的心理策略或方法。PISA（2012）借鉴了布鲁姆的分类法，将过程维度分为识别财经信息、分析财经背景中的信息、评估财经问题、应用财经知识和理解力四个部分（Anderson，2001；OCED，2013）。情境维度指的是应用财经领域知识、技能和理解财经知识时的情境，涉及的范围从个人到全球。在PISA（2012）的财经素养测评中设置了四种情境：教育与工作情境、居家与家庭情境、个人情境以及社会情境（OCED，2013）。而经济合作与发展组织（OECD）在一项试点研究中制定了基于三个维度的财经素养衡量标准：知识，态度和行为（Atkinson et al.，2012），12个国家参加了由OCED/国际金融教育网络（INFE）组织的试点研究。这项试点研究旨在衡量参与国的金融知识水平，因此其结果在国际上具有可比性。

第二节　学生财经素养的影响因素

一般而言，不同学生的财经素养，在依据一定社会经济和人口特征划分群体后，具有明显的群体差异，那么，哪些因素会影响学生形成不同的财经素养水平？长期以来，这个问题备受学者们的关注。关于财经素养差距的研究文献可以分为两类：一类研究主要聚焦于真实性因素对财经素养的影响；另一类研究则关注财经素养定义、测量方法等感知性因素所导致的差异。前一类研究起步较早，且研究成果较为丰富。因此，我们先介绍有关人文统计因素的研究结果，然后梳理财经素养定义与方法本身影响的研究文献。

一、学生财经素养的人文统计因素

综观相关文献，我们共发现了九种人文统计因素，它们分别是个体的性别、年龄、国别、受教育程度、认知能力、家庭财经环境、数学素养、学校财经教育状况、学生的理财经验和习惯。

（一）性别

有关性别对学生财经素养影响的研究并未得出一致的结论。有的研究认为，男性学生的财经素养高于女性学生（Lusardi et al.，2010），而在部分国家的研究则表现出相反的结果（Moreno-Herrero et al.，2018）。同时，性别对财经素养的影响会随着时间的推移而发生变化。

性别对财经素养的影响可能来源于多方面，诸如家庭专业化角色的定义、社会与文化环境，甚至是历史（Bottazzi and Lusardi，2020）。同时，基于性别的财经素养差距在大学时代就已经存在。这使得性别很可能成为终身财经素养差别的重要早期影响因素（Al-Bahrani et al.，2020），这种差别很可能来源于自信而不是对金融事务的兴趣（Agnew and Harrison，2015）。

（二）年龄

随着大学生年龄的增长，他们会越来越多地参与到金融和消费领域，从而形成更高的财经素养，所以年龄将对财经素养产生越来越大的影响。但因为学者使用不同的方法来测试学生的财经素养，因此，关于年龄对财经素养影响的研究得出了一些相悖的结论。在整合年龄对财经素养影响的研究后，我们得出以下结论：首先，在所有年龄段中，人在幼年时期的财经素养水平最低。其次，在大学阶段与中学阶段，Douissa（2020）发现，在大学阶段的年龄较大的学生并没有表现出明显高于年轻学生的财经素养水平。但也有学者得出二者在高中阶段呈现显著相关性，且这种效应是非线性的，随年龄的增大而下降（Lusardi and Mitchell，2014）。

（三）国别

受不同国家的文化、教育系统、课程设置，特别是数学和科学教育质量的影响，各国学生的财经素养呈现出明显的差别。Borodich 等（2010）比较了美国、白俄罗斯和日本学生的财经知识，发现日本学生的学习成绩高于其他国家的学生，而美国学生在应用水平上得分更高。Moreno-Herrero 等（2018）在对 PISA（2015）结果的分析中，通过对平均分的观察，发现中国学生的财经知识得分最高（566 分），比 OCED 平均水平高 77 分。比利时（佛兰芒社区）、加拿大、俄罗斯联邦、荷兰和澳大利亚五个国家或地区的学生得分高于 OECD 的平均水平。与其他国家或地区的学生相比，美国和波兰 15 岁的学生的总体表现接近平均水平，但该分数低于意大利、西班牙、立陶宛、斯洛伐克、智利、秘鲁和巴西的平均水平，这种差距主要可能源于数学和科学教育的质量。Jang 等（2015）通过比较美国与韩国学生的财经素养水平，发现韩国学生的平均分数介于开设 FFFL 课程（个人理财和经济学课程）与未开设该课程的美国学生之间，但与那些学习了 FFFL 课程的美国学生更接近，并且韩国学生在"收入"等内容上往往更强。

国别对财经素养的影响还体现在移民上。没有移民背景的学生往往表现出更高的财经素养（Amagir et al.，2020）。同时，财经素养也会随着融合度的提高而提高。此外，移民学生和非移民学生对金钱的态度存在文化差异。

（四）受教育程度

关于学生受教育程度对财经素养影响的相关研究，基本结论是：硕士生具有最高的财经素养。Chen（1988）和 Douissa（2020）的研究发现，硕士生的财经素养显著高于本科生与博士生，并进一步证实了本科生比博士生的财经素养丰富。同时，Douissa（2020）证实，每当学生的受教育程度提高时，具有财经素养的学生的比例就会上升。当学生对接受高等教育有较高期望时，财经素养水平与这种期望呈正向相关关系（Moreno-Herrero et al.，2018）。

（五）认知能力

认知能力是指处理信息以取得最终结果的能力。一方面，与认知水平较低的人相比，认知能力较高的人更有可能寻求和使用更多信息；另一方面，快速实现收益和长期保留损失资产的行为是认知能力导致的偏差之一，称为处置效应。Lusardi 等（2017）将财经素养定义为一项人力资本投资，而获得额外的财经素养会花费时间和金钱，因此，认知能力与获取财经素养的成本相关联。学者在关于认知能力对学生财经素养影响的研究中，得出了截然不同的答案。一方面，部分学者基于调查结果发现，认知能力与财经素养之间无显著关系（Paraboni and da Costa Jr.，2020）；另一方面，部分学者在控制影响财经素养的其他因素后，发现了认知能力对财经素养的积极影响。

（六）家庭财经环境

学生的财经素养水平尚未受到个人在制定重要财经决策或担任家庭专业化职位方面的经验的影响，因此其在很大程度上是家庭财经环境影响的产物。根据家庭社会化理论，家庭社会化是金融社会化的重要组成部分，而家庭财经环境涵盖了家庭收入、家庭内部财经知识传递与交流、父母特征、社会经济地位等多个方面。财经素养水平与家庭收入的关系研究并未得到一致结果。Chen 和 Volpe（1998）指出可变收入不是财经素养的重要决定因素，但其他研究表明收入与财经素养呈正相关（Lusardi et al.，2010）。在父母特征方面，父母的财经行为、财经经验、较高的财经教育水平均被证实与学生较高的财经素养相关。在对比父母、工作经验和高中财经教育对年轻人当前的财经素养的作用时，父母所起的作用远大于工作经验和高中财经教育所起作用的总和（Shim et al.，2010）。但在父母的具体角色的影响方面未得出一致结论。Hizgilov 和 Silber（2020）认为母亲的性别榜样在更大程度上影响着女性学生财经素养的形成。然而，其他学者却得出了不同结论：父亲的教育水平，而不是母亲的教育水平，与学生的财经素养呈正相关且与学生的性别无关（Razen et al.，2020）。同时，家庭财经环境在一定程度上反映了家庭的社会经济地位，而社会经济地位也被 Bottazzi 和 Lusaidi（2020）证实对学生财经素养具有正向的促进作用。

（七）数学素养

学生的数学素养与其财经素养关系密切。因为无论是简单的交易金额计算还是复杂的风险评估，绝大多数财经方面问题的解决必须用到数学知识和技能，甚至有学者将财经素养视为学生数学素养在财经领域的表现（Worthington，2006）。Al-Bahrani（2019）研究发现，实际和感知的数学能力都是学生财经素养的决定因素，数学能力高于平均水平的学生在财经素养评估中的得分更高。同时，数学教师比例更高的学校的学生财经素养也呈现出更高水平（Bottazzi and Lusaidi，2020）。而数学素养的差别也在一定程度上被证实是导致基于性别的财经素养差异的原因，因为数字应用以及参加以数学为中心的课程的信心都因性别而有所不同。现有的研究表明财经知识和数学能力之间存在联系（Lusardi and Mitchell，2014），性别影响个体的数学能力（Al-Bahrani，2018），也影响个体对数学的信心（Meeliseen et al.，2008）。同时，数学素养的差别也体现在不同学科学生财经素养的差异上，工程与计算机学科的学生往往表现出更高的财经素养（Artavanis et al.，2018）。

（八）学校财经教育状况

如前所述，尽管财经素养在很大程度上受到学生家庭财经环境和数学素养的影响，但要解决财经问题，仅有数学素养和阅读素养是不够的，学生还需要具备对财经概念、关系和情境的理解。然而，系统性财经知识框架的搭建主要来源于学校财经教育，因此，有必要了解学校财经教育对学生财经素养的作用。对于哪些课程特点、教材或教学方法对财经能力的发展最有效，很难得出一般性结论（OCED，2017a）。首先，学者关于学生接受专门的财经教育与财经素养的关系得出了显著相关（Walstad et al.，2010）与不相关的结论（Ho and Lee，2020）。其次，在财经教育与财经素养显著相关的前提下，学者进一步检验了财经教育对财经素养的持续性影响，即学生在完成财经教育若干年后，财经教育对学生客观和主观的财经素养仍然保持着显著的影响，并有适度的衰减（Artavanis and Karra，2020）。

　　进一步地，学者讨论了财经教育的标准性与正确性对财经素养的影响，但结论并不一致。标准的财经教育对财经素养具有正向作用，即接受标准的财经教育后学生将拥有更高的财经素养水平，但反证表明，接触设计不当的财经教育的学生比没有接受财经教育的学生具有更高的财经素养（Tennyson and Nguyen，2001）。而这种作用受到了学生专业的限制，Ho 和 Lee（2020）研究表明，标准化的财经课程对商科学生的作用更强，其他学生难以从此类课程中获得知识。

　　同时，学生的财经素养水平还受学校开设财经教育方式的影响。Kuntze 等（2019）通过实验发现，创新在线视频教学模块能显著提高商科学生的财经素养，但很难确定哪些知识模块、教材或教学方法对发展财经素养贡献最大，且其比个人理财课程更有效。

　　在同一受教育程度群体中，学者进一步对学生特征、学校类型进行了探讨。学者对于学生特征对财经素养的影响并未得出一致结论。在高中阶段，财经素养课程对高年级的学生更有效（Ho and Lee，2020）。在大学阶段，一是主修非科学领域与 GPA（平均学分绩点）较低的学生被证实财经素养更低（Douissa，2020）；二是学生财经素养水平在商科专业（管理专业分数略显偏低的情况除外）、GPA 或班级之间几乎没有差异。学生财经素养因学校类型而异：就读于技术、专业和职业学校的学生在财经素养方面的表现比就读高中的学生低（Bottazzi and Lusardi，2021）。学生在受教育阶段，可能会因家庭经济状况或是难以达到所要求的学业水平而留级，留级则对财经素养表现出负面影响（Moreno-Herrero et al.，2018）。

　　也有学者聚焦于接受教育的来源对财经素养的影响。除了传统的财经教育模式，小规模的培训干预也被证实对财经素养有显著影响。同时，Cordero 等（2022）证实，接受私人机构和非政府组织专家教授课程的学生比其他接受教师金融教育培训的学生在财经素养方面取得了更好的成绩。

（九）学生的理财经验和习惯

学生解决财经方面的问题，不仅需要认知方面的能力和基础的财经知识，而且他们解决财经问题的习惯，包括对财经问题的态度、解决问题的动机以及信心都会产生作用。具有财经知识的年轻人会从事更多的财经活动，如财经服务，会从他们的财经经验中学到东西，从而变得在财经方面更具素养。Christelis 等（2015）发现自主解决个人财经问题的学生似乎具有更好的财经素养，诸如开设自己的银行账户、使用信用卡或借记卡。一方面，掌握财经知识和技能可以提高学生对财经产品的好奇心（Otto，2013；Sherraden et al.，2011）；另一方面，银行账户可让学生熟悉财经主题（Christelis et al.，2015），同时鼓励其在成年后养成能让其长期受益的储蓄习惯（Friedline et al.，2011）。有学者研究认为，财经素养主要来源于个人经验，当个人理财的经验越多时，越难以从财务教育计划中提高财经素养。还有学者研究了学生获取财经知识的途径对其财经素养的影响，Ergün（2018）研究发现从社交媒体获得财经信息的学生比那些从大学教育获得财经信息的学生具有更低的财经素养。兼职工作对财经素养也呈现出积极作用，从事兼职工作或者具备工作经验的学生可能会以不同的方式看待金钱，并且往往更了解财务知识（Amagir et al.，2020；Gilenko and Heaney，2021）。

二、财经素养定义与测量方法的影响

模糊的财经素养定义和聚焦于不同点的概念引发了对学生财经素养评估的差异。

在对现有 70 项研究的回顾中，Huston（2010）发现了关于财经素养的现有定义的几个重要事实。首先，大多数研究没有包括定义，并交替使用财经知识和财经素养，因此只能通过财经素养的衡量方式来推测概念。其次，大多数先有定义的研究都依赖于能力或知识，但也有定义同时使用能力与知识。值得注意的是，财经素养的定义中普遍包含如下内容：①一种特定形式的知识；②应用这种知识的能力或技能；③感知知识；④良好的财务行为；⑤财务经验。因此不同研究所使用的概念的差别与强调点的不同是造成研究结果出现冲突的重要原因之一。同时，他也指出了创建标准财经素养措施的三个障碍：一是缺乏共同的结构；二是缺乏一套全面的问题来衡量财经知识的所有组成部分；三是在解释所创建的衡量标准方面缺乏指导。

财经素养测量方法的差异必将引发对学生财经素养评估的差异。我们通过梳理财经素养研究文献发现，由财经素养测试方法引起的结论冲突归因于三个因素：第一个因素是学者合并了两种研究。第一种研究包括财经教育干预效果的实验和准实验研究。在这些研究中，受试者被暴露于一系列结构化的赌注中，他们

在其中做出具有经济后果的真实选择。第二种研究包括相关性和计量经济学，即通过财经知识测试中正确答案的百分比来衡量财经素养并预测结果变量即金融行为的研究。Fernandes 等（2014）称这两种类型的研究为"操纵财经素养"和"测量财经素养"。两种方法各有千秋。从概率的角度考虑，多项选择题项迫使受试者将 100%正确的概率分配给答案，将 0 的概率分配给其余答案。鉴于受试者很少能 100%确定答案是正确的，因此多项选择题项可能会高估或低估受试者的知识。相比之下，结构化的下注使受试者可以从 0 到 100%分配一个答案，而在答案中分配的概率最高可达 100%，这使研究人员可以知道受试者的知识有多精确。第二个因素是在调查中仅向受试者提出假设问题以供选择。实验提供了适当的动机，以使受试者付出适当的努力来解决分配的任务。这些结构性赌注遵循文献中关于实验的标准，以诱发受试者的信念。为了提供适当的激励，实验设计者使用评分规则，该规则是被试的报酬和损失的函数。第三个因素是 Schmeiser 和 Seligman（2013）发现受试者没有始终如一地回答财经素养的问题。鉴于财经素养测试的方法引发的结论冲突，Marcolin 和 Abraham（2006）强调需要找到衡量金融知识水平的标准。因此，研究人员需要对财经素养进行适当的定义和衡量。

进一步地，在梳理财经素养的测量量表时发现其有以下特点：第一，所有研究都采用了绩效测试和自我报告方法来衡量财务素养。第二，使用不同维度测量。①单维度测量。大多数学者通过"三大问题"来评估学生的财经素养，这三个问题涵盖利息复利、通货膨胀和多元化领域的基础知识（Hastings et al.，2013）。三大问题在文献中的广泛使用，在一定程度上增加了不同研究间的可比性。②复合维度测量。部分学者通过估计财经知识和行为来测量财经素养。Lantara 和 Kartini（2015）通过对金融产品和服务的知识、行为和态度来衡量个人的财经素养水平。因此，财经知识、态度和行为是财经素养的三个方面（Santini et al.，2019）。其中，个人对金融产品的知识和行为是评估财经素养水平的关键要素。个人的财经知识是通过询问与金融产品和服务相关的问题来评估的，如利息、贷款、通货膨胀、储蓄、税收和通货膨胀，而个人的财经行为是通过预算、储蓄、投资和借贷等不同维度来衡量的（Remund，2010）。第三，使用工具变量进行测量。例如，Van Rooij 等（2011）使用受访者最年长兄弟姐妹的财务状况以及受访者的经济教育作为金融知识的工具。在实践中，找到一个合适的工具变量较难，Bannier 和 Schwarz（2018）在研究财经素养与人们的财经福祉之间的联系时也指出了内生性问题。作者强调了寻找工具变量以正确处理问题和构建异方差生成工具的困难。

第三节　财经素养的作用

财经素养的影响是多方面的。事实上，人们在储蓄、投资、借贷、消费等行为方面存在的差异，与个人财经素养相关。良好的财经素养可以促进人们财富积累、提高个体生活质量和幸福感；反之则会导致个体陷入投资骗局，甚至血本无归。同时，个人作为金融市场与金融活动的重要主体，个体行为在一定程度上与整个金融体系的发展相关联。因此，在对过去的诸多研究进行梳理总结后，我们将从财经行为、日常行为、财经幸福感、金融体系的健全和效率以及企业持续发展五个方面来阐述财经素养的作用。

一、财经行为

财经素养最基本的作用体现在对个人财经行为的影响。个人需要财经知识和财经信息来制定财经决策，从而形成财经行为，而较高的财经素养通常反映了个体拥有较为丰富的财经知识和财经信息。同时，较高的财经素养有利于塑造积极的财务价值观、动机和态度（Chen et al.，2010）。财经行为可划分为长期财经行为和短期财经行为。长期财经行为主要被界定为退休计划、退休储蓄和长期投资；短期财经行为则被界定为个体拥有一笔紧急基金，而不是一个透支账户。研究表明，一方面，具有较高财经素养的个人在财务和退休计划方面做得更好（Lusardi and Mitchell，2007）。此外，他们在使用信用卡和处理债务方面也表现良好（Disney and Gathergood，2013；Mottola，2013）。还有证据表明，财经素养与从事理想财务实践的可能性之间存在很强的关系，如按时支付账单、跟踪费用、预算、每月全额支付信用卡账单、节省每笔薪水、维持应急基金、分散投资和设定财务目标（Hilgert et al.，2003；Lusardi et al.，2012）。另一方面，较低的财经素养会导致不良的财经决策。财经素养较低的个人参与股票市场的可能性较小（Kimball and Shumway，2006；Van Rooij et al.，2011；Yoong，2011），因此可能放弃可观的股本收益。财经知识水平较低的家庭在选择贷款或抵押时也可能做出次优决策，并面临债务累积、破产和丧失抵押品赎回权之类的问题（Gerardi，2010；Lusardi and Tufano，2015）。

在长期财经行为中，人们不得不面临的一项重大财经决策就是退休计划。因为退休计划关系到个人一生的财务福祉，因此这方面的研究成果较为丰硕。学者通过对发达国家如荷兰、美国、德国和加拿大等国的研究表明，财经素养是对退休计划产生积极影响的关键因素（Boisclair et al.，2017；Xue et al.，2021）。

但是，财经素养对财经行为带来的影响并不全是积极的。在某些状况下，人们在自身财经素养提高后，未充分理解与运用财经知识，并对自己的知识形成过度的信心，在未来可能对他们的财务状况产生负面影响（Willis，2011）。同时，财经素养高的人往往会冒太多风险，过度借贷，持有幼稚的理财态度。也就是说，财经素养可能会导致人们对某些金融产品变得大胆和鲁莽（Chu et al.，2017；Kawamura et al.，2021）。

二、日常行为

财经素养的影响不限于财务计划决策，也与人们的日常行为息息相关。财经素养提高了人们对信息价值的理解，使人们拥有更多的认知能力和理性。因此，财经素养水平高的人往往有更强的认知能力，这可能会使他们更理性。在理性行为方面，Krische（2019）发现财经素养会改变人们通过金融披露信息对投资项目的判断和解释。Krische 和 Mislin（2020）证实了财经素养在发起和取得谈判的有利结果方面的积极作用，即财经素养对职业发展和薪酬以及人际沟通的成功管理具有重要意义。Mudzingiri（2021）也证实了在大学生普遍厌恶风险且缺乏耐心的特征下，财经素养显著影响大学生的风险和时间偏好，即对生活幸福感有正向影响。Ono 等（2021）、Yuktadatta 等（2021）均发现财经素养与运动行为呈正相关。在非理性行为方面，改善财经素养甚至有助于降低人们的赌博行为、吸烟行为（Watanapongvanich et al.，2021）。同时，财经素养能通过信息渠道和资产配置提高人们发现欺诈的能力（Wei et al.，2021）。

三、财经幸福感

财经幸福感（Financial Well-Being），即能够维持当前和预期的生活水平和财务自由。根据美国 CFPB（2015），财经幸福感取决于个人的感觉程度：①对日常、每月财经行为的控制；②具有吸收金融冲击的能力；③正在按计划实现自己的财务目标；④有财务自由来做出让他享受生活的选择。现有研究一般通过量化财富积累、债务水平、主观财务满意度和退休计划来度量财经幸福感。个人早期错误的财务决策可能会阻碍一个人未来的财富积累能力，因此，财经素养已被证明是财经幸福感的重要影响因素。更高的财经素养水平可带来更高的财经幸福感，如促进知识获取、增强对知识和能力的信心以及鼓励采取行动。Ali 等（2015）的研究表明，财经素养是财经幸福感的一个重要决定因素，因为它有助于个人规划自己的消费和储蓄。以投资回报衡量，财经素养较高的家庭拥有更高的财经幸福感。相对而言，较低的财经素养被证实与较低的工资薪酬相关，进而会降低财经幸福感（Artavanis et al.，2018）。

四、金融体系的健全和效率

Widdowson 和 Hailwood（2007）研究发现，财经素养通过对个人的影响进而对金融体系的健全和效率产生相当大的影响。首先，拥有更高财经素养的消费者可能会更智慧地做出投资和产品决策，这反过来会激励金融机构提供更多的创新产品和服务。其次，懂金融的消费者也会对风险回报有更深刻的认识和合理的权衡，他们可能会大胆地提出问题，仔细检查金融产品和与他们做生意的机构，进而对金融体系的管理和运营提出自己的合理化建议。为响应消费者需求，处于彼此竞争状态的金融服务机构必然会提高服务标准，强化风险管理措施，由此，可以提升整个金融系统的服务质量和行业运行效率，减少整个国家由经济活动周期带来的剧烈波动性。

五、企业持续发展

作为企业的重要决策者，高管个人的财经素养对企业的持续发展也具有一定影响。在创业阶段，财经素养在企业市场进入和运营阶段都有积极的影响。Tian 等（2020）研究发现，高管财经素养可以通过缓解融资约束和改善风险管理来促进企业创新。进一步而言，财经素养对中小企业的可持续发展也呈现直接积极影响。

第四节　财经素养教育

由于各国对财经素养教育的认识和实践存在差异，因此呈现出成熟度不同、各具特色的财经素养教育模式与政策。目前，美国作为经济发达国家，较早认识到大学生财经素养教育的重要性和必要性，于是将财经素养教育融入教学和管理活动中，开展了一系列与财经素养相关的实践项目，形成了较为成功的财经素养教育模式。

美国高等院校的财经素养教育经历了三个发展阶段的探索历程。第一个阶段：四种模式教育体制，包括财经教育/咨询中心模式（Financial Education/Counseling Centers）、朋辈辅导模式（Peer to Peer Programs）、由财经专业人员开设的课程模式（Courses Taught by Finance Professionals）和网络学习模式（Distance Learning Programs）（Cude，2006）。第二个阶段：改进的四种模式教育体制，包括学术课程模式（Academic Model）、资金管理中心模式（Fullfledged Money Management Center Model）、种子模式或启发模式（Seed Program or Aspirational

Model）和树形分枝散布模式（Branch or Interspersed Model）（丹斯，2016）。第三个阶段：七种模式教育体制，包括交互式网络课程模式（Interactive Online Programs）、课堂本位模式（Classroom-Based Programs）、项目本位模式（Event-Based Programs）、个体咨询模式（Individual Counseling）、游戏本位教育模式（Game-Based Education）、财经素养教育月专项活动（Financial Literacy Education Month Special Activity）、送财经报告卡（Financial Report Cards）。由于美国高等院校的产权性质、演进历程和办学目标不尽相同，各个高校并不完全遵从上述发展规律升级财经素养教育模式。也就是说，目前美国高校的财经素养教育采取了三个阶段不同模式并行的教育体制。

第五节　学生财经素养的形成理论

有关学生财经素养人文统计因素的研究，主要从表象上描述了基于不同社会经济特征和人文统计特征导致的学生所具有的财经素养水平的差异，但难以解释这些现象背后的基本原理，因此，就有必要分析导致个体学生产生财经素养差异的原因。目前有六种理论解释了个体学生财经素养形成的内在机理。

一、家庭资源管理理论

一般而言，许多社会化活动以及财经社会化活动都发生在家庭的背景下。父母用自己的价值观、信仰和知识教育孩子，在潜移默化中培养了孩子的财经知识和财经行为（Bandura，1986；Clarke et al.，2015）。Deacon 和 Firebaugh（1981）将家庭资源管理理论定义为利用资源实现目标的系统过程。根据家庭资源管理理论，财经行为由需求和可用资源（知识、态度和个人特征）决定。该模型的四个阶段（输入、过程、输出和反馈）解释了人们如何做出财经决定并形成财经行为，如图 2-1 所示。Bryce（2010）通过检验输入和过程部分验证了父母对年轻人财经素养的积极影响。

二、家庭社会化理论

大多数学者认为，金融社会化是一个广泛的概念，其内涵超越了单纯以社会技能为基础的狭义定义（Lunt and Furnham，1996）。Alhabeeb（2002）提出，消费者社会化和金融社会化是经济社会化的组成部分。而家庭作为人们知识、行为准则的重要来源，相较于其他社会关系具有独特的作用。Moschis 等（1987）发现，金融社会化是通过积极的讲述、交流以及无意识的观察和模仿在家庭环境中

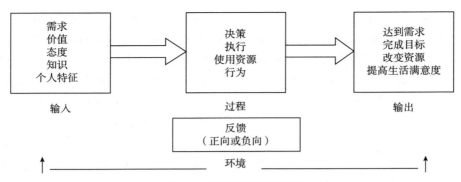

图 2-1 家庭资源管理模型

资料来源：Deacon 和 Firebaugh（1981）。

发生的。现有研究主要聚焦于亲子关系。Grusec 和 Davidov（2015）认为父母是社会化的主要来源，这些联系进一步为社会关系理论奠定了基础，该理论强调亲子互动的社会化和动态应该被理解为发生在亲密的个人关系中（Kuczynski and Parkin，2007）。在使用行为建模与大量经验证据后，家庭社会化得以被证实。学者在过去的研究中也得出了诸多家庭社会化在财经素养形成中的作用的重要结论。例如，Mugenda 等（1990）研究了家庭特征如何影响关于财务的沟通模式，从而改善财经行为。Beutler 和 Dickson（2008）对家庭成员如何影响中间结果提供了全面的看法，如金钱态度的发展（如唯物主义、财务谨慎）与财经行为和财经幸福感有关。Clinton 等（2011）的模型解释了家庭社会化理论与财经素养的形成机理，如图 2-2 所示。

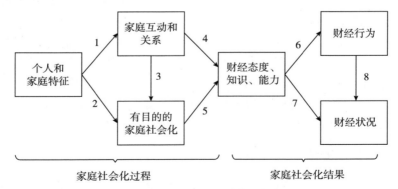

图 2-2 家庭社会化的作用机理

资料来源：Clinton 等（2011）。

三、社会学习理论

社会学习理论认为，作为社会中的一员，人们可以从观察他人的行为中学习到对自己有价值的知识（Bandura and Walters，1977）。一些研究使用社会学习理论解释个体的财经行为（Hira，1997；Martin and Bush，2000）。社会学习理论认为，儿童从父母、学校、大众传媒和同龄人那里学习到了在社会中生存所需的与消费有关的知识技能（Moschis and Churchill Jr.，1978；Ward，1974）。Gutter等（2010）的实证研究表明，财经知识和行为与社会学习机会之间存在显著相关关系。社会学习理论强调，人们从社会中学习财经技能，与被试生活在一起的人的知识和人文统计特征变量显著影响被试的财经素养。Lachance 和 Choquette-Bernier（2004）发现，观察他人和在他人的错误中学习有助于学生获得金融知识。Koonce（2008）的研究表明，社会、家庭、同龄人和媒体有助于提高人们的金融知识水平。Haliassos 等（2016）提供了通过社会互动转移金融知识的证据，他们发现，邻居的财经知识对一个家庭的财经行为有重要的中介作用。

四、行为经济学理论

基于心理学和传统经济学的行为经济学理论强调行为模式影响金融决策（Kahneman and Tversky，1979）。Gill 和 Prowse（2015）发现，认知能力越强、越讨人喜欢、情绪越稳定的人在社会交往中表现得越好，学习得越快，这对于理解理性的人在现实世界环境中是如何有限地运作的很重要，而现实世界环境中包含了一些战略互动元素。Kadoya（2016）的研究调查了心理学在财经知识获取方面的作用，并表明信心、信任、财务满意度、未来目标、对未来生活的焦虑等因素均显著影响财经知识的获取。

五、调节定向理论

调节定向理论（Regulatory Focus Theory）的一个重要原则是，确认哪些事情对个人是有价值的，以及个人如何把那些事情做好，也就是说，个体为实现特定的目标会努力改变或控制自己的思想和反应（Florack et al.，2013）。调节定向理论区分了两种不同的自我调节方式：促进定向（Promotion Focus）和预防定向（Prevention Focus）。两种自我调节方式既可以受到父母教养方式的影响，表现为一种长期的人格特质；也可以受到情境因素引发而呈现暂时性。促进定向将期望的目标状态表征为抱负和完成，在目标追求过程中更关注有没有积极结果，更多地体验到与喜悦—沮丧相关的情绪；而预防定向将期望的目标状态表征为责任和安全，在目标追求过程中更关注有没有消极结果，更多地体验到与放松—愤怒相关的情绪。例如，对于改善人际关系这一目标，促进定向的个体会将其表征为加强社交联系和避免失去社交机会，而预防定向的个体会将其表征为消除不利于社交联系的隐患和避免社会排斥。

以预防为重点的目标是通过以回避为导向的战略来追求的，而以促进为重点的目标则是通过以促进为导向的战略来实现的（Pham and Higgins，2005）。回避导向意味着调节自己的行为，以避免负面和不期望的结果，而促进导向则调节自己的行为，以实现积极和期望的结果（Aaker and Lee，2001）。因此，预防的重点是对自强不息的自我调节，如履行责任和确保安全，而促进的重点则是对强大的理想如进步、成长和成就的自我调节（Higgins，1997）。

调节定向会影响个体关注的信息以及他们考虑的选择（Florack et al.，2013）。在此基础上，调节定向理论将情境框架描述为个人面对获利/非获利或损失/无损的环境时，对自我调节策略的选择，而不同的框架会导致不同的调节定向策略。该理论认为，个体在面对会产生收益/非收益的环境时，将会选择以促进为重点的自我调节。因为个人渴望抓住机会来最大化自己的成果，同时避免错过进一步发展的机会（Florack et al.，2013）。在预防导向下，履行责任和义务为最低目标（Crowe and Higgins，1997）。预防导向的个人重视避免消极结果，倾向于省略替代战略，这导致了重复的行为模式（Crowe and Higgins，1997）。因此，预防导向会导致个人更窄的注意范围（Baas et al.，2008），这会使个人减少对信息的收集，在财务决策上表现为财务问题的相关信息，因此会减少财经知识的积累与运用。促进导向则关注实现的可能和成就感（Higgins，1997），将可能性和成就感作为最大的目标，会促使个体确保信息收集率，并尽量减少遗漏的可能，以免错过机会（Crowe and Higgins，1997）。因此，促进导向会使个人拥有更广泛的注意范围（Förster and Higgins，2005），并驱使人们搜索财经信息，以此来产生更多的财务备选方案，从而不会忽视任何选项，也不会失去任何财务机会（Pham and Higgins，2005）。

六、家庭成长环境理论

儿童经历的第一个社会环境是家庭。社会环境被描述为"特定群体的功能和互动"（Barnett and Casper，2001）。儿童在家庭社会环境中开展社交活动，在这些活动中，孩子们可以学习到如何调节自己的情绪、如何和他人合作、如何提出自己的主张、如何解决冲突、如何和他人进行有效的沟通（El Nokali et al.，2010；Fosco and Grych，2013；Jarrett et al.，2015）。同时，儿童也可以在家庭社会环境中建立和发展他们的健康行为。儿童会观察家庭中其他家庭成员的健康行为，他们的健康行为通过基于一系列家庭期望的鼓励或劝阻得到加强（Bandura，1998；De Vet et al.，2011；Pedersen et al.，2015）。创造健康的家庭社会环境对于依赖成人看护者支持促进健康发展的儿童尤为重要（Britto et al.，2017；Viner et al.，2012）。

家庭成长环境由家庭构成和家庭互动组成。家庭构成是家庭成长环境的一个重要方面，因为它提供了有关家庭构成的信息（Dem et al.，2005）。许多研究人员评估了单亲家庭与双亲家庭的家庭构成，并报告双亲家庭是儿童健康行为的保护因素（Byrne et al.，2011；Pearson et al.，2009；Ryan et al.，2015）。然而，这种方法的局限性是，家庭中儿童或非父母成年人的数量，以及他们的年龄和性别，通常不被考虑在内。家庭中有更多的孩子可能会稀释父母可用的时间和资源（Cain and Combs-Orme，2005；Chen and Escarce，2010；Downey，1995；Taylor et al.，2007）。家庭互动也是家庭成长环境的重要组成部分。家庭系统理论表明，家庭互动受到家庭组成的影响，因为家庭成员相互依赖（Whitchurch and Constantine，1993）。家庭互动可能会影响父母支持孩子健康发展的能力。感知到积极家庭互动的儿童不太可能参与不健康或违法行为（Ackard et al.，2006；Dufur et al.，2015；Li et al.，2018）。消极的家庭互动可能会增加父母的压力，这会破坏父母支持孩子健康行为的努力，比如饮食习惯的养成（Rhee，2008）。

第六节　研究框架

根据上述关联的文献，本书从八个维度界定大学生财经素养的内涵：客观财经知识、主观财经知识、财经态度、财经满意度、财经行为合理性、独立、信用和未来规划（生涯适应能力和未来承诺）。数学素养包括数学竞赛和建模、学术成就、高级数学课程、独立研究、实际应用、统计与数据分析、计算工具、数学历史共八个变量。阅读素养包括阅读频率、阅读时长、阅读类型、阅读媒介、阅读主动性、阅读计划完成度、阅读影响共七个变量。稳定性人格的相关变量有认知需求、自我效能、延迟满足。

根据家庭资源管理理论、家庭社会化理论、社会学习理论、行为经济学理论、调节定向理论这五个理论，我们可以推断，数学素养、阅读素养直接影响大学生的稳定性人格：认知需求、自我效能、延迟满足；三个稳定性人格又显著直接影响财经素养；进一步而言，数学素养、阅读素养通过三个稳定性人格变量对财经素养存在中介效应。

根据蓝皮书的性质和目的，本书将报告人文统计量、心理变量——稳定性人格、财经素养、数学素养、阅读素养的描述性统计结果，同时为了保持项目的连贯性，对 2023 年、2024 年两年受试者客观财经知识的正确率差异性进行检验，以及分别检验认知需求、自我效能、延迟满足三个心理变量——稳定性人格、财经素养与数学素养、阅读素养的关系及中介效应，本书重点使用 One-way ANO-

VA 分析工具分析变量之间的关系，使用 PROCESS 分析工具进行多重中介效应分析。关于以上关联变量的理论关系，以及通过理论演进和推导建立假设，并通过数据检验这些假设是否成立，不是本书报告的范畴，它是未来的研究方向。围绕研究目的和关联的文献回顾，我们构建本书的研究框架。具体的研究框架如图 2-3 和图 2-4 所示。

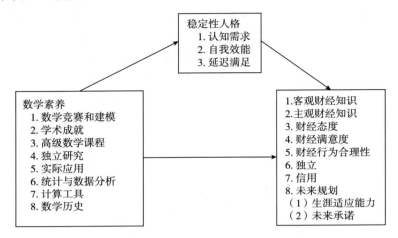

图 2-3　数学素养变量与心理变量——稳定性人格和财经素养关系研究框架

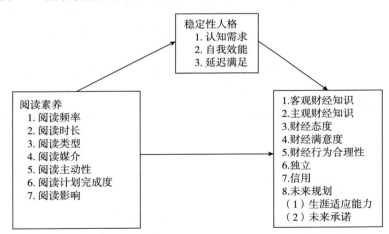

图 2-4　阅读素养变量与心理变量——稳定性人格和财经素养关系研究框架

第三章 研究方法

本章共有三节：第一节，抽样方法，概述了本项目获取问卷、对问卷进行筛选与处理的过程。第二节，样本概况，对受访者的个人人文统计特征、家庭人文统计特征进行了描述性统计，展现了受访者的基本情况。第三节，变量的定义和测量，对项目涉及的 26 个变量进行了定义，并展示了变量的测量方法以及问卷的信度及效度检验结果，增加了项目的可靠性。

第一节 抽样方法

本项目借助 2023 年度四川省"中汇杯"大学生财经素养大赛的初赛通道获取受访对象。大赛的主办单位是四川省教育厅，本年度的承办单位是四川大学。初赛形式为线上答题。组委会根据各高校团队报名人数及各团队答题情况，选拔不超过各院校报名队伍的 20% 进入复赛。各校报名学生在完成一份财经素养初赛测试题目后，须加试本项目设计的问卷调查。具体的问卷见附录。承办方告知报名学生问卷调查是初赛的考核内容之一，报名学生必须认真如实填写，方可具备进入复赛的选拔资格。报名者在参加初赛时，课题组对问卷的填写质量做出了详细的要求，具体规定如下：第一，必须在无干扰的环境下独立填写问卷，不得询问他人；第二，答项必须如实地反映本人对测量的真实理解，而不是虚假的理解；第三，整个问卷的填写时长不低于 180 秒。同时，课题组对受访者做出了如下承诺：第一，对受访者提供的个人信息，课题组保证个人隐私，绝不泄露给第三方；第二，获得的数据仅用于学术研究，不用于商业领域。另外，对受访者在填写过程中遇到的疑惑，课题组进行了及时和恰当的解释，确保受访者不会对某个测量或者答项产生疑问。

参赛对象为四川各高校全日制专科生、本科生。2023 年 10 月 23~29 日，共有 6080 名学生参与填写了本项目的问卷。本项目共收回 6080 份问卷。删除填写时长少于 180 秒的问卷 10 份，删除问卷星评分在 100 分以下的问卷 5 份，共计保留有效问卷 6065 份。也就是说，这 6065 份有效问卷的受访对象均为在校大学生，不包含硕士生和博士生。

第二节　样本概况

根据有效问卷对应的受访者的个人人文统计特征和受访者家庭的人文统计特征，汇总整理的样本概况如表 3-1 和表 3-2 所示。

表 3-1　样本概况：受访者个人人文统计特征

		人数	比例（%）			人数	比例（%）
性别	男	1250	20.6	民族	汉族	5807	95.7
	女	4815	79.4		少数民族	258	4.3
学校档次	985 院校	513	8.5	年级	大一	883	14.6
	211 院校	4	0.1		大二	2783	45.9
	普通院校	4429	73		大三	2234	36.8
	三本	1015	16.7		大四	165	2.7
	职业技术学院	104	1.7		大五	0	0
成长所在地	农村	3540	58.4	专业	哲学	16	0.3
	城市	2525	41.6		经济学	1568	25.9
籍贯	东北	96	1.6		法学	210	3.5
	华北	218	3.6		教育学	188	3.1
	西北	212	3.5		文学	472	7.8
	西南	4608	76.0		历史学	21	0.3
	华中	350	5.8		理学	565	9.3
	华东	218	3.6		工学	819	13.5
	华南	363	6.0		农学	8	0.1
恋爱状况	单身	4319	71.2		医学	171	2.8
	恋爱	1609	26.5		管理学	1864	30.7
	其他	137	2.3		艺术类	163	2.7
每月生活费用（包括可支配零用钱）	≤800 元	238	3.9	班级排名	前 10%	2463	40.6
	800 元<x≤2000 元	5020	82.8		11%~20%	1716	28.3
	2000 元以上	653	10.8		21%~50%	1485	24.5
	不清楚，没算过	154	2.5		51%~100%	401	6.6
年龄	有效值：6065；最小值：15 岁；最大值：29 岁；均值：19.59；标准差：1.297						

从表 3-1 中各个个人人文统计特征变量所表现的频率可以看出，总体的样本特征受到了大学生对本次财经素养大赛响应的积极性的影响。例如，女生的比例达到 79.4%，显著高于高校中正常的男女比例；关于年级，大二和大三学生参与调查的受访者居多；关于专业，哲学、农学、历史学三个专业关联的受访者的数量均小于大样本 30 个，农学专业关联的受访者的数量不足受访者总数的 1%；关于籍贯，西南地区的生源占到了 76.0%，东北地区的生源仅占 1.6%。但是，民族、出生所在地、恋爱状况、每月生活费用四个变量不同水平所表现的比例基本

表 3-2　样本概况：受访者家庭的人文统计特征

		人数	比例（%）		人数	比例（%）
父亲职业	政府机关、党群组织的负责人或中高级官员	166	2.7	政府机关、党群组织的负责人或中高级官员	91	1.5
	企业事业单位的管理人员	298	4.9	企业事业单位的管理人员	243	4
	专业技术人员或其他专业人士	181	3.0	专业技术人员或其他专业人士	90	1.5
	技术工人	700	11.5	技术工人	299	4.9
	政府或企业事业单位普通员工	466	7.7	政府或企业事业单位普通员工	546	9
	个体户	945	15.6	个体户	884	14.6
	自由职业者（泛指作家、动画师、程序员、配音师等自由工作的脑力劳动者）	138	2.3	自由职业者（泛指作家、动画师、程序员、配音师等自由工作的脑力劳动者）	147	2.4
	务农	1443	23.8	务农	1503	24.8
	其他职业	1500	24.7	其他职业	1486	24.5
	待业	228	3.8	待业	776	12.8
父亲受教育水平	初中及以下	3582	59.1	初中及以下	3939	64.9
	高中/中专/技校	1557	25.7	高中/中专/技校	1366	22.5
	大学本科/大专	840	13.8	大学本科/大专	708	11.7
	硕士及以上	86	1.4	硕士及以上	52	0.9
家庭成员的健康状况	很差	96	1.6	≤5000 元	2361	38.9
	较差	625	10.3	5000 元<x≤10000 元	2303	38.0
	一般	2914	48.0	10000 元<x≤20000 元	1006	16.6
	良好	2430	40.1	20000 元以上	395	6.5
独生子女	是	1932	31.9			
	否	4133	68.1			

（母亲职业、母亲受教育水平、家庭月收入分别对应右侧各列）

上反映了大学生群体的总体特征。另外，性别和年级两个变量各个水平所占的比例虽然和总体分布不一致，但是各个水平呈现的频数均大于大样本的数量，所以，本项目通过竞赛获得的样本对象可以实现本项目所设定的研究目标。

本书在调查问卷中设计了籍贯、年龄和就读大学三个变量，主要的目的是了解受访对象的分布状况。但表 3-1 呈现的受访对象在籍贯和就读大学各个类别中的离散程度很高，无法进行严谨的组间比较，故而，在后续的数据分析中放弃这两个变量对财经素养水平的影响的研究。同时，虽然可以看到大学生的年龄最小的是 15 岁，最大的为 29 岁，最大极值和最小极值之间的差距比较大，但是，总体上受访者年龄集中在 18～21 岁，也就是个体之间的年龄差距比较小，根据年龄对财经素养的影响在大学阶段与中学阶段呈现不相关的情形（Lusardi and Mitchell, 2014），故而，本项目也放弃年龄对财经素养的影响的研究。

从表 3-2 中七个家庭人文统计特征变量所表现的频数可以看出，相比表 3-1 中的个人人文统计特征变量所呈现的频数，表 3-2 更能反映和表现学生的家庭总体特征。因此，综合而言，本项目获得的受访对象具有较高的代表性。

第三节　变量的定义和测量

本项目主体调查涉及五个类别二十六个变量：八个数学素养变量（数学竞赛、学术成就、高级数学课程、独立研究、实际应用、统计与数据分析、计算工具、数学历史）、七个阅读素养变量（阅读频率、阅读时长、阅读类型、阅读媒介、阅读主动性、阅读计划完成度、阅读影响）、两种财经知识（客观财经知识、主观财经知识）、六种财经素养［财经态度、财经满意度、财经行为合理性、独立、信用、未来规划（包括生涯适应能力和未来承诺）］、三种稳定性人格（认知需求、自我效能、延迟满足）。

一、数学素养

数学素养是个体在各种情况下形成、使用、诠释数学的能力，包括数学推理，使用数学的概念、过程、事实和工具，来描述、解释、预测现象；它能帮助一个创新、积极和善于反思的公民认识数学在世界中所扮演的角色，并做出良好的判断和决定。本项目的数学素养包括数学竞赛、学术成就、高级数学课程、独立研究、实际应用、统计与数据分析、计算工具、数学历史共八种变量。

（一）数学竞赛

数学竞赛是一种活动。相对于数学教学，在竞赛中对同样的知识内容的理解程度与灵活运用能力，特别是方法与技巧掌握的熟练程度，有更高的要求。数学竞赛通过设置"您的数学竞赛经验如何？"进行测试，采取"从未参加过；参加过，但表现较差；参加过，表现一般；参加过，表现较好；参加过，多次获奖"的题项设置。

（二）学术成就

学术成就的高低直接反映了对数学知识理解的情况。学术成就通过设置"您在学校数学课程中的成绩如何？"进行测试，采取"从未参加过；参加过，但表现较差；参加过，表现一般；参加过，表现较好；参加过，多次获奖"的题项设置。

（三）高级数学课程

高级数学课程是由微积分学，较深入的代数学、几何学以及它们之间的交叉内容所形成的一门基础学科。主要内容包括数列、极限、微积分、空间解析几何与线性代数、级数、常微分方程。它是工科、理科、财经类研究生考试的基础科目。高级数学课程通过设置"您的高级数学课程学习经验如何?"进行测试,采取"从未学习过;学习过,但困难重重;学习过,一般;学习过,顺利完成;学习过,取得高分"的题项设置。

（四）独立研究

独立研究通过设置"您在数学研究项目中的经验如何?"进行测试,采取"从未参与过;参与过,但经验有限;参与过,有一定经验;参与过,积极参与;参与过,取得成就"的题项设置。

（五）实际应用

实际应用通过设置"您在解决实际问题和分析数据方面的经验如何?"进行测试,采取"从未尝试过;尝试过,但经验有限;有一些经验;较有经验;非常有经验"的题项设置。

（六）统计与数据分析

统计是指对某一现象相关的数据的收集、整理、计算、分析、解释、表述等的活动。数据分析是指用适当的统计分析方法对收集来的大量数据进行分析,将它们加以汇总和理解并消化,以求最大化地开发数据的功能,发挥数据的作用。数据分析是为了提取有用信息和形成结论而对数据加以详细研究和概括总结的过程。二者均为数学素养的综合应用。统计与数据分析通过设置"您的统计学和数据分析经验如何?"进行测试,采取"从未学习过;学习过,但经验有限;有一定经验;较有经验;有高水平经验"的题项设置。

（七）计算工具

计算工具是指从事计算所使用的器具或辅助计算的实物。人们从数学产生之日,便不断寻求能方便进行和加速计算的工具。因此,计算与计算工具是息息相关的。对计算工具的掌握程度也直接影响学生的数学素养。计算工具通过设置"您的计算工具使用经验如何?"进行测试,采取"从未学习过;学习过,但经验有限;有一定经验;较有经验;高水平经验"的题项设置。

（八）数学历史

数学史是研究数学科学发生发展及其规律的科学,简单地说就是研究数学的历史。它不仅追溯数学内容、思想和方法的演变、发展过程,而且还探索影响这种过程的各种因素,以及历史上数学科学的发展对人类文明所带来的影响。数学历史通过设置"您是否有数学史方面的学习经验?"进行测试,采取"从未学习过;有一定了解;有一些学习经验;较多学习经验;深入研究过"的题项设置。

二、阅读素养

阅读素养是个人为了增长知识和发展个人潜能及参与社会活动而对文本的理

解、使用、评价、反思和参与的能力。本项目的阅读素养包括阅读频率、阅读时长、阅读类型、阅读媒介、阅读主动性、阅读计划完成度、阅读影响。

（一）阅读频率

阅读频率通过设置"您的阅读频率？"进行测试，采取"每天阅读 1 小时或更长时间；每周阅读 1~5 小时；每月阅读少于 1 小时；很少或几乎不阅读"的题项设置。这强调阅读频率的重要性，越高频率进行信息获取，阅读素养越高。

（二）阅读时长

阅读时长通过设置"您的阅读时长？"进行测试，采取"从来不、很少、偶尔、经常"的题项设置。在相同或相近的阅读频率下，阅读时长越长，阅读素养越高。

（三）阅读类型

阅读类型通过设置"您最经常阅读的阅读类型？"进行测试，采取"小说或文学作品；教材或学术文献；新闻或时事杂志；杂志或期刊；博客或社交媒体"的题项设置。

（四）阅读媒介

阅读媒介座通过设置"您最常使用的阅读媒介？"进行测试，采取"纸质书籍、电子书、网络文章、社交媒体"的题项设置。

（五）阅读主动性

阅读主动性通过设置"您的阅读主动性？"进行测试，采取"我主动寻找新的阅读材料并持续学习；我偶尔会读书，但不会特别积极；我只在有课业或任务要求的情况下阅读；我几乎不主动阅读"的题项设置。强调主动阅读的重要性，越主动地进行阅读，阅读素养越强。

（六）阅读计划完成度

大多数人在日常生活中都会为自己制订阅读计划。阅读计划完成度通过设置"您的阅读计划完成度？"进行测试，采取"我总是能按照自己制定的阅读计划完成任务；我有阅读计划，但不总能如期完成；我很少有具体的阅读计划；我没有阅读计划"的题项设置。阅读计划完成度越高，阅读素养越高。

（七）阅读影响

阅读影响通过设置"你认为阅读对你的学术和个人发展有多大影响？"进行测试，采取"非常有影响、有一些影响、一点影响都没有、不确定"的题项设置。

三、财经知识

财经知识（Financial Knowledge）是财经素养的构成维度，它是指通过教育或者经验获得的个人基本财经概念和金融产品的知识储备（Huston，2010）。本项目的财经知识包括客观财经知识和主观财经知识。

（一）客观财经知识

客观财经知识是由 23 个财经类知识问答组成，每个小知识的解答由多个选项组成，正确答案只有一个。本项目根据每一位受访者的回答结果，确定其正确与否，最终形成错误和正确两个水平的二分变量。这些财经知识包括通货膨胀、单利计算、借钱中的利息计算、复利计算、投资的风险性、通货膨胀和生活成本关系、股票的风险性、抵押贷款的利息成本、分散化投资和风险关系、利率和债券价格的关系、美元的买入价识别、高回报金融产品的识别、收益波动资产的识别、债券和股票的风险比较、资产的时间价值、股票共同基金的含义。

（二）主观财经知识

主观财经知识又称自我评估的财经知识（Self-Assessed Literacy），是受访者对财经知识的掌握和理解程度的自我评判，本项目采取五级 Likert 量表进行测量（1＝非常低；5＝非常高）。

四、财经素养

本项目的财经素养由财经态度、财经满意度、财经行为合理性、独立、信用、生涯适应能力、未来承诺七个变量组成。

（一）财经态度

态度反映了个体对他人、思想、事件和客观物体的评价。它可以帮助人们理解和预测不同情境下的顾客行为。财经态度（Financial Attitude）反映了个体即时满足抑或延迟满足的愿望，以及能否正确处理储蓄和消费之间的关系。如果一个人把当前通过消费所获得的快感赋予较高的权重，那么，他在未来的经济生活中应对不确定性的能力就会下降，甚至进入窘迫当中；反之，权衡现在和未来的消费，把一部分收入储存下来，虽然有意识地抑制了当前的欲望，但是，个体增加了对未来的掌控能力。财经态度反映了个人在存钱各个方面的价值观。尽管对实现和维持自己的储蓄目标的积极或消极态度不一定构成实际行为，但如果人们对储蓄持有积极的看法，则他们更可能参与良好的财经管理实践。这可能意味着，如果人们被教导要采取积极的财经态度并一贯奉行节俭的行为，那么他们将不太可能冲动地购买多余的物品。

财经态度由两个题项构成，采取五级量表（1＝完全同意；5＝完全不同意）的方式获取受访者的感知。也就是说，受访者选择的数字越大，越不同意测项的观点，财经态度则表现出正向积极的特性，具体见表 3-3。整个变量测量的 Cronbach's α 为 0.660，在测项数量只有两个的状态下大于阈值 0.6；各个题项的 Corrected Item-Total Correlation 对应的数值均大于阈值 0.4。由此看来，财经态度的测量具有较高的可靠性。

表 3-3　财经态度测量的题项以及与总体关联的可靠性

序号	题项	Corrected Item-Total Correlation	Cronbach's α if Item Deleted
1	我倾向于今朝有酒今朝醉而不去考虑明天	0.493	—
2	相比存钱而言，我更愿意把这些钱花掉	0.493	—

（二）财经满意度

财经满意度，即个体对目前财务状况的满意程度。本项目采取测项"我对目前的财务状况感到满意"和答项 Likert 五级量表测试大学生的财经满意度（1＝完全不同意；5＝完全同意）。

（三）财经行为合理性

财经行为合理性是指个人的财经行为是否符合正常的规范。这种规范性保证了个体财经活动的正常进行，不会因为不合理而使自己陷入财经困境之中。财经行为合理性由四个题项构成，采取五级量表（1＝完全不同意；5＝完全同意）的方式获取受访者的感知，具体见表 3-4。整个变量测量的 Cronbach's α 为 0.780，在测项数量大于两个的状态下大于阈值 0.7；各个题项的 Corrected Item-Total Correlation 对应的数值均大于阈值 0.4。由此看来，财经行为合理性的测量具有较高的可靠性。

表 3-4　财经行为合理性测量的题项以及与总体关联的可靠性

序号	题项	Corrected Item-Total Correlation	Cronbach's α if Item Deleted
1	在我买东西之前，我会仔细考虑一下我是否能负担得起	0.585	0.726
2	我会按时偿还借款	0.619	0.709
3	我会密切关注自己的财务事宜	0.720	0.654
4	我制定了长期财务目标并努力实现这些目标	0.433	0.804

（四）独立

独立包括以下内容：独立的自我意识、批判意识，创造性思维以及对价值的追求。其主要表现为个体的自由、创造性；做到独立思考并有对权利的自主选择权；在追求自我独立自我批判精神的同时，还具有对社会的奉献精神并对社会也保持着批判意识；对自我价值的追求、对真理的追求具有坚持不懈不屈不挠的精神。独立由九个题项构成，采取五级量表（1＝完全不同意；5＝完全同意）的方式获取受访者的感知，具体见表 3-5。整个变量测量的 Cronbach's α 为 0.900，在测项数量大于两个的状态下大于阈值 0.7；各个题项的 Corrected Item-Total Correlation 对应的数值均大于阈值 0.4。由此看来，财经行为合理性的测量具有较高的可靠性。

表 3-5　独立测量的题项以及与总体关联的可靠性

序号	题项	Corrected Item-Total Correlation	Cronbach's α if Item Deleted
1	我通常能根据自身的情况和外部环境变化制定下一步的行动方案	0.626	0.894
2	我有勇气面对自己曾经犯过的错误	0.690	0.887
3	我会为自己的行为负责	0.705	0.886
4	我知道自己应该和什么人交朋友	0.697	0.887
5	我通常会把自己的事情做得井井有条	0.720	0.885
6	离开父母后，我能照顾自己的生活	0.709	0.886
7	我的内心非常强大	0.649	0.891
8	我的独立生活能力强	0.702	0.886

（五）信用

个人信用是指基于人们之间的互相信任，通过具有法律效力的契约或协议提供给自然人的信用。个人信用存在并作用于生活的各种领域，包括投资领域、金融领域、日常消费领域、人际交往领域等。信用能够调节社会中包含的生产关系和社会关系。信用由六个题项构成，采取五级量表（1＝完全不同意；5＝完全同意）的方式获取受访者的感知，具体见表 3-6。整个变量测量的 Cronbach's α 为 0.917，在测项数量大于两个的状态下大于阈值 0.7；各个题项的 Corrected Item-Total Correlation 对应的数值均大于阈值 0.4。由此看来，财经行为合理性的测量具有较高的可靠性。

表 3-6　信用测量的题项以及与总体关联的可靠性

序号	题项	Corrected Item-Total Correlation	Cronbach's α if Item Deleted
1	我会对我说出的话负责	0.701	0.910
2	我借用了他人的东西，我都会如期归还	0.767	0.901
3	我会尽最大努力履行我对他人的承诺	0.804	0.896
4	我认识的人都很信任我	0.776	0.900
5	他人交办我的事，我都能按时保质完成	0.781	0.899
6	周围的人都认为我非常诚实	0.756	0.903

（六）生涯适应能力

生涯适应能力既指个人在认知和行动上指向未来时间的偏好，即未来时间取向，也指个人对未来发展的探索和准备。在未来取向的过程观下，未来规划不仅包括了实施计划的行动过程，也包括评价目标的情感体验。本项目设置了 3 个问题进行测试。这 3 个题项采取五级量表（1＝非常不同意；5＝非常同意）正向编码的方式获取受访者的感知，具体见表 3-7。整个变量测量的 Cronbach's α 为

0.769，大于阈值 0.7；各个题项的 Corrected Item-Total Correlation 对应的数值均大于阈值 0.4。由此看来，生涯适应能力的测量具有较高的可靠性。

表 3-7　生涯适应能力测量的题项以及与总体关联的可靠性

序号	题项	Corrected Item-Total Correlation	Cronbach's α if Item Deleted
1	您多久筹划一次您未来更高学历的教育？	0.615	0.677
2	您多久筹划一次您未来的工作？	0.695	0.592
3	您多久筹划一次您未来的家庭？	0.516	0.799

（七）未来承诺

未来承诺由五个题项构成，采取五级量表（1＝非常不同意；5＝非常同意）正向编码的方式获取受访者的感知，具体见表 3-8。整个变量测量的 Cronbach's α 为 0.698，大于阈值 0.7；各个题项的 Corrected Item-Total Correlation 对应的数值均大于阈值 0.4。由此看来，未来承诺的测量具有较高的可靠性。

表 3-8　未来承诺的测量题项以及与总体关联的可靠性

序号	题项	Corrected Item-Total Correlation	Cronbach's α if Item Deleted
1	您大学毕业后实现更高学历教育计划的决心有多大？	0.459	0.674
2	您大学毕业后实现未来工作计划的决心有多大？	0.599	0.510
3	您大学毕业后实现未来家庭计划的决心有多大？	0.500	0.634

五、稳定性人格

在本项目中，认知需求、自我效能、延迟满足共同组成新变量——稳定性人格。人格（personality）是指个体在对人、对事、对己等方面的社会适应中行为上的内部倾向性和心理特征。稳定性人格则是指三思而后行的思维和行为习惯。当受试者呈现出较高的自我满足时，即清晰了解自己的需求，其在表现出较高的自我效能的同时也能为了自我目标，实现延迟满足，呈现出稳定性人格的特质。综上所述，认知需求、自我效能、延迟满足与稳定性人格呈正向关系。

（一）认知需求

认知需求（Need for Cognition）是指一个人全神贯注地投入某个主题的思考而忽略其他无关信息的稳定人格。以往的研究已经发现，认知需求与五大人格中的开放性、责任心正向相关，与情绪稳定性负向相关；它与理性而不是经验性思考正向相关（Sadowski and Cogburn，1997）。认知需求与财经素养是相关的。它的测量来源于 Fernandes 等（2014），删除原测量中的"我更喜欢复杂而不是简单的内容""我更喜欢做一些挑战我的思维的事情，而不是一些需要思考的事情"，保留三个题项，具体见表 3-9。这三个题项采取五级量表（1＝非常不同意；5＝非常同意）反向编码的方式获取受访者的感知，具体见表3-9。整个变量测量的 Cronbach's α 为 0.788，大于阈值0.7；各个题项的 Corrected Item-Total Correlation 对应的数值均大于阈值 0.4。由此看来，认知需求的测量具有较高的可靠性。

表 3-9 认知需求测量的题项以及与总体关联的可靠性

序号	题项	Corrected Item-Total Correlation	Cronbach's α if Item Deleted
1	我经常不能集中精神思考一个问题	0.617	0.724
2	我尽量避免需要深入思考某些内容的情况	0.676	0.659
3	苦苦思索很长时间，使我几乎没有满足感	0.592	0.751

（二）自我效能

广义的自我效能（Generalized Self-Efficacy）的基本原理是将这种可能稳定且非常普遍的特征与金融信息搜索中的信心区分开来。自我效能（Self-Efficacy）指人对自己是否能够成功地进行某一行为的主观判断，是指一个人在特定情景中从事某种行为并取得预期结果的能力，它在很大程度上指个体自己对自我有关能力的感觉。自我效能也是指人们对自己实现特定领域行为目标所需能力的信心或信念，简单来说就是个体对自己能够取得成功的信念，即"我能行"。它包括两个成分，即结果预期和效能预期，其中结果预期是指个体对自己的某种行为可能导致什么样结果的推测；效能预期是指个体对自己实施某行为的能力的主观判断。自我效能同时也标志了人们对自己产生特定水准的、能够影响自己生活事件的行为之能力的信念。自我效能的信念决定了人们如何感受、如何思考、如何自我激励以及如何行为。一般来说，成功经验会增强自我效能，反复的失败会降低自我效能。

由于一些非能力因素会制约活动质量的高低，所以，人们在评价自我效能时，往往要同时斟酌能力因素与非能力因素对于自己行为成败的作用。因此，除能力因素外，一些非能力因素，如活动任务的难度、个人努力程度、外力援助的多少等都会或多或少地影响着自我效能的建立。如果任务很难，或者个人没有付出多少努力，或者没有什么外力援助，这时的成功会增强自我效能感，而这时的失败不会降低自我效能感。如果任务简单，或者活动中费力很大，或者外力援助较多，这时即使成功也不会增强自我效能感，倘若失败就会降低自我效能感。人们对于行为成败的归因方式，会直接影响自我效能的评价。

Fernandes 等（2014）的研究发现，自我效能与财经素养、计算能力、自信、长期金钱计划、承担风险意愿、为紧急事情存钱、信用评分、约束、认知需求存在显著的正相关关系。它的测量来源于 Fernandes 等（2014），由五个题项构成，采取五级量表（1＝非常不同意；5＝非常同意）正向编码的方式获取受访者的感知，具体见表 3-10。整个变量测量的 Cronbach's α 为 0.893，大于阈值 0.7；各个题项的 Corrected Item-Total Correlation 对应的数值均大于阈值 0.4。由此看来，广义的自我效能的测量具有较高的可靠性。

表 3-10 广义的自我效能测量的题项以及与总体关联的可靠性

序号	题项	Corrected Item-Total Correlation	Cronbach's α if Item Deleted
1	我能实现自己设定的大多数目标	0.633	0.893
2	面对艰巨的任务时，我相信自己会完成的	0.758	0.866
3	我相信，只要我有决心，做任何事情都可以成功	0.764	0.864
4	我将能够成功克服许多挑战	0.802	0.856
5	总的来说，我认为我可以获得对我很重要的结果	0.737	0.870

（三）延迟满足

延迟满足（Delayed Gratification）是指一种甘愿为更有价值的长远目标而放弃即时满足的选择取向，以及在等待期中展示的自我控制能力。它的发展是个体完成各种任务、协调人际关系、成功适应社会的必要条件。

"延迟满足"不是单纯地让孩子学会等待，也不是一味地压制他们的欲望，更不是让孩子"只经历风雨而不见彩虹"，说到底，它是一种克服当前的困难情境而力求获得长远利益的能力。人有各种不同的目标，有些目标比较遥远，完成遥远的目标需要刻苦辛勤的工作。当完成目标时，所得的回报也很大。但要完成目标，便要付出代价，譬如要放弃即时的享乐，以及约束自己的行为。如果缺乏意志力，每遇上外界的诱惑，便放下学习或工作，追求即时享乐，这便很难完成自己的目标了。

延迟满足的测量来源于 Fernandes 等（2014），本项目删除"我很难坚持一种专门的健康的饮食习惯""当面对一项体力劳动时，我总是试着推迟去做""我不会考虑我的行为会如何影响他人""我不太能相信钱""我无法激励自己实现长期目标"，保留余下的 5 个题项。这 5 个题项采取五级量表（1＝非常不同意；5＝非常同意）正向编码的方式获取受访者的感知，具体见表 3-11。整个变量测量的 Cronbach's α 值为 0.737，大于阈值 0.7；除了"为了达成目标，我放弃了身体上的愉悦或舒适"的 Corrected Item-Total Correlation 对应的数值 0.305 略小于阈值 0.4 外，其余的都大于 0.4，为了保持信息的完备性，本项目保留所有的题项。总体来看，延迟满足的测量具有较高的可靠性。

表 3-11 延迟满足测量的题项以及与总体关联的可靠性

序号	题项	Corrected Item-Total Correlation	Cronbach's α if Item Deleted
1	我一直尝试吃健康的食物，因为从长远来看，它会有所回报	0.549	0.672

续表

序号	题项	Corrected Item-Total Correlation	Cronbach's α if Item Deleted
2	多年以来，我试图用我的行为影响周围的人	0.528	0.680
3	我试图明智地花钱	0.561	0.670
4	我一直觉得自己的辛勤工作最终会得到回报	0.580	0.661
5	为了达成目标，我放弃了身体上的愉悦或舒适	0.305	0.766

本章小结

　　本项目借助大学生财经素养大赛平台，把报名的参赛者作为样本框抽选样本单位，把问卷调查作为报名者的考核标准之一，在问项达到 100 个的条件下要求受访者认真如实独立填写问卷，一定程度上规避了交差应付和不负责任的心态，确保了问卷访问的质量。

　　通过综合评估受访者的个人人文统计特征变量和家庭人文统计特征变量各个水平所表现的频数和比例，本项目认为样本特征与总体参数之间有一定的一致性，本项目获得的样本可代表中国大学生总体，通过样本对应的数据分析可以推断总体。

　　本项目设计的变量来自小组访谈关联的变量测量开发和既有的学术文献，除了单题项测量的变量外，多题项构成的变量测量均通过可靠性检验，说明本项目设计的变量测量具有较高的可靠性，意味着研究框架中所有变量可用于后续的描述性分析、方差分析、相关分析和回归分析。

第四章　数据分析和结果

　　通过前述章节，本项目完成了个人和家庭人文统计特征、家庭财经交流、家庭成长环境与个人财经素养之间关系的文献整理和综述，建立了本项目的研究框架。根据家庭资源管理理论、家庭社会化理论、社会学习理论、行为经济学理论、调节定向理论、家庭成长环境六个理论，我们可以推断，学生个人素养，包括阅读素养、数学素养与稳定性人格、财经知识、财经行为存在一定关系。在研究方法部分，本项目证实了我们获取的样本具有一定的代表性，研究框架关联的变量测量具有较高的可靠性和有效性。

　　本章根据研究框架报告数据分析的结果。这一章共有四个小节。第一节是描述性统计，利用频数、比例、均值、标准差等参数对本项目涉及的 27 个变量进行描述性统计；第二节是客观财经知识对比，利用 z 值检验方法，对比分析 2023 年和 2024 年两年客观财经知识正确率之间的差异性；第三节，通过 One-way ANOVA 分析和 PROCESS 分析工具研究数学素养是否对大学生财经素养产生影响，以及稳定性人格心理特征变量是否在上述两类变量之间产生了中介作用；第四节，通过 One-way ANOVA 分析和 PROCESS 分析工具研究阅读素养是否对大学生财经素养产生影响，以及稳定性人格心理特征变量是否在上述两类变量之间产生了中介作用。

第一节　描述性统计

　　本节运用描述性统计方法报告如下 27 个变量的均值和标准差，以及在不同水平的频数和比例：①数学竞赛；②学术成就；③高级数学课程；④独立研究；⑤实际应用；⑥统计与数据分析；⑦计算工具；⑧数学历史；⑨阅读频率；⑩阅读时长；⑪阅读类型；⑫阅读媒介；⑬阅读主动性；⑭阅读计划完成度；⑮阅读影响；⑯客观财经知识；⑰主观财经知识；⑱财经态度；⑲财经满意度；⑳财经行为合理性；㉑独立；㉒信用；㉓生涯适应能力；㉔未来承诺；㉕认知需求；㉖自我效能；㉗延迟满足。

一、数学竞赛的描述性统计

数学竞赛的描述性统计结果见表4-1。从表中的数据可以看出，项目的大学生有超过65%的学生未参加过数学竞赛。仅有5%左右的学生参加过数学竞赛且表现良好。

表4-1 "您的数学竞赛经验如何?"描述性统计结果

水平	频数（人）	比例（%）
从未参加过	4060	66.9
参加过，但表现较差	549	9.1
参加过，表现一般	1137	18.7
参加过，表现较好	258	4.3
参加过，多次获奖	61	1.0
总计	6065	100.0

均值：1.63；标准差：0.992

二、学术成就的描述性统计

学术成就的关联题项的描述性统计结果见表4-2。大学生中有54%的学生认为自己在学校的数学课程中成绩在良好及以上，仅有6.8%的学生认为自己的学术成就水平较差，说明大学生的数学基础较好。

表4-2 "您在学校数学课程中的成绩如何?"描述性统计结果

水平	频数（人）	比例（%）
较差	415	6.8
一般	2371	39.2
良好	2277	37.5
优秀	850	14.0
杰出	152	2.5
总计	6065	100

均值：2.66；标准差：0.890

三、高级数学课程的描述性统计

高级数学课程的描述性统计结果见表4-3。有超过80%的学生学习过高级数学课程，其中取得高分的仅占比9.5%，占比46%的学生认为自己的高级数学课程学习情况困难或者一般。

表4-3 "您的高级数学课程学习经验如何?"描述性统计结果

水平	频数（人）	比例（%）
从未学习过	1117	18.4

续表

水平	频数（人）	比例（%）
学习过，但困难重重	865	14.3
学习过，一般	1922	31.7
学习过，顺利完成	1585	26.1
学习过，取得高分	576	9.5
总计	6065	100

均值：2.94；标准差：1.232

四、独立研究的描述性统计

独立研究的描述性统计结果见表4-4。从表中的数据可以看出，占比68.1%的学生从未参与过与数学相关的独立研究。参加过数学研究的学生中，仅有不到1%的学生取得过成就，积极参与的学生占比为4.4%。学生的独立研究水平较为薄弱。

表4-4 "您在数学研究项目中的经验如何？"描述性统计结果

水平	频数（人）	比例（%）
从未参与过	4132	68.1
参与过，但经验有限	1140	18.8
参与过，有一定经验	472	7.8
参与过，积极参与	264	4.4
参与过，取得成就	57	0.9
总计	6065	100

均值：1.51；标准差：0.883

五、实际应用的描述性统计

实际应用的描述性统计结果见表4-5。从表中的数据可以看出，将近80%的学生有实际运用数学的经历，但"尝试过，经验有限"的学生占比为46.6%，仅有累计7.3%的学生相关经验较为丰富。

表4-5 "您在解决实际问题和分析数据方面的经验？"描述性统计结果

水平	频数（人）	比例（%）
从未尝试过	1276	21.0
尝试过，但经验有限	2822	46.6
有一些经验	1525	25.1
较有经验	376	6.2
非常有经验	66	1.1
总计	6065	100

均值：2.20；标准差：0.877

六、统计与数据分析的描述性统计

统计与数据分析的描述性统计结果见表4-6。从表中的数据可以看出，超过50%的学生有统计与数据分析的经验，且其中较有经验和高水平经验的学生占比超过45%。

表4-6 "您的统计和数据分析经验？"描述性统计结果

水平	频数（人）	比例（%）
从未学习过	2738	45.1
学习过，但经验有限	302	5.0
有一定经验	88	1.5
较有经验	2711	44.7
高水平经验	226	3.7
均值：2.03；标准差：0.864		

七、计算工具的描述性统计

计算工具的描述性统计结果见表4-7。从表中的数据可以看出，有将近90%的学生有使用过计算工具的经验，但其中经验有限的学生占比为54.8%，占比分别为7.4%、1.1%的学生为较有经验与高水平经验。这说明学生普遍具有使用计算工具的经验，但经验水平普遍偏低。

表4-7 "您的计算工具使用经验如何？"描述性统计结果

水平	频数（人）	比例（%）
从未使用过	656	10.8
使用过，但经验有限	3322	54.8
有一定经验	1569	25.9
较有经验	451	7.4
高水平经验	67	1.1
总计	6065	100
均值：2.33；标准差：0.808		

八、数学历史的描述性统计

数学历史的描述性统计结果见表4-8。从表中的数据可以看出，未学习过数学历史的学生占比为35.3%，在学习过数学历史的学生中，仅有累计占比3.7%的学生有较多的学习经验。学生多数都拥有数学历史相关的学习经验，但仅为简单了解。

表4-8 "您是否有数学历史方面的学习经验？"描述性统计结果

水平	频数（人）	比例（%）
从未学习过	2142	35.3

续表

水平	频数（人）	比例（%）
有一定了解	2810	46.3
有一些学习经验	890	14.7
较多学习经验	183	3
深入研究过	40	0.7
总计	6065	100
均值：1.87；标准差：0.815		

九、阅读频率的描述性统计

阅读频率的描述性统计结果见表4-9。从表中的数据可以看出，每天都有时间阅读的学生占比为30.5%，每周阅读的一次的学生占比42.9%。这说明占比超过70%的大学生形成每周至少一次的阅读习惯的习惯。

表4-9 "您的阅读频率？"描述性统计结果

水平	频数（人）	比例（%）
每天都有时间阅读	1850	30.5
大约每周阅读一次	2600	42.9
大约每月阅读一次	916	15.1
难得读一次或几个月都不读	699	11.5
总计	6065	100
均值：2.08；标准差：0.955		

十、阅读时长的描述性统计

阅读时长的描述性统计结果见表4-10。从表中的数据可以看出，有75.7%的大学生每周阅读1小时以上，仅有8.9%的受试者很少或几乎不阅读，每月阅读少于1小时的学生占比15.4%。

表4-10 "您的阅读时长？"描述性统计结果

水平	频数（人）	比例（%）
每天阅读1小时或更长时间	1755	28.9
每周阅读1~5小时	2836	46.8
每月阅读少于1小时	935	15.4
很少或几乎不阅读	539	8.9
总计	6065	100
均值：2.04；标准差：0.893		

十一、阅读类型的描述性统计

阅读类型的描述性统计结果见表4-11。从表中的数据可以看出，有超过

60%的学生最喜欢的阅读类型为小说或文学作品。喜欢杂志或期刊的学生人数占比最小，仅为4.2%。

表4-11　"您最经常阅读的阅读类型？"描述性统计结果

水平	频数（人）	比例（%）
小说或文学作品	3683	60.8
教材或学术文献	858	14.1
新闻或时事杂志	579	9.5
杂志或期刊	253	4.2
博客或社交媒体	692	11.4
总计	6065	100

均值：1.91；标准差：1.375

十二、阅读媒介的描述性统计

阅读媒介的描述性统计结果见表4-12。从表中的数据可以看出，最常使用电子书作为阅读媒介的大学生占比42.1%，使用纸质书籍的学生占比27.9%，使用社交媒体的学生占比为17.5%，最常使用网络文章作为阅读媒介的学生占比最低，为12.5%。

表4-12　"您最常使用的阅读媒介？"描述性统计结果

水平	频数（人）	比例（%）
纸质书籍	1694	27.9
电子书	2550	42.1
网络文章	758	12.5
社交媒体	1063	17.5
总计	6065	100

均值：2.20；标准差：1.033

十三、阅读主动性的描述性统计

阅读主动性的描述性统计结果见表4-13。从表中的数据可以看出，将近90%的学生都有主动阅读的习惯，仅有2.8%的学生几乎不主动阅读。其中，持续主动积极阅读的学生占比超过40%。

表4-13　"您的阅读主动性？"描述性统计结果

水平	频数（人）	比例（%）
我主动寻找新的阅读材料并持续学习	2459	40.5
我偶尔会读书，但不会特别积极	2876	47.5
我只在有课业或任务要求的情况下阅读	559	9.2
我几乎不主动阅读	171	2.8
总计	6065	100

均值：1.74；标准差：0.738

十四、阅读计划完成度的描述性统计

阅读计划完成度的描述性统计结果见表4-14。从表中的数据可以看出，61.8%的学生会制订阅读计划，其中如期完成的占比为26.7%，不能如期完成的占比为35.1%。7.7%的学生没有阅读计划。

表4-14 "您的阅读计划完成度?"描述性统计结果

水平	频数（人）	比例（%）
我总是能按照自己制订的阅读计划完成任务	1620	26.7
我有阅读计划，但不总能如期完成	2129	35.1
我很少有具体的阅读计划	1848	30.5
我没有阅读计划	468	7.7
总计	6065	100

均值：2.19；标准差：0.919

十五、阅读影响的描述性统计

阅读影响的描述性统计结果见表4-15。从表中的数据可以看出，超过90%的学生认为阅读对自己有影响，认为阅读没影响的学生占比仅为2.1%。大多数学生认为阅读对自己的学术和个人发展是有影响的。

表4-15 "您认为阅读对你的学术和个人发展有多大影响?"描述性统计结果

水平	频数（人）	比例（%）
非常有影响	2579	42.5
有一些影响	3183	52.5
一点影响都没有	125	2.1
不确定	178	2.9
总计	6065	100

均值：1.65；标准差：0.666

十六、客观财经知识的描述性统计

受访者关于23道客观财经知识回答的正确率见表4-16。从表中的数据可以看出，这23道题是常识性的财经知识，反映了大学生的基本财经素养水平。数据分析发现，单一问题做对的比例最高的为投资的风险性（高投资高风险的识别），正确率为91.7%；做对的比例最低的为医疗保险，正确率仅为15.9%。每道题平均的正确率为58.0%。

表4-16 客观财经知识回答的正确率

客观财经知识	正确数	单个题目回答的正确率（%）
通货膨胀	1841	30.4

续表

客观财经知识	正确数	单个题目回答的正确率（%）
单利计算	4748	78.3
借钱中的利息计算	1484	24.5
复利计算	3125	51.5
投资的风险性	5560	91.7
通货膨胀和生活成本的关系	4193	69.1
股票的风险性	2360	38.9
抵押贷款的利息成本	3316	54.7
分散化投资和风险的关系	4671	77.0
利率和债券价格的关系	2940	48.5
美元的买入价识别	2758	45.5
高回报金融产品的识别	1393	23.0
收益波动资产的识别	4606	75.9
债券和股票的风险比较	4318	71.2
资产的时间价值	3827	63.1
股票共同基金的含义	4371	72.1
存款准备金率	3256	53.7
股票持有人的性质	2588	42.7
医疗保险	962	15.9
个人信用评级	4865	80.2
不良信用记录的影响	4006	66.1
分期付款购买汽车	4707	77.6
申请个人信用报告	5021	82.8

答对客观财经知识题的人数见表4-17。通过表中的数据可以看出，23个常识性的客观财经知识问题都回答正确的人数为1人。回答正确22道题的人数为20人，占比0.3%；12道题都回答正确，也就是50%的题都回答正确的人数累计为72.5%。换而言之，另外50%的题都无法回答正确的人数的占比为27.5%。累计答对15道的人最多，占比11.5%。1道题也回答不正确的人数为49人，占比0.8%。

表4-17　答对客观财经知识题的数量

回答正确的题的数量（道）	回答正确的人数（人）	回答正确的人的比例（%）	累计的比例（%）
23	1	0.0	0.0
22	20	0.3	0.3
21	49	0.8	1.2
20	104	1.7	2.9
19	214	3.5	6.4
18	391	6.4	12.8
17	508	8.4	21.2
16	638	10.5	31.7
15	696	11.5	43.2
14	637	10.5	53.7

回答正确的题的数量（道）	回答正确的人数（人）	回答正确的人的比例（%）	累计的比例（%）
13	620	10.2	63.9
12	522	8.6	72.5
11	461	7.6	80.1
10	289	4.8	84.9
9	229	3.8	88.7
8	187	3.1	91.8
7	115	1.9	93.7
6	92	1.5	95.2
5	81	1.3	96.5
4	53	0.9	97.4
3	42	0.7	98.1
2	29	0.5	98.6
1	38	0.6	99.2
0	49	0.8	100.0
总计	6065	100.0	100.0

十七、主观财经知识的描述性统计

主观财经知识的描述性统计结果见表4-18。从表中的数据可以看出，主观财经知识低于中等水平的大学生累计达到47.7%；主观财经知识高于中等水平的大学生累计为20.0%。

表4-18 "您认为自己对财经知识的掌握程度"描述性统计结果

水平	频数（人）	比例（%）
非常低	379	6.2
低	746	12.3
有些低	1770	29.2
一般	1953	32.3
有些高	940	15.5
高	165	2.7
非常高	112	1.8
总计	6065	100.0

均值：3.54；标准差：1.251

十八、财经态度的描述性统计

财经态度对应的两个题项的描述性统计结果见表4-19和表4-20。对表中的数据进一步处理可以看出，受访者赞同即时满足的比例仅为12.0%；赞同延迟满足的比例为58.5%；在即时满足和延迟满足两者中间，处于中立态度的受访者的比例达到29.5%。从表4-20的数据可以看出，认为花钱比储蓄更重要的受访者的比例为12.0%；认为储蓄比花钱更重要的受访者的比例为57.2%；处于中立态度的为 30.8%。

表 4-19　"我倾向于今朝有酒今朝醉而不去考虑明天"描述性统计结果（逆向）

水平	频数（人）	比例（%）
完全不同意	1729	28.5
比较不同意	1820	30.0
中立	1788	29.5
比较同意	458	7.5
完全同意	270	4.5
总计	6065	100.0

均值：2.29；标准差：1.094

表 4-20　"相比存钱而言，我更愿意把这些钱花掉"描述性统计结果（逆向）

水平	频数（人）	比例（%）
完全不同意	1636	27.0
比较不同意	1830	30.2
中立	1867	30.8
比较同意	487	8.0
完全同意	245	4.0
总计	6065	100.0

均值：2.32；标准差：1.077

十九、财经满意度的描述性统计

财经满意度的描述性统计结果见表 4-21。从表中的数据可以判断，44.8% 的受访者处于不满意状态；19.5% 的受访者对自己的财经状况处于满意状态。财经满意度的均值为 2.78，小于中值 3，说明大学生普遍对当下的财经状况处于不满意状态。

表 4-21　"我对目前的财务状况感到满意"描述性统计结果

水平	频数（人）	比例（%）
完全不同意	1128	18.6
比较不同意	1587	26.2
中立	2167	35.7
比较同意	768	12.7
完全同意	415	6.8
总计	6065	100.0

均值：2.63；标准差：1.127

二十、财经行为合理性的描述性统计

财经行为合理性由四个题项构成，各个题项的描述性统计结果见表 4-22～表 4-25。从四个题项各个水平所占的比例以及每个题项的均值的表现可以看

出，受访者量入为出、按时支付账单的均值都大于 4，仅关注自身财务状况的信念的均值为 3.46。完全不同意的比例在 2.5%~4.3%，占比较低。相反，制定财务目标并努力实现它的均值小于 3.5，完全不同意的比例为 4.3%。总体来讲，受访者财经行为的合理性比较高，但是财经行为的目的性还不是很强。

表 4-22　"在我买东西之前，我仔细考虑一下我是否能负担得起"描述性统计结果

水平	频数（人）	比例（%）
完全不同意	188	3.1
比较不同意	322	5.3
中立	1119	18.5
比较同意	1306	21.5
完全同意	3130	51.6
总计	6065	100.0

均值：4.14；标准差：1.015

表 4-23　"我会按时偿还借款"描述性统计结果

水平	频数（人）	比例（%）
完全不同意	172	2.8
比较不同意	224	3.7
中立	785	12.9
比较同意	677	11.2
完全同意	4207	69.4
总计	6065	100.0

均值：4.13；标准差：1.084

表 4-24　"我会密切关注自己的财务事宜"描述性统计结果

水平	频数（人）	比例（%）
完全不同意	154	2.5
比较不同意	318	5.2
中立	1351	22.3
比较同意	1309	21.6
完全同意	2933	48.4
总计	6065	100.0

均值：4.08；标准差：1.067

表 4-25　"我制定了长期财务目标并努力实现这些目标"描述性统计结果

水平	频数（人）	比例（%）
完全不同意	258	4.3
比较不同意	800	13.2
中立	2362	38.9
比较同意	1188	19.6
完全同意	1457	24.0

水平	频数（人）	比例（%）
总计	6065	100.0

均值：3.46；标准差：1.117

二十一、独立的描述性统计

关于独立的八个关联题项的描述性统计结果见表4-26～表4-33。受访者对于八个题项的正向态度（比较同意和完全同意）的比例基本大于50%，仅"我的内心非常强大"比50%略低，且八个题项的均值均大于3，也就是说，四成以上的大学生的独立性比较强。但是，八个题项的负向态度（完全不同意和比较不同意）合并的比例在5.3%～13.4%，说明还有接近一成的大学生独立性比较弱。

表4-26　"我通常能根据自身的情况和外部环境变化制定下一步的
行动方案"描述性统计结果

水平	频数（人）	比例（%）
完全不同意	170	2.8
比较不同意	469	7.7
中立	2059	33.9
比较同意	1601	26.4
完全同意	1766	29.2
总计	6065	100.0

均值：3.71；标准差：1.054

表4-27　"我有勇气面对自己曾经犯过的错误"描述性统计结果

水平	频数（人）	比例（%）
完全不同意	125	2.1
比较不同意	422	7.0
中立	1781	29.4
比较同意	1744	28.8
完全同意	1993	32.7
总计	5839	100.0

均值：3.83；标准差：1.029

表4-28　"我会为自己的行为负责"描述性统计结果

水平	频数（人）	比例（%）
完全不同意	106	1.7
比较不同意	221	3.6
中立	1111	18.3
比较同意	1569	25.9
完全同意	3058	50.3

水平	频数（人）	比例（%）
总计	6065	100.0

均值：4.20；标准差：0.976

表4-29 "我知道自己应该和什么人交朋友"描述性统计结果

水平	频数（人）	比例（%）
完全不同意	127	2.1
比较不同意	267	4.4
中立	1428	23.5
比较同意	1710	28.2
完全同意	2533	41.8
总计	6065	100.0

均值：4.03；标准差：1.008

表4-30 "我通常会把自己的事情做得井井有条"描述性统计结果

水平	频数（人）	比例（%）
完全不同意	134	2.2
比较不同意	422	7.0
中立	2171	35.8
比较同意	1759	29.0
完全同意	1579	26.0
总计	6065	100.0

均值：3.70；标准差：1.002

表4-31 "离开父母后，我能照顾自己的生活"描述性统计结果

水平	频数（人）	比例（%）
完全不同意	131	2.2
比较不同意	332	5.5
中立	1498	24.7
比较同意	1835	30.3
完全同意	2269	37.3
总计	6065	100.0

均值：3.95；标准差：1.016

表4-32 "我的内心非常强大"描述性统计结果

水平	频数（人）	比例（%）
完全不同意	192	3.2
比较不同意	617	10.2
中立	2293	37.8
比较同意	1639	27.0
完全同意	1324	21.8
总计	6065	100.0

均值：3.54；标准差：1.038

表 4-33　"我的独立生活能力强"描述性统计结果

水平	频数（人）	比例（%）
完全不同意	138	2.3
比较不同意	387	6.4
中立	1825	30.1
比较同意	1888	31.1
完全同意	1827	30.1
总计	6065	100.0

均值：3.80；标准差：1.012

二十二、信用的描述性统计

信用的六个关联题项的描述性统计结果见表 4-34～表 4-39。六个题项正向态度（比较同意和完全同意）合并的比例均大于 70%，六个题项负向态度（比较不同意和完全不同意）合并的比例在 4%～8%。总体而言，绝大多数大学生遵循信用的规则，但仍有少量学生还未认识到信用的作用和意义。

表 4-34　"我会对我说出的话负责"描述性统计结果

水平	频数（人）	比例（%）
完全不同意	103	1.7
比较不同意	237	3.9
中立	1368	22.6
比较同意	1949	32.1
完全同意	2408	39.7
总计	6065	100.0

均值：4.04；标准差：0.964

表 4-35　"我借用了他人的东西，我都会如期归还"描述性统计结果

水平	频数（人）	比例（%）
完全不同意	96	1.6
比较不同意	159	2.6
中立	799	13.2
比较同意	1097	18.1
完全同意	3914	64.5
总计	6065	100.0

均值：4.41；标准差：0.924

表 4-36　"我会尽最大努力履行我对他人的承诺"描述性统计结果

水平	频数（人）	比例（%）
完全不同意	88	1.5
比较不同意	165	2.7
中立	844	13.9
比较同意	1400	23.1

水平	频数（人）	比例（%）
完全同意	3568	58.8
总计	6065	100.0

均值：4.35；标准差：0.919

表 4-37 "我认识的人都很信任我"描述性统计结果

水平	频数（人）	比例（%）
完全不同意	99	1.6
比较不同意	202	3.3
中立	1370	22.6
比较同意	2162	35.6
完全同意	2232	36.9
总计	6065	100.0

均值：4.03；标准差：0.935

表 4-38 "他人交办我的事，我都能按时保质完成"描述性统计结果

水平	频数（人）	比例（%）
完全不同意	80	1.3
比较不同意	194	3.2
中立	1276	21.0
比较同意	2154	35.6
完全同意	2361	38.9
总计	6065	100.0

均值：4.08；标准差：0.917

表 4-39 "周围的人都认为我非常诚实"描述性统计结果

水平	频数（人）	比例（%）
完全不同意	101	1.7
比较不同意	189	3.1
中立	1300	21.4
比较同意	1990	32.8
完全同意	2485	41.0
总计	6065	100.0

均值：4.08；标准差：0.944

二十三、生涯适应能力的描述性统计

生涯适应能力对应的三个题项的描述性统计结果见表 4-40~表 4-42。从表中的数据可以看出，三个题项的均值均大于中值 3，偶尔和经常两个选项合并的比例均大于 30%，其中，对学历教育和工作的筹划均大于 45%。但是，尚有一成多的学生没有未来规划的意识。

表 4-40　"您多久筹划一次您未来更高学历的教育?"描述性统计结果

水平	频数（人）	比例（%）
从不	139	2.3
极少	524	8.6
一般	2512	41.5
偶尔	1470	24.2
经常	1420	23.4
总计	6065	100.0

均值：3.58；标准差：1.011

表 4-41　"您多久筹划一次您未来的工作?"描述性统计结果

水平	频数（人）	比例（%）
从不	149	2.5
极少	609	10.0
一般	2562	42.2
偶尔	1553	25.6
经常	1192	19.7
总计	6065	100.0

均值：3.50；标准差：0.996

表 4-42　"您多久筹划一次您未来的家庭?"描述性统计结果

水平	频数（人）	比例（%）
从不	633	10.4
极少	1194	19.7
一般	2407	39.8
偶尔	979	16.1
经常	852	14.0
总计	6065	100.0

均值：3.04；标准差：1.156

二十四、未来承诺的描述性统计

未来承诺由三个题项组成，每个题项的描述性统计结果见表 4-43～表 4-45。在三个题项中，有决心实现继续教育和未来工作计划（决心较大和决心很大）的比例超过 50%，有决心实现未来家庭计划的比例达到 36.4%，但仍有 3% 左右的大学生对实现未来规划，特别是家庭没有决心。

表 4-43　"您大学毕业后实现更高学历教育计划的决心有多大?"描述性统计结果

水平	频数（人）	比例（%）
决心没有	163	2.7
决心极少	500	8.2
决心一般	2069	34.1
决心较大	1599	26.4

水平	频数（人）	比例（%）
决心很大	1734	28.6
总计	6065	100.0
均值：3.70；标准差：1.053		

表4-44 "您大学毕业后实现未来工作计划的决心有多大？"描述性统计结果

水平	频数（人）	比例（%）
决心没有	124	2.0
决心极少	505	8.3
决心一般	2275	37.5
决心较大	1744	28.8
决心很大	1417	23.4
总计	6065	100.0
均值：3.63；标准差：0.995		

表4-45 "您大学毕业后实现未来家庭计划的决心有多大？"描述性统计结果

水平	频数（人）	比例（%）
决心没有	619	10.2
决心极少	946	15.6
决心一般	2294	37.8
决心较大	1165	19.2
决心很大	1041	17.2
总计	6065	100.0
均值：3.18；标准差：1.188		

二十五、认知需求的描述性统计

认知需求三个关联题项的描述性统计结果见表4-46~表4-48。三个表中的数据是已经完成反向编码后的频数（人）和比例。从反向计量来看，三个题项的均值均大于2.5，标准差均在1附近，说明大学生的认知需求比较高，但总体分布离散程度不高。

表4-46 "我经常不能集中精神思考一个问题"描述性统计结果

水平	频数（人）	比例（%）
完全不同意	754	12.4
比较不同意	1648	27.2
中立	2315	38.1
比较同意	835	13.8
完全同意	513	8.5
总计	6065	100.0
均值：2.79；标准差：1.095		

表 4-47 "我尽量避免需要深入思考某些内容的情况"描述性统计结果

水平	频数（人）	比例（%）
完全不同意	860	14.2
比较不同意	1551	25.6
中立	2319	38.2
比较同意	837	13.8
完全同意	498	8.2
总计	6065	100.0

均值：2.76；标准差：1.111

表 4-48 "苦苦思索很长时间，使我几乎没有满足感"描述性统计结果

水平	频数（人）	比例（%）
完全不同意	847	14.0
比较不同意	1438	23.7
中立	2336	38.5
比较同意	885	14.6
完全同意	559	9.2
总计	6065	100.0

均值：2.81；标准差：1.130

二十六、自我效能的描述性统计

广义的自我效能五个关联题项的描述性统计结果见表 4-49～表 4-53。这五个题项正向态度表现（中立、比较同意、完全同意）的比例均大于 80%，均值均大于 3，标准差小于或等于 1，说明六成多的大学生的自我效能是比较高的。

表 4-49 "我能实现自己设定的大多数目标"描述性统计结果

水平	频数（人）	比例（%）
完全不同意	132	2.2
比较不同意	587	9.7
中立	2771	45.7
比较同意	1663	27.4
完全同意	912	15.0
总计	6065	100.0

均值：3.43；标准差：0.933

表 4-50 "面对艰巨的任务时，我相信自己会完成的"描述性统计结果

水平	频数（人）	比例（%）
完全不同意	121	2.0
比较不同意	436	7.2
中立	2370	39.1
比较同意	1831	30.2

水平	频数（人）	比例（%）
完全同意	1307	21.5
总计	6065	100.0

均值：3.62；标准差：0.964

表4-51 "我相信，只要我有决心，任何努力都可以成功"描述性统计结果

水平	频数（人）	比例（%）
完全不同意	137	2.3
比较不同意	470	7.7
中立	2073	34.2
比较同意	1895	31.2
完全同意	1490	24.6
总计	6065	100.0

均值：3.68；标准差：1.000

表4-52 "我将能够成功克服许多挑战"描述性统计结果

水平	频数（人）	比例（%）
完全不同意	107	1.8
比较不同意	345	5.7
中立	2099	34.6
比较同意	1968	32.4
完全同意	1546	25.5
总计	6065	100.0

均值：3.74；标准差：0.960

表4-53 "总的来说，我认为我可以获得对我很重要的结果"描述性统计结果

水平	频数（人）	比例（%）
完全不同意	96	1.6
比较不同意	328	5.4
中立	2026	33.4
比较同意	2022	33.3
完全同意	1593	26.3
总计	6065	100.0

均值：3.77；标准差：0.951

二十七、延迟满足的描述性统计

延迟满足五个关联题项的描述性统计结果见表4-54~表4-58。这五个题项正向态度表现（中立、比较同意、完全同意）的比例均大于70%，均值均大于3，说明一半的大学生的延迟满足的能力比较强，且五个问题只有一个问题的标准差大于1.1，说明总体分布的离散程度不高。

表 4-54 "我一直尝试吃健康的食物，因为从长远来看，它会有所回报"描述性统计结果

水平	频数（人）	比例（%）
完全不同意	166	2.7
比较不同意	593	9.8
中立	2069	34.1
比较同意	1692	27.9
完全同意	1545	25.5
总计	6065	100.0

均值：3.64；标准差：1.049

表 4-55 "多年以来，我试图用我的行为影响周围的人"描述性统计结果

水平	频数（人）	比例（%）
完全不同意	327	5.4
比较不同意	892	14.7
中立	2457	40.5
比较同意	1423	23.5
完全同意	966	15.9
总计	6065	100.0

均值：3.30；标准差：1.070

表 4-56 "我试图明智地花钱"描述性统计结果

水平	频数（人）	比例（%）
完全不同意	92	1.5
比较不同意	285	4.7
中立	1636	27.0
比较同意	2008	33.1
完全同意	2044	33.7
总计	6065	100.0

均值：3.93；标准差：0.962

表 4-57 "我一直觉得自己的辛勤工作最终会得到回报"描述性统计结果

水平	频数（人）	比例（%）
完全不同意	145	2.4
比较不同意	409	6.7
中立	1902	31.4
比较同意	1930	31.8
完全同意	1679	27.7
总计	6065	100.0

均值：3.76；标准差：1.008

表 4-58 "为了达成目标，我放弃了身体上的愉悦或舒适"描述性统计结果

水平	频数（人）	比例（%）
完全不同意	603	9.9
比较不同意	1238	20.4

续表

水平	频数（人）	比例（%）
中立	2441	40.3
比较同意	1114	18.4
完全同意	669	11.0
总计	6065	100.0
均值：3.00；标准差：1.108		

第二节　客观财经知识对比

客观财经知识是大学生财经素养最基础的表现。本节通过对在 2023 年、2024 年客观财经知识测试中设置的相同题目进行对比分析，针对样本量不同的情况，本书选择 Z 值检验方法，检验两年的正确率是否存在显著性差异。具体公式如下：

$$z=\frac{p_1-p_2}{\sqrt{p(1-p)\left(\frac{1}{n_1}+\frac{1}{n_2}\right)}}$$

式中，p_1 表示 2023 年客观财经知识的正确率；p_2 表示 2024 年客观财经知识的正确率；n_1 表示 2023 年的样本量；n_2 表示 2024 年的样本量；p 表示 2023 年、2024 年的平均正确率。

本书设计了 23 个题目对学生的客观财经知识进行测试，沿用 2023 年的题目，涉及通货膨胀、单利计算、借钱中的利息计算、复利计算、投资的风险性、通货膨胀和生活成本的关系、股票的风险性、抵押贷款的利息成本、分散化投资和风险的关系、利率和债券价格的关系、美元的买入价识别、高回报金融产品的识别、收益波动资产的识别、债券和股票的风险比较、资产的时间价值、股票共同基金的含义、存款准备金率、股票持有人的性质、医疗保险、个人信用评级、不良信用记录的影响、分期付款、申请个人信用报告，涵盖衣食住行、日常生活、人生规划等多场景，全面准确地对大学生的客观财经知识情况进行测试。为了比较两年间大学生的客观财经知识的情况，通过计算答题的正确率，并进行 Z 值检验比较差异，如表 4-59 所示。

表 4-59　"2023 年、2024 年客观财经知识对比"描述性统计结果

项目	2023 年正确率（%）	2024 年正确率（%）	p 值
通货膨胀	26.1	30.4	0.000
单利计算	81.9	78.3	1.000

续表

项目	2023 年正确率（%）	2024 年正确率（%）	p 值
借钱中的利息计算	27.9	24.5	0.746
复利计算	49.4	51.5	0.711
投资的风险性	92.0	91.7	1.000
通货膨胀和生活成本的关系	74.2	69.1	1.000
股票的风险性	41.5	38.9	0.952
抵押贷款的利息成本	52.9	54.7	1.000
分散化投资和风险的关系	75.9	77.0	0.947
利率和债券价格的关系	46.8	48.5	1.000
美元的买入价识别	46.2	45.5	1.000
高回报金融产品的识别	23.9	23.0	0.003
收益波动资产的识别	76.9	75.9	0.989
债券和股票的风险比较	71.0	71.2	1.000
资产的时间价值	61.8	63.1	0.994
股票共同基金的含义	70.6	72.1	1.000
存款准备金率	51.8	53.7	0.039
股票持有人的性质	38.0	42.7	0.000
医疗保险	15.3	15.9	0.000
个人信用评级	79.5	80.2	1.000
不良信用记录的影响	70.8	66.1	1.000
分期付款	76.8	77.6	1.000
申请个人信用报告	80.3	82.8	1.000
样本量	5938	6055	

在通货膨胀方面，正确率由 2023 年的 26.1%上升为 2024 年的 30.4%，检验的 p 值为 0.000，通过了 5%的显著性水平检验。2023 年与 2024 年学生在通货膨胀方面的知识有显著的差异，且呈现明显的上升趋势。

在单利计算方面，正确率由 2023 年的 81.9%下降为 2024 年的 78.3%，并且 p 值为 1.000，未通过 5%水平下的显著性检验。2023 年、2024 年参与项目的大学生在单利计算的正确率上并无显著性差异，一直保持较高的正确率。

在借钱中的利息计算方面，2023 年的正确率为 27.9%，2024 年波动到 24.5%，p 值为 0.746，未通过显著性水平检验。与 2023 年的正确率相比，2024 年在借钱中的利息计算方面，正确率不存在显著性差异，趋于稳定。

在复利计算方面，正确率由 2023 年的 49.4%上升为 2024 年 51.5%，检验的 p 值为 0.711，并未通过显著性水平检验。复利计算的正确率比例略微有上升，但两年间并未呈现出显著性差异。

在投资的风险性方面，2023 年的正确率为 92%，2024 年下降为 91.7%，并且 p 值为 1.000，未通过 5%水平的显著性检验。2023 年、2024 年的受试大学生在投资的风险性方面正确率不存在显著性差异，趋于稳定。

在通货膨胀与生活成本的关系方面，正确率由 2023 年的 74.2%下降为

2024 年的 69.1%，检验的 p 值为 1.000，未通过显著性水平检验。2024 年项目参与者在通货膨胀与生活成本的关系的正确率方面与 2023 年并无显著性差异。

在股票的风险性方面，2023 年的正确率为 41.5%，2024 年略有下降为 38.9%，并且 p 值为 0.952，未通过显著性水平检验。2024 年受试者在股票的风险性方面的正确率相较于 2023 年没有显著差异。

在抵押贷款的利息成本方面，正确率由 2023 年的 52.9% 上升为 2024 年的 54.7%，检验的 p 值为 1.000，未通过 5% 的显著性水平检验。抵押贷款的利息成本的回答正确率，2024 年相较于 2023 年不存在显著性差异。

在分散化投资和风险关系方面，2023 年的正确率为 75.9%，2024 年略上升为 77.0%，并且 p 值 0.947 未通过显著性水平检验。与 2023 年受试者的正确率相比，2024 年在分散化投资和风险关系方面的正确率并不存在显著性差异。

在利率与债券价格的关系方面，正确率由 2023 年的 46.8% 波动为 2024 年的 48.5%，检验的 p 值为 1.000，未通过 5% 的显著性水平检验。2024 年受试者在利率与债券价格的关系方面的正确率相较于 2023 年并无显著差异，但出现了上升趋势。

在美元的买入价格识别方面，2023 年的正确率为 46.2%，2024 年则下降为 45.5，并以 p 值 1.000 未通过显著性水平检验。美元的买入价识别的回答正确率，2024 年相较于 2023 年不存在显著性差异。

在高回报金融产品的识别方面，正确率由 2023 年的 23.9% 下降为 2024 年的 23.0%，p 值为 0.003，通过 5% 的显著性水平检验。2024 年项目参与者在高回报金融产品的识别的正确率方面相比 2023 年呈现了明显的下降趋势。

在收益波动资产的识别方面，2023 年的正确率为 76.9%，2024 年略有下降，为 75.9%，p 值为 0.989，未通过显著性水平检验。收益波动资产的识别方面的正确率比例虽然稍有下降，但两年间并未呈现出显著性差异。

在债券和股票的风险比较方面，2023 年的正确率为 71.0%，2024 年波动为 71.2%，p 值为 1.000，未通过 5% 的显著性水平检验。债券和股票的风险比较的回答正确率，2024 年相较于 2023 年不存在显著性差异。

在资产的时间价值方面，2023 年的正确率为 61.8%，2024 年上升至 63.1%，检验的 p 值为 0.994，未通过显著性水平检验。2024 年，受试者在资产的时间价值方面的正确率相较于 2023 年未呈现显著差异。

在股票共同基金的含义方面，正确率由 2023 年的 70.6% 上升为 2024 年的 72.1%，但并未通过 5% 的显著性水平检验。两年比较并无显著差异。

在存款准备金率方面，2023 年的正确率为 51.8%，2024 年上升为 53.7%，且通过了5%的显著性水平检验，p值为0.039。相较于2023年，2024年受试者在存款准备金率的正确率方面出现了明显的上升。

在股票持有人的性质方面，正确率由2023年的38.0%上升为2024年的42.7%，p值为0.000，通过了5%的显著性水平检验。2024年与2023年受试者在股票持有人的性质方面的正确率呈现了明显的差异，且为上升趋势。

在医疗保险方面，正确率由2023年的15.3%上升为2024年的15.9%，且以p值0.000通过了5%的显著性水平检验，两年比较呈现了显著差异，且正确率上升幅度较大。

在个人信用评级方面，2023年的正确率为79.5%，2024年波动为80.2%，p值为1.000，未在5%水平下呈现显著性的差异。

在不良信用记录的影响方面，正确率由2023年的70.8%下降为2024年的66.1%，p值为1.000，并未通过5%的显著性水平检验。2024年、2023年的受试者在不良信用记录的影响方面的正确率未呈现显著性的差异。

在分期付款方面，2023年的正确率为76.8%，2024年的正确率上升为77.6%，p值为1.000，并未通过5%水平下的显著性检验。两者比较未呈现显著性差异。

在申请个人信用报告方面，正确率由2023年的80.3%上升为2024年的82.8%，且以p值1.000未通过5%水平下的显著性检验。相较于2023年的受试者，2024年的受试者在申请个人信用报告方面的正确率没有显著性的变化。

综上所述，2024年参与项目的大学生在客观财经知识的正确率方面，相较于2023年的受试者，正确率趋于稳定，整体情况良好。2023年受试者正确率不足50%的项目为通货膨胀、借钱中的利息计算、股票的风险性、利率和债券价格的关系、美元的买入价识别、高回报金融产品的识别、股票持有人的性质、医疗保险，最低为医疗保险，正确率仅为15.9%；正确率超过80%的项目为投资的风险性、个人信用评级，最高为投资的风险性，正确率为91.7%。其中，通货膨胀、存款准备金率、股票持有人的性质、医疗保险，呈明显上升趋势，且通货膨胀的正确率上升幅度最大。高回报金融资产的识别则出现显著且具有较高的正确率。而单利计算、借钱中的利息计算、复利计算、投资的风险性、通货膨胀和生活成本的关系、股票的风险性、抵押贷款的利息成本、分散化投资和风险的关系、利率和债券价格的关系、美元的买入价识别、收益波动资产的识别、债券和股票的风险比较、资产的时间价值、股票共同基金的含义、个人信用评级、不良信用记录的影响、分期付款、申请个人信用报告不存在显著性差异。

第三节　数学素养对稳定性人格及财经素养的影响

为探析数学素养与认知需求、自我效能、延迟满足三个稳定性人格心理变量及财经素养的关系，本节首先运用 One-way ANOVA 分析工具，分析了数学素养对认知需求、自我效能、延迟满足三个稳定性人格心理变量及财经素养的影响，并在此基础上进行了多重组间比较分析。其次，运用 PROCESS 分析工具，将认知需求、自我效能、延迟满足三个稳定性人格心理变量作为中介，进行多重中介效应分析，研究数学素养是否通过三个心理变量对大学生的财经素养产生影响。

本书中，数学素养的变量有：①数学竞赛；②学术成就；③高级数学课程；④独立研究；⑤实际应用；⑥统计与数据分析；⑦计算工具；⑧数学历史。三个稳定性人格心理变量为：①认知需求；②自我效能；③延迟满足。财经素养相关变量有：①客观财经知识；②主观财经知识；③财经态度；④财经满意度；⑤财经行为合理性；⑥独立；⑦信用；⑧未来规划（生涯适应能力和未来承诺）。

一、数学素养对认知需求的影响

本书将认知需求涉及的三个题项加总求均值，记为因子分，用这个因子分代表认知需求，这个值越高，则表示认知需求越强。该变量的均值为 3.21，标准差为 0.930。

本项目将数学素养作为自变量，包括数学竞赛、学术成就、高级数学课程、独立研究、实际应用、统计与数据分析、计算工具、数学历史共八个变量。将认知需求作为因变量，运用 One-way ANOVA 分析工具进行方差分析。以下为数学素养对认知需求的检验结果。

（1）数学竞赛。One-way ANOVA 分析发现，$F(4, 6060) = 2.672$，$p = 0.030$（$p<0.05$），由于基于均值计算的因变量的方差在自变量各组间不等，故而使用 Tamehane 多重比较法，发现各组间并不存在显著性差异，具体数据如表 4-60 和图 4-1 所示。

表 4-60　数学竞赛与大学生认知需求之间的关系

数学竞赛	频数（人）	均值	标准差
从未参加过	4060	2.79	0.90
参加过，但表现较差	549	2.84	0.87
参加过，表现一般	1137	2.76	1.00

续表

数学竞赛	频数（人）	均值	标准差
参加过，表现较好	258	2.65	1.10
参加过，多次获奖	61	2.98	1.09
总计	6065	2.79	0.93

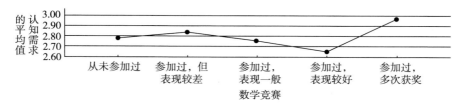

图 4-1　数学竞赛与大学生认知需求之间的关系

（2）学术成就。One-way ANOVA 分析发现，F（4，6060）= 6.853，p = 0.000（p<0.05），由于基于均值计算的因变量的方差在自变量各组间不等，故而使用 Tamehane 多重比较法，发现学术成就较差的大学生的认知需求显著低于学术成就为一般、良好、优秀及杰出的大学生的认知需求。其余组别大学生的认知需求无显著差异。具体数据如表 4-61 和图 4-2 所示。

表 4-61　学术成就与大学生认知需求之间的关系

学术成就	频数（人）	均值	标准差
较差	415	2.97	0.99
一般	2371	2.82	0.89
良好	2277	2.75	0.90
优秀	850	2.74	1.02
杰出	152	2.71	1.23
总计	6065	2.79	0.93

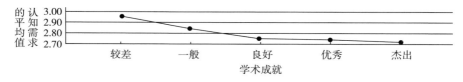

图 4-2　学术成就与大学生认知需求之间的关系

（3）高级数学课程。One-way ANOVA 分析发现，F（4，6060）= 9.412，p = 0.000（p<0.05）。由于基于均值计算的因变量的方差在自变量各组间不等，故而使用 Tamehane 多重比较法，发现学习过高级课程且取得高分、顺利完成、一般，以及未学习过的大学生的认知需求显著高于学习过但困难重重的大学生的认知需求。其余组别间不存在显著性差异。具体数据如表 4-62 和图 4-3 所示。

表 4-62　高级数学课程与大学生认知需求之间的关系

高级数学课程	频数（人）	均值	标准差
从未学习过	1117	2.77	0.93
学习过，但困难重重	865	2.95	0.90
学习过，一般	1922	2.80	0.90
学习过，顺利完成	1585	2.73	0.93
学习过，取得高分	576	2.70	1.03
总计	6065	2.79	0.93

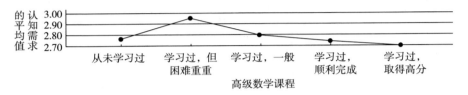

图 4-3　高级数学课程与大学生认知需求之间的关系

（4）独立研究。One-way ANOVA 分析发现，$F_{(4, 6060)} = 7.020$，$p = 0.000$（$p < 0.05$）。由于基于均值计算的因变量的方差在自变量各组间不等，故而使用 Tamehane 多重比较法，发现在独立研究方面，参与过且积极参与、有一定经验的大学生的认知需求显著低于从未参与过的大学生的认知需求。其余组别间无显著差异（$\alpha = 0.05$）。具体数据如表 4-63 和图 4-4 所示。

表 4-63　独立研究与大学生认知需求之间的关系

独立研究	频数（人）	均值	标准差
从未参与过	4132	2.75	0.89
参与过，但经验有限	1140	2.81	0.96
参与过，有一定经验	472	2.93	1.05
参与过，积极参与	264	2.95	1.10
参与过，取得成就	57	3.01	1.26
总计	6065	2.79	0.93

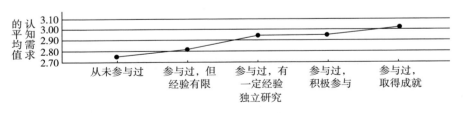

图 4-4　独立研究与大学生认知需求之间的关系

（5）实际应用。One-way ANOVA 分析发现，$F_{(4, 6060)} = 8.105$，$p = 0.000$（$p < 0.05$）。由于基于均值计算的因变量的方差在自变量各组间不等，故而使用 Tamehane 多重比较法，发现在数学素养实际应用方面较有经验的大学生的认知

需求显著高于从未尝试过以及非常有经验的大学生的认知需求。有一些经验的大学生的认知需求显著高于从未尝试过以及非常有经验的大学生的认知需求。其余组别间无显著差异（$\alpha = 0.05$）。具体数据如表4-64和图4-5所示。

表4-64 实际应用与大学生认知需求之间的关系

实际应用	频数（人）	均值	标准差
从未尝试过	1276	2.88	0.91
尝试过，但经验有限	2822	2.79	0.88
有一些经验	1525	2.72	0.96
较有经验	376	2.67	1.12
非常有经验	66	3.06	1.47
总计	6065	2.79	0.93

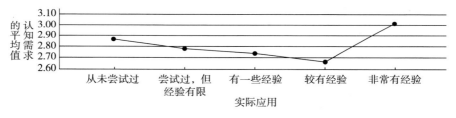

图4-5 实际应用与大学生认知需求之间的关系

（6）统计与数据分析。One-way ANOVA分析发现，$F_{(4, 6060)} = 1.921$，$p = 0.104$（$p > 0.05$）。可以发现统计与数据分析对大学生认知需求的影响不显著（$\alpha = 0.05$）。具体数据如表4-65所示。

表4-65 统计与数据分析与大学生认知需求之间的关系

统计与数据分析	频数（人）	均值	标准差
从未学习过	1697	2.76	0.91
学习过，但经验有限	2928	2.80	0.89
有一定经验	1054	2.78	0.98
较有经验	338	2.77	1.14
高水平经验	48	3.10	1.38
总计	6065	2.79	0.93

（7）计算工具。One-way ANOVA分析发现，$F_{(4, 6060)} = 7.193$，$p = 0.000$（$p < 0.05$）。由于基于均值计算的因变量的方差在自变量各组间不等，故而使用Tamehane多重比较法，发现使用过计算工具，但水平有限、有一定经验、较有经验的大学生的认知需求显著高于有高水平计算工具经验的大学生的认知需求。有一定经验的大学生的认知需求高于从未使用过以及经验有限的大学生的认知需求。其余组别间无显著差异（$\alpha = 0.05$）。具体数据如表4-66和图4-6所示。

表 4-66　计算工具与大学生认知需求之间的关系

计算工具	频数（人）	均值	标准差
从未使用过	656	2.86	0.96
使用过，但经验有限	3322	2.81	0.87
有一定经验	1569	2.72	0.94
较有经验	451	2.72	1.13
高水平经验	67	3.19	1.38
总计	6065	2.79	0.93

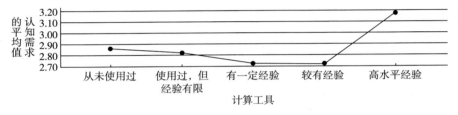

图 4-6　计算工具与大学生认知需求之间的关系

（8）数学历史。One-way ANOVA 分析发现，$F_{(4, 6060)} = 5.653$，$p = 0.000$（$p < 0.05$）。由于基于均值计算的因变量的方差在自变量各组间不等，故而使用 Tamehane 多重比较法，发现深入研究过数学历史的大学生的认知需求显著低于从未学习过、有一定了解、有一些经验的大学生的认知需求。其余组别间无显著差异（$\alpha = 0.05$）。具体数据如表 4-67 和图 4-7 所示。

表 4-67　数学历史与大学生认知需求之间的关系

数学历史	频数（人）	均值	标准差
从未学习过	2142	2.78	0.89
有一定了解	2810	2.77	0.92
有一些学习经验	890	2.83	0.99
较多学习经验	183	2.95	1.10
深入研究过	40	3.33	1.38
总计	6065	2.79	0.93

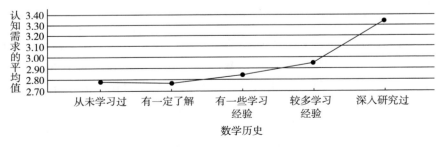

图 4-7　数学历史与大学生认知需求之间的关系

二、数学素养对自我效能的影响

本书将自我效能涉及的三个题项加总求均值，记为因子分，用这个因子分代表自我效能，这个值越高，则表示自我效能越强。该变量的均值为3.65，标准差为0.805。

本项目将数学素养作为自变量，包括数学竞赛、学术成就、高级数学课程、独立研究、实际应用、统计与数据分析、计算工具、数学历史共八个变量。将自我效能作为因变量，运用 One-way ANOVA 分析工具进行方差分析。以下为数学素养对自我效能的检验结果。

（1）数学竞赛。One-way ANOVA 分析发现，$F(4, 6060) = 28.399$，$p = 0.000(p<0.05)$，由于基于均值计算的因变量的方差在自变量各组间不等，故而使用 Tamehane 多重比较法，发现参加过数学竞赛且表现较好的大学生的自我效能显著高于从未参加过、参加过且表现较差或一般的大学生的自我效能。参加过且多次获奖的大学生的自我效能显著高于表现较差的大学生的自我效能。参加过且表现一般的大学生的自我效能显著高于参加过且表现较差以及未参加过的大学生的自我效能。其余组别间无显著差异（$\alpha = 0.05$），具体数据如表4-68和图4-8所示。

表 4-68 数学竞赛与大学生自我效能之间的关系

数学竞赛	频数（人）	均值	标准差
从未参加过	4060	3.60	0.80
参加过，但表现较差	549	3.55	0.79
参加过，表现一般	1137	3.78	0.78
参加过，表现较好	258	4.03	0.83
参加过，多次获奖	61	3.88	0.93
总计	6065	3.65	0.81

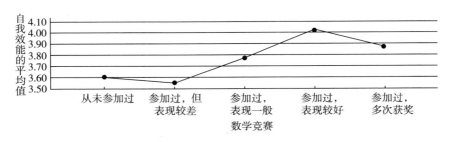

图 4-8 数学竞赛与大学生自我效能之间的关系

（2）学术成就。One-way ANOVA 分析发现，$F(4, 6060) = 44.360$，$p = 0.000(p<0.05)$，由于基于均值计算的因变量的方差在自变量各组间不等，故而

使用 Tamehane 多重比较法，发现学术成就为杰出的大学生的自我效能显著高于学术成就为较差、一般、良好的大学生的自我效能。学术成就为优秀的大学生的自我效能显著高于学术成就为较差、一般以及良好的大学生的自我效能。学术成就为良好的大学生的自我效能显著高于学术成就为一般以及较差的大学生的自我效能。其余组别大学生的自我效能无显著差异。具体数据如表 4-69 和图 4-9 所示。

表 4-69　学术成就与大学生自我效能之间的关系

学术成就	频数（人）	均值	标准差
较差	415	3.47	0.93
一般	2371	3.54	0.78
良好	2277	3.70	0.76
优秀	850	3.86	0.81
杰出	152	4.05	0.93
总计	6065	3.65	0.81

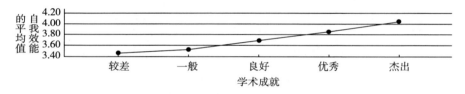

图 4-9　学术成就与大学生自我效能之间的关系

（3）高级数学课程。One-way ANOVA 分析发现，$F(4, 6060) = 33.618$，$p = 0.000（p<0.05）$。由于基于均值计算的因变量的方差在自变量各组间不等，故而使用 Tamehane 多重比较法，发现学习过高级数学课程且取得高分的大学生的自我效能显著高于学习过但困难重重、顺利完成、一般以及从未学习过高级数学课程的大学生的自我效能。学习过高级数学课程且顺利完成的大学生的自我效能显著高于学习过但困难重重、一般以及从未学习过的大学生的自我效能。学习过高级数学课程但结果一般的大学生的自我效能显著高于学习过但困难重重的大学生的自我效能，但低于未学习过的大学生的自我效能。学习过但困难重重的大学生的自我效能显著低于从未学习过的大学生。其余组别间不存在显著性差异，具体数据如表 4-70 和图 4-10 所示。

表 4-70　高级数学课程与大学生自我效能之间的关系

高级数学课程	频数（人）	均值	标准差
从未学习过	1117	3.62	0.83
学习过，但困难重重	865	3.45	0.81
学习过，一般	1922	3.61	0.79
学习过，顺利完成	1585	3.73	0.76

高级数学课程	频数（人）	均值	标准差
学习过，取得高分	576	3.90	0.84
总计	6065	3.65	0.81

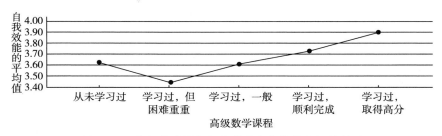

图 4-10　高级数学课程与大学生自我效能之间的关系

（4）独立研究。One-way ANOVA 分析发现，F（4，6060）= 14.466，p = 0.000（p<0.05）。由于基于均值计算的因变量的方差在自变量各组间不等，故而使用 Tamehane 多重比较法，发现参与过独立研究且取得成就的大学生的自我效能高于从未参与过以及参与过但经验有限的大学生的自我效能。参与过且积极参与独立研究的大学生的自我效能显著高于参与过但经验有限及有一定经验、从未参与过的大学生的自我效能。其余组别间无显著差异（α = 0.05）。具体数据如表 4-71 和图 4-11 所示。

表 4-71　独立研究与大学生自我效能之间的关系

独立研究	频数（人）	均值	标准差
从未参与过	4132	3.61	0.79
参与过，但经验有限	1140	3.68	0.80
参与过，有一定经验	472	3.72	0.88
参与过，积极参与	264	3.93	0.86
参与过，取得成就	57	4.01	1.03
总计	6065	3.65	0.81

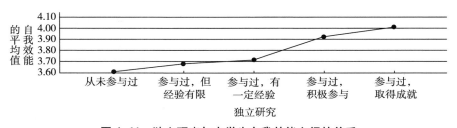

图 4-11　独立研究与大学生自我效能之间的关系

（5）实际应用。One-way ANOVA 分析发现，F（4，6060）= 63.777，p = 0.000（p<0.05）。由于基于均值计算的因变量的方差在自变量各组间不等，故而

使用 Tamehane 多重比较法，发现在数学素养实际应用方面非常有经验的大学生的自我效能显著高于从未尝试过以及经验有限和有一定经验的大学生的自我效能。较有经验的大学生的自我效能显著高于从未尝试过以及经验有限和有一定经验的大学生的自我效能。有一定经验的大学生的自我效能显著高于从未尝试过以及经验有限的大学生的自我效能。其余组别间无显著差异（$\alpha = 0.05$）。具体数据如表 4-72 和图 4-12 所示。

表 4-72　实际应用与大学生自我效能之间的关系

实际应用	频数（人）	均值	标准差
从未尝试过	1276	3.49	0.82
尝试过，但经验有限	2822	3.60	0.77
有一些经验	1525	3.74	0.80
较有经验	376	4.13	0.78
非常有经验	66	4.16	0.94
总计	6065	3.65	0.81

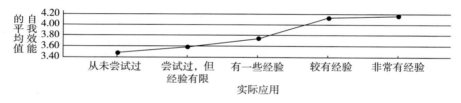

图 4-12　实际应用与大学生自我效能之间的关系

（6）统计与数据分析。One-way ANOVA 分析发现，$F(4, 6060) = 33.700$，$p = 0.000(p < 0.05)$。由于基于均值计算的因变量的方差在自变量各组间不等，故而使用 Tamehane 多重比较法。发现在统计与数据分析方面有高水平经验的大学生的自我效能显著高于从未学习过、经验有限及有一定经验的大学生的自我效能。较有经验的大学生的自我效能显著高于从未学习过、经验有限及有一定经验的大学生的自我效能。有一定经验的大学生的自我效能显著高于从未学习过、经验有限的大学生的自我效能。其余组别间无显著差异（$\alpha = 0.05$）。具体数据如表 4-73 和图 4-13 所示。

表 4-73　统计与数据分析与大学生自我效能之间的关系

统计与数据分析	频数（人）	均值	标准差
从未学习过	1697	3.57	0.82
学习过，但经验有限	2928	3.61	0.77
有一定经验	1054	3.77	0.81
较有经验	338	4.00	0.85
高水平经验	48	4.17	0.84
总计	6065	3.65	0.81

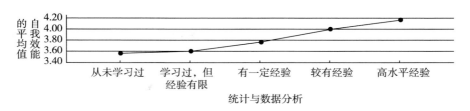

图 4-13 统计与数据分析与大学生自我效能之间的关系

（7）计算工具。One-way ANOVA 分析发现，$F(4, 6060) = 51.411$，$p = 0.000(p < 0.05)$。由于基于均值计算的因变量的方差在自变量各组间不等，故而使用 Tamehane 多重比较法，发现在计算工具使用方面有高水平经验的大学生的自我效能显著高于从未使用过、经验有限及有一定经验的大学生的自我效能。较有经验的大学生的自我效能显著高于从未使用过、经验有限及有一定经验的大学生的自我效能感。有一定经验的大学生的自我效能显著高于从未使用过、经验有限的大学生的自我效能。其余组别间无显著差异（$\alpha = 0.05$）。具体数据如表 4-74 和图 4-14 所示。

表 4-74 计算工具与大学生自我效能之间的关系

计算工具	频数（人）	均值	标准差
从未使用过	656	3.53	0.89
使用过，但经验有限	3322	3.57	0.77
有一定经验	1569	3.74	0.78
较有经验	451	4.01	0.82
高水平经验	67	4.26	0.85
总计	6065	3.65	0.81

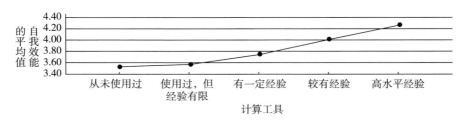

图 4-14 计算工具与大学生自我效能之间的关系

（8）数学历史。One-way ANOVA 分析发现，$F(4, 6060) = 27.043$，$p = 0.000(p < 0.05)$。由于基于均值计算的因变量的方差在自变量各组间不等，故而使用 Tamehane 多重比较法，发现对于数学历史深入研究过的大学生的自我效能显著高于其他所有组别的大学生的自我效能。有较多学习经验的大学生的自我效能显著高于从未学习过、有一定了解、有一些学习经验的大学生的自我效能。有一些学习经验的大学生的自我效能显著高于从未学习过数学历史的大学生的自我

效能。有一定了解的大学生的自我效能显著高于从未学习过数学历史的大学生的自我效能。其余组别间无显著差异（α=0.05）。具体数据如表 4-75 和图 4-15 所示。

表 4-75 数学历史与大学生自我效能之间的关系

数学历史	频数（人）	均值	标准差
从未学习过	2142	3.55	0.80
有一定了解	2810	3.67	0.79
有一些学习经验	890	3.73	0.81
较多学习经验	183	3.95	0.89
深入研究过	40	4.40	0.78
总计	6065	3.65	0.81

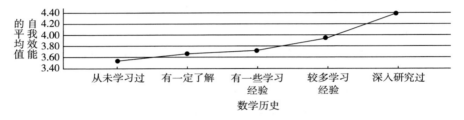

图 4-15 数学历史与大学生自我效能之间的关系

三、数学素养对延迟满足的影响

本书将延迟满足涉及的三个题项加总求均值，记为因子分，用这个因子分代表延迟满足，这个值越高，则表示延迟满足越强。该变量的均值为 3.53，标准差为 0.810。

本项目将数学素养作为自变量，包括数学竞赛、学术成就、高级数学课程、独立研究、实际应用、统计与数据分析、计算工具、数学历史共八个变量。将延迟满足作为因变量，运用 One-way ANOVA 分析工具进行方差分析。以下为数学素养对延迟满足的检验结果。

（1）数学竞赛。One-way ANOVA 分析发现，$F(4, 6060) = 12.949$，$p = 0.000(p<0.05)$，由于基于均值计算的因变量的方差在自变量各组间不等，故而使用 Tamehane 多重比较法，发现参加过数学竞赛且表现较好的大学生的延迟满足显著高于从未参加过、参加过且表现较差或一般的大学生的延迟满足。参加过且表现一般的大学生的延迟满足显著高于参加过且表现较差以及未参加过的大学生的延迟满足。其余组别间无显著差异（α=0.05），具体数据如表 4-76 和图 4-16 所示。

表 4-76　数学竞赛与大学生延迟满足之间的关系

数学竞赛	频数（人）	均值	标准差
从未参加过	4060	3.49	0.71
参加过，但表现较差	549	3.48	0.72
参加过，表现一般	1137	3.59	0.74
参加过，表现较好	258	3.77	0.78
参加过，多次获奖	61	3.64	0.83
总计	6065	3.52	0.73

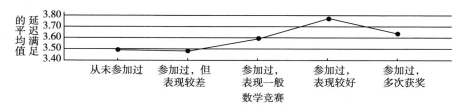

图 4-16　数学竞赛与大学生延迟满足之间的关系

（2）学术成就。One-way ANOVA 分析发现，F（4，6060）= 27.000，p = 0.000（p<0.05），由于基于均值计算的因变量的方差在自变量各组间不等，故而使用 Tamehane 多重比较法，发现学术成就为杰出的大学生的延迟满足显著高于学术成就为较差、一般、良好的大学生的延迟满足。学术成就为优秀的大学生的延迟满足显著高于学术成就为较差、一般以及良好的大学生的延迟满足。学术成就为良好的大学生的延迟满足显著高于学术成就为一般以及较差的大学生的延迟满足。其余组别大学生的延迟满足无显著差异。具体数据如表 4-77 和图 4-17所示。

表 4-77　学术成就与大学生延迟满足之间的关系

学术成就	频数（人）	均值	标准差
较差	415	3.41	0.89
一般	2371	3.44	0.71
良好	2277	3.56	0.68
优秀	850	3.67	0.74
杰出	152	3.82	0.84
总计	6065	3.52	0.73

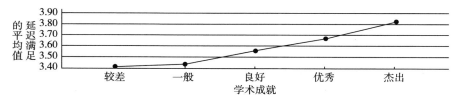

图 4-17　学术成就与大学生延迟满足之间的关系

（3）高级数学课程。One-way ANOVA 分析发现，$F_{(4, 6060)} = 16.785$，$p = 0.000$（$p<0.05$）。由于基于均值计算的因变量的方差在自变量各组间不等，故而使用 Tamehane 多重比较法，发现学习过高级数学课程且取得高分的大学生的延迟满足显著高于学习过但困难重重、一般以及从未学习过的大学生的延迟满足。学习过高级数学课程且顺利完成的大学生的延迟满足显著高于学习过但困难重重、一般的大学生的延迟满足。学习过高级数学课程但结果一般的大学生的延迟满足显著高于学习过但困难重重的大学生的延迟满足。学习过高级数字课程但困难重重的大学生的延迟满足显著低于从未学习过的大学生。其余组别间大学生的延迟满足不存在显著性差异，具体数据如表 4-78 和图 4-18 所示。

表4-78 高级数学课程与大学生延迟满足之间的关系

高级数学课程	频数（人）	均值	标准差
从未学习过	1117	3.53	0.75
学习过，但困难重重	865	3.39	0.75
学习过，一般	1922	3.49	0.71
学习过，顺利完成	1585	3.58	0.69
学习过，取得高分	576	3.68	0.75
总计	6065	3.52	0.73

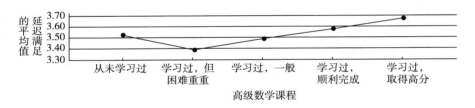

图4-18 高级数学课程与大学生延迟满足之间的关系

（4）独立研究。One-way ANOVA 分析发现，$F_{(4, 6060)} = 10.892$，$p = 0.000$（$p<0.05$）。由于基于均值计算的因变量的方差在自变量各组间不等，故而使用 Tamehane 多重比较法，发现参与过且积极参与独立研究的大学生的延迟满足显著高于参与过但经验有限以及有一定经验、从未参与过的大学生的延迟满足。其余组别间无显著差异（$\alpha = 0.05$）。具体数据如表 4-79 和图 4-19 所示。

表4-79 独立研究与大学生延迟满足之间的关系

独立研究	频数（人）	均值	标准差
从未参与过	4132	3.49	0.70
参与过，但经验有限	1140	3.56	0.72
参与过，有一定经验	472	3.54	0.82
参与过，积极参与	264	3.76	0.79
参与过，取得成就	57	3.72	0.93
总计	6065	3.52	0.73

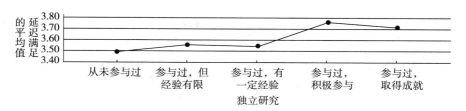

图 4-19 独立研究与大学生延迟满足之间的关系

（5）实际应用。One-way ANOVA 分析发现，F（4，6060）= 33.180，p =
0.000（p<0.05）。由于基于均值计算的因变量的方差在自变量各组间不等，故而
使用 Tamehane 多重比较法，发现在数学素养实际应用方面非常有经验的大学生
的延迟满足显著高于从未尝试过以及经验有限和有一定经验的大学生的延迟满
足。较有经验的大学生的延迟满足显著高于从未尝试过以及经验有限和有一定经
验的大学生的延迟满足。有一定经验的大学生的延迟满足显著高于从未尝试过的
大学生的延迟满足。经验有限的大学生的延迟满足显著高于从未尝试过的大学生
的延迟满足。其余组别间无显著差异（α=0.05）。具体数据如表 4-80 和图 4-20
所示。

表 4-80 实际应用与大学生延迟满足之间的关系

实际应用	频数（人）	均值	标准差
从未尝试过	1276	3.42	0.76
尝试过，但经验有限	2822	3.50	0.70
有一些经验	1525	3.56	0.72
较有经验	376	3.86	0.72
非常有经验	66	3.89	0.88
总计	6065	3.52	0.73

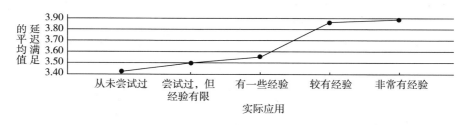

图 4-20 实际应用与大学生延迟满足之间的关系

（6）统计与数据分析。One-way ANOVA 分析发现，F（4，6060）= 15.280，
p=0.000（p<0.05）。由于基于均值计算的因变量的方差在自变量各组间不等，故
而使用 Tamehane 多重比较法。发现在统计与数据分析方面有高水平经验的大学
生的延迟满足显著高于从未学习过、经验有限及有一定经验的大学生的延迟满
足。较有经验的大学生的延迟满足显著高于从未学习过、经验有限及有一定经验

的大学生的延迟满足。有一定经验的大学生的延迟满足显著高于从未学习过、经验有限的大学生的延迟满足。其余组别间无显著差异（α＝0.05）。具体数据如表4-81和图4-21所示。

表4-81　统计与数据分析与大学生延迟满足之间的关系

统计与数据分析	频数（人）	均值	标准差
从未学习过	1697	3.48	0.74
学习过，但经验有限	2928	3.50	0.69
有一定经验	1054	3.58	0.74
较有经验	338	3.73	0.78
高水平经验	48	3.96	0.85
总计	6065	3.52	0.73

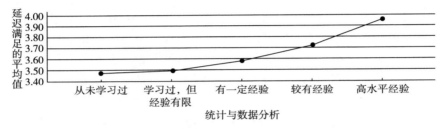

图4-21　统计与数据分析与大学生延迟满足之间的关系

（7）计算工具。One-way ANOVA分析发现，$F_{(4, 6060)} = 26.494$，$p = 0.000$（$p<0.05$）。由于基于均值计算的因变量的方差在自变量各组间不等，故而使用Tamehane多重比较法，发现在计算工具使用方面有高水平经验的大学生的延迟满足显著高于从未使用过、经验有限及有一定经验的大学生的延迟满足。较有经验的大学生的延迟满足显著高于从未使用过、经验有限及有一定经验的大学生的延迟满足。有一定经验的大学生的延迟满足显著高于经验有限的大学生的延迟满足。其余组别间无显著差异（α＝0.05）。具体数据如表4-82和图4-22所示。

表4-82　计算工具与大学生延迟满足之间的关系

计算工具	频数（人）	均值	标准差
从未使用过	656	3.49	0.80
使用过，但经验有限	3322	3.47	0.69
有一定经验	1569	3.56	0.72
较有经验	451	3.77	0.78
高水平经验	67	4.00	0.77
总计	6065	3.52	0.73

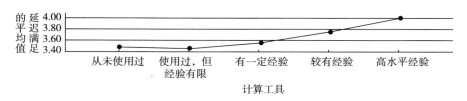

图 4-22 计算工具与大学生延迟满足之间的关系

（8）数学历史。One-way ANOVA 分析发现，$F_{(4, 6060)} = 14.350$，$p = 0.000(p > 0.05)$。由于基于均值计算的因变量的方差在自变量各组间不等，故而使用 Tamehane 多重比较法，发现对数学历史深入研究过的大学生的延迟满足显著高于从未学习过、有一定了解、有一些学习经验的大学生的延迟满足。有较多学习经验的大学生显著高于从未学习过的大学生的延迟满足。有一些学习经验的大学生的延迟满足显著高于从未学习过的大学生的延迟满足。有一定了解的大学生的延迟满足显著高于从未学习过的大学生的延迟满足。其余组别间无显著差异（$\alpha = 0.05$）。具体数据如表 4-83 和图 4-23 所示。

表 4-83 数学历史与大学生延迟满足之间的关系

数学历史	频数（人）	均值	标准差
从未学习过	2142	3.45	0.72
有一定了解	2810	3.55	0.71
有一些学习经验	890	3.56	0.76
较多学习经验	183	3.70	0.82
深入研究过	40	4.03	0.85
总计	6065	3.52	0.73

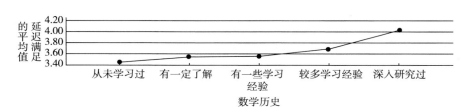

图 4-23 数学历史与大学生延迟满足之间的关系

四、数学素养对客观财经知识得分的影响

本项目将客观财经知识涉及的 23 个题项每题赋予一分，每题分数相同，记为因子分，用这个因子分代表客观财经知识得分，这个值越高，则表示客观财经知识得分越高。该变量的均值为 12.51，标准差为 3.833。

本项目将数学素养作为自变量，包括数学竞赛、学术成就、高级数学课程、独立研究、实际应用、统计与数据分析、计算工具、数学历史共八个变量。将客观财经知识得分作为因变量，运用 One-way ANOVA 分析工具进行方差分析。以下为数学素养对客观财经知识得分的检验结果。

（1）数学竞赛。One-way ANOVA 分析发现，$F_{(4, 6060)} = 2.478$，$p = 0.042$（$p < 0.05$），由于基于均值计算的因变量的方差在自变量各组间不等，故而使用 Tamehane 多重比较法，发现参加过且多次获奖的学生的客观财经知识得分显著低于参加过且表现较好的大学生的客观财经知识得分（$\alpha = 0.05$）。具体数据如表 4-84 和图 4-24 所示。

表 4-84　数学竞赛与大学生客观财经知识得分之间的关系

数学竞赛	频数（人）	均值	标准差
从未参加过	4060	12.46	3.86
参加过，但表现较差	549	12.32	3.73
参加过，表现一般	1137	12.77	3.73
参加过，表现较好	258	12.75	3.95
参加过，多次获奖	61	11.92	4.28
总计	6065	12.51	3.83

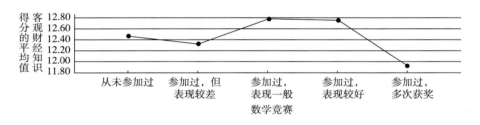

图 4-24　数学竞赛与大学生客观财经知识得分之间的关系

（2）学术成就。One-way ANOVA 分析发现，$F_{(4, 6060)} = 27.502$，$p = 0.000$（$p < 0.05$），由于基于均值计算的因变量的方差在自变量各组间不等，故而使用 Tamehane 多重比较法，发现学术成就为杰出的大学生的客观财经知识得分显著高于学术成就为较差、一般的大学生的客观财经知识得分。学术成就为优秀的大学生的客观财经知识得分显著高于学术成就为较差、一般以及良好的大学生的客观财经知识得分。学术成就为良好的大学生的客观财经知识得分显著高于学术成就为一般以及较差的大学生的客观财经知识得分。学术成就良好的大学生的客观财经知识得分显著高于学术成就为一般的大学生的客观财经知识得分。其余组别大学生的客观财经知识得分无显著差异。具体数据如表 4-85 和图 4-25 所示。

表 4-85　学术成就与大学生客观财经知识得分之间的关系

学术成就	频数（人）	均值	标准差
较差	415	11.18	4.06
一般	2371	12.22	3.77

学术成就	频数（人）	均值	标准差
良好	2277	12.74	3.82
优秀	850	13.22	3.68
杰出	152	13.36	3.95
总计	6065	12.51	3.83

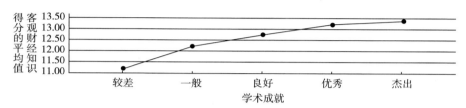

图4-25 学术成就与大学生客观财经知识得分之间的关系

（3）高级数学课程。One-way ANOVA 分析发现，$F_{(4, 6060)} = 40.757$，$p = 0.000 (p<0.05)$。由于基于均值计算的因变量的方差在自变量各组间不等，故而使用 Tamehane 多重比较法，发现学习过高级数学课程且取得高分的大学生的客观财经知识得分显著高于学习过但困难重重、一般以及从未学习过的大学生的客观财经知识得分。学习过高级数学课程且顺利完成的大学生的客观财经知识得分显著高于学习过但困难重重、一般的大学生的客观财经知识得分。学习过高级数学课程但结果一般的大学生的客观财经知识得分显著高于未学习过的大学生的客观财经知识得分。其余组别间不存在显著性差异，具体数据如表4-86和图4-26所示。

表4-86 高级数学课程与大学生客观财经知识得分之间的关系

高级数学课程	频数（人）	均值	标准差
从未学习过	1117	11.58	4.02
学习过，但困难重重	865	12.03	3.80
学习过，一般	1922	12.47	3.82
学习过，顺利完成	1585	13.14	3.63
学习过，取得高分	576	13.48	3.58
总计	6065	12.51	3.83

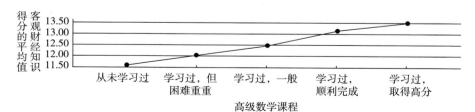

图4-26 高级数学课程与大学生客观财经知识得分之间的关系

（4）独立研究。One－way ANOVA 分析发现，F（4，6060）= 67.758，p = 0.001（p<0.05）。由于基于均值计算的因变量的方差在自变量各组间不等，故而使用 Tamehane 多重比较法，发现参与过独立研究且有一定经验的大学生的客观财经知识得分显著低于未参与过的、经验有限的大学生的客观财经知识得分。其余组别间无显著差异（α=0.05）。具体数据如表4-87和图4-27所示。

表4-87　独立研究与大学生客观财经知识得分之间的关系

独立研究	频数（人）	均值	标准差
从未参与过	4132	12.61	3.84
参与过，但经验有限	1140	12.53	3.67
参与过，有一定经验	472	11.86	4.04
参与过，积极参与	264	12.29	4.00
参与过，取得成就	57	11.93	3.96
总计	6065	12.51	3.83

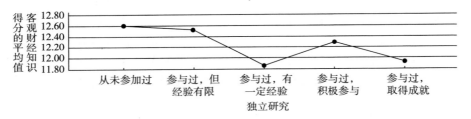

图4-27　独立研究与大学生客观财经知识得分之间的关系

（5）实际应用。One－way ANOVA 分析发现，F（4，6060）= 27.892，p = 0.000（p<0.05）。由于基于均值计算的因变量的方差在自变量各组间不等，故而使用 Tamehane 多重比较法，发现在数学素养实际应用方面较有经验的大学生的客观财经知识得分显著高于从未尝试过的大学生的客观财经知识得分。有一些经验的大学生的客观财经知识得分显著高于从未尝试过的大学生的客观财经知识得分。经验有限的大学生的客观财经知识得分显著高于从未尝试过的大学生的客观财经知识得分。其余组别间无显著差异（α=0.05）。具体数据如表4-88和图4-28所示。

表4-88　实际应用与大学生客观财经知识得分之间的关系

实际应用	频数（人）	均值	标准差
从未尝试过	1276	11.56	4.15
尝试过，但经验有限	2822	12.70	3.67
有一些经验	1525	12.90	3.69
较有经验	376	12.96	3.82
非常有经验	66	11.62	4.65
总计	6065	12.51	3.83

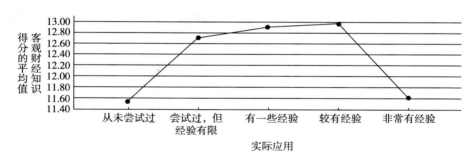

图 4-28 实际应用与大学生客观财经知识得分之间的关系

（6）统计与数据分析。One-way ANOVA 分析发现，F（4，6060）= 36.838，p = 0.000(p<0.05)。由于基于均值计算的因变量的方差在自变量各组间不等，故而使用 Tamehane 多重比较法。发现在统计与数据分析方面有高水平经验的大学生的客观财经知识得分显著低于经验有限及有一定经验的大学生的客观财经知识得分。较有经验的大学生的客观财经知识得分显著高于从未学习过的大学生的客观财经知识得分。有一定经验的大学生的客观财经知识得分显著高于从未学习过的大学生的客观财经知识得分。经验有限的大学生的客观财经知识得分显著高于从未学习过的大学生的客观财经知识得分。其余组别间无显著差异（α = 0.05）。具体数据如表 4-89 和图 4-29 所示。

表 4-89 统计与数据分析与大学生客观财经知识得分之间的关系

统计与数据分析	频数（人）	均值	标准差
从未学习过	1697	11.61	4.01
学习过，但经验有限	2928	12.88	3.61
有一定经验	1054	12.97	3.69
较有经验	338	12.66	4.18
高水平经验	48	11.10	5.31
总计	6065	12.51	3.83

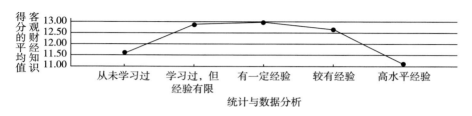

图 4-29 统计与数据分析与大学生客观财经知识得分之间的关系

（7）计算工具。One-way ANOVA 分析发现，F（4，6060）= 33.541，p = 0.000(p<0.05)。由于基于均值计算的因变量的方差在自变量各组间不等，故而使用 Tamehane 多重比较法，发现在计算工具使用方面有高水平经验的大学生的

客观财经知识得分显著低于经验有限、有一定经验及较有经验的大学生的客观财经知识得分。较有经验的大学生的客观财经知识得分显著高于从未使用过的大学生的客观财经知识得分。有一定经验的大学生的客观财经知识得分显著高于从未使用过、经验有限的大学生的客观财经知识得分。经验有限的大学生的客观财经知识得分显著高于从未使用过的大学生的客观财经知识得分。其余组别间无显著差异（α=0.05）。具体数据如表4-90和图4-30所示。

表4-90　计算工具与大学生客观财经知识得分之间的关系

计算工具	频数（人）	均值	标准差
从未使用过	656	11.03	4.36
使用过，但经验有限	3322	12.58	3.70
有一定经验	1569	12.93	3.70
较有经验	451	12.97	3.63
高水平经验	67	11.18	5.23
总计	6065	12.51	3.83

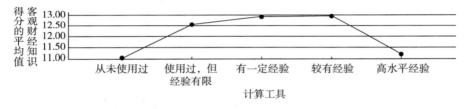

图4-30　计算工具与大学生客观财经知识得分之间的关系

（8）数学历史。One-way ANOVA 分析发现，$F(4, 6060) = 9.192$，$p = 0.000$（$p < 0.05$）。由于基于均值计算的因变量的方差在自变量各组间不等，故而使用 Tamehane 多重比较法，发现对数学历史深入研究过的大学生的客观财经知识得分显著低于从未学习过、有一定了解、有一些学习经验的大学生的客观财经知识得分。有较多学习经验的大学生的客观财经知识得分显著低于有一定了解的大学生的客观财经知识得分。有一定了解的大学生的客观财经知识得分显著高于从未学习过的大学生的客观财经知识得分。其余组别间无显著差异（α=0.05）。具体数据如表4-91和图4-31所示。

表4-91　数学历史与大学生客观财经知识得分之间的关系

数学历史	频数（人）	均值	标准差
从未学习过	2142	12.37	4.02
有一定了解	2810	12.75	3.62
有一些学习经验	890	12.39	3.85
较多学习经验	183	11.58	4.01
深入研究过	40	10.53	5.35
总计	6065	12.51	3.83

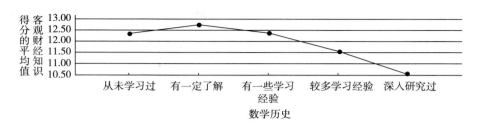

图 4-31　数学历史与大学生客观财经知识得分之间的关系

五、数学素养对主观财经知识得分的影响

主观财经知识得分的均值为 3.54，标准差为 1.251。主观财经知识得分越低，则表示被调查者对自身的财务素养越不满意；这个值越高，则表示被调查者对自己的财务素养越满意。

本项目将数学素养作为自变量，包括数学竞赛、学术成就、高级数学课程、独立研究、实际应用、统计与数据分析、计算工具、数学历史共八个变量。将主观财经知识得分作为因变量，运用 One-way ANOVA 分析工具进行方差分析。以下为数学素养对主观财经知识得分的检验结果。

（1）数学竞赛。One-way ANOVA 分析发现，$F_{(4, 6060)} = 36.557$，$p = 0.000(p<0.05)$，由于基于均值计算的因变量的方差在自变量各组间不等，故而使用 Tamehane 多重比较法，发现参加过数学竞赛且多次获奖的大学生的主观财经知识得分显著高于参加过且表现一般、较差，与未参加过的大学生的主观财经知识得分。参加过数学竞赛且表现较好的大学生的主观财经知识得分显著高于参加过且表现一般、较差，与未参加过的大学生的主观财经知识得分。参加过数学竞赛且表现一般的大学生的主观财经知识得分显著高于参加过且表现较差与未参加过的大学生的主观财经知识得分。其余组别间无显著差异（$\alpha = 0.05$），具体数据如表 4-92 和图 4-32 所示。

表 4-92　数学竞赛与大学生主观财经知识得分之间的关系

数学竞赛	频数（人）	均值	标准差
从未参加过	4060	3.43	1.23
参加过，但表现较差	549	3.54	1.21
参加过，表现一般	1137	3.73	1.21
参加过，表现较好	258	4.18	1.39
参加过，多次获奖	61	4.28	1.66
总计	6065	3.54	1.25

（2）学术成就。One-way ANOVA 分析发现，$F_{(4, 6060)} = 80.147$，$p = 0.000(p<0.05)$，由于基于均值计算的因变量的方差在自变量各组间不等，故而

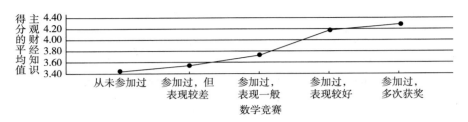

图 4-32　数学历史与大学生主观财经知识得分之间的关系

使用 Tamehane 多重比较法，发现学术成就杰出的大学生的主观财经知识得分显著高于其余组别的大学生的主观财经知识得分。学术成就为优秀的大学生的主观财经知识得分显著高于学术成就为较差、一般以及良好的大学生的主观财经知识得分。学术成就良好的大学生的主观财经知识得分显著高于学术成就一般以及较差的大学生的主观财经知识得分。学术成就为一般的大学生的主观财经知识得分显著高于学术成就为较差的大学生的主观财经知识得分。其余组别大学生的主观财经知识得分无显著差异。具体数据如表 4-93 和图 4-33 所示。

表 4-93　学术成就与大学生主观财经知识得分之间的关系

学术成就	频数（人）	均值	标准差
较差	415	2.94	1.35
一般	2371	3.35	1.19
良好	2277	3.65	1.16
优秀	850	3.93	1.31
杰出	152	4.29	1.57
总计	6065	3.54	1.25

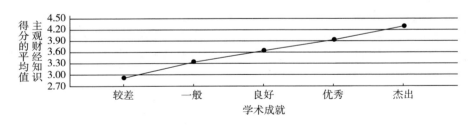

图 4-33　学术成就与大学生主观财经知识得分之间的关系

（3）高级数学课程。One-way ANOVA 分析发现，$F(4, 6060) = 82.281$，$p = 0.000(p<0.05)$。由于基于均值计算的因变量的方差在自变量各组间不等，故而使用 Tamehane 多重比较法，发现学习过高级数学课程且取得高分的大学生的主观财经知识得分显著高于学习过但困难重重、一般，以及从未学习过的大学生的主观财经知识得分。学习过高级数学课程且顺利完成的大学生的主观财经知识得分显著高于学习过但困难重重、一般的，以及未学习过的大学生的主观财经知识

得分。学习过高级数学课程但结果一般的大学生的主观财经知识得分显著高于学习过但困难重重，以及未学习过的大学生的主观财经知识得分。其余组别间不存在显著性差异，具体数据如表 4-94 和图 4-34 所示。

表 4-94　高级数学课程与大学生主观财经知识得分之间的关系

高级数学课程	频数（人）	均值	标准差
从未学习过	1117	3.13	1.29
学习过，但困难重重	865	3.28	1.22
学习过，一般	1922	3.52	1.18
学习过，顺利完成	1585	3.84	1.18
学习过，取得高分	576	3.94	1.32
总计	6065	3.54	1.25

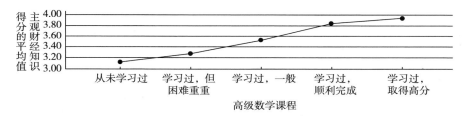

图 4-34　高级数学课程与大学生主观财经知识得分之间的关系

（4）独立研究。One-way ANOVA 分析发现，$F(4, 6060) = 54.255$，$p = 0.000(p<0.05)$。由于基于均值计算的因变量的方差在自变量各组间不等，故而使用 Tamehane 多重比较法，发现参与过独立研究且取得成绩的大学生的主观财经知识得分显著高于未参与过的大学生的主观财经知识得分。参与过且积极参与的大学生的主观财经知识得分显著高于参与过但经验有限、有一定经验，以及未参与过的大学生的主观财经知识得分。参与过且有一定经验的大学生的主观财经知识得分显著高于未参与过的大学生的主观财经知识得分。参与过但经验有限的大学生的主观财经知识得分显著高于未参与过的大学生的主观财经知识得分。其余组别间无显著差异（$\alpha = 0.05$）。具体数据如表 4-95 和图 4-35 所示。

表 4-95　独立研究与大学生主观财经知识得分之间的关系

独立研究	频数（人）	均值	标准差
从未参与过	4132	3.40	1.21
参与过，但经验有限	1140	3.71	1.18
参与过，有一定经验	472	3.86	1.34
参与过，积极参与	264	4.28	1.39
参与过，取得成就	57	4.12	1.69
总计	6065	3.54	1.25

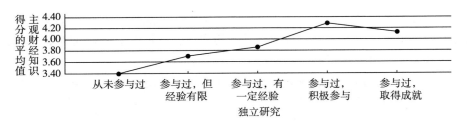

图 4-35　独立研究与大学生主观财经知识得分之间的关系

（5）实际应用。One-way ANOVA 分析发现，$F(4, 6060) = 113.685$，$p = 0.000(p<0.05)$。由于基于均值计算的因变量的方差在自变量各组间不等，故而使用 Tamehane 多重比较法，发现在数学素养实际应用方面非常有经验的大学生的主观财经知识得分显著高于其余组别的大学生的主观财经知识得分。在数学素养实际应用方面较有经验的大学生的主观财经知识得分显著高于有一些经验、经验有限以及从未尝试过的大学生的主观财经知识得分。有一些经验的大学生的主观财经知识得分显著高于经验有限以及从未尝试过的大学生的主观财经知识得分。经验有限的大学生的主观财经知识得分显著高于从未尝试过的大学生的主观财经知识得分。其余组别间无显著差异（$\alpha = 0.05$）。具体数据如表 4-96和图 4-36 所示。

表 4-96　实际应用与大学生主观财经知识得分之间的关系

实际应用	频数（人）	均值	标准差
从未尝试过	1276	3.15	1.28
尝试过，但经验有限	2822	3.44	1.17
有一些经验	1525	3.81	1.16
较有经验	376	4.31	1.32
非常有经验	66	4.77	1.62
总计	6065	3.54	1.25

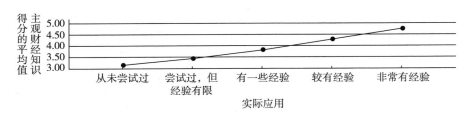

图 4-36　实际应用与大学生主观财经知识得分之间的关系

（6）统计与数据分析。One-way ANOVA 分析发现，$F(4, 6060) = 149.299$，$p = 0.000(p<0.05)$。由于基于均值计算的因变量的方差在自变量各组间不等，故而使用 Tamehane 多重比较法。发现在统计与数据分析方面有高水平经验的大学

生的主观财经知识得分显著高于经验有限、有一定经验以及从未学习过的大学生的主观财经知识得分。较有经验的大学生的主观财经知识得分显著高于经验有限、有一定经验以及从未学习过的大学生的主观财经知识得分。有一定经验的大学生的主观财经知识得分显著高于经验有限以及从未学习过的大学生的主观财经知识得分。经验有限的大学生的主观财经知识得分显著高于从未学习过的大学生的主观财经知识得分。其余组别间无显著差异（$\alpha = 0.05$）。具体数据如表4-97和图4-37所示。

表4-97　统计与数据分析与大学生主观财经知识得分之间的关系

统计与数据分析	频数（人）	均值	标准差
从未学习过	1697	3.07	1.27
学习过，但经验有限	2928	3.54	1.12
有一定经验	1054	3.99	1.18
较有经验	338	4.31	1.36
高水平经验	48	4.79	1.77
总计	6065	3.54	1.25

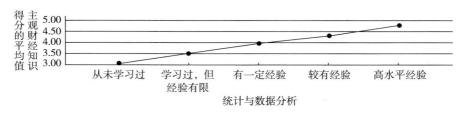

图4-37　统计与数据分析与大学生主观财经知识得分之间的关系

（7）计算工具。One-way ANOVA分析发现，$F(4, 6060) = 125.0081$，$p = 0.000(p<0.05)$。由于基于均值计算的因变量的方差在自变量各组间不等，故而使用Tamehane多重比较法，发现在计算具有高水平经验的大学生的主观财经知识得分显著高于其他组别的大学生的主观财经知识得分。较有经验的大学生的主观财经知识得分显著高于经验有限、有一定经验以及从未使用过的大学生的主观财经知识得分。有一定经验的大学生的主观财经知识得分显著高于从未使用过、经验有限的大学生的主观财经知识得分。经验有限的大学生的主观财经知识得分显著高于从未使用过的大学生的主观财经知识得分。其余组别间无显著差异（$\alpha = 0.05$）。具体数据如表4-98和图4-38所示。

表4-98　计算工具与大学生主观财经知识得分之间的关系

计算工具	频数（人）	均值	标准差
从未使用过	656	3.00	1.34
使用过，但经验有限	3322	3.40	1.16
有一定经验	1569	3.79	1.18

续表

计算工具	频数（人）	均值	标准差
较有经验	451	4.29	1.30
高水平经验	67	4.85	1.75
总计	6065	3.54	1.25

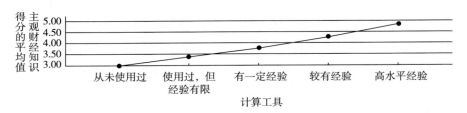

图 4-38　计算工具与大学生主观财经知识得分之间的关系

（8）数学历史。One-way ANOVA 分析发现，$F(4, 6060) = 81.220$，$p = 0.000(p<0.05)$。由于基于均值计算的因变量的方差在自变量各组间不等，故而使用 Tamehane 多重比较法，发现对数学历史深入研究过的大学生的主观财经知识得分显著高于其他组别的大学生的主观财经知识得分。有较多学习经验的大学生的主观财经知识得分显著高于有一定了解、有一些学习经验以及从未学习过的大学生的主观财经知识得分。有一定了解的大学生的主观财经知识得分显著高于从未学习过的大学生的主观财经知识得分。其余组别间无显著差异（$\alpha = 0.05$）。具体数据如表 4-99 和图 4-39 所示。

表 4-99　数学历史与大学生主观财经知识得分之间的关系

数学历史	频数（人）	均值	标准差
从未学习过	2142	3.25	1.25
有一定了解	2810	3.59	1.17
有一些学习经验	890	3.87	1.19
较多学习经验	183	4.23	1.47
深入研究过	40	5.20	1.86
总计	6065	3.54	1.25

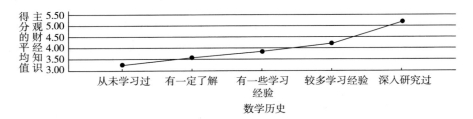

图 4-39　数学历史与大学生主观财经知识得分之间的关系

六、数学素养对财经态度的影响

本书将财经态度的两个题项加总求均值，记为因子分，用这个因子分代表财经态度。作为高阶概念财经态度的计量，这个值越低，则表示财经态度消极；这个值越高，则表示财经态度积极。该变量的均值为 3.69，标准差为 0.937。

本项目将数学素养作为自变量，包括数学竞赛、学术成就、高级数学课程、独立研究、实际应用、统计与数据分析、计算工具、数学历史共八个变量。将财经态度作为因变量，运用 One-way ANOVA 分析工具进行方差分析。以下为数学素养对财经态度的检验结果。

（1）数学竞赛。One-way ANOVA 分析发现，$F(4, 6060) = 4.044$，$p = 0.003$（$p<0.05$），由于基于均值计算的因变量的方差在自变量各组间不等，故而使用 Tamehane 多重比较法，发现参加过数学竞赛且多次获奖的大学生的财经态度显著低于参加过且表现一般、较好，与未参加过的大学生的财经态度。其余组别间无显著差异（$\alpha = 0.05$），具体数据如表 4-100 和图 4-40 所示。

表 4-100　数学竞赛与大学生财经态度之间的关系

数学竞赛	频数（人）	均值	标准差
从未参加过	4060	3.70	0.93
参加过，但表现较差	549	3.61	0.95
参加过，表现一般	1137	3.69	0.93
参加过，表现较好	258	3.76	0.99
参加过，多次获奖	61	3.31	1.08
总计	6065	3.69	0.94

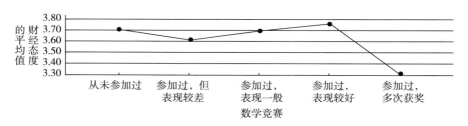

图 4-40　数学竞赛与大学生财经态度之间的关系

（2）学术成就。One-way ANOVA 分析发现，$F(4, 6060) = 5.821$，$p = 0.000$（$p<0.05$），由于基于均值计算的因变量的方差在自变量各组间不等，故而使用 Tamehane 多重比较法，学术成就为优秀的大学生的财经态度显著高于学术成就为一般的大学生的财经态度。学术成就为良好的大学生的财经态度显著高于学术成就为一般以及较差的大学生的财经态度。其余组别大学生的财经态度无显著差异。具体数据如表 4-101 和图 4-41 所示。

表 4-101 学术成就与大学生财经态度之间的关系

学术成就	频数（人）	均值	标准差
较差	415	3.60	1.01
一般	2371	3.64	0.94
良好	2277	3.75	0.90
优秀	850	3.74	0.96
杰出	152	3.75	1.08
总计	6065	3.69	0.94

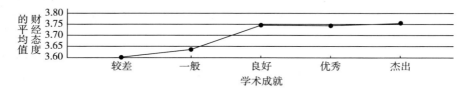

图 4-41 学术成就与大学生财经态度之间的关系

（3）高级数学课程。One-way ANOVA 分析发现，$F_{(4, 6060)} = 5.248$，$p = 0.000(p < 0.05)$。由于基于均值计算的因变量的方差在自变量各组间不等，故而使用 Tamehane 多重比较法，发现学习过高级数学课程且取得高分的大学生的财经态度显著高于学习过但困难重重、一般的大学生的财经态度。其余组别间不存在显著性差异，具体数据如表 4-102 和图 4-42 所示。

表 4-102 高级数学课程与大学生财经态度之间的关系

高级数学课程	频数（人）	均值	标准差
从未学习过	1117	3.70	0.96
学习过，但困难重重	865	3.61	0.94
学习过，一般	1922	3.66	0.93
学习过，顺利完成	1585	3.72	0.92
学习过，取得高分	576	3.82	0.96
总计	6065	3.69	0.94

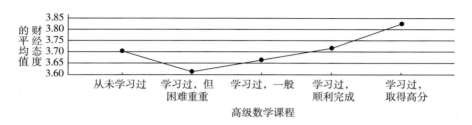

图 4-42 高级数学课程与大学生财经态度之间的关系

（4）独立研究。One-way ANOVA 分析发现，$F_{(4, 6060)} = 6.848$，$p = 0.000$（$p < 0.05$）。由于基于均值计算的因变量的方差在自变量各组间不等，故而使用

Tamehane 多重比较法，发现参与过独立研究且经验有限的大学生的财经态度显著高于有一定经验的大学生的财经态度。未参与过的大学生的财经态度显著高于有一定经验的大学生的财经态度。其余组别间无显著差异（α=0.05）。具体数据如表4-103和图4-43所示。

表4-103　独立研究与大学生财经态度之间的关系

独立研究	频数（人）	均值	标准差
从未参与过	4132	3.73	0.92
参与过，但经验有限	1140	3.67	0.92
参与过，有一定经验	472	3.50	1.02
参与过，积极参与	264	3.63	1.03
参与过，取得成就	57	3.66	1.07
总计	6065	3.69	0.94

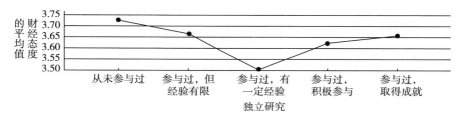

图4-43　独立研究与大学生财经态度之间的关系

（5）实际应用。One-way ANOVA 分析发现，F(4，6060)=8.774，p=0.000（p<0.05）。由于基于均值计算的因变量的方差在自变量各组间不等，故而使用 Tamehane 多重比较法，发现在数学素养实际应用方面非常有经验的大学生的财经态度显著低于经验有限、一般、较有经验的大学生的财经态度。在数学素养和实际应用方面较有经验的大学生的财经态度显著高于从未尝试过的大学生的财经态度。有一些经验的大学生的财经态度显著高于从未尝试过的大学生的财经态度。经验有限的大学生的财经态度显著高于从未尝试过的大学生的财经态度。其余组别间无显著差异（α=0.05）。具体数据如表4-104和图4-44所示。

表4-104　实际应用与大学生财经态度之间的关系

实际应用	频数（人）	均值	标准差
从未尝试过	1276	3.60	0.98
尝试过，但经验有限	2822	3.71	0.90
有一些经验	1525	3.74	0.93
较有经验	376	3.78	1.02
非常有经验	66	3.27	1.30
总计	6065	3.69	0.94

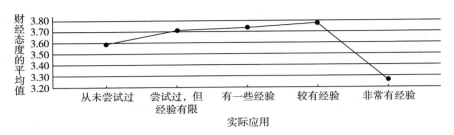

图4-44 实际应用与大学生财经态度之间的关系

（6）统计与数据分析。One-way ANOVA 分析发现，F（4，6060）= 0.739，p = 0.565（p>0.05），未通过显著性检验，组别间无显著差异（α = 0.05）。具体数据如表4-105 所示。

表4-105 统计与数据分析与大学生财经态度之间的关系

统计与数据分析	频数（人）	均值	标准差
从未学习过	1697	3.70	0.95
学习过，但经验有限	2928	3.70	0.90
有一定经验	1054	3.68	0.97
较有经验	338	3.66	1.03
高水平经验	48	3.51	1.18
总计	6065	3.69	0.94

（7）计算工具。One-way ANOVA 分析发现，F（4，6060）= 3.923，p = 0.003（p<0.05）。由于基于均值计算的因变量的方差在自变量各组间不等，故而使用 Tamehane 多重比较法，发现在计算工具使用方面有一定经验的大学生的财经态度显著高于从未使用过的大学生的财经态度。经验有限的大学生的财经态度显著高于从未使用过的大学生的财经态度。其余组别间无显著差异（α = 0.05）。具体数据如表4-106 和图4-45 所示。

表4-106 计算工具与大学生财经态度之间的关系

计算工具	频数（人）	均值	标准差
从未使用过	656	3.57	1.03
使用过，但经验有限	3322	3.71	0.90
有一定经验	1569	3.73	0.93
较有经验	451	3.69	1.04
高水平经验	67	3.54	1.23
总计	6065	3.69	0.94

（8）数学历史。One-way ANOVA 分析发现，F（4，6060）= 5.462，p = 0.000（p<0.05）。由于基于均值计算的因变量的方差在自变量各组间不等，故而使用 Tamehane 多重比较法，发现对数学历史有较多学习经验的大学生的财经态度显

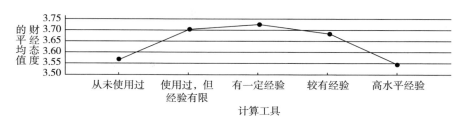

图 4-45　计算工具与大学生财经态度之间的关系

著低于有一定了解以及从未学习过的大学生的财经态度。其余组别间无显著差异（α＝0.05）。具体数据如表 4-107 和图 4-46 所示。

表 4-107　数学历史与大学生财经态度之间的关系

数学历史	频数（人）	均值	标准差
从未学习过	2142	3.70	0.95
有一定了解	2810	3.72	0.90
有一些学习经验	890	3.63	0.97
较多学习经验	183	3.48	1.06
深入研究过	40	3.38	1.37
总计	6065	3.69	0.94

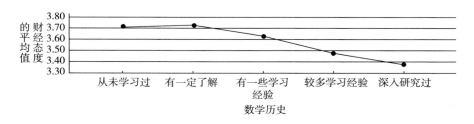

图 4-46　数学历史与大学生财经态度之间的关系

七、数学素养对财经满意度的影响

财经满意度的均值为 2.63，标准差为 1.127。

本项目将数学素养作为自变量，包括数学竞赛、学术成就、高级数学课程、独立研究、实际应用、统计与数据分析、计算工具、数学历史八个变量。将财经满意度作为因变量，运用 One-way ANOVA 分析工具进行方差分析。以下为数学素养对财经满意度的检验结果。

（1）**数学竞赛**。One-way ANOVA 分析发现，$F(4, 6060) = 10.285$，$p = 0.000(p<0.05)$，由于基于均值计算的因变量的方差在自变量各组间不等，故而使用 Tamehane 多重比较法，发现参加过数学竞赛且表现较好的大学生的财经满意度显著高于未参加过的大学生的财经满意度。参加过且表现一般的大学生的财

经满意度显著高于从未参加过的大学生的财经满意度。其余组别间无显著差异（α＝0.05），具体数据如表4-108和图4-47所示。

表4-108　数学竞赛与大学生财经满意度之间的关系

数学竞赛	频数（人）	均值	标准差
从未参加过	4060	2.57	1.13
参加过，但表现较差	549	2.68	1.10
参加过，表现一般	1137	2.74	1.09
参加过，表现较好	258	2.90	1.20
参加过，多次获奖	61	2.93	1.28
总计	6065	2.63	1.13

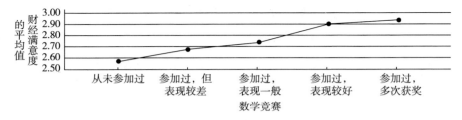

图4-47　数学竞赛与大学生财经满意度之间的关系

（2）学术成就。One-way ANOVA分析发现，$F(4, 6060) = 13.390$，$p = 0.000(p<0.05)$，由于基于均值计算的因变量的方差在自变量各组间不等，故而使用Tamehane多重比较法，发现学术成就为杰出的大学生的财经满意度显著高于学术成就为一般、较差、良好的大学生的财经满意度。学术成就为优秀的大学生的财经满意度显著高于学术成就为一般、良好、较差的大学生的财经满意度。学术成就为良好的大学生的财经满意度显著高于学术成就为一般以及较差的大学生的财经满意度。学术成就为一般的大学生的财经满意度显著高于学术成就为较差的大学生的财经满意度。其余组别大学生的财经满意度无显著差异。具体数据如表4-109所示和图4-48所示。

表4-109　学术成就与大学生财经满意度之间的关系

学术成就	频数（人）	均值	标准差
较差	415	2.38	1.15
一般	2371	2.58	1.11
良好	2277	2.65	1.09
优秀	850	2.78	1.19
杰出	152	2.95	1.29
总计	6065	2.63	1.13

（3）高级数学课程。One-way ANOVA分析发现，$F(4, 6060) = 10.506$，$p = 0.000(p<0.05)$。由于基于均值计算的因变量的方差在自变量各组不等，故而

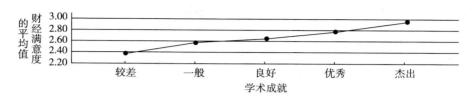

图 4-48 学术成就与大学生财经满意度之间的关系

使用 Tamehane 多重比较法，发现学习过高级数学课程且取得高分的大学生的财经满意度显著高于学习过但困难重重以及从未学习过的大学生的财经满意度。学习过且顺利完成的大学生的财经满意度显著高于学习过但困难重重以及从未学习过的大学生的财经满意度。学习过且一般的大学生的财经满意度显著高于学习过但困难重重的大学生的财经满意度。其余组别间不存在显著性差异，具体数据如表 4-110 和图 4-49 所示。

表 4-110 高级数学课程与大学生财经满意度之间的关系

高级数学课程	频数（人）	均值	标准差
从未学习过	1117	2.56	1.15
学习过，但困难重重	865	2.46	1.09
学习过，一般	1922	2.65	1.11
学习过，顺利完成	1585	2.69	1.11
学习过，取得高分	576	2.79	1.20
总计	6065	2.63	1.13

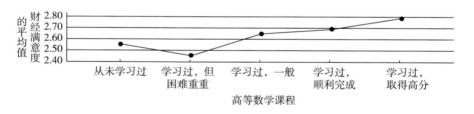

图 4-49 高级数学课程与大学生财经满意度之间的关系

（4）独立研究。One-way ANOVA 分析发现，$F(4, 6060) = 13.233$，$p = 0.000(p<0.05)$。由于基于均值计算的因变量的方差在自变量各组间不等，故而使用 Tamehane 多重比较法，发现参与过独立研究且积极参与的大学生的财经满意度显著高于从未参与过的大学生的财经满意度。参与过但经验有限的大学生的财经满意度显著高于从未参与过的大学生的财经满意度。参与过但经验有限的大学生的财经满意度显著高于从未参与过的大学生的财经满意度。其余组别间无显著差异（$\alpha = 0.05$）。具体数据如表 4-111 和图 4-50 所示。

表4-111　独立研究与大学生财经满意度之间的关系

独立研究	频数（人）	均值	标准差
从未参与过	4132	2.56	1.12
参与过，但经验有限	1140	2.74	1.11
参与过，有一定经验	472	2.78	1.12
参与过，积极参与	264	2.91	1.14
参与过，取得成就	57	2.89	1.28
总计	6065	2.63	1.13

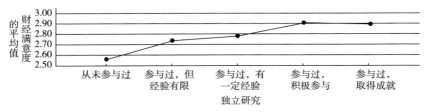

图4-50　独立研究与大学生财经满意度之间的关系

（5）实际应用。One-way ANOVA 分析发现，$F(4, 6060) = 18.891$，$p = 0.000(p<0.05)$。由于基于均值计算的因变量的方差在自变量各组间不等，故而使用 Tamehane 多重比较法，发现在数学素养实际应用方面非常有经验的大学生的财经满意度显著高于从未尝试过、经验有限及有一些经验的大学生的财经满意度。在数学素养实际应用方面较有经验的大学生的财经满意度显著高于经验有限、有一定经验以及从未尝试过的大学生的财经满意度。有一些经验的大学生的财经满意度显著高于从未尝试过、经验有限的大学生的财经满意度。其余组别间无显著差异（$\alpha = 0.05$）。具体数据如表4-112和图4-51所示。

表4-112　实际应用与大学生财经满意度之间的关系

实际应用	频数（人）	均值	标准差
从未尝试过	1276	2.54	1.16
尝试过，但经验有限	2822	2.58	1.09
有一些经验	1525	2.68	1.10
较有经验	376	2.97	1.22
非常有经验	66	3.32	1.39
总计	6065	2.63	1.13

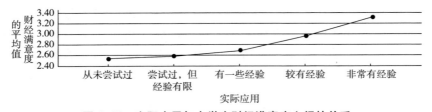

图4-51　实际应用与大学生财经满意度之间的关系

（6）统计与数据分析。One-way ANOVA 分析发现，F（4，6060）= 18.767，p = 0.168（p>0.05）。由于基于均值计算的因变量的方差在自变量各组间不等，故而使用 Tamehane 多重比较法，发现在统计与数据分析方面有高水平经验的大学生的财经满意度显著高于经验有限、有一定经验以及从未学习过的大学生的财经满意度。较有经验的大学生的财经满意度显著高于经验有限、有一定经验以及从未学习过的大学生的财经满意度。有一定经验的大学生的财经满意度显著高于从未学习过、经验有限的大学生的财经满意度。其余组别间无显著差异（α = 0.05）。具体数据如表 4-113 和图 4-52 所示。

表 4-113　统计与数据分析与大学生财经满意度之间的关系

统计与数据分析	频数（人）	均值	标准差
从未学习过	1697	2.54	1.14
学习过，但经验有限	2928	2.59	1.09
有一定经验	1054	2.75	1.12
较有经验	338	2.98	1.21
高水平经验	48	3.25	1.42
总计	6065	2.63	1.13

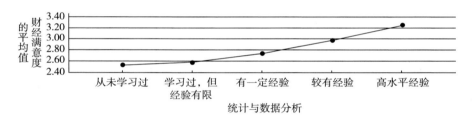

图 4-52　统计与数据分析与大学生财经满意度之间的关系

（7）计算工具。One-way ANOVA 分析发现，F（4，6060）= 21.974，p = 0.000（p<0.05）。由于基于均值计算的因变量的方差在自变量各组间不等，故而使用 Tamehane 多重比较法，发现在计算工具使用方面有高水平经验的大学生的财经满意度显著高于其他组别的大学生的财经满意度。较有经验的大学生的财经满意度显著高于从未使用过、经验有限和有一定经验的大学生的财经满意度。有一定经验的大学生的财经满意度显著高于经验有限的大学生的财经满意度。其余组别间无显著差异（α = 0.05）。具体数据如表 4-114 和图 4-53 所示。

表 4-114　计算工具与大学生财经满意度之间的关系

计算工具	频数（人）	均值	标准差
从未使用过	656	2.58	1.17
使用过，但经验有限	3322	2.56	1.10
有一定经验	1569	2.68	1.10
较有经验	451	2.95	1.21

续表

计算工具	频数（人）	均值	标准差
高水平经验	67	3.39	1.35
总计	6065	2.63	1.13

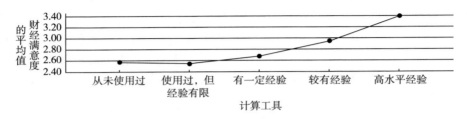

图4-53　计算工具与大学生财经满意度之间的关系

（8）数学历史。One-way ANOVA分析发现，$F(4, 6060) = 24.679$，$p = 0.000(p<0.05)$。由于基于均值计算的因变量的方差在自变量各组间不等，故而使用Tamehane多重比较法，发现在数学历史方面有深入研究的大学生的财经满意度显著高于有一定了解、有一些学习经验、从未学习过的大学生的财经满意度。较多学习经验的大学生的财经满意度显著高于从未学习过、有一定了解、有一些学习经验的大学生的财经满意度。有一些学习经验的大学生的财经满意度显著高于从未学习过、有一定了解的大学生的财经满意度。有一定了解的大学生的财经满意度显著高于从未学习过的大学生的财经满意度。其余组别间无显著差异（$\alpha = 0.05$）。具体数据如表4-115和图4-54所示。

表4-115　数学历史与大学生财经满意度之间的关系

数学历史	频数（人）	均值	标准差
从未学习过	2142	2.51	1.14
有一定了解	2810	2.63	1.09
有一些学习经验	890	2.78	1.11
较多学习经验	183	3.06	1.28
深入研究过	40	3.58	1.28
总计	6065	2.63	1.13

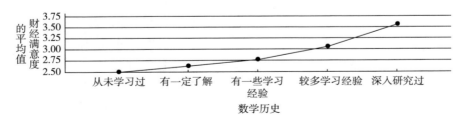

图4-54　数学历史与大学生财经满意度之间的关系

八、数学素养对财经行为合理性的影响

本书将财经行为合理性的四个题项加总求均值，记为因子分，用这个因子分代表财经行为合理性。它的均值为 4.02，标准差为 0.834。

本项目将数学素养作为自变量，包括数学竞赛、学术成就、高级数学课程、独立研究、实际应用、统计与数据分析、计算工具、数学历史共八个变量。将财经行为合理性作为因变量，运用 One-way ANOVA 分析工具进行方差分析。以下为数学素养对财经行为合理性的检验结果。

（1）数学竞赛。One-way ANOVA 分析发现，$F_{(4, 6060)} = 7.031$，$p = 0.000$（$p < 0.05$），由于基于均值计算的因变量的方差在自变量各组间不等，故而使用 Tamehane 多重比较法，发现参加过数学竞赛且表现较好的大学生的财经行为合理性显著高于参加过且表现较好及未参加过的大学生的财经行为合理性。参加过且表现一般的大学生的财经行为合理性显著高于表现较差的大学生的财经行为合理性。未参加过数学竞赛的大学生的财经行为合理性显著高于参加过但表现较差的大学生的财经行为合理性。其余组别间无显著差异（$\alpha = 0.05$），具体数据如表 4-116 和图 4-55 所示。

表 4-116　数学竞赛与财经行为合理性之间的关系

数学竞赛	频数（人）	均值	标准差
从未参加过	4060	4.02	0.82
参加过，但表现较差	549	3.88	0.91
参加过，表现一般	1137	4.06	0.83
参加过，表现较好	258	4.18	0.88
参加过，多次获奖	61	4.01	0.93
总计	6065	4.02	0.83

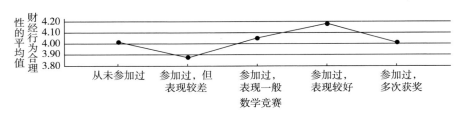

图 4-55　数学竞赛与财经行为合理性之间的关系

（2）学术成就。One-way ANOVA 分析发现，$F_{(4, 6060)} = 21.059$，$p = 0.000$（$p < 0.05$），由于基于均值计算的因变量的方差在自变量各组间不等，故而使用 Tamehane 多重比较法，发现学术成就为杰出的大学生的财经行为合理性显著高于学术成就为一般、较差的大学生的财经行为合理性。学术成就为优秀的大

学生的财经行为合理性显著高于学术成就为一般以及较差的大学生的财经行为合理性。学术成就为良好的大学生的财经行为合理性显著高于学术成就为一般以及较差的大学生的财经行为合理性。学术成就为一般的大学生的财经行为合理性显著高于学术成就为较差的大学生的财经行为合理性。其余组别大学生的财经行为合理性无显著差异。具体数据如表4-117和图4-56所示。

表4-117 学术成就与财经行为合理性之间的关系

学术成就	频数（人）	均值	标准差
较差	415	3.79	0.97
一般	2371	3.95	0.84
良好	2277	4.09	0.78
优秀	850	4.13	0.82
杰出	152	4.17	0.92
总计	6065	4.02	0.83

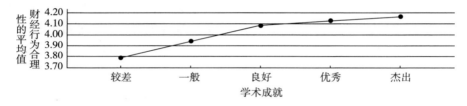

图4-56 学术成就与财经行为合理性之间的关系

（3）高级数学课程。One-way ANOVA分析发现，$F(4, 6060) = 20.857$，$p = 0.000(p<0.05)$。由于基于均值计算的因变量的方差在自变量各组间不等，故而使用Tamehane多重比较法，发现学习过高级数学课程且取得高分的大学生的财经行为合理性显著高于学习过但困难重重、一般以及从未学习过的大学生的财经行为合理性。学习过且顺利完成的大学生的财经行为合理性显著高于学习过但困难重重、一般的大学生的财经行为合理性。学习过且一般的大学生的财经行为合理性显著高于学习过但困难重重的大学生的财经行为合理性。未学习过的大学生的财经行为合理性显著高于学习过但困难重重的大学生的财经行为合理性。其余组别间不存在显著性差异，具体数据如表4-118和图4-57所示。

表4-118 高级数学课程与大学生财经行为合理性之间的关系

高级数学课程	频数（人）	均值	标准差
从未学习过	1117	4.02	0.86
学习过，但困难重重	865	3.84	0.92
学习过，一般	1922	3.98	0.83
学习过，顺利完成	1585	4.11	0.75
学习过，取得高分	576	4.17	0.83
总计	6065	4.02	0.83

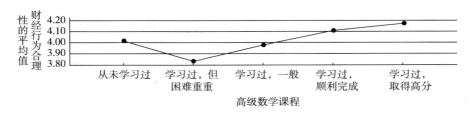

图 4-57 高级数学课程与大学生财经行为合理性之间的关系

（4）独立研究。One-way ANOVA 分析发现，$F(4, 6060) = 6.406$，$p = 0.000$（$p<0.05$）。由于基于均值计算的因变量的方差在自变量各组间不等，故而使用 Tamehane 多重比较法，发现参与过且积极参与的大学生的财经行为合理性显著高于有一定经验的大学生的财经行为合理性。参与过但经验有限的大学生的财经行为合理性显著高于有一定经验的大学生的财经行为合理性。未参与过独立研究的大学生的财经行为合理性显著高于有一定经验的大学生的财经行为合理性。其余组别间无显著差异（$\alpha = 0.05$）。具体数据如表 4-119 和图 4-58 所示。

表 4-119 独立研究与大学生财经行为合理性之间的关系

独立研究	频数（人）	均值	标准差
从未参与过	4132	4.03	0.80
参与过，但经验有限	1140	4.03	0.85
参与过，有一定经验	472	3.84	0.98
参与过，积极参与	264	4.07	0.89
参与过，取得成就	57	3.98	1.02
总计	6065	4.02	0.83

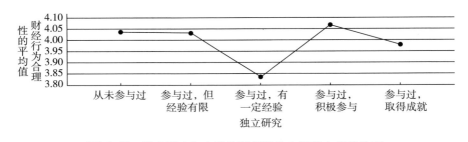

图 4-58 独立研究与大学生财经行为合理性之间的关系

（5）实际应用。One-way ANOVA 分析发现，$F(4, 6060) = 16.598$，$p = 0.000$（$p<0.05$）。由于基于均值计算的因变量的方差在自变量各组间不等，故而使用 Tamehane 多重比较法，发现在数学素养实际应用方面非常有经验的大学生的财经行为合理性显著高于从未尝试过实际应用的大学生的财经行为合理性。在数学素养实际应用方面较有经验的大学生的财经行为合理性显著高于经验有限、有一定经验以及从未尝试过的大学生的财经行为合理性。有一些经验的大学生的

财经行为合理性显著高于从未尝试过的大学生的财经行为合理性。经验有限的大学生的财经行为合理性显著高于从未尝试过的大学生的财经行为合理性。其余组别间无显著差异（α=0.05）。具体数据如表4-120和图4-59所示。

表4-120　实际应用与大学生财经行为合理性之间的关系

实际应用	频数（人）	均值	标准差
从未尝试过	1276	3.88	0.89
尝试过，但经验有限	2822	4.04	0.80
有一些经验	1525	4.04	0.85
较有经验	376	4.21	0.78
非常有经验	66	4.27	0.78
总计	6065	4.02	0.83

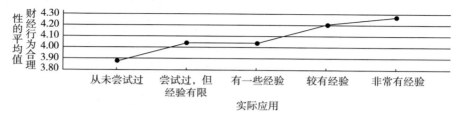

图4-59　实际应用与大学生财经行为合理性之间的关系

（6）统计与数据分析。One-way ANOVA分析发现，F（4，6060）=1.612，p=0.168（p>0.05），未通过显著性检验，组别间无显著差异（α=0.05）。具体数据如表4-121所示。

表4-121　统计与数据分析与大学生财经行为合理性之间的关系

统计与数据分析	频数（人）	均值	标准差
从未学习过	1697	3.98	0.86
学习过，但经验有限	2928	4.03	0.80
有一定经验	1054	4.04	0.86
较有经验	338	4.08	0.86
高水平经验	48	4.09	0.92
总计	6065	4.02	0.83

（7）计算工具。One-way ANOVA分析发现，F（4，6060）=19.443，p=0.003（p<0.05）。由于基于均值计算的因变量的方差在自变量各组间不等，故而使用Tamehane多重比较法，发现在计算工具使用方面有高水平经验的大学生的财经行为合理性显著高于从未使用过的大学生的财经行为合理性。较有经验的大学生的财经行为合理性显著高于从未使用过、经验有限和有一定经验的大学生的财经行为合理性。有一定经验的大学生的财经行为合理性显著高于从未使用过的大学生的财经行为合理性。经验有限的大学生的财经行为合理性显著高于从未使

用过的大学生的财经行为合理性。其余组别间无显著差异（α=0.05）。具体数据如表4-122和图4-60所示。

表4-122 计算工具与大学生财经行为合理性之间的关系

计算工具	频数（人）	均值	标准差
从未使用过	656	3.80	0.96
使用过，但经验有限	3322	4.02	0.81
有一定经验	1569	4.06	0.82
较有经验	451	4.21	0.81
高水平经验	67	4.22	0.92
总计	6065	4.02	0.83

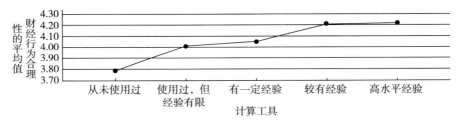

图4-60 计算工具与大学生财经行为合理性之间的关系

（8）数学历史。One-way ANOVA 分析发现，$F(4, 6060) = 3.392$，$p = 0.009$（$p < 0.05$）。由于基于均值计算的因变量的方差在自变量各组间不等，故而使用 Tamehane 多重比较法，发现组别间无显著差异（α=0.05）。具体数据如表4-123所示。

表4-123 数学历史与大学生财经行为合理性之间的关系

数学历史	频数（人）	均值	标准差
从未学习过	2142	3.99	0.82
有一定了解	2810	4.05	0.82
有一些学习经验	890	3.97	0.88
较多学习经验	183	4.08	0.88
深入研究过	40	4.22	0.87
总计	6065	4.02	0.83

九、数学素养对独立的影响

本书将独立的九个题项加总求均值，记为因子分，用这个因子分代表独立。它的均值为3.68，标准差为0.761。

本项目将数学素养作为自变量，包括数学竞赛、学术成就、高级数学课程、独立研究、实际应用、统计与数据分析、计算工具、数学历史共八个变量。将独立作为因变量，运用 One-way ANOVA 分析工具进行方差分析。以下为数学素养对独立的检验结果。

（1）数学竞赛。One-way ANOVA 分析发现，$F(4, 6060) = 19.200$，$p = 0.000(p<0.05)$，由于基于均值计算的因变量的方差在自变量各组间不等，故而使用 Tamehane 多重比较法，发现参加过数学竞赛且表现较好的大学生的独立显著高于表现较差、表现一般以及从未参加过的大学生的独立。参加过且表现一般的大学生的独立显著高于从未参加过、表现较差的大学生的独立。从未参加过的大学生的独立显著高于表现较差的大学生的独立。其余组别间无显著差异（$\alpha = 0.05$），具体数据如表 4-124 和图 4-61 所示。

表 4-124　数学竞赛与大学生独立之间的关系

数学竞赛	频数（人）	均值	标准差
从未参加过	4060	3.82	0.77
参加过，但表现较差	549	3.71	0.80
参加过，表现一般	1137	3.93	0.78
参加过，表现较好	258	4.15	0.82
参加过，多次获奖	61	4.00	0.84
总计	6065	3.85	0.78

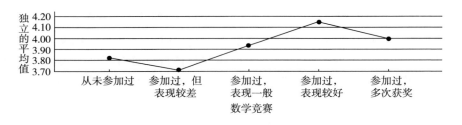

图 4-61　数学竞赛与大学生独立之间的关系

（2）学术成就。One-way ANOVA 分析发现，$F(4, 6060) = 34.338$，$p = 0.000(p<0.05)$，由于基于均值计算的因变量的方差在自变量各组间不等，故而使用 Tamehane 多重比较法，发现学术成就为杰出的大学生的独立显著高于学术成就为一般、较差、良好的大学生的独立。学术成就为优秀的大学生的独立显著高于学术成就为一般、良好、较差的大学生的独立。学术成就为良好的大学生的独立显著高于学术成就为一般以及较差的大学生的独立。学术成就为一般的大学生的独立显著高于学术成就为较差的大学生的独立。其余组别大学生的比例无显著差异。具体数据如表 4-125 和图 4-62 所示。

表 4-125　学术成就与大学生独立之间的关系

学术成就	频数（人）	均值	标准差
较差	415	3.64	0.91
一般	2371	3.75	0.77

续表

学术成就	频数（人）	均值	标准差
良好	2277	3.90	0.74
优秀	850	4.02	0.78
杰出	152	4.13	0.88
总计	6065	3.85	0.78

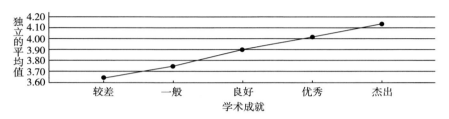

图 4-62　学术成就与大学生独立之间的关系

（3）高级数学课程。One-way ANOVA 分析发现，$F_{(4, 6060)} = 31.618$，$p = 0.000(p < 0.05)$。由于基于均值计算的因变量的方差在自变量各组间不等，故而使用 Tamehane 多重比较法，发现学习过高级数学课程且取得高分的大学生的独立显著高于学习过但困难重重、一般以及从未学习过的大学生的独立。学习过且顺利完成的大学生的独立显著高于学习过但困难重重、一般以及从未学习过的大学生的独立。学习过且一般的大学生的独立显著高于学习过但困难重重的大学生的独立。从未学习过的大学生的独立显著高于学习过但困难重重的大学生的独立。其余组别间不存在显著性差异，具体数据如表 4-126 和图 4-63 所示。

表 4-126　高级数学课程与大学生独立之间的关系

高级数学课程	频数（人）	均值	标准差
从未学习过	1117	3.83	0.81
学习过，但困难重重	865	3.64	0.80
学习过，一般	1922	3.81	0.77
学习过，顺利完成	1585	3.95	0.72
学习过，取得高分	576	4.02	0.80
总计	6065	3.85	0.78

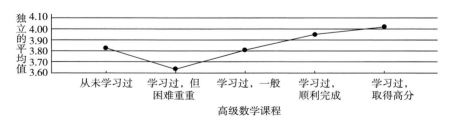

图 4-63　高级数学课程与大学生独立之间的关系

（4）独立研究。One-way ANOVA 分析发现，$F_{(4, 6060)} = 6.178$，$p = 0.000$（$p<0.05$）。由于基于均值计算的因变量的方差在自变量各组间不等，故而使用 Tamehane 多重比较法，发现参与过独立研究且积极参与的大学生的独立显著高于经验有限、有一定经验以及从未参与过的大学生的独立。其余组别间无显著差异（$\alpha = 0.05$）。具体数据如表 4-127 和图 4-64 所示。

表 4-127　独立研究与大学生独立之间的关系

独立研究	频数（人）	均值	标准差
从未参与过	4132	3.83	0.76
参与过，但经验有限	1140	3.88	0.79
参与过，有一定经验	472	3.81	0.89
参与过，积极参与	264	4.04	0.83
参与过，取得成就	57	3.98	0.97
总计	6065	3.85	0.78

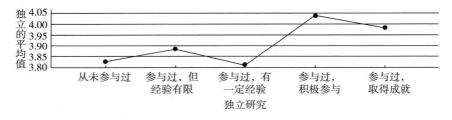

图 4-64　独立研究与大学生独立之间的关系

（5）实际应用。One-way ANOVA 分析发现，$F_{(4, 6060)} = 49.707$，$p = 0.000$（$p<0.05$）。由于基于均值计算的因变量的方差在自变量各组间不等，故而使用 Tamehane 多重比较法，发现在数学素养实际应用方面非常有经验的大学生的独立显著高于从未尝试过、经验有限及有一些经验的大学生的独立。在数学素养实际应用方面较有经验的大学生的独立显著高于经验有限、有一定经验以及从未尝试过的大学生的独立。有一些经验的大学生的独立显著高于从未尝试过、经验有限的大学生的独立。经验有限的大学生的独立显著高于从未尝试过的大学生的独立。其余组别间无显著差异（$\alpha = 0.05$）。具体数据如表 4-128 和图 4-65 所示。

表 4-128　实际应用与大学生独立之间的关系

实际应用	频数（人）	均值	标准差
从未尝试过	1276	3.69	0.81
尝试过，但经验有限	2822	3.81	0.74
有一些经验	1525	3.92	0.78
较有经验	376	4.24	0.74
非常有经验	66	4.31	0.77

实际应用	频数（人）	均值	标准差
总计	6065	3.85	0.78

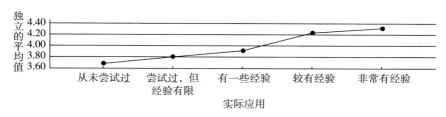

图 4-65 实际应用与大学生独立之间的关系

（6）统计与数据分析。One-way ANOVA 分析发现，F（4，6060）= 14.364，p = 0.000（p<0.05）。由于基于均值计算的因变量的方差在自变量各组间不等，故而使用 Tamehane 多重比较法，发现在统计与数据分析方面较有经验的大学生的独立显著高于经验有限、有一定经验以及从未学习过的大学生的独立。有一定经验的大学生的独立显著高于从未学习过、经验有限的大学生的独立。其余组别间无显著差异（α=0.05）。具体数据如表 4-129 和图 4-66 所示。

表 4-129 统计与数据分析与大学生独立之间的关系

统计与数据分析	频数（人）	均值	标准差
从未学习过	1697	3.78	0.80
学习过，但经验有限	2928	3.83	0.74
有一定经验	1054	3.93	0.79
较有经验	338	4.06	0.86
高水平经验	48	4.09	0.89
总计	6065	3.85	0.78

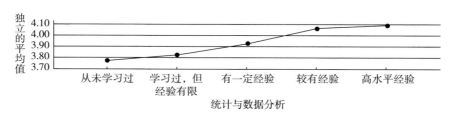

图 4-66 统计与数据分析与大学生独立之间的关系

（7）计算工具。One-way ANOVA 分析发现，F（4，6060）= 37.659，p = 0.000（p<0.05）。由于基于均值计算的因变量的方差在自变量各组间不等，故而使用 Tamehane 多重比较法，发现在计算工具使用方面有高水平经验的大学生的独立显著高于经验有限及从未使用过的大学生的独立。较有经验的大学生的独立

显著高于从未使用过、经验有限和有一定经验的大学生的独立。有一定经验的大学生的独立显著高于经验有限及从未使用过的大学生的独立。经验有限的大学生的独立显著高于从未使用过的大学生的独立。其余组别间无显著差异（α＝0.05）。具体数据如表4-130和图4-67所示。

表4-130 计算工具与大学生独立之间的关系

计算工具	频数（人）	均值	标准差
从未使用过	656	3.67	0.86
使用过，但经验有限	3322	3.80	0.75
有一定经验	1569	3.92	0.77
较有经验	451	4.16	0.78
高水平经验	67	4.19	0.87
总计	6065	3.85	0.78

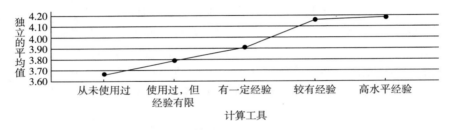

图4-67 计算工具与大学生独立之间的关系

（8）数学历史。One-way ANOVA分析发现，$F(4, 6060) = 8.989$，$p = 0.000$（$p < 0.05$）。由于基于均值计算的因变量的方差在自变量各组间不等，故而使用Tamehane多重比较法，发现在数学历史方面有深入研究的大学生的独立显著高于从未学习过的大学生的独立。较多学习经验的大学生的独立显著高于从未学习过的大学生的独立。有一些学习经验的大学生的独立显著高于从未学习过的大学生的独立。有一定了解的大学生的独立显著高于从未学习过的大学生的独立。其余组别间无显著差异（α＝0.05）。具体数据如表4-131和图4-68所示。

表4-131 数学历史与大学生独立之间的关系

数学历史	频数（人）	均值	标准差
从未学习过	2142	3.78	0.77
有一定了解	2810	3.87	0.77
有一些学习经验	890	3.89	0.81
较多学习经验	183	3.99	0.88
深入研究过	40	4.18	0.93
总计	6065	3.85	0.78

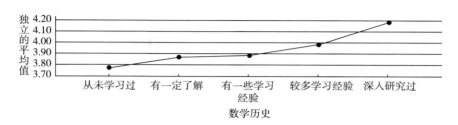

图 4-68 数学历史与大学生独立之间的关系

十、数学素养对信用的影响

本书将信用的九个题项加总求均值，记为因子分，用这个因子分代表信用。它的均值为 3.68，标准差为 0.761。

本项目将数学素养作为自变量，包括数学竞赛、学术成就、高级数学课程、独立研究、实际应用、统计与数据分析、计算工具、数学历史共八个变量。将信用作为因变量，运用 One-way ANOVA 分析工具进行方差分析。以下为数学素养对信用的检验结果。

（1）数学竞赛。One-way ANOVA 分析发现，$F(4, 6060) = 13.525$，$p = 0.000(p<0.05)$，由于基于均值计算的因变量的方差在自变量各组间不等，故而使用 Tamehane 多重比较法，发现参加过数学竞赛且表现较好的大学生的信用显著高于表现较差以及从未参加过的大学生的信用。参加过且表现一般的大学生的信用显著高于从未参加过、表现较差的大学生的信用。从未参加过的大学生的信用显著高于表现较差的大学生的信用。其余组别间无显著差异（$\alpha = 0.05$），具体数据如表 4-132 和图 4-69 所示。

表 4-132 数学竞赛与大学生信用之间的关系

数学竞赛	频数（人）	均值	标准差
从未参加过	4060	4.16	0.78
参加过，但表现较差	549	3.99	0.85
参加过，表现一般	1137	4.25	0.76
参加过，表现较好	258	4.34	0.82
参加过，多次获奖	61	4.19	0.86
总计	6065	4.17	0.78

（2）学术成就。One-way ANOVA 分析发现，$F(4, 6060) = 21.582$，$p = 0.000(p<0.05)$，由于基于均值计算的因变量的方差在自变量各组间不等，故而使用 Tamehane 多重比较法，发现学术成就为杰出的大学生的信用显著高于学术成就为一般、较差的大学生的信用。学术成就为优秀的大学生的信用显著高于学术成就为一般、较差的大学生的信用。学术成就为良好的大学生的信用显著

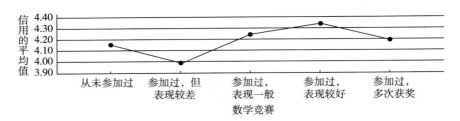

图 4-69 数学竞赛与大学生信用之间的关系

高于学术成就为一般、较差的大学生的信用。其余组别大学生的信用无显著差异。具体数据如表 4-133 和图 4-70 所示。

表 4-133 学术成就与大学生信用之间的关系

学术成就	频数（人）	均值	标准差
较差	415	4.00	0.95
一般	2371	4.08	0.78
良好	2277	4.23	0.73
优秀	850	4.27	0.80
杰出	152	4.31	0.85
总计	6065	4.17	0.78

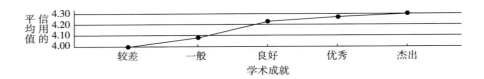

图 4-70 学术成就与大学生信用之间的关系

（3）高级数学课程。One-way ANOVA 分析发现，$F(4, 6060) = 24.249$，$p = 0.000(p<0.05)$。由于基于均值计算的因变量的方差在自变量各组间不等，故而使用 Tamehane 多重比较法，发现学习过高级数学课程且取得高分的大学生的信用显著高于学习过但困难重重、一般以及从未学习过的大学生的信用。学习过且顺利完成的大学生的信用显著高于学习过但困难重重、一般以及从未学习过的大学生的信用。学习过且一般的大学生的信用显著高于学习过但困难重重的大学生的信用。从未学习过的大学生的信用显著高于学习过但困难重重的大学生的信用。其余组别间不存在显著性差异，具体数据如表 4-134 和图 4-71所示。

表 4-134 高级数学课程与大学生信用之间的关系

高级数学课程	频数（人）	均值	标准差
从未学习过	1117	4.18	0.80
学习过，但困难重重	865	3.98	0.84

续表

高级数学课程	频数（人）	均值	标准差
学习过，一般	1922	4.12	0.78
学习过，顺利完成	1585	4.26	0.71
学习过，取得高分	576	4.30	0.81
总计	6065	4.17	0.78

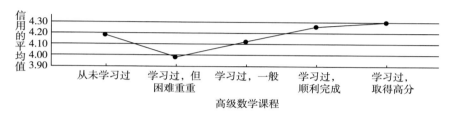

图 4-71　高级数学课程与大学生信用之间的关系

（4）独立研究。One-way ANOVA 分析发现，F(4, 6060)= 6.265，p = 0.000（p<0.05）。由于基于均值计算的因变量的方差在自变量各组间不等，故而使用 Tamehane 多重比较法，发现参与过且积极参与的大学生的信用显著高于有一定经验以及从未参与过的大学生的信用。从未参与过的大学生的信用显著高于有一定经验的大学生的信用。经验有限的大学生的信用显著高于有一定经验的大学生的信用。其余组别间无显著差异（α = 0.05）。具体数据如表 4-135 和图 4-72 所示。

表 4-135　独立研究与大学生信用之间的关系

独立研究	频数（人）	均值	标准差
从未参与过	4132	4.18	0.76
参与过，但经验有限	1140	4.17	0.79
参与过，有一定经验	472	4.00	0.91
参与过，积极参与	264	4.23	0.86
参与过，取得成就	57	4.22	1.04
总计	6065	4.17	0.78

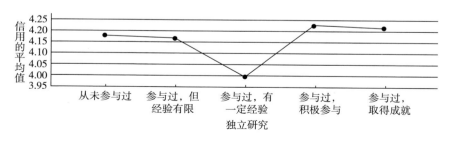

图 4-72　独立研究与大学生信用之间的关系

（5）实际应用。One－way ANOVA 分析发现，F（4，6060）= 24.298，p = 0.000（p<0.05）。由于基于均值计算的因变量的方差在自变量各组间不等，故而使用 Tamehane 多重比较法，发现在数学素养实际应用方面非常有经验的大学生的信用显著高于从未尝试过的大学生的信用。在数学素养实际应用方面较有经验的大学生的信用显著高于经验有限、有一定经验以及从未尝试过的大学生的信用。有一些经验的大学生的信用显著高于从未尝试过的大学生的信用。经验有限的大学生的信用显著高于从未尝试过的大学生的信用。其余组别间无显著差异（α=0.05）。具体数据如表 4-136 和图 4-73 所示。

表 4-136　实际应用与大学生信用之间的关系

实际应用	频数（人）	均值	标准差
从未尝试过	1276	4.03	0.85
尝试过，但经验有限	2822	4.17	0.74
有一些经验	1525	4.20	0.80
较有经验	376	4.44	0.70
非常有经验	66	4.42	0.87
总计	6065	4.17	0.78

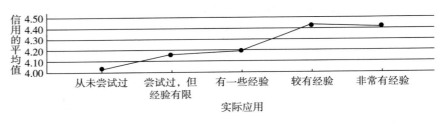

图 4-73　实际应用与大学生信用之间的关系

（6）统计与数据分析。One－way ANOVA 分析发现，F（4，6060）= 3.797，p=0.004（p<0.05）。由于基于均值计算的因变量的方差在自变量各组间不等，故而使用 Tamehane 多重比较法，发现在统计与数据分析方面较有经验的大学生的信用显著高于从未学习过的大学生的信用。其余组别间无显著差异（α=0.05）。具体数据如表 4-137 和图 4-74 所示。

表 4-137　统计与数据分析与大学生信用之间的关系

统计与数据分析	频数（人）	均值	标准差
从未学习过	1697	4.12	0.81
学习过，但经验有限	2928	4.17	0.75
有一定经验	1054	4.18	0.82
较有经验	338	4.27	0.84
高水平经验	48	4.34	0.82
总计	6065	4.17	0.78

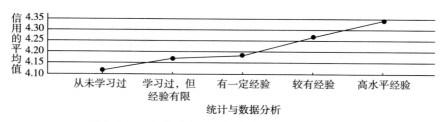

图4-74　统计与数据分析与大学生信用之间的关系

（7）计算工具。One-way ANOVA 分析发现，F(4，6060) = 16.686，p = 0.000(p<0.05)。由于基于均值计算的因变量的方差在自变量各组间不等，故而使用 Tamehane 多重比较法，发现在计算工具使用方面有高水平经验的大学生的信用显著高于从未使用过的大学生的信用。较有经验的大学生的信用显著高于从未使用过、经验有限和有一定经验的大学生的信用。有一定经验的大学生的信用显著高于从未使用过的大学生的信用。经验有限的大学生的信用显著高于从未使用过的大学生的信用。其余组别间无显著差异（α = 0.05）。具体数据如表4-138和图4-75所示。

表4-138　计算工具与大学生信用之间的关系

计算工具	频数（人）	均值	标准差
从未使用过	656	4.01	0.90
使用过，但经验有限	3322	4.15	0.75
有一定经验	1569	4.20	0.78
较有经验	451	4.37	0.77
高水平经验	67	4.37	0.87
总计	6065	4.17	0.78

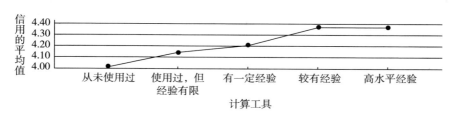

图4-75　计算工具与大学生信用之间的关系

（8）数学历史。One-way ANOVA 分析发现，F(4，6060) = 2.093，p = 0.079(p>0.05)，未通过显著性检验，组别间无显著差异（α = 0.05）。具体数据如表4-139所示。

表4-139　数学历史与大学生信用之间的关系

数学历史	频数（人）	均值	标准差
从未学习过	2142	4.15	0.78

数学历史	频数（人）	均值	标准差
有一定了解	2810	4.19	0.77
有一些学习经验	890	4.12	0.82
较多学习经验	183	4.18	0.89
深入研究过	40	4.34	0.88
总计	6065	4.17	0.78

十一、数学素养对生涯适应能力的影响

本书将生涯适应能力的三个题项加总求均值，记为因子分，用这个因子分代表生涯适应能力。它的均值为 3.68，标准差为 0.761。

本书将数学素养作为自变量，包括数学竞赛、学术成就、高级数学课程、独立研究、实际应用、统计与数据分析、计算工具、数学历史共八个变量。将生涯适应能力作为因变量，运用 One-way ANOVA 分析工具进行方差分析。以下为数学素养对生涯适应能力的检验结果。

（1）数学竞赛。One-way ANOVA 分析发现，$F_{(4, 6060)} = 30.506$，$p = 0.000(p < 0.05)$，由于基于均值计算的因变量的方差在自变量各组间不等，故而使用 Tamehane 多重比较法，发现参加过数学竞赛且多次获奖的大学生的生涯适应能力显著高于从未参加过、参加过但表现较差的大学生的生涯适应能力。表现较好的大学生的生涯适应能力显著高于表现较差、一般以及从未参加过的大学生的生涯适应能力。参加过且表现一般的大学生的生涯适应能力显著高于从未参加过、表现较差的大学生的生涯适应能力。其余组别间无显著差异（$\alpha = 0.05$），具体数据如表 4-140 和图 4-76 所示。

表 4-140　数学竞赛与大学生生涯适应能力之间的关系

数学竞赛	频数（人）	均值	标准差
从未参加过	4060	3.31	0.86
参加过，但表现较差	549	3.33	0.87
参加过，表现一般	1137	3.51	0.87
参加过，表现较好	258	3.78	0.92
参加过，多次获奖	61	3.71	1.06
总计	6065	3.37	0.87

（2）学术成就。One-way ANOVA 分析发现，$F_{(4, 6060)} = 23.888$，$p = 0.000(p < 0.05)$，由于基于均值计算的因变量的方差在自变量各组间不等，故而使用 Tamehane 多重比较法，发现学术成就为杰出的大学生的生涯适应能力显著高于学术成就为一般、较差、良好的大学生的生涯适应能力。学术成就为优秀的大学生的生涯适应能力显著高于学术成就为一般、较差、良好的大学生的生

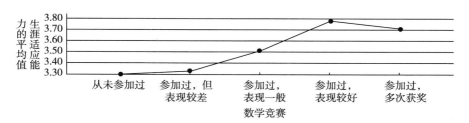

图 4-76 数学竞赛与大学生生涯适应能力之间的关系

涯适应能力。学术成就为良好的大学生的生涯适应能力显著高于学术成就为一般的大学生的生涯适应能力。其余组别大学生的生涯适应能力无显著差异。具体数据如表 4-141 和图 4-77 所示。

表 4-141 学术成就与大学生生涯适应能力之间的关系

学术成就	频数（人）	均值	标准差
较差	415	3.30	1.01
一般	2371	3.28	0.85
良好	2277	3.38	0.84
优秀	850	3.56	0.87
杰出	152	3.73	0.98
总计	6065	3.37	0.87

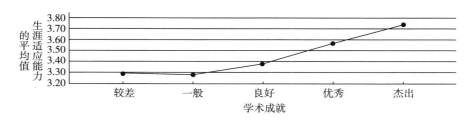

图 4-77 学术成就与大学生生涯适应能力之间的关系

（3）高级数学课程。One-way ANOVA 分析发现，$F_{(4, 6060)} = 14.108$，$p = 0.000$（$p < 0.05$）。由于基于均值计算的因变量的方差在自变量各组间不等，故而使用 Tamehane 多重比较法，发现学习过高级数学课程且取得高分的大学生的生涯适应能力显著高于其他组别的大学生的生涯适应能力。学习过且顺利完成的大学生的生涯适应能力显著高于学习过但困难重重的大学生的生涯适应能力。学习过且一般的大学生的生涯适应能力显著高于学习过但困难重重的大学生的生涯适应能力。其余组别间不存在显著性差异，具体数据如表 4-142 和图 4-78 所示。

表 4-142 高级数学课程与大学生生涯适应能力之间的关系

高级数学课程	频数（人）	均值	标准差
从未学习过	1117	3.34	0.91

续表

高级数学课程	频数（人）	均值	标准差
学习过，但困难重重	865	3.24	0.91
学习过，一般	1922	3.35	0.83
学习过，顺利完成	1585	3.42	0.85
学习过，取得高分	576	3.56	0.89
总计	6065	3.37	0.87

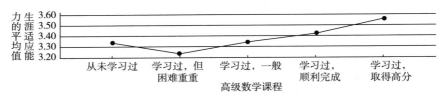

图4-78　高级数学课程与大学生生涯适应能力之间的关系

（4）独立研究。One-way ANOVA 分析发现，F（4，6060）= 31.439，p = 0.000（p<0.05）。由于基于均值计算的因变量的方差在自变量各组间不等，故而使用 Tamehane 多重比较法，发现参与过且取得成绩的大学生的生涯适应能力显著高于从未参与过的大学生的生涯适应能力。参与过且积极参与的大学生的生涯适应能力显著高于有一定经验、经验有限以及从未参与过的大学生的生涯适应能力。有一定经验的大学生的生涯适应能力显著高于从未参与过的大学生的生涯适应能力。经验有限的大学生的生涯适应能力显著高于从未参与过的大学生的生涯适应能力。其余组别间无显著差异（α=0.05）。具体数据如表4-143和图4-79所示。

表4-143　独立研究与大学生生涯适应能力之间的关系

独立研究	频数（人）	均值	标准差
从未参与过	4132	3.30	0.85
参与过，但经验有限	1140	3.45	0.85
参与过，有一定经验	472	3.55	0.92
参与过，积极参与	264	3.76	0.95
参与过，取得成就	57	3.74	1.08
总计	6065	3.37	0.87

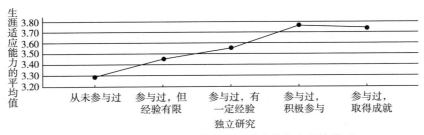

图4-79　独立研究与大学生生涯适应能力之间的关系

（5）实际应用。One-way ANOVA 分析发现，$F(4, 6060) = 41.759$，$p = 0.000$（$p<0.05$）。由于基于均值计算的因变量的方差在自变量各组间不等，故而使用 Tamehane 多重比较法，发现在数学素养实际应用方面非常有经验的大学生的生涯适应能力显著高于经验有限、有一定经验以及从未尝试过的大学生的生涯适应能力。在数学素养实际应用方面较有经验的大学生的生涯适应能力显著高于经验有限、有一定经验以及从未尝试过的大学生的生涯适应能力。有一些经验的大学生的生涯适应能力显著高于从未尝试过、经验有限的大学生的生涯适应能力。经验有限的大学生的生涯适应能力显著高于从未尝试过的大学生的生涯适应能力。其余组别间无显著差异（$\alpha = 0.05$）。具体数据如表 4-144 和图 4-80 所示。

表 4-144　实际应用与大学生生涯适应能力之间的关系

实际应用	频数（人）	均值	标准差
从未尝试过	1276	3.21	0.91
尝试过，但经验有限	2822	3.34	0.83
有一些经验	1525	3.45	0.85
较有经验	376	3.76	0.92
非常有经验	66	3.95	1.09
总计	6065	3.37	0.87

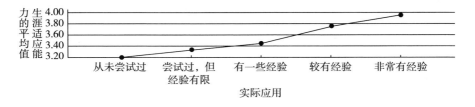

图 4-80　实际应用与大学生生涯适应能力之间的关系

（6）统计与数据分析。One-way ANOVA 分析发现，$F(4, 6060) = 28.998$，$p = 0.000$（$p<0.05$）。由于基于均值计算的因变量的方差在自变量各组间不等，故而使用 Tamehane 多重比较法，发现在统计与数据分析方面有高水平经验的大学生的生涯适应能力显著高于经验有限、有一定经验以及从未学习过的大学生的生涯适应能力。较有经验的大学生的生涯适应能力显著高于经验有限、有一定经验以及从未学习过的大学生的生涯适应能力。有一定经验的大学生的生涯适应能力显著高于从未学习以及经验有限的大学生的生涯适应能力。经验有限的大学生的生涯适应能力显著高于从未学习过的大学生的生涯适应能力。其余组别间无显著差异（$\alpha = 0.05$）。具体数据如表 4-145 和图 4-81 所示。

表 4-145 统计与数据分析与大学生生涯适应能力之间的关系

统计与数据分析	频数（人）	均值	标准差
从未学习过	1697	3.26	0.90
学习过，但经验有限	2928	3.35	0.82
有一定经验	1054	3.49	0.89
较有经验	338	3.70	0.95
高水平经验	48	3.90	0.98
总计	6065	3.37	0.87

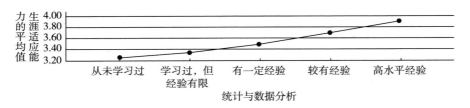

图 4-81 统计与数据分析与大学生生涯适应能力之间的关系

（7）计算工具。One-way ANOVA 分析发现，$F(4, 6060) = 31.512$，$p = 0.000(p<0.05)$。由于基于均值计算的因变量的方差在自变量各组间不等，故而使用 Tamehane 多重比较法，发现在计算工具使用方面有高水平经验的大学生的生涯适应能力显著高于经验有限、有一定经验以及从未使用过的大学生的生涯适应能力。较有经验的大学生的生涯适应能力显著高于从未使用过、经验有限和有一定经验的大学生的生涯适应能力。有一定经验的大学生的生涯适应能力显著高于从未使用过、经验有限的大学生的生涯适应能力。其余组别间无显著差异（$\alpha = 0.05$）。具体数据如表 4-146 和图 4-82 所示。

表 4-146 计算工具与大学生生涯适应能力之间的关系

计算工具	频数（人）	均值	标准差
从未使用过	656	3.28	0.93
使用过，但经验有限	3322	3.31	0.84
有一定经验	1569	3.43	0.86
较有经验	451	3.69	0.92
高水平经验	67	3.95	1.02
总计	6065	3.37	0.87

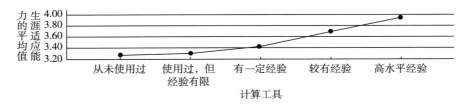

图 4-82 计算工具与大学生生涯适应能力之间的关系

（8）数学历史。One-way ANOVA 分析发现，$F_{(4, 6060)} = 31.223$，$p = 0.000$（$p < 0.05$）。由于基于均值计算的因变量的方差在自变量各组间不等，故而使用 Tamehane 多重比较法，发现在数学历史方面深入研究过的大学生的生涯适应能力显著高于有一定了解、有一些学习经验及从未了解过的大学生的生涯适应能力。有较多学习经验的大学生的生涯适应能力显著高于有一定了解、有一些学习经验及从未了解过的大学生的生涯适应能力。有一些学习经验的大学生的生涯适应能力显著高于从未学习过的大学生的生涯适应能力。有一定了解的大学生的生涯适应能力显著高于从未学习过的大学生的生涯适应能力。其余组别间无显著差异（$\alpha = 0.05$）。具体数据如表 4-147 和图 4-83 所示。

表 4-147　数学历史与大学生生涯适应能力之间的关系

数学历史	频数（人）	均值	标准差
从未学习过	2142	3.25	0.87
有一定了解	2810	3.40	0.85
有一些学习经验	890	3.48	0.86
较多学习经验	183	3.74	1.02
深入研究过	40	4.13	0.98
总计	6065	3.37	0.87

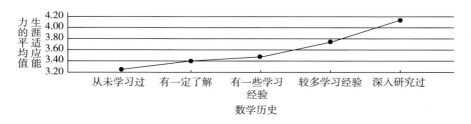

图 4-83　数学历史与大学生生涯适应能力之间的关系

十二、数学素养对未来承诺的影响

本书将未来承诺的三个题项加总求均值，记为因子分，用这个因子分代表未来承诺。它的均值为 3.68，标准差为 0.761。

本书将数学素养作为自变量，包括数学竞赛、学术成就、高级数学课程、独立研究、实际应用、统计与数据分析、计算工具、数学历史共八个变量。将未来承诺作为因变量，运用 One-way ANOVA 分析工具进行方差分析。以下为数学素养对未来承诺的检验结果。

（1）数学竞赛。One-way ANOVA 分析发现，$F_{(4, 6060)} = 31.920$，$p = 0.000$（$p < 0.05$），由于基于均值计算的因变量的方差在自变量各组间不等，故而使用 Tamehane 多重比较法，发现参加过数学竞赛且多次获奖的大学生的未来承

诺显著高于从未参加过、参加过但表现较差的大学生的未来承诺。表现较好的大学生的未来承诺显著高于表现较差、一般以及从未参加过的大学生的未来承诺。参加过且表现一般的大学生的未来承诺显著高于从未参加过、表现较差的大学生的未来承诺。其余组别间无显著差异（α=0.05），具体数据如表4-148和图4-84所示。

表4-148　数学竞赛与大学生未来承诺之间的关系

数学竞赛	频数（人）	均值	标准差
从未参加过	4060	3.44	0.84
参加过，但表现较差	549	3.44	0.81
参加过，表现一般	1137	3.65	0.87
参加过，表现较好	258	3.90	0.89
参加过，多次获奖	61	3.84	0.95
总计	6065	3.50	0.85

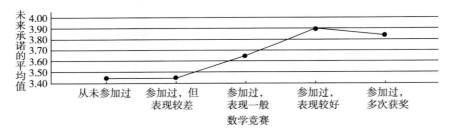

图4-84　数学竞赛与大学生未来承诺之间的关系

（2）学术成就。One-way ANOVA分析发现，$F(4, 6060) = 38.766$，$p = 0.000 (p<0.05)$，由于基于均值计算的因变量的方差在自变量各组间不等，故而使用Tamehane多重比较法，发现学术成就为杰出的大学生的未来承诺显著高于学术成就为一般、较差、良好的大学生的未来承诺。学术成就为优秀的大学生显著高于学术成就为一般、较差、良好的大学生的未来承诺。学术成就为良好的大学生的未来承诺显著高于学术成就为较差、一般的大学生的未来承诺。其余组别大学生的未来承诺无显著差异。具体数据如表4-149和图4-85所示。

表4-149　学术成就与未来承诺之间的关系

学术成就	频数（人）	均值	标准差
较差	415	3.31	0.98
一般	2371	3.39	0.83
良好	2277	3.55	0.82
优秀	850	3.71	0.87
杰出	152	3.91	0.97
总计	6065	3.50	0.85

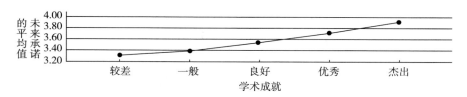

图 4-85　学术成就与大学生未来承诺之间的关系

（3）高级数学课程。One-way ANOVA 分析发现，F（4，6060）= 21.288，p = 0.000（p<0.05）。由于基于均值计算的因变量的方差在自变量各组间不等，故而使用 Tamehane 多重比较法，发现学习过高级数学课程且取得高分的大学生的未来承诺显著高于其他组别的大学生的未来承诺。学习过且顺利完成的大学生的未来承诺显著高于学习过但困难重重、一般以及从未学习过的大学生的未来承诺。学习过且一般的大学生的未来承诺显著高于学习过但困难重重的大学生的未来承诺。其余组别间不存在显著性差异，具体数据如表 4-150 和图 4-86 所示。

表 4-150　高级数学课程与大学生未来承诺之间的关系

高级数学课程	频数（人）	均值	标准差
从未学习过	1117	3.45	0.89
学习过，但困难重重	865	3.35	0.87
学习过，一般	1922	3.47	0.82
学习过，顺利完成	1585	3.58	0.83
学习过，取得高分	576	3.71	0.87
总计	6065	3.50	0.85

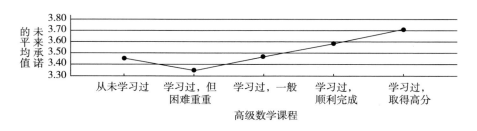

图 4-86　高级数学课程与大学生未来承诺之间的关系

（4）独立研究。One-way ANOVA 分析发现，F（4，6060）= 28.585，p = 0.000（p<0.05）。由于基于均值计算的因变量的方差在自变量各组间不等，故而使用 Tamehane 多重比较法，发现参与过实际研究且取得成绩的大学生的未来承诺显著高于从未参与过、经验有限的大学生的未来承诺。参与过且积极参与的大学生的未来承诺显著高于有一定经验、经验有限以及从未参与过的大学生的未来承诺。有一定经验的大学生的未来承诺显著高于从未参与过的大学生的未来承诺。经验有限的大学生的未来承诺显著高于从未参与过的大学生的未来承诺。其

余组别间无显著差异（α=0.05）。具体数据如表 4-151 和图 4-87 所示。

表 4-151　独立研究与大学生未来承诺之间的关系

独立研究	频数（人）	均值	标准差
从未参与过	4132	3.43	0.83
参与过，但经验有限	1140	3.59	0.84
参与过，有一定经验	472	3.64	0.92
参与过，积极参与	264	3.85	0.93
参与过，取得成就	57	3.95	0.98
总计	6065	3.50	0.85

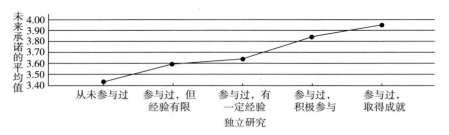

图 4-87　独立研究与大学生未来承诺之间的关系

（5）实际应用。One-way ANOVA 分析发现，$F_{(4, 6060)} = 52.863$，$p = 0.000(p<0.05)$。由于基于均值计算的因变量的方差在自变量各组间不等，故而使用 Tamehane 多重比较法，发现在数学素养实际应用方面非常有经验的大学生的未来承诺显著高于经验有限、有一定经验以及从未尝试过的大学生的未来承诺。在数学素养实际应用方面较有经验的大学生的未来承诺显著高于经验有限、有一定经验以及从未尝试过的大学生的未来承诺。有一些经验的大学生的未来承诺显著高于从未尝试过、经验有限的大学生的未来承诺。经验有限的大学生的未来承诺显著高于从未尝试过的大学生的未来承诺。其余组别间无显著差异（α=0.05）。具体数据如表 4-152 和图 4-88 所示。

表 4-152　实际应用与大学生未来承诺之间的关系

实际应用	频数（人）	均值	标准差
从未尝试过	1276	3.34	0.89
尝试过，但经验有限	2822	3.46	0.82
有一些经验	1525	3.57	0.82
较有经验	376	3.94	0.88
非常有经验	66	4.20	0.97
总计	6065	3.50	0.85

（6）统计与数据分析。One-way ANOVA 分析发现，$F_{(4, 6060)} = 28.493$，$p=0.000(p<0.05)$。由于基于均值计算的因变量的方差在自变量各组间不等，故

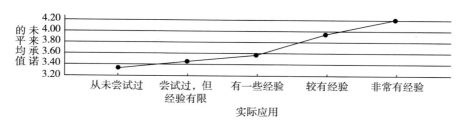

图 4-88　实际应用与大学生未来承诺之间的关系

而使用 Tamehane 多重比较法，发现在统计与数据分析方面有高水平经验的大学生的未来承诺显著高于经验有限、有一定经验以及从未学习过的大学生的未来承诺。较有经验的大学生的未来承诺显著高于经验有限、有一定经验以及从未学习过的大学生的未来承诺。有一定经验的大学生的未来承诺显著高于从未学习以及经验有限的大学生的未来承诺。经验有限的大学生的未来承诺显著高于从未学习过的大学生的未来承诺。其余组别间无显著差异（$\alpha = 0.05$）。具体数据如表 4-153 和图 4-89 所示。

表 4-153　统计与数据分析与大学生未来承诺之间的关系

统计与数据分析	频数（人）	均值	标准差
从未学习过	1697	3.40	0.87
学习过，但经验有限	2928	3.47	0.82
有一定经验	1054	3.61	0.86
较有经验	338	3.82	0.89
高水平经验	48	4.05	1.03
总计	6065	3.50	0.85

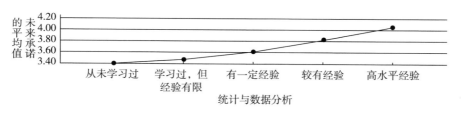

图 4-89　统计与数据分析与大学生未来承诺之间的关系

（7）计算工具。One-way ANOVA 分析发现，$F_{(4, 6060)} = 33.669$，$p = 0.000$（$p < 0.05$）。由于基于均值计算的因变量的方差在自变量各组间不等，故而使用 Tamehane 多重比较法，发现在计算工具使用方面有高水平经验的大学生的未来承诺显著高于其他组别的大学生的未来承诺。较有经验的大学生的未来承诺显著高于从未使用过、经验有限和有一定经验的大学生的未来承诺。有一定经验的大学生的未来承诺显著高于从未使用过、经验有限的大学生的未来承诺。其余组别间无显著差异（$\alpha = 0.05$）。具体数据如表 4-154 和图 4-90 所示。

表 4-154　计算工具与大学生未来承诺之间的关系

计算工具	频数（人）	均值	标准差
从未使用过	656	3.40	0.90
使用过，但经验有限	3322	3.44	0.82
有一定经验	1569	3.56	0.86
较有经验	451	3.81	0.88
高水平经验	67	4.15	0.97
总计	6065	3.50	0.85

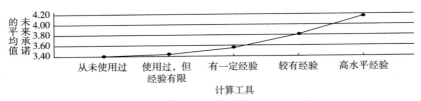

图 4-90　计算工具与大学生未来承诺之间的关系

（8）数学历史。One-way ANOVA 分析发现，$F_{(4, 6060)} = 31.012$，$p = 0.000(p<0.05)$。由于基于均值计算的因变量的方差在自变量各组间不等，故而使用 Tamehane 多重比较法，发现在数学历史方面深入研究过的大学生的未来承诺显著高于有一定了解、有一些学习经验及从未了解过的大学生的未来承诺。有较多学习经验的大学生的未来承诺显著高于有一定了解、有一些学习经验及从未了解过的大学生的未来承诺。有一些学习经验的大学生的未来承诺显著高于从未学习过的大学生的未来承诺。有一定了解的大学生的未来承诺显著高于从未学习过的大学生的未来承诺。其余组别间无显著差异（$\alpha = 0.05$）。具体数据如表 4-155 和图 4-91 所示。

表 4-155　数学历史与大学生未来承诺之间的关系

数学历史	频数（人）	均值	标准差
从未学习过	2142	3.39	0.85
有一定了解	2810	3.53	0.83
有一些学习经验	890	3.58	0.86
较多学习经验	183	3.91	0.93
深入研究过	40	4.26	0.99
总计	6065	3.50	0.85

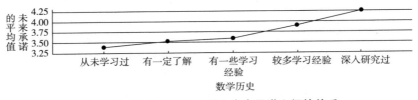

图 4-91　数学历史与大学生未来承诺之间的关系

十三、稳定性人格在数学素养与客观财经知识得分之间的中介效应

本书把数学素养作为自变量，包括数学竞赛、学术成就、高级数学课程、独立研究、实际应用、统计与数据分析、计算工具、数学历史共八个变量。把认知需求、自我效能、延迟满足三种稳定性人格心理变量作为中介变量，客观财经知识得分作为因变量，运用PROCESS分析工具进行多重中介效应分析，将样本数量设置为5000，置信区间的置信度设置为95%。以下为稳定性人格在数学素养与客观财经知识得分之间的中介效应的检验结果。

（1）数学竞赛。将数学竞赛作为自变量，稳定性人格作为中介变量，客观财经知识得分作为因变量。数学竞赛影响客观财经知识得分的总效应置信区间 [-0.0096，0.1851] 包含0，说明总效应在 $\alpha=0.05$ 的水平上不显著；直接效应置信区间 [-0.1031，0.0861] 包含0，说明直接效应不显著；总间接效应的置信区间 [0.0670，0.1261] 不包含0，说明稳定性人格的间接效应显著，发挥的间接效应与直接效应的符号相反，故存在部分中介效应，效应大小为0.0962。其中，自我效能和延迟满足的置信区间均不包含0，说明二者发挥了显著的中介效应，效应大小依次为0.0562和0.0284。具体的数据如表4-156所示。

表4-156 稳定性人格在数学竞赛与客观财经知识得分之间的中介效应

效应		Effect	置信区间下限	置信区间上限
总效应		0.0878	-0.0096	0.1851
直接效应		-0.0085	-0.1031	0.0861
间接效应	总间接效应	0.0962	0.0670	0.1261
	认知需求	0.0117	-0.0084	0.0330
	自我效能	0.0562	0.0377	0.0770
	延迟满足	0.0284	0.0158	0.0436

（2）学术成就。将学术成就作为自变量，稳定性人格作为中介变量，客观财经知识得分作为因变量。是否学习过财经课程影响客观财经知识得分的总效应置信区间 [0.4462，0.6614] 不包含0，说明总效应在 $\alpha=0.05$ 的水平上显著，效应大小为0.5538；直接效应置信区间 [0.2732，0.4852] 不包含0，说明直接效应显著，效应大小为0.3792；总间接效应的置信区间 [0.1421，0.2090] 中不包含0，说明稳定性人格间接效应显著，发挥的间接效应与直接效应的符号相同，故存在部分中介效应，效应大小为0.1747，占总效应的31.5%。其中，认知需求、自我效能和延迟满足的置信区间均不包含0，说明三者发挥了显著的中介效应，效应大小依次为0.0481、0.0786和0.0480。具体的数据如表4-157所示。

表 4-157　稳定性人格在学术成就与客观财经知识得分之间的中介效应

效应		Effect	置信区间下限	置信区间上限
总效应		0.5538	0.4462	0.6614
直接效应		0.3792	0.2732	0.4852
间接效应	总间接效应	0.1747	0.1421	0.2090
	认知需求	0.0481	0.0249	0.0717
	自我效能	0.0786	0.0542	0.1064
	延迟满足	0.0480	0.0287	0.0704

（3）高级数学课程。将高级数学课程作为自变量，稳定性人格作为中介变量，客观财经知识得分作为因变量。高级数学课程影响客观财经知识得分的总效应置信区间 [0.4233, 0.5780] 不包含 0，说明总效应显著，效应大小为0.5006；直接效应置信区间 [0.3460, 0.4967] 不包含 0，说明直接效应在 α=0.05 的水平上显著，效应大小为 0.4213；总间接效应的置信区间 [0.0575, 0.1008] 不包含 0，说明稳定性人格间接效应显著，发挥的间接效应与直接效应的符号相同，故存在部分中介效应，效应大小为 0.0793，占总效应的 15.8%。其中，认知需求、自我效能和延迟满足的置信区间均不包含 0，说明三者发挥了显著的中介效应，效应大小依次为 0.0239、0.0361 和 0.0193。具体的数据如表 4-158 所示。

表 4-158　稳定性人格在高级数学课程与客观财经知识得分之间的中介效应

效应		Effect	置信区间下限	置信区间上限
总效应		0.5006	0.4233	0.5780
直接效应		0.4213	0.3460	0.4967
间接效应	总间接效应	0.0793	0.0575	0.1008
	认知需求	0.0239	0.0080	0.0396
	自我效能	0.0361	0.0233	0.0502
	延迟满足	0.0193	0.0104	0.0300

（4）独立研究。将独立研究作为自变量，稳定性人格作为中介变量，客观财经知识得分作为因变量。独立研究影响客观财经知识得分的总效应置信区间 [-0.3015, -0.0831] 不包含 0，说明总效应在 α=0.05 的水平上显著，效应大小为-0.1923；直接效应置信区间 [-0.3224, -0.1104] 不包含 0，说明直接效应显著，效应大小为-0.2164；总间接效应的置信区间 [-0.0096, 0.0596] 包含 0，说明稳定性人格的间接效应不显著。因此，稳定性人格在独立研究与客观财经知识得分之间没有发挥显著的中介效应。具体的数据如表 4-159 所示。

表 4-159　稳定性人格在独立研究与客观财经知识得分之间的中介效应

效应	Effect	置信区间下限	置信区间上限
总效应	-0.1923	-0.3015	-0.0831

续表

效应		Effect	置信区间下限	置信区间上限
直接效应		−0.2164	−0.3224	−0.1104
间接效应	总间接效应	0.0241	−0.0096	0.0596
	认知需求	−0.0563	−0.0818	−0.0305
	自我效能	0.0508	0.0320	0.0719
	延迟满足	0.0295	0.0162	0.0457

（5）实际应用。将实际应用作为自变量，稳定性人格作为中介变量，客观财经知识得分作为因变量。实际应用影响客观财经知识得分的总效应置信区间 [0.3115，0.5307] 不包含 0，说明总效应在 $\alpha = 0.05$ 的水平上显著，效应大小为 0.4211；直接效应置信区间 [0.1252，0.3416] 不包含 0，说明直接效应显著，效应大小为 0.2334；总间接效应的置信区间 [0.1520，0.2251] 不包含 0，说明稳定性人格的间接效应显著，发挥的间接效应与直接效应的符号相同，故存在部分中介效应，效应大小为 0.1877，占总效应的 44.6%。其中，认知需求、自我效能和延迟满足的置信区间均不包含 0，说明三者发挥了显著的中介效应，效应大小依次为 0.0440、0.0927 和 0.0510。具体的数据如表 4-160 所示。

表 4-160　稳定性人格在实际应用与客观财经知识得分之间的中介效应

效应		Effect	置信区间下限	置信区间上限
总效应		0.4211	0.3115	0.5307
直接效应		0.2334	0.1252	0.3416
间接效应	总间接效应	0.1877	0.1520	0.2251
	认知需求	0.0440	0.0190	0.0692
	自我效能	0.0927	0.0631	0.1243
	延迟满足	0.0510	0.0312	0.0724

（6）统计与数据分析。将统计与数据分析作为自变量，稳定性人格作为中介变量，客观财经知识得分作为因变量。统计与数据分析影响客观财经知识得分的总效应置信区间 [0.3123，0.5346] 不包含 0，说明总效应在 $\alpha = 0.05$ 的水平上显著，效应大小为 0.4234；直接效应置信区间 [0.2245，0.4413] 不包含 0，说明直接效应显著，效应大小为 0.3329；总间接效应置信区间 [0.0559，0.1271] 不包含 0，说明稳定性人格的间接效应显著，故存在部分中介效应，发挥的间接效应与直接效应的符号相同，故存在部分中介效应，效应大小为 0.0668，占总效应的 15.8%。其中，自我效能和延迟满足的置信区间均不包含 0，说明其中介效应显著，效应大小依次为 0.0906 和 −0.0121。认知需求的置信区间包含 0，说明其中介效应不显著。具体的数据如表 4-161 所示。

表 4-161　稳定性人格在统计与数据分析与客观财经知识得分之间的中介效应

效应		Effect	置信区间下限	置信区间上限
总效应		0.4234	0.3123	0.5346
直接效应		0.3329	0.2245	0.4413
间接效应	总间接效应	0.0668	0.0559	0.1271
	认知需求	0.0358	-0.039	0.0121
	自我效能	0.0906	0.0452	0.0912
	延迟满足	-0.0121	0.0209	0.0538

（7）计算工具。将计算工具作为自变量，稳定性人格作为中介变量，客观财经知识得分作为因变量。计算工具影响客观财经知识得分的总效应置信区间 $[0.3262, 0.5640]$ 不包含 0，说明总效应在 $\alpha = 0.05$ 的水平上显著，效应大小为 0.4451；直接效应置信区间 $[0.1633, 0.3969]$ 不包含 0，说明直接效应显著，效应大小为 0.2801；总间接效应置信区间 $[0.1268, 0.2041]$ 不包含 0，说明稳定性人格的间接效应显著，故发挥的间接效应与直接效应的符号相同，故存在部分中介效应，效应大小为 0.1651，占总效应的 37.9%。认知需求、自我效能和延迟满足的置信区间均不包含 0，说明三者的中介效应显著，效应大小依次为 0.0272、0.0902 和 0.0476。具体的数据如表 4-162 所示。

表 4-162　稳定性人格在计算工具与客观财经知识得分之间的中介效应

效应		Effect	置信区间下限	置信区间上限
总效应		0.4451	0.3262	0.5640
直接效应		0.2801	0.1633	0.3969
间接效应	总间接效应	0.1651	0.1268	0.2041
	认知需求	0.0272	0.0004	0.0549
	自我效能	0.0902	0.0612	0.1214
	延迟满足	0.0476	0.0289	0.0688

（8）数学历史。将数学历史作为自变量，稳定性人格作为中介变量，客观财经知识得分作为因变量。数学历史影响客观财经知识得分的总效应置信区间 $[-0.2107, 0.0262]$ 包含 0，说明总效应在 $\alpha = 0.05$ 的水平上不显著；直接效应置信区间 $[-0.2802, -0.0499]$ 不包含 0，说明直接效应显著，效应大小为 -0.1650；总间接效应置信区间 $[0.0366, 0.1102]$ 不包含 0，说明稳定性人格的间接效应显著，故存在部分中介效应，发挥的间接效应与直接效应的符号相反，效应大小为 0.0727。其中，认知需求、自我效能和延迟满足的置信区间均不包含 0，说明三者的中介效应显著，效应大小依次为 -0.0375、0.0734 和 0.0369。具体的数据如表 4-163 所示。

表 4-163　稳定性人格在数学历史与客观财经知识得分之间的中介效应

效应		Effect	置信区间下限	置信区间上限
总效应		−0.0923	−0.2107	0.0262
直接效应		−0.1650	−0.2802	−0.0499
间接效应	总间接效应	0.0727	0.0366	0.1102
	认知需求	−0.0375	−0.0635	−0.0118
	自我效能	0.0734	0.0507	0.0990
	延迟满足	0.0369	0.0206	0.0561

十四、稳定性人格在数学素养与主观财经知识得分之间的中介效应

本书把数学素养作为自变量，包括数学竞赛、学术成就、高级数学课程、独立研究、实际应用、统计与数据分析、计算工具、数学历史共八个变量。把认知需求、自我效能、延迟满足三种稳定性人格心理变量作为中介变量，主观财经知识得分作为因变量，运用 PROCESS 分析工具进行多重中介效应分析，将样本数量设置为 5000，置信区间的置信度设置为 95%。以下为稳定性人格在数学素养与主观财经知识得分之间的中介效应的检验结果。

（1）数学竞赛。将数学竞赛作为自变量，稳定性人格作为中介变量，主观财经知识得分作为因变量。数学竞赛影响主观财经知识得分的总效应置信区间 [0.1539，0.2167] 不包含 0，说明总效应在 $\alpha = 0.05$ 的水平上显著，效应大小为 0.1853；直接效应置信区间 [0.1143，0.1751] 不包含 0，说明直接效应显著，效应大小为 0.1447；总间接效应的置信区间 [0.0307，0.0508] 不包含 0，说明稳定性人格间接效应显著，发挥的间接效应与直接效应的符号相同，故存在部分中介效应，效应大小为 0.0406，占总效应的 21.9%。其中，认知需求、自我效能和延迟满足的置信区间均不包含 0，说明三者发挥了显著的中介效应，效应大小依次为 0.0005、0.0299 和 0.0102。具体的数据如表 4-164 所示。

表 4-164　稳定性人格在数学竞赛与主观财经知识得分之间的中介效应

效应		Effect	置信区间下限	置信区间上限
总效应		0.1853	0.1539	0.2167
直接效应		0.1447	0.1143	0.1751
间接效应	总间接效应	0.0406	0.0307	0.0508
	认知需求	0.0005	−0.0004	0.0018
	自我效能	0.0299	0.0219	0.0386
	延迟满足	0.0102	0.0057	0.0154

（2）学术成就。将学术成就作为自变量，稳定性人格作为中介变量，主观财经知识得分作为因变量。学术成就影响主观财经知识得分的总效应置信区间 [0.2792，0.3482] 不包含 0，说明总效应在 $\alpha = 0.05$ 的水平上显著，效应大小为

0.3137；直接效应置信区间 ［0.2181，0.2859］ 不包含 0，说明直接效应显著，效应大小为 0.2520；总间接效应的置信区间 ［0.0499，0.0741］ 不包含 0，说明稳定性人格间接效应显著，发挥的间接效应与直接效应的符号相同，故存在部分中介效应，效应大小为 0.0617，占总效应的 19.7%。其中，认知需求、自我效能和延迟满足的置信区间均不包含 0，说明三者发挥了显著的中介效应，效应大小依次为 0.0011、0.0439 和 0.0167。具体的数据如表 4-165 所示。

表 4-165　稳定性人格在学术成就与主观财经知识得分之间的中介效应

效应		Effect	置信区间下限	置信区间上限
总效应		0.3137	0.2792	0.3482
直接效应		0.2520	0.2181	0.2859
间接效应	总间接效应	0.0617	0.0499	0.0741
	认知需求	0.0011	−0.0010	0.0038
	自我效能	0.0439	0.0333	0.0551
	延迟满足	0.0167	0.0099	0.0244

（3）高级数学课程。将高级数学课程作为自变量，稳定性人格作为中介变量，主观财经知识得分作为因变量。高级数学课程影响主观财经知识得分的总效应置信区间 ［0.2023，0.2521］ 不包含 0，说明总效应显著，效应大小为 0.2272；直接效应置信区间 ［0.1743，0.2226］ 不包含 0，说明直接效应在 $\alpha = 0.05$ 的水平上显著，效应大小为 0.1984；总间接效应的置信区间 ［0.0209，0.0366］ 不包含 0，说明稳定性人格间接效应显著，发挥的间接效应与直接效应的符号相同，故存在部分中介效应，效应大小为 0.0287，占总效应的 12.6%。其中，自我效能和延迟满足的置信区间均不包含 0，说明二者发挥了显著的中介效应，效应大小依次为 0.0211 和 0.0070。认知需求的置信区间包含 0，中介效应不显著。具体的数据如表 4-166 所示。

表 4-166　稳定性人格在高级数学课程与主观财经知识得分之间的中介效应

效应		Effect	置信区间下限	置信区间上限
总效应		0.2272	0.2023	0.2521
直接效应		0.1984	0.1743	0.2226
间接效应	总间接效应	0.0287	0.0209	0.0366
	认知需求	0.0007	−0.0003	0.0022
	自我效能	0.0211	0.0150	0.0275
	延迟满足	0.0070	0.0037	0.0109

（4）独立研究。将独立研究作为自变量，稳定性人格作为中介变量，主观财经知识得分作为因变量。独立研究影响主观财经知识得分的总效应置信区间 ［0.2231，0.2932］ 不包含 0，说明总效应在 $\alpha = 0.05$ 的水平上显著，效应大小为 0.2582；直接效应置信区间 ［0.1910，0.2588］ 不包含 0，说明直接效应显著，

效应大小为 0.2249；总间接效应的置信区间 ［0.0216，0.0453］ 不包含 0，说明稳定性人格间接效应显著，发挥的间接效应与直接效应的符号相同，故存在部分中介效应，效应大小为 0.0333，占总效应的 12.9%。其中，自我效能和延迟满足的置信区间均不包含 0，说明二者发挥了显著的中介效应，效应大小依次为 0.0262 和 0.0105。认知需求的置信区间包含 0，中介效应不显著。具体的数据如表 4-167 所示。

表 4-167　稳定性人格在独立研究与主观财经知识得分之间的中介效应

效应		Effect	置信区间下限	置信区间上限
总效应		0.2582	0.2231	0.2932
直接效应		0.2249	0.1910	0.2588
间接效应	总间接效应	0.0333	0.0216	0.0453
	认知需求	−0.0034	−0.0067	−0.0008
	自我效能	0.0262	0.0176	0.0355
	延迟满足	0.0105	0.0054	0.0163

（5）实际应用。将实际应用作为自变量，稳定性人格作为中介变量，主观财经知识得分作为因变量。实际应用影响主观财经知识得分的总效应置信区间 ［0.3386，0.4079］ 不包含 0，说明总效应在 $\alpha = 0.05$ 的水平上显著，效应大小为 0.3733；直接效应置信区间 ［0.2733，0.3417］ 不包含 0，说明直接效应显著，效应大小为 0.3075；总间接效应的置信区间 ［0.0540，0.0781］ 不包含 0，说明稳定性人格间接效应显著，发挥的间接效应与直接效应的符号相同，故存在部分中介效应，效应大小为 0.0658，占总效应的 17.6%。其中，自我效能和延迟满足的置信区间均不包含 0，说明二者发挥了显著的中介效应，效应大小依次为 0.0468 和 0.0180。认知需求的置信区间包含 0，中介效应不显著。具体的数据如表 4-168 所示。

表 4-168　稳定性人格在实际应用与主观财经知识得分之间的中介效应

效应		Effect	置信区间下限	置信区间上限
总效应		0.3733	0.3386	0.4079
直接效应		0.3075	0.2733	0.3417
间接效应	总间接效应	0.0658	0.0540	0.0781
	认知需求	0.0010	−0.0010	0.0034
	自我效能	0.0468	0.0357	0.0584
	延迟满足	0.0180	0.0112	0.0259

（6）统计与数据分析。将统计与数据分析作为自变量，稳定性人格作为中介变量，主观财经知识得分作为因变量。统计与数据分析影响主观财经知识得分的总效应置信区间 ［0.3976，0.4671］ 不包含 0，说明总效应在 $\alpha = 0.05$ 的水平上显著，效应大小为 0.4234；直接效应置信区间 ［0.3516，0.4193］ 不包含 0，

说明直接效应显著，效应大小为 0.3855；总间接效应置信区间 ［0.0362，0.0581］ 不包含 0，说明稳定性人格间接效应显著，故存在部分中介效应，发挥的间接效应与直接效应的符号相同，故存在部分中介效应，效应大小为 0.0469，占总效应的 11.1%。其中，自我效能和延迟满足的置信区间均不包含 0，说明其中介效应显著，效应大小依次为 0.0343 和 0.0132。认知需求的置信区间包含 0，说明其中介效应不显著。具体的数据如表 4-169 所示。

表 4-169　稳定性人格在统计与数据分析与主观财经知识得分之间的中介效应

效应		Effect	置信区间下限	置信区间上限
总效应		0.4234	0.3976	0.4671
直接效应		0.3855	0.3516	0.4193
间接效应	总间接效应	0.0469	0.0362	0.0581
	认知需求	−0.0006	−0.0022	0.0007
	自我效能	0.0343	0.0255	0.0441
	延迟满足	0.0132	0.0076	0.0196

（7）计算工具。将计算工具作为自变量，稳定性人格作为中介变量，主观财经知识得分作为因变量。计算工具影响主观财经知识得分的总效应置信区间 ［0.3882，0.4631］ 不包含 0，说明总效应在 $\alpha = 0.05$ 的水平上显著，效应大小为 0.4257；直接效应置信区间 ［0.3254，0.3990］ 不包含 0，说明直接效应显著，效应大小为 0.3622；总间接效应置信区间 ［0.0514，0.0763］ 不包含 0，说明稳定性人格间接效应显著，故发挥的间接效应与直接效应的符号相同，故存在部分中介效应，效应大小为 0.0635，占总效应的 14.9%。其中，自我效能和延迟满足的置信区间均不包含 0，说明其中介效应显著，效应大小依次为 0.0453 和 0.0173。认知需求的置信区间包含 0，说明其中介效应不显著。具体的数据如表 4-170 所示。

表 4-170　稳定性人格在计算工具与主观财经知识得分之间的中介效应

效应		Effect	置信区间下限	置信区间上限
总效应		0.4257	0.3882	0.4631
直接效应		0.3622	0.3254	0.3990
间接效应	总间接效应	0.0635	0.0514	0.0763
	认知需求	0.0008	−0.0004	0.0029
	自我效能	0.0453	0.0345	0.0572
	延迟满足	0.0173	0.0105	0.0253

（8）数学历史。将数学历史作为自变量，稳定性人格作为中介变量，主观财经知识得分作为因变量。数学历史影响主观财经知识得分的总效应置信区间 ［0.3023，0.3777］ 不包含 0，说明总效应在 $\alpha = 0.05$ 的水平上显著。其效应大小为 0.3400；直接效应置信区间 ［0.2562，0.3294］ 不包含 0，说明直接效

应显著，效应大小为 0.2928；总间接效应置信区间 ［0.0353，0.0596］不包含 0，说明稳定性人格间接效应显著，故存在部分中介效应，发挥的间接效应与直接效应的符号相同，效应大小为 0.0472，占总效应的 13.9%。其中，认知需求、自我效能和延迟满足的置信区间均不包含 0，说明三者的中介效应显著，效应大小分别为 -0.0021、0.0358 和 0.0135。具体的数据如表 4-171 所示。

表4-171 稳定性人格在数学历史与主观财经知识得分之间的中介效应

效应		Effect	置信区间下限	置信区间上限
总效应		0.3400	0.3023	0.3777
直接效应		0.2928	0.2562	0.3294
间接效应	总间接效应	0.0472	0.0353	0.0596
	认知需求	-0.0021	-0.0046	-0.0002
	自我效能	0.0358	0.0265	0.0463
	延迟满足	0.0135	0.0076	0.0201

十五、稳定性人格在数学素养与财经态度之间的中介效应

本书把数学素养作为自变量，包括数学竞赛、学术成就、高级数学课程、独立研究、实际应用、统计与数据分析、计算工具、数学历史共八个变量。把认知需求、自我效能、延迟满足三种稳定性人格心理变量作为中介变量，财经态度作为因变量，运用 PROCESS 分析工具进行多重中介效应分析，将样本数量设置为5000，置信区间的置信度设置为95%。以下为稳定性人格在数学素养与财经态度之间的中介效应的检验结果。

（1）数学竞赛。将数学竞赛作为自变量，稳定性人格作为中介变量，财经态度作为因变量。数学竞赛影响财经态度的总效应置信区间 ［-0.0375，0.0101］包含 0，说明总效应在 $\alpha = 0.05$ 的水平上不显著；直接效应置信区间 ［-0.0492，-0.0027］不包含 0，说明直接效应显著，效应大小为 -0.0259；总间接效应的置信区间 ［0.0052，0.0194］不包含 0，说明稳定性人格间接效应显著，发挥的间接效应与直接效应的符号相反，故存在部分中介效应，效应大小为 0.0123。其中，延迟满足的置信区间不包含 0，说明其发挥了显著的中介效应，效应大小为0.0080。认知需求、自我效能的置信区间包含 0，二者中介效应均不显著。具体的数据如表 4-172 所示。

表4-172 稳定性人格在数学竞赛与财经态度之间的中介效应

效应	Effect	置信区间下限	置信区间上限
总效应	-0.0137	-0.0375	0.0101
直接效应	-0.0259	-0.0492	-0.0027

效应		Effect	置信区间下限	置信区间上限
间接效应	总间接效应	0.0123	0.0052	0.0194
	认知需求	0.0035	−0.0027	0.0096
	自我效能	0.0008	−0.0031	0.0049
	延迟满足	0.0080	0.0045	0.0122

（2）学术成就。将学术成就作为自变量，稳定性人格作为中介变量，财经态度作为因变量。学术成就影响财经态度的总效应置信区间 ［0.0305，0.0835］不包含 0，说明总效应在 $\alpha=0.05$ 的水平上显著，效应大小为 0.0570；直接效应置信区间 ［0.0023，0.0545］不包含 0，说明直接效应显著，效应大小为 0.0284；总间接效应的置信区间 ［0.0202，0.0373］不包含 0，说明稳定性人格间接效应显著，发挥的间接效应与直接效应的符号相同，故存在部分中介效应，效应大小为 0.0286，占总效应的 50.2%。其中，认知需求延迟满足的置信区间均不包含 0，说明二者均发挥了显著的中介效应，效应大小依次为 0.0146 和 0.0139。具体的数据如表 4-173 所示。

表 4-173　稳定性人格在学术成就与财经态度之间的中介效应

效应		Effect	置信区间下限	置信区间上限
总效应		0.0570	0.0305	0.0835
直接效应		0.0284	0.0023	0.0545
间接效应	总间接效应	0.0286	0.0202	0.0373
	认知需求	0.0146	0.0073	0.0218
	自我效能	0.0001	−0.0064	0.0065
	延迟满足	0.0139	0.0085	0.0200

（3）高级数学课程。将高级数学课程作为自变量，稳定性人格作为中介变量，财经态度作为因变量。高级数学课程影响财经态度的总效应置信区间 ［0.0067，0.0450］不包含 0，说明总效应显著，效应大小为 0.0259；直接效应置信区间 ［−0.0057，0.0317］包含 0，说明直接效应在 $\alpha=0.05$ 的水平上不显著；总间接效应的置信区间 ［0.0078，0.0182］不包含 0，说明稳定性人格间接效应显著，发挥的间接效应与直接效应的符号相同，故存在部分中介效应，效应大小为 0.0129，占总效应的 49.8%。其中，认知需求和延迟满足的置信区间均不包含 0，说明二者发挥了显著的中介效应，效应大小依次为 0.0073 和 0.0054。自我效能的置信区间包含 0，中介效应不显著。具体的数据如表 4-174 所示。

表 4-174　稳定性人格在高级数学课程与财经态度之间的中介效应

效应	Effect	置信区间下限	置信区间上限
总效应	0.0259	0.0067	0.0450
直接效应	0.0130	−0.0057	0.0317

效应		Effect	置信区间下限	置信区间上限
间接效应	总间接效应	0.0129	0.0078	0.0182
	认知需求	0.0073	0.0027	0.0121
	自我效能	0.0002	−0.0029	0.0033
	延迟满足	0.0054	0.0029	0.0084

（4）独立研究。将独立研究作为自变量，稳定性人格作为中介变量，财经态度作为因变量。独立研究影响财经态度的总效应置信区间 [−0.0842, −0.0308] 不包含 0，说明总效应在 $\alpha = 0.05$ 的水平上显著，效应大小为 −0.0575；直接效应置信区间 [−0.0759, −0.0239] 不包含 0，说明直接效应显著，效应大小为 −0.0499；总间接效应的置信区间 [−0.0160, 0.0005] 包含 0，说明稳定性人格间接效应不显著。因此，稳定性人格在独立研究与财经态度之间没有发挥显著的中介效应。具体的数据如表 4-175 所示。

表 4-175　稳定性人格在独立研究与财经态度之间的中介效应

效应		Effect	置信区间下限	置信区间上限
总效应		−0.0575	−0.0842	−0.0308
直接效应		−0.0499	−0.0759	−0.0239
间接效应	总间接效应	−0.0076	−0.0160	0.0005
	认知需求	−0.0167	−0.0246	−0.0096
	自我效能	0.0008	−0.0027	0.0046
	延迟满足	0.0083	0.0044	0.0128

（5）实际应用。将实际应用作为自变量，稳定性人格作为中介变量，财经态度作为因变量。实际应用影响财经态度的总效应置信区间 [0.0091, 0.0629] 不包含 0，说明总效应在 $\alpha = 0.05$ 的水平上显著，效应大小为 0.0360；直接效应置信区间 [−0.0189, 0.0344] 包含 0，说明直接效应不显著；总间接效应的置信区间 [0.0191, 0.0378] 不包含 0，说明稳定性人格间接效应显著，发挥的间接效应与直接效应的符号相同，故存在部分中介效应，效应大小为 0.0282，占总效应的 78.3%。其中，认知需求和延迟满足的置信区间均不包含 0，说明二者发挥了显著的中介效应，效应大小依次为 0.0132 和 0.0144。自我效能的置信区间包含 0，中介效应不显著。具体的数据如表 4-176 所示。

表 4-176　稳定性人格在实际应用与财经态度之间的中介效应

效应	Effect	置信区间下限	置信区间上限
总效应	0.0360	0.0091	0.0629
直接效应	0.0077	−0.0189	0.0344

续表

效应		Effect	置信区间下限	置信区间上限
间接效应	总间接效应	0.0282	0.0191	0.0378
	认知需求	0.0132	0.0058	0.0209
	自我效能	0.0006	−0.0066	0.0081
	延迟满足	0.0144	0.0088	0.0205

（6）统计与数据分析。将统计与数据分析作为自变量，稳定性人格作为中介变量，财经态度作为因变量。统计与数据分析影响财经态度的总效应置信区间 [−0.0448，0.0098] 包含 0，说明总效应在 α＝0.05 的水平上不显著；直接效应置信区间 [−0.0517，0.0017] 包含 0，说明直接效应不显著；总间接效应置信区间 [−0.0011，0.0162] 包含 0，说明稳定性人格间接效应不显著。因此，稳定性人格在统计与数据分析与财经态度之间的中介效应没有发挥显著的中介效应。具体的数据如表4-177所示。

表4-177　稳定性人格在统计与数据分析与财经态度之间的中介效应

效应		Effect	置信区间下限	置信区间上限
总效应		−0.0175	−0.0448	0.0098
直接效应		−0.0250	−0.0517	0.0017
间接效应	总间接效应	0.0075	−0.0011	0.0162
	认知需求	−0.0036	−0.0110	0.0037
	自我效能	0.0011	−0.0043	0.0064
	延迟满足	0.0100	0.0059	0.0148

（7）计算工具。将计算工具作为自变量，稳定性人格作为中介变量，财经态度作为因变量。计算工具影响财经态度的总效应置信区间 [−0.0046，0.0538] 包含 0，说明总效应在 α＝0.05 的水平上不显著；直接效应置信区间 [−0.0264，0.0311] 包含 0，说明直接效应不显著；总间接效应置信区间 [0.0126，0.0323] 不包含 0，说明稳定性人格间接效应显著，故发挥的间接效应与直接效应的符号相同，故存在部分中介效应，效应大小为0.0223。其中，认知需求和延迟满足的置信区间均不包含 0，说明其中介效应显著，效应大小依次为0.0081和0.0133。自我效能的置信区间包含 0，说明其中介效应不显著。具体的数据如表4-178所示。

表4-178　稳定性人格在计算工具与财经态度之间的中介效应

效应		Effect	置信区间下限	置信区间上限
总效应		0.0246	−0.0046	0.0538
直接效应		0.0024	−0.0264	0.0311
间接效应	总间接效应	0.0223	0.0126	0.0323
	认知需求	0.0081	0.0003	0.0163
	自我效能	0.0008	−0.0062	0.0081
	延迟满足	0.0133	0.0080	0.0193

（8）数学历史。将数学历史作为自变量，稳定性人格作为中介变量，财经态度作为因变量。数学历史影响财经态度的总效应置信区间［-0.0787，-0.0208］不包含 0，说明总效应在 $\alpha = 0.05$ 的水平上显著，其效应大小为 -0.0497；直接效应置信区间［-0.0787，-0.0221］不包含 0，说明直接效应显著，效应大小为 -0.0504；总间接效应置信区间［-0.0083，0.0096］包含 0，说明稳定性人格间接效应不显著。因此，稳定性人格在数学历史与财经态度之间的中介效应没有发挥显著的中介效应。具体的数据如表 4-179 所示。

表 4-179　稳定性人格在数学历史与财经态度之间的中介效应

效应		Effect	置信区间下限	置信区间上限
总效应		-0.0497	-0.0787	-0.0208
直接效应		-0.0504	-0.0787	-0.0221
间接效应	总间接效应	0.0007	-0.0083	0.0096
	认知需求	-0.0111	-0.0188	-0.0037
	自我效能	0.0014	-0.0036	0.0067
	延迟满足	0.0104	0.0059	0.0155

十六、稳定性人格在数学素养与财经满意度之间的中介效应

本书把数学素养作为自变量，包括数学竞赛、学术成就、高级数学课程、独立研究、实际应用、统计与数据分析、计算工具、数学历史共八个变量。把认知需求、自我效能、延迟满足三种稳定性人格心理变量作为中介变量，财经满意度作为因变量，运用 PROCESS 分析工具进行多重中介效应分析，将样本数量设置为 5000，置信区间的置信度设置为 95%。以下为稳定性人格在数学素养与财经满意度之间的中介效应的检验结果。

（1）数学竞赛。将数学竞赛作为自变量，稳定性人格作为中介变量，财经满意度作为因变量。数学竞赛影响财经满意度的总效应置信区间［0.0637，0.1207］不包含 0，说明总效应在 $\alpha = 0.05$ 的水平上显著，效应大小为 0.0922；直接效应置信区间［0.0399，0.0964］不包含 0，说明直接效应显著，效应大小为 0.0682；总间接效应的置信区间［0.0178，0.0307］中不包含 0，说明稳定性人格间接效应显著，发挥的间接效应与直接效应的符号相同，故存在部分中介效应，效应大小为 0.0240，占总效应的比重为 26.0%。其中，自我效能的置信区间不包含 0，说明其发挥了显著的中介效应，效应大小为 0.0248。认知需求、延迟满足的置信区间包含 0，其中介效应均不显著。具体的数据如表 4-180 所示。

表 4-180　稳定性人格在数学竞赛与财经满意度之间的中介效应

效应	Effect	置信区间下限	置信区间上限
总效应	0.0922	0.0637	0.1207

续表

效应		Effect	置信区间下限	置信区间上限
直接效应		0.0682	0.0399	0.0964
间接效应	总间接效应	0.0240	0.0178	0.0307
	认知需求	0.0001	−0.0006	0.0009
	自我效能	0.0248	0.0179	0.0326
	延迟满足	−0.0008	−0.0044	0.0027

（2）学术成就。将学术成就作为自变量，稳定性人格作为中介变量，财经满意度作为因变量。学术成就影响财经满意度的总效应置信区间［0.0821，0.1456］不包含 0，说明总效应在 $\alpha=0.05$ 的水平上显著，效应大小为 0.1139；直接效应置信区间［0.0455，0.1091］不包含 0，说明直接效应显著，效应大小为 0.0773；总间接效应的置信区间［0.0284，0.0455］不包含 0，说明稳定性人格间接效应显著，发挥的间接效应与直接效应的符号相同，故存在部分中介效应，效应大小为 0.0365，占总效应的 31.2%。其中，自我效能的置信区间不包含 0，说明其发挥了显著的中介效应，效应大小为 0.0383。认知需求、延迟满足的置信区间包含 0，其中介效应均不显著。具体的数据如表 4-181 所示。

表 4-181 稳定性人格在学术成就与财经满意度之间的中介效应

效应		Effect	置信区间下限	置信区间上限
总效应		0.1139	0.0821	0.1456
直接效应		0.0773	0.0455	0.1091
间接效应	总间接效应	0.0365	0.0284	0.0455
	认知需求	0.0000	−0.0021	0.0023
	自我效能	0.0383	0.0287	0.0486
	延迟满足	−0.0018	−0.0079	0.0045

（3）高级数学课程。将高级数学课程作为自变量，稳定性人格作为中介变量，财经满意度作为因变量。高级数学课程影响财经满意度的总效应置信区间［0.0414，0.0873］不包含 0，说明总效应显著，效应大小为 0.0643；直接效应置信区间［0.0237，0.0692］不包含 0，说明直接效应在 $\alpha=0.05$ 的水平上显著，效应大小为 0.0464；总间接效应的置信区间［0.0129，0.0232］不包含 0，说明稳定性人格间接效应显著，发挥的间接效应与直接效应的符号相同，故存在部分中介效应，效应大小为 0.0179，占总效应的 27.8%。其中，自我效能的置信区间不包含 0，说明其发挥了显著的中介效应，效应大小为 0.0184。认知需求、延迟满足的置信区间包含 0，其中介效应均不显著。具体的数据如表 4-182 所示。

表 4-182 稳定性人格在高级数学课程与财经满意度之间的中介效应

效应	Effect	置信区间下限	置信区间上限
总效应	0.0643	0.0414	0.0873

续表

效应		Effect	置信区间下限	置信区间上限
直接效应		0.0464	0.0237	0.0692
间接效应	总间接效应	0.0179	0.0129	0.0232
	认知需求	0.0001	−0.0010	0.0013
	自我效能	0.0184	0.0129	0.0246
	延迟满足	−0.0005	−0.0030	0.0018

（4）独立研究。将独立研究作为自变量，稳定性人格作为中介变量，财经满意度作为因变量。独立研究影响财经满意度的总效应置信区间［0.0824，0.1464］不包含 0，说明总效应在 $\alpha = 0.05$ 的水平上显著，效应大小为 0.1144；直接效应置信区间［0.0626，0.1260］不包含 0，说明直接效应显著，效应大小为 0.0943；总间接效应的置信区间［0.0128，0.0277］不包含 0，说明稳定性人格间接效应显著，发挥的间接效应与直接效应的符号相同，故存在部分中介效应，效应大小为 0.0202，占总效应的 17.7%。其中，自我效能的置信区间不包含 0，说明其发挥了显著的中介效应，效应大小为 0.0218。认知需求、延迟满足的置信区间包含 0，其中介效应均不显著。具体的数据如表 4-183 所示。

表 4-183　稳定性人格在独立研究与财经满意度之间的中介效应

效应		Effect	置信区间下限	置信区间上限
总效应		0.1144	0.0824	0.1464
直接效应		0.0943	0.0626	0.1260
间接效应	总间接效应	0.0202	0.0128	0.0277
	认知需求	−0.0008	−0.0034	0.0017
	自我效能	0.0218	0.0142	0.0299
	延迟满足	−0.0009	−0.0046	0.0028

（5）实际应用。将实际应用作为自变量，稳定性人格作为中介变量，财经满意度作为因变量。实际应用影响财经满意度的总效应置信区间［0.0928，0.1572］不包含 0，说明总效应在 $\alpha = 0.05$ 的水平上显著，效应大小为 0.1250；直接效应置信区间［0.0508，0.1156］包含 0，说明直接效应显著，效应大小为 0.0832；总间接效应的置信区间［0.0326，0.0515］不包含 0，说明稳定性人格间接效应显著，发挥的间接效应与直接效应的符号相同，故存在部分中介效应，效应大小为 0.0418，占总效应的 33.4%。其中，自我效能的置信区间不包含 0，说明其发挥了显著的中介效应，效应大小为 0.0434。认知需求、延迟满足的置信区间包含 0，其中介效应均不显著。具体的数据如表 4-184 所示。

表 4-184　稳定性人格在实际应用与财经满意度之间的中介效应

效应	Effect	置信区间下限	置信区间上限
总效应	0.1250	0.0928	0.1572

续表

效应		Effect	置信区间下限	置信区间上限
直接效应		0.0832	0.0508	0.1156
间接效应	总间接效应	0.0418	0.0326	0.0515
	认知需求	0.0000	−0.0019	0.0021
	自我效能	0.0434	0.0326	0.0548
	延迟满足	−0.0016	−0.0079	0.0047

（6）统计与数据分析。将统计与数据分析作为自变量，稳定性人格作为中介变量，财经满意度作为因变量。统计与数据分析影响财经满意度的总效应置信区间 [0.1010，0.1663] 不包含 0，说明总效应在 $\alpha=0.05$ 的水平上显著，效应大小为 0.1337；直接效应置信区间 [0.0706，0.1355] 不包含 0，说明直接效应显著，效应大小为 0.1030；总间接效应置信区间 [0.0233，0.0385] 不包含 0，说明稳定性人格间接效应显著发挥的间接效应与直接效应的符号相同，故存在部分中介效应，效应大小为 0.0307，占总效应的 23.0%。其中，自我效能的置信区间不包含 0，说明其发挥了显著的中介效应，效应大小为 0.0317。认知需求、延迟满足的置信区间包含 0，其中介效应均不显著。具体的数据如表 4-185 所示。

表 4-185　稳定性人格在统计与数据分析与财经满意度之间的中介效应

效应		Effect	置信区间下限	置信区间上限
总效应		0.1337	0.1010	0.1663
直接效应		0.1030	0.0706	0.1355
间接效应	总间接效应	0.0307	0.0233	0.0385
	认知需求	−0.0001	−0.0010	0.0007
	自我效能	0.0317	0.0231	0.0411
	延迟满足	−0.0009	−0.0057	0.0035

（7）计算工具。将计算工具作为自变量，稳定性人格作为中介变量，财经满意度作为因变量。计算工具影响财经满意度的总效应置信区间 [0.1068，0.1766] 不包含 0，说明总效应在 $\alpha=0.05$ 的水平上显著，效应大小为 0.1417；直接效应置信区间 [0.0657，0.1356] 包含 0，说明直接效应显著，效应大小为 0.1006；总间接效应置信区间 [0.0320，0.0508] 不包含 0，说明稳定性人格间接效应显著，故发挥的间接效应与直接效应的符号相同，故存在部分中介效应，效应大小为 0.0410，占总效应的 30.0%。其中，自我效能的置信区间不包含 0，说明其发挥了显著的中介效应，效应大小为 0.0317。认知需求、延迟满足的置信区间包含 0，其中介效应均不显著。具体的数据如表 4-186 所示。

表 4-186　稳定性人格在计算工具与财经满意度之间的中介效应

效应	Effect	置信区间下限	置信区间上限
总效应	0.1417	0.1068	0.1766

效应		Effect	置信区间下限	置信区间上限
直接效应		0.1006	0.0657	0.1356
间接效应	总间接效应	0.0410	0.0320	0.0508
	认知需求	0.0001	−0.0012	0.0016
	自我效能	0.0422	0.0317	0.0540
	延迟满足	0.0410	−0.0072	0.0045

（8）数学历史。将数学历史作为自变量，稳定性人格作为中介变量，财经满意度作为因变量。数学历史影响财经满意度的总效应置信区间［0.1324，0.2015］不包含0，说明总效应在 $\alpha = 0.05$ 的水平上显著，效应大小为0.1670；直接效应置信区间［0.1037，0.1724］不包含0，说明直接效应显著，效应大小为0.1380；总间接效应置信区间［0.0211，0.0373］不包含0，说明稳定性人格间接效应显著，故发挥的间接效应与直接效应的符号相同，故存在部分中介效应，效应大小为0.0289，占总效应的17.3%。其中，自我效能的置信区间不包含0，说明其发挥了显著的中介效应，效应大小为0.0304。认知需求、延迟满足的置信区间包含0，其中介效应均不显著。具体的数据如表4-187所示。

表4-187　稳定性人格在数学历史与财经满意度之间的中介效应

效应		Effect	置信区间下限	置信区间上限
总效应		0.1670	0.1324	0.2015
直接效应		0.1380	0.1037	0.1724
间接效应	总间接效应	0.0289	0.0211	0.0373
	认知需求	−0.0005	−0.0023	0.0012
	自我效能	0.0304	0.0216	0.0400
	延迟满足	−0.0010	−0.0055	0.0035

十七、稳定性人格在数学素养与财经行为合理性之间的中介效应

本书把数学素养作为自变量，包括数学竞赛、学术成就、高级数学课程、独立研究、实际应用、统计与数据分析、计算工具、数学历史共八个变量。把认知需求、自我效能、延迟满足三种稳定性人格心理变量作为中介变量，财经行为合理性作为因变量，运用PROCESS分析工具进行多重中介效应分析，将样本数量设置为5000，置信区间的置信度设置为95%。以下为稳定性人格在数学素养与财经行为合理性之间的中介效应的检验结果。

（1）数学竞赛。将数学竞赛作为自变量，稳定性人格作为中介变量，财经行为合理性作为因变量。数学竞赛影响财经行为合理性的总效应置信区间［0.0008，0.0432］不包含0，说明总效应在 $\alpha = 0.05$ 的水平上显著，效应大小为0.0220；直接效应置信区间［−0.0455，−0.0091］不包含0，说明直接效应显

著，效应大小为 -0.0273；总间接效应的置信区间 [0.0373，0.0609] 不包含 0，说明稳定性人格间接效应显著，发挥的间接效应与直接效应的符号相反，故存在部分中介效应，效应大小为 0.0493。其中，自我效能、延迟满足的置信区间不包含 0，说明其发挥了显著的中介效应，效应大小为 0.0279、0.0198。认知需求的置信区间包含 0，其中介效应均不显著。具体的数据如表 4-188 所示。

表 4-188 稳定性人格在数学竞赛与财经行为合理性之间的中介效应

效应		Effect	置信区间下限	置信区间上限
总效应		0.0220	0.0008	0.0432
直接效应		-0.0273	-0.0455	-0.0091
间接效应	总间接效应	0.0493	0.0373	0.0609
	认知需求	0.0016	-0.0013	0.0047
	自我效能	0.0279	0.0212	0.0350
	延迟满足	0.0198	0.0132	0.0266

（2）学术成就。将学术成就作为自变量，稳定性人格作为中介变量，财经行为合理性作为因变量。学术成就影响财经行为合理性的总效应置信区间 [0.0807，0.1276] 不包含 0，说明总效应在 $\alpha=0.05$ 的水平上显著，效应大小为 0.1041；直接效应置信区间 [-0.0003，0.0407] 包含 0，说明直接效应不显著；总间接效应的置信区间 [0.0705，0.0975] 不包含 0，说明稳定性人格间接效应显著，发挥的间接效应与直接效应的符号相同，故存在部分中介效应，效应大小为 0.0840，占总效应的 80.7%。其中，认知需求、自我效能和延迟满足的置信区间均不包含 0，说明三者均发挥了显著的中介效应，效应大小依次为 0.0067、0.0423 和 0.0349。具体的数据如表 4-189 所示。

表 4-189 稳定性人格在学术成就与财经行为合理性之间的中介效应

效应		Effect	置信区间下限	置信区间上限
总效应		0.1041	0.0807	0.1276
直接效应		0.0202	-0.0003	0.0407
间接效应	总间接效应	0.0840	0.0705	0.0975
	认知需求	0.0067	0.0034	0.0102
	自我效能	0.0423	0.0343	0.0507
	延迟满足	0.0349	0.0271	0.0434

（3）高级数学课程。将高级数学课程作为自变量，稳定性人格作为中介变量，财经行为合理性作为因变量。高级数学课程影响财经行为合理性的总效应置信区间 [0.0349，0.0689] 不包含 0，说明总效应显著，效应大小为 0.0519；直接效应置信区间 [0.0004，0.0298] 不包含 0，说明直接效应在 $\alpha=0.05$ 的水平上显著，效应大小为 0.0151；总间接效应的置信区间 [0.0276，0.0462] 不包含 0，说明稳定性人格间接效应显著，发挥的间接效应与直接效应的符号相同，

故存在部分中介效应，效应大小为 0.0368，占总效应的 70.9%。其中，认知需求、自我效能和延迟满足的置信区间均不包含 0，说明三者发挥了显著的中介效应，效应大小依次为 0.0033、0.0200 和 0.0134。具体的数据如表 4-190 所示。

表 4-190　稳定性人格在高级数学课程与财经行为合理性之间的中介效应

效应		Effect	置信区间下限	置信区间上限
总效应		0.0519	0.0349	0.0689
直接效应		0.0151	0.0004	0.0298
间接效应	总间接效应	0.0368	0.0276	0.0462
	认知需求	0.0033	0.0011	0.0057
	自我效能	0.0200	0.0149	0.0253
	延迟满足	0.0134	0.0084	0.0189

（4）独立研究。将独立研究作为自变量，稳定性人格作为中介变量，财经行为合理性作为因变量。独立研究影响财经行为合理性的总效应置信区间 [-0.0519, -0.0044] 不包含 0，说明总效应在 $\alpha = 0.05$ 的水平上显著，效应大小为 -0.0282；直接效应置信区间 [-0.0862, -0.0454] 不包含 0，说明直接效应显著，效应大小为 -0.0658；总间接效应的置信区间 [0.0240, 0.0515] 不包含 0，说明稳定性人格间接效应显著，发挥的间接效应与直接效应的符号相反，故存在部分中介效应，效应大小为 0.0377。其中，认知需求、自我效能和延迟满足的置信区间均不包含 0，说明二者发挥了显著的中介效应，效应大小依次为 -0.0075、0.0246 和 0.0206。具体的数据如表 4-191 所示。

表 4-191　稳定性人格在独立研究与财经行为合理性之间的中介效应

效应		Effect	置信区间下限	置信区间上限
总效应		-0.0282	-0.0519	-0.0044
直接效应		-0.0658	-0.0862	-0.0454
间接效应	总间接效应	0.0377	0.0240	0.0515
	认知需求	-0.0075	-0.0112	-0.0042
	自我效能	0.0246	0.0172	0.0324
	延迟满足	0.0206	0.0129	0.0287

（5）实际应用。将实际应用作为自变量，稳定性人格作为中介变量，财经行为合理性作为因变量。实际应用影响财经行为合理性的总效应置信区间 [0.0633, 0.1110] 不包含 0，说明总效应在 $\alpha = 0.05$ 的水平上显著，效应大小为 0.0872；直接效应置信区间 [-0.0253, 0.0165] 包含 0，说明直接效应不显著；总间接效应的置信区间 [0.0780, 0.1055] 不包含 0，说明稳定性人格间接效应显著，发挥的间接效应与直接效应的符号相反，故存在部分中介效应，效应大小为 0.0916。其中，认知需求、自我效能和延迟满足的置信区间均不包含 0，说明

三者发挥了显著的中介效应，效应大小依次为 0.0061、0.0495 和 0.0360。具体的数据如表 4-192 所示。

表 4-192　稳定性人格在实际应用与财经行为合理性之间的中介效应

效应		Effect	置信区间下限	置信区间上限
总效应		0.0872	0.0633	0.1110
直接效应		-0.0044	-0.0253	0.0165
间接效应	总间接效应	0.0916	0.0780	0.1055
	认知需求	0.0061	0.0026	0.0099
	自我效能	0.0495	0.0408	0.0587
	延迟满足	0.0360	0.0280	0.0445

（6）统计与数据分析。将统计与数据分析作为自变量，稳定性人格作为中介变量，财经行为合理性作为因变量。统计与数据分析影响财经行为合理性的总效应置信区间 [0.0056，0.0542] 不包含 0，说明总效应在 $\alpha=0.05$ 的水平上显著，效应大小为 0.0299；直接效应置信区间 [-0.0507，-0.0088] 不包含 0，说明直接效应显著，效应大小为 -0.0298；总间接效应置信区间 [0.0461，0.0737] 不包含 0，说明稳定性人格间接效应显著发挥的间接效应与直接效应的符号相反，故存在部分中介效应，效应大小为 0.0596。其中，自我效能和延迟满足的置信区间均不包含 0，说明二者发挥了显著的中介效应，效应大小依次为 0.0365 和 0.0248。认知需求的置信区间包含 0，其中介效应不显著。具体的数据如表 4-193 所示。

表 4-193　稳定性人格在统计与数据分析与财经行为合理性之间的中介效应

效应		Effect	置信区间下限	置信区间上限
总效应		0.0299	0.0056	0.0542
直接效应		-0.0298	-0.0507	-0.0088
间接效应	总间接效应	0.0596	0.0461	0.0737
	认知需求	-0.0016	-0.0051	0.0017
	自我效能	0.0365	0.0285	0.0450
	延迟满足	0.0248	0.0172	0.0329

（7）计算工具。将计算工具作为自变量，稳定性人格作为中介变量，财经行为合理性作为因变量。计算工具影响财经行为合理性的总效应置信区间 [0.0791，0.1308] 不包含 0，说明总效应在 $\alpha=0.05$ 的水平上显著，效应大小为 0.1049；直接效应置信区间 [-0.0022，0.0428] 包含 0，说明直接效应不显著；总间接效应置信区间 [0.0702，0.0993] 不包含 0，说明稳定性人格间接效应显著，故发挥的间接效应与直接效应的符号相同，故存在部分中介效应，效应大小为 0.0846，占总效应 80.6%。其中，认知需求、自我效能和延迟满足的置信区间均不包含 0，说明三者中介效应显著，效应大小依次为 0.0037、0.0477 和 0.0846。

具体的数据如表4-194所示。

表4-194　稳定性人格在计算工具与财经行为合理性之间的中介效应

效应		Effect	置信区间下限	置信区间上限
总效应		0.1049	0.0791	0.1308
直接效应		0.0203	-0.0022	0.0428
间接效应	总间接效应	0.0846	0.0702	0.0993
	认知需求	0.0037	0.0000	0.0077
	自我效能	0.0477	0.0388	0.0573
	延迟满足	0.0846	0.0250	0.0423

（8）数学历史。将数学历史作为自变量，稳定性人格作为中介变量，财经行为合理性作为因变量。数学历史影响财经行为合理性的总效应置信区间［-0.0104，0.0412］包含0，说明总效应在 $\alpha = 0.05$ 的水平上不显著；直接效应置信区间［-0.0628，-0.0185］不包含0，说明直接效应显著，效应大小为-0.0407；总间接效应的置信区间［0.0415，0.0707］不包含0，说明稳定性人格间接效应显著，故发挥的间接效应与直接效应的符号相反，故存在部分中介效应，效应大小为0.0560。其中，认知需求、自我效能和延迟满足的置信区间均不包含0，说明三者中介效应显著，效应大小依次为-0.0051、0.0353和0.0258。具体的数据如表4-195所示。

表4-195　稳定性人格在数学历史与财经行为合理性之间的中介效应

效应		Effect	置信区间下限	置信区间上限
总效应		0.0154	-0.0104	0.0412
直接效应		-0.0407	-0.0628	-0.0185
间接效应	总间接效应	0.0560	0.0415	0.0707
	认知需求	-0.0051	-0.0086	-0.0016
	自我效能	0.0353	0.0270	0.0438
	延迟满足	0.0258	0.0176	0.0342

十八、稳定性人格在数学素养与独立之间的中介效应

本书把数学素养作为自变量，包括数学竞赛、学术成就、高级数学课程、独立研究、实际应用、统计与数据分析、计算工具、数学历史共八个变量。把认知需求、自我效能、延迟满足三种稳定性人格心理变量作为中介变量，独立作为因变量，运用PROCESS分析工具进行多重中介效应分析，将样本数量设置为5000，置信区间的置信度设置为95%。以下为稳定性人格在数学素养与独立之间的中介效应的检验结果。

（1）数学竞赛。将数学竞赛作为自变量，稳定性人格作为中介变量，独立作为因变量。数学竞赛影响独立的总效应置信区间［0.0453，0.0848］不包含

0，说明总效应在 $\alpha = 0.05$ 的水平上显著，效应大小为 0.0650；直接效应的置信区间［-0.0122，0.0169］不包含 0，说明直接效应不显著；总间接效应的置信区间［0.0482，0.0769］不包含 0，说明稳定性人格间接效应显著，发挥的间接效应与直接效应的符号相同，故存在部分中介效应，效应大小为 0.0627，占总效应的 96.5%。其中，自我效能和延迟满足的置信区间不包含 0，说明其发挥了显著的中介效应，效应大小依次为 0.0431、0.0178。认知需求的置信区间包含 0，其中介效应均不显著。具体的数据如表 4-196 所示。

表 4-196　稳定性人格在数学竞赛与独立之间的中介效应

效应		Effect	置信区间下限	置信区间上限
总效应		0.0650	0.0453	0.0848
直接效应		0.0024	-0.0122	0.0169
间接效应	总间接效应	0.0627	0.0482	0.0769
	认知需求	0.0017	-0.0013	0.0048
	自我效能	0.0431	0.0336	0.0528
	延迟满足	0.0178	0.0119	0.0239

（2）学术成就。将学术成就作为自变量，稳定性人格作为中介变量，独立作为因变量。学术成就影响独立的总效应置信区间［0.1083，0.1520］不包含 0，说明总效应在 $\alpha = 0.05$ 的水平上显著，效应大小为 0.1302；直接效应的置信区间［0.0086，0.0414］不包含 0，说明直接效应显著，效应大小为 0.0250；总间接效应的置信区间［0.0893，0.1217］不包含 0，说明稳定性人格间接效应显著，发挥的间接效应与直接效应的符号相同，故存在部分中介效应，效应大小为 0.1052，占总效应的 80.8%。其中，认知需求、自我效能和延迟满足的置信区间不包含 0，说明其发挥了显著的中介效应，效应大小分别为 0.0071、0.0667 和 0.0314。具体的数据如表 4-197 所示。

表 4-197　稳定性人格在学术成就与独立之间的中介效应

效应		Effect	置信区间下限	置信区间上限
总效应		0.1302	0.1083	0.1520
直接效应		0.0250	0.0086	0.0414
间接效应	总间接效应	0.1052	0.0893	0.1217
	认知需求	0.0071	0.0037	0.0107
	自我效能	0.0667	0.0553	0.0784
	延迟满足	0.0314	0.0242	0.0390

（3）高级数学课程。将高级数学课程作为自变量，稳定性人格作为中介变量，独立作为因变量。高级数学课程影响独立的总效应置信区间［0.0469，0.0787］不包含 0，说明总效应显著，效应大小为 0.0628；直接效应的置信区间［0.0039，0.0273］不包含 0，说明直接效应在 $\alpha = 0.05$ 的水平上显著，效应大小

为 0.0156；总间接效应的置信区间［0.0365，0.0588］不包含 0，说明稳定性人格间接效应显著，发挥的间接效应与直接效应的符号相同，故存在部分中介效应，效应大小为 0.0472，占总效应的 75.2%。其中，认知需求、自我效能和延迟满足的置信区间不包含 0，说明其发挥了显著的中介效应，效应大小分别为 0.0036、0.0316 和 0.0121。具体的数据如表 4-198 所示。

表 4-198　稳定性人格在高级数学课程与独立之间的中介效应

效应		Effect	置信区间下限	置信区间上限
总效应		0.0628	0.0469	0.0787
直接效应		0.0156	0.0039	0.0273
间接效应	总间接效应	0.0472	0.0365	0.0588
	认知需求	0.0036	0.0012	0.0060
	自我效能	0.0316	0.0244	0.0398
	延迟满足	0.0121	0.0075	0.0169

（4）独立研究。将独立研究作为自变量，稳定性人格作为中介变量，独立作为因变量。独立研究影响独立的总效应置信区间［0.0183，0.0627］不包含 0，说明总效应在 $\alpha = 0.05$ 的水平上显著，效应大小为 0.0405；直接效应置信区间［-0.0239，0.0088］包含 0，说明直接效应不显著；总间接效应的置信区间［0.0307，0.0653］不包含 0，说明稳定性人格间接效应显著，发挥的间接效应与直接效应的符号相反，故存在部分中介效应，效应大小为 0.0481。其中，认知需求、自我效能和延迟满足的置信区间不包含 0，说明其发挥了显著的中介效应，效应大小分别为 -0.0083、0.0379 和 0.0185。具体的数据如表 4-199 所示。

表 4-199　稳定性人格在独立研究与独立之间的中介效应

效应		Effect	置信区间下限	置信区间上限
总效应		0.0405	0.0183	0.0627
直接效应		-0.0076	-0.0239	0.0088
间接效应	总间接效应	0.0481	0.0307	0.0653
	认知需求	-0.0083	-0.0121	-0.0047
	自我效能	0.0379	0.0262	0.0496
	延迟满足	0.0185	0.0115	0.0259

（5）实际应用。将实际应用作为自变量，稳定性人格作为中介变量，独立作为因变量。实际应用影响独立的总效应置信区间［0.1303，0.1744］不包含 0，说明总效应在 $\alpha = 0.05$ 的水平上显著，效应大小为 0.1523；直接效应置信区间［0.0208，0.0541］不包含 0，说明直接效应显著，效应大小为 0.0374；总间接效应的置信区间［0.0991，0.1312］不包含 0，说明稳定性人格间接效应显著，发挥的间接效应与直接效应的符号相同，故存在部分中介效应，效应大小为 0.1149，占总效应的 75.4%。其中，认知需求、自我效能和延迟满足的置信区间

均不包含 0，说明其发挥了显著的中介效应，效应大小分别为 0.0064、0.0763 和 0.0323。具体的数据如表 4-200 所示。

表 4-200　稳定性人格在实际应用与独立之间的中介效应

效应		Effect	置信区间下限	置信区间上限
总效应		0.1523	0.1303	0.1744
直接效应		0.0374	0.0208	0.0541
间接效应	总间接效应	0.1149	0.0991	0.1312
	认知需求	0.0064	0.0028	0.0101
	自我效能	0.0763	0.0655	0.0877
	延迟满足	0.0323	0.0252	0.0397

（6）统计与数据分析。将统计与数据分析作为自变量，稳定性人格作为中介变量，独立作为因变量。统计与数据分析影响独立的总效应置信区间 [0.0619，0.1072] 不包含 0，说明总效应在 $\alpha = 0.05$ 的水平上显著，效应大小为 0.0845；直接效应置信区间 [-0.0091，0.0244] 包含 0，说明直接效应不显著；总间接效应置信区间 [0.0605，0.0926] 不包含 0，说明稳定性人格间接效应显著，发挥的间接效应与直接效应的符号相同，故存在部分中介效应，效应大小为 0.0768，占总效应的 90.9%。其中，自我效能、延迟满足的置信区间不包含 0，说明其发挥了显著的中介效应，效应大小分别为 0.0563 和 0.0223。认知需求的置信区间包含 0，其中介效应不显著。具体的数据如表 4-201 所示。

表 4-201　稳定性人格在统计与数据分析与独立之间的中介效应

效应		Effect	置信区间下限	置信区间上限
总效应		0.0845	0.0619	0.1072
直接效应		0.0077	-0.0091	0.0244
间接效应	总间接效应	0.0768	0.0605	0.0926
	认知需求	-0.0018	-0.0054	0.0019
	自我效能	0.0563	0.0452	0.0672
	延迟满足	0.0223	0.0153	0.0294

（7）计算工具。将计算工具作为自变量，稳定性人格作为中介变量，独立作为因变量。计算工具影响独立的总效应置信区间 [0.1231，0.1711] 不包含 0，说明总效应在 $\alpha = 0.05$ 的水平上显著，效应大小为 0.1471；直接效应置信区间 [0.0206，0.0565] 不包含 0，说明直接效应显著，效应大小为 0.0385；总间接效应置信区间 [0.0916，0.1261] 不包含 0，说明稳定性人格间接效应显著，发挥的间接效应与直接效应的符号相同，故存在部分中介效应，效应大小为 0.1086，占总效应的 73.8%。其中，认知需求、自我效能和延迟满足的置信区间不包含 0，说明其发挥了显著的中介效应，效应大小分别为 0.0040、0.0747 和 0.0299。具体的数据如表 4-202 所示。

表 4-202　稳定性人格在计算工具与独立之间的中介效应

效应		Effect	置信区间下限	置信区间上限
总效应		0.1471	0.1231	0.1711
直接效应		0.0385	0.0206	0.0565
间接效应	总间接效应	0.1086	0.0916	0.1261
	认知需求	0.0040	0.0000	0.0082
	自我效能	0.0747	0.0626	0.0867
	延迟满足	0.0299	0.0224	0.0380

（8）数学历史。将数学历史作为自变量，稳定性人格作为中介变量，独立作为因变量。数学历史影响独立的总效应置信区间［0.0448，0.0929］不包含0，说明总效应在 $\alpha=0.05$ 的水平上显著，效应大小为0.0688；直接效应置信区间［-0.0212，0.0143］包含0，说明直接效应不显著；总间接效应置信区间［0.0551，0.0896］不包含0，说明稳定性人格间接效应显著，发挥的间接效应与直接效应的符号相反，故存在部分中介效应，效应大小为0.0723。其中，认知需求、自我效能和延迟满足的置信区间不包含0，说明其发挥了显著的中介效应，效应大小分别为0.0055、0.0546和0.0232。具体的数据如表4-203所示。

表 4-203　稳定性人格在数学历史与独立之间的中介效应

效应		Effect	置信区间下限	置信区间上限
总效应		0.0688	0.0448	0.0929
直接效应		-0.0034	-0.0212	0.0143
间接效应	总间接效应	0.0723	0.0551	0.0896
	认知需求	-0.0055	-0.0096	-0.0018
	自我效能	0.0546	0.0429	0.0665
	延迟满足	0.0232	0.0160	0.0310

十九、稳定性人格在数学素养与信用之间的中介效应

本书把数学素养作为自变量，包括数学竞赛、学术成就、高级数学课程、独立研究、实际应用、统计与数据分析、计算工具、数学历史共八个变量。把认知需求、自我效能、延迟满足三种稳定性人格心理变量作为中介变量，信用作为因变量，运用 PROCESS 分析工具进行多重中介效应分析，将样本数量设置为5000，置信区间的置信度设置为95%。以下为稳定性人格在数学素养与信用之间的中介效应的检验结果。

（1）数学竞赛。将数学竞赛作为自变量，稳定性人格作为中介变量，信用作为因变量。数学竞赛影响信用的总效应置信区间［0.0184，0.0582］不包含0，说明总效应在 $\alpha=0.05$ 的水平上显著，效应大小为0.0383；直接效应置信区

间［-0.0348，-0.0038］不包含0，说明直接效应显著，效应大小为-0.0193；总间接效应的置信区间［0.0439，0.0709］不包含0，说明稳定性人格间接效应显著，发挥的间接效应与直接效应的符号相反，故存在部分中介效应，效应大小为0.0576。其中，认知需求、自我效能和延迟满足的置信区间不包含0，说明其均发挥了显著的中介效应，效应大小分别为0.0012、0.0370和0.0194。具体的数据如表4-204所示。

表4-204　稳定性人格在数学竞赛与信用之间的中介效应

效应		Effect	置信区间下限	置信区间上限
总效应		0.0383	0.0184	0.0582
直接效应		-0.0193	-0.0348	-0.0038
间接效应	总间接效应	0.0576	0.0439	0.0709
	认知需求	0.0012	-0.0009	0.0033
	自我效能	0.0370	0.0285	0.0454
	延迟满足	0.0194	0.0129	0.0260

（2）学术成就。将学术成就作为自变量，稳定性人格作为中介变量，信用作为因变量。学术成就影响信用的总效应置信区间［0.0770，0.1212］不包含0，说明总效应在$\alpha = 0.05$的水平上显著，效应大小为0.0991；直接效应置信区间［-0.0147，0.0202］包含0，说明直接效应不显著；总间接效应的置信区间［0.0808，0.1115］不包含0，说明稳定性人格间接效应显著，发挥的间接效应与直接效应的符号相同，故存在部分中介效应，效应大小为0.0964，占总效应的97.3%。其中，认知需求、自我效能和延迟满足的置信区间不包含0，说明其发挥了显著的中介效应，效应大小分别为0.0049、0.0571和0.0343。具体的数据如表4-205所示。

表4-205　稳定性人格在学术成就与信用之间的中介效应

效应		Effect	置信区间下限	置信区间上限
总效应		0.0991	0.0770	0.1212
直接效应		0.0027	-0.0147	0.0202
间接效应	总间接效应	0.0964	0.0808	0.1115
	认知需求	0.0049	0.0025	0.0075
	自我效能	0.0571	0.0470	0.0675
	延迟满足	0.0343	0.0266	0.0422

（3）高级数学课程。将高级数学课程作为自变量，稳定性人格作为中介变量，信用作为因变量。高级数学课程影响信用的总效应置信区间［0.0309，0.0629］不包含0，说明总效应显著，效应大小为0.0469；直接效应置信区间［-0.0082，0.0168］包含0，说明直接效应在$\alpha = 0.05$的水平上不显著；总间接效应的置信区间［0.0320，0.0534］不包含0，说明稳定性人格间接效应显著，

发挥的间接效应与直接效应的符号相同，故存在部分中介效应，效应大小为0.0425，占总效应的90.6%。其中，认知需求、自我效能和延迟满足的置信区间不包含0，说明其发挥了显著的中介效应，效应大小分别为0.0024、0.0269和0.0132。具体的数据如表4-206所示。

表4-206　稳定性人格在高级数学课程与信用之间的中介效应

效应		Effect	置信区间下限	置信区间上限
总效应		0.0469	0.0309	0.0629
直接效应		0.0043	−0.0082	0.0168
间接效应	总间接效应	0.0425	0.0320	0.0534
	认知需求	0.0024	0.0009	0.0042
	自我效能	0.0269	0.0206	0.0338
	延迟满足	0.0132	0.0082	0.0183

（4）独立研究。将独立研究作为自变量，稳定性人格作为中介变量，独立作为因变量。独立研究影响信用的总效应置信区间 [−0.0422, 0.0025] 包含0，说明总效应在 $\alpha = 0.05$ 的水平上不显著；直接效应置信区间 [−0.0847, −0.0500] 不包含0，说明直接效应显著，效应大小为−0.0673；总间接效应的置信区间 [0.0319, 0.0635] 中不包含0，说明稳定性人格间接效应显著，发挥的间接效应与直接效应的符号相反，故存在部分中介效应，效应大小为0.0475。其中，认知需求、自我效能和延迟满足的置信区间不包含0，说明其发挥了显著的中介效应，效应大小分别为−0.0054、0.0327和0.0202。具体的数据如表4-207所示。

表4-207　稳定性人格在独立研究与信用之间的中介效应

效应		Effect	置信区间下限	置信区间上限
总效应		−0.0199	−0.0422	0.0025
直接效应		−0.0673	−0.0847	−0.0500
间接效应	总间接效应	0.0475	0.0319	0.0635
	认知需求	−0.0054	−0.0082	−0.0030
	自我效能	0.0327	0.0230	0.0426
	延迟满足	0.0202	0.0127	0.0279

（5）实际应用。将实际应用作为自变量，稳定性人格作为中介变量，信用作为因变量。实际应用影响信用的总效应置信区间 [0.0819, 0.1266] 不包含0，说明总效应在 $\alpha = 0.05$ 的水平上显著，效应大小为0.1042；直接效应置信区间 [−0.0192, 0.0163] 包含0，说明直接效应不显著；总间接效应的置信区间 [0.0908, 0.1206] 不包含0，说明稳定性人格间接效应显著，发挥的间接效应与直接效应的符号相反，存在部分中介效应，效应大小为0.1057。其中，认知需求、自我效能和延迟满足的置信区间均不包含0，说明其发挥了显著的中介效

应，效应大小分别为 0.0045、0.0660 和 0.0352。具体的数据如表 4-208 所示。

表 4-208　稳定性人格在实际应用与信用之间的中介效应

效应		Effect	置信区间下限	置信区间上限
总效应		0.1042	0.0819	0.1266
直接效应		−0.0015	−0.0192	0.0163
间接效应	总间接效应	0.1057	0.0908	0.1206
	认知需求	0.0045	0.0020	0.0071
	自我效能	0.0660	0.0561	0.0762
	延迟满足	0.0352	0.0275	0.0434

（6）统计与数据分析。将统计与数据分析作为自变量，稳定性人格作为中介变量，信用作为因变量。统计与数据分析影响信用的总效应置信区间 [0.0201，0.0658] 不包含 0，说明总效应在 $\alpha = 0.05$ 的水平上显著，效应大小为 0.0430；直接效应置信区间 [−0.0465，−0.0109] 不包含 0，说明直接效应显著，效应大小为 −0.0287；总间接效应置信区间 [0.0565，0.0873] 不包含 0，说明稳定性人格间接效应显著，发挥的间接效应与直接效应的符号相反，故存在部分中介效应，效应大小为 0.0716。其中，自我效能、延迟满足的置信区间不包含 0，说明其发挥了显著的中介效应，效应大小分别为 0.0485 和 0.0243。认知需求的置信区间包含 0，其中介效应不显著。具体的数据如表 4-209 所示。

表 4-209　稳定性人格在统计与数据分析与信用之间的中介效应

效应		Effect	置信区间下限	置信区间上限
总效应		0.0430	0.0201	0.0658
直接效应		−0.0287	−0.0465	−0.0109
间接效应	总间接效应	0.0716	0.0565	0.0873
	认知需求	−0.0012	−0.0037	0.0012
	自我效能	0.0485	0.0388	0.0586
	延迟满足	0.0243	0.0169	0.0319

（7）计算工具。将计算工具作为自变量，稳定性人格作为中介变量，信用作为因变量。计算工具影响信用的总效应置信区间 [0.0732，0.1218] 不包含 0，说明总效应在 $\alpha = 0.05$ 的水平上显著，效应大小为 0.0975；直接效应置信区间 [−0.0215，0.0169] 包含 0，说明直接效应不显著；总间接效应置信区间 [0.0837，0.1160] 不包含 0，说明稳定性人格间接效应显著，发挥的间接效应与直接效应的符号相反，故存在部分中介效应，效应大小为 0.0999。其中，自我效能、延迟满足的置信区间不包含 0，说明其发挥了显著的中介效应，效应大小分别为 0.0646 和 0.0326。认知需求的置信区间包含 0，其中介效应不显著。具体的数据如表 4-210 所示。

表 4-210　稳定性人格在计算工具与信用之间的中介效应

效应		Effect	置信区间下限	置信区间上限
总效应		0.0975	0.0732	0.1218
直接效应		−0.0023	−0.0215	0.0169
间接效应	总间接效应	0.0999	0.0837	0.1160
	认知需求	0.0027	−0.0001	0.0056
	自我效能	0.0646	0.0538	0.0757
	延迟满足	0.0326	0.0246	0.0412

（8）数学历史。将数学历史作为自变量，稳定性人格作为中介变量，信用作为因变量。数学历史影响信用的总效应置信区间 [−0.0192，0.0292] 包含 0，说明总效应在 α = 0.05 的水平上不显著；直接效应置信区间 [−0.0828，−0.0451] 不包含 0，说明直接效应显著，效应大小为−0.0639；总间接效应置信区间 [0.0527，0.0857] 不包含 0，说明稳定性人格间接效应显著，发挥的间接效应与直接效应的符号相反，故存在部分中介效应，效应大小为 0.0689。其中，认知需求、自我效能和延迟满足的置信区间不包含 0，说明其发挥了显著的中介效应，效应大小分别为 −0.0037、0.0473 和 0.0253。具体的数据如表 4-211所示。

表 4-211　稳定性人格在数学历史与信用之间的中介效应

效应		Effect	置信区间下限	置信区间上限
总效应		0.0050	−0.0192	0.0292
直接效应		−0.0639	−0.0828	−0.0451
间接效应	总间接效应	0.0689	0.0527	0.0857
	认知需求	−0.0037	−0.0063	−0.0011
	自我效能	0.0473	0.0370	0.0581
	延迟满足	0.0253	0.0173	0.0336

二十、稳定性人格在数学素养与生涯适应能力之间的中介效应

本书把数学素养作为自变量，包括数学竞赛、学术成就、高级数学课程、独立研究、实际应用、统计与数据分析、计算工具、数学历史共八个变量。把认知需求、自我效能、延迟满足三种稳定性人格心理变量作为中介变量，生涯适应能力作为因变量，运用 PROCESS 分析工具进行多重中介效应分析，将样本数量设置为 5000，置信区间的置信度设置为 95%。以下为稳定性人格在数学素养与生涯适应能力之间的中介效应的检验结果。

（1）数学竞赛。将数学竞赛作为自变量，稳定性人格作为中介变量，生涯适应能力作为因变量。数学竞赛影响生涯适应能力的总效应置信区间 [0.0957，0.1397] 不包含 0，说明总效应在 α = 0.05 的水平上显著，效应大小为 0.1177；

直接效应置信区间 ［0.0500，0.0871］不包含 0，说明直接效应显著，效应大小为 0.0685；总间接效应的置信区间 ［0.0364，0.0619］不包含 0，说明稳定性人格间接效应显著，发挥的间接效应与直接效应的符号相同，故存在部分中介效应，效应大小为 0.0492，占总效应的 41.8%。其中，自我效能和延迟满足的置信区间不包含 0，说明其均发挥了显著的中介效应，效应大小分别为 0.0320 和 0.0188。认知需求的置信区间包含 0，其中介效应不显著。具体的数据如表 4-212 所示。

表 4-212　稳定性人格在数学竞赛与生涯适应能力之间的中介效应

效应		Effect	置信区间下限	置信区间上限
总效应		0.1177	0.0957	0.1397
直接效应		0.0685	0.0500	0.0871
间接效应	总间接效应	0.0492	0.0364	0.0619
	认知需求	−0.0016	−0.0045	0.0012
	自我效能	0.0320	0.0245	0.0398
	延迟满足	0.0188	0.0124	0.0255

（2）学术成就。将学术成就作为自变量，稳定性人格作为中介变量，生涯适应能力作为因变量。学术成就影响生涯适应能力的总效应置信区间 ［0.0885，0.1377］不包含 0，说明总效应在 $\alpha = 0.05$ 的水平上显著，效应大小为 0.1131；直接效应置信区间 ［0.0156，0.0574］不包含 0，说明直接效应显著，效应大小为 0.0365；总间接效应的置信区间 ［0.0608，0.0925］不包含 0，说明稳定性人格间接效应显著，发挥的间接效应与直接效应的符号相同，故存在部分中介效应，效应大小为 0.0766，占总效应的 67.7%。其中，认知需求、自我效能和延迟满足的置信区间不包含 0，说明其发挥了显著的中介效应，效应大小分别为 −0.0069、0.0504 和 0.0331。具体的数据如表 4-213 所示。

表 4-213　稳定性人格在学术成就与生涯适应能力之间的中介效应

效应		Effect	置信区间下限	置信区间上限
总效应		0.1131	0.0885	0.1377
直接效应		0.0365	0.0156	0.0574
间接效应	总间接效应	0.0766	0.0608	0.0925
	认知需求	−0.0069	−0.0106	−0.0035
	自我效能	0.0504	0.0408	0.0607
	延迟满足	0.0331	0.0250	0.0417

（3）高级数学课程。将高级数学课程作为自变量，稳定性人格作为中介变量，生涯适应能力作为因变量。高级数学课程影响生涯适应能力的总效应置信区间 ［0.0345，0.0702］不包含 0，说明总效应显著，效应大小为 0.0523；直接效应置信区间 ［0.0040，0.0340］不包含 0，说明直接效应在 $\alpha = 0.05$ 的水平上显

著，效应大小为 0.0190；总间接效应的置信区间［0.0232，0.0434］不包含 0，说明稳定性人格间接效应显著，发挥的间接效应与直接效应的符号相同，故存在部分中介效应，效应大小为 0.0333，占总效应的 63.7%。其中，认知需求、自我效能和延迟满足的置信区间不包含 0，说明其发挥了显著的中介效应，效应大小分别为 -0.0034、0.0240 和 0.0128。具体的数据如表 4-214 所示。

表 4-214　稳定性人格在高级数学课程与生涯适应能力之间的中介效应

效应		Effect	置信区间下限	置信区间上限
总效应		0.0523	0.0345	0.0702
直接效应		0.0190	0.0040	0.0340
间接效应	总间接效应	0.0333	0.0232	0.0434
	认知需求	-0.0034	-0.0058	-0.0012
	自我效能	0.0240	0.0179	0.0305
	延迟满足	0.0128	0.0078	0.0179

（4）独立研究。将独立研究作为自变量，稳定性人格作为中介变量，生涯适应能力作为因变量。独立研究影响生涯适应能力的总效应置信区间［0.1151，0.1644］不包含 0，说明总效应在 $\alpha = 0.05$ 的水平上显著，效应大小为 0.1397；直接效应置信区间［0.0639，0.1054］不包含 0，说明直接效应显著，效应大小为 0.0846；总间接效应的置信区间［0.0397，0.0703］不包含 0，说明稳定性人格间接效应显著，发挥的间接效应与直接效应的符号相同，故存在部分中介效应，效应大小为 0.0551，占总效应的 39.4%。其中，认知需求、自我效能和延迟满足的置信区间不包含 0，说明其发挥了显著的中介效应，效应大小分别为 0.0075、0.0282 和 0.0195。具体的数据如表 4-215 所示。

表 4-215　稳定性人格在独立研究与生涯适应能力之间的中介效应

效应		Effect	置信区间下限	置信区间上限
总效应		0.1397	0.1151	0.1644
直接效应		0.0846	0.0639	0.1054
间接效应	总间接效应	0.0551	0.0397	0.0703
	认知需求	0.0075	0.0041	0.0114
	自我效能	0.0282	0.0197	0.0370
	延迟满足	0.0195	0.0120	0.0271

（5）实际应用。将实际应用作为自变量，稳定性人格作为中介变量，生涯适应能力作为因变量。实际应用影响生涯适应能力的总效应置信区间［0.1321，0.1817］不包含 0，说明总效应在 $\alpha = 0.05$ 的水平上显著，效应大小为 0.1569；直接效应置信区间［0.0513，0.0938］不包含 0，说明直接效应显著，效应大小为 0.0726；总间接效应的置信区间［0.0693，0.0990］不包含 0，说明稳定性人格间接效应显著，发挥的间接效应与直接效应的符号相同，故存在部分中介效

应，效应大小为 0.0843，占总效应的 53.7%。其中，认知需求、自我效能和延迟满足的置信区间均不包含 0，说明其发挥了显著的中介效应，效应大小分别为-0.0063、0.0566 和 0.0340。具体的数据如表 4-216 所示。

表 4-216 稳定性人格在实际应用与生涯适应能力之间的中介效应

效应		Effect	置信区间下限	置信区间上限
总效应		0.1569	0.1321	0.1817
直接效应		0.0726	0.0513	0.0938
间接效应	总间接效应	0.0843	0.0693	0.0990
	认知需求	-0.0063	-0.0102	-0.0028
	自我效能	0.0566	0.0470	0.0670
	延迟满足	0.0340	0.0264	0.0423

（6）统计与数据分析。将统计与数据分析作为自变量，稳定性人格作为中介变量，生涯适应能力作为因变量。统计与数据分析影响生涯适应能力的总效应置信区间 [0.1093，0.1597] 不包含 0，说明总效应在 α=0.05 的水平上显著，效应大小为 0.1345；直接效应置信区间 [0.0462，0.0888] 不包含 0，说明直接效应显著，效应大小为 0.0675；总间接效应置信区间 [0.0522，0.0819] 不包含 0，说明稳定性人格间接效应显著，发挥的间接效应与直接效应的符号相同，故存在部分中介效应，效应大小为 0.0670，占总效应的 50.0%。其中，自我效能、延迟满足的置信区间不包含 0，说明其发挥了显著的中介效应，效应大小分别为 0.0417 和 0.0237。认知需求的置信区间包含 0，其中介效应不显著。具体的数据如表 4-217 所示。

表 4-217 稳定性人格在统计与数据分析与生涯适应能力之间的中介效应

效应		Effect	置信区间下限	置信区间上限
总效应		0.1345	0.1093	0.1597
直接效应		0.0675	0.0462	0.0888
间接效应	总间接效应	0.0670	0.0522	0.0819
	认知需求	0.0016	-0.0018	0.0051
	自我效能	0.0417	0.0327	0.0513
	延迟满足	0.0237	0.0161	0.0317

（7）计算工具。将计算工具作为自变量，稳定性人格作为中介变量，生涯适应能力作为因变量。计算工具影响生涯适应能力的总效应置信区间 [0.1146，0.1686] 不包含 0，说明总效应在 α=0.05 的水平上显著，效应大小为 0.1416；直接效应置信区间 [0.0347，0.0807] 不包含 0，说明直接效应显著，效应大小为 0.0577；总间接效应置信区间 [0.0674，0.1005] 不包含 0，说明稳定性人格间接效应显著，发挥的间接效应与直接效应的符号相同，故存在部分中介效应，效应大小为 0.0839，占总效应的 59.3%。其中，自我效能、延迟满足的置信区

间不包含 0，说明其发挥了显著的中介效应，效应大小分别为 0.0561 和 0.0316。认知需求的置信区间包含 0，其中介效应不显著。具体的数据如表 4-218 所示。

表 4-218　稳定性人格在计算工具与生涯适应能力之间的中介效应

效应		Effect	置信区间下限	置信区间上限
总效应		0.1416	0.1146	0.1686
直接效应		0.0577	0.0347	0.0807
间接效应	总间接效应	0.0839	0.0674	0.1005
	认知需求	−0.0038	−0.0079	0.0000
	自我效能	0.0561	0.0457	0.0673
	延迟满足	0.0316	0.0230	0.0407

（8）数学历史。将数学历史作为自变量，稳定性人格作为中介变量，生涯适应能力作为因变量。数学历史影响生涯适应能力的总效应置信区间［0.1191，0.1726］包含 0，说明总效应在 $\alpha = 0.05$ 的水平上显著，效应大小为 0.1458；直接效应置信区间［0.0533，0.0984］不包含 0，说明直接效应显著，效应大小为 0.0758；总间接效应置信区间［0.0549，0.0855］不包含 0，说明稳定性人格间接效应显著，发挥的间接效应与直接效应的符号相反，故存在部分中介效应，效应大小为 0.0700，占总效应的 48.0%。其中，认知需求、自我效能和延迟满足的置信区间不包含 0，说明其发挥了显著的中介效应，效应大小分别为 0.0050、0.0404 和 0.0246。具体的数据如表 4-219 所示。

表 4-219　稳定性人格在数学历史与生涯适应能力之间的中介效应

效应		Effect	置信区间下限	置信区间上限
总效应		0.1458	0.1191	0.1726
直接效应		0.0758	0.0533	0.0984
间接效应	总间接效应	0.0700	0.0549	0.0855
	认知需求	0.0050	0.0016	0.0089
	自我效能	0.0404	0.0313	0.0500
	延迟满足	0.0246	0.0168	0.0329

二十一、稳定性人格在数学素养与未来承诺之间的中介效应

本书把数学素养作为自变量，包括数学竞赛、学术成就、高级数学课程、独立研究、实际应用、统计与数据分析、计算工具、数学历史共八个变量。把认知需求、自我效能、延迟满足三种稳定性人格心理变量作为中介变量，未来承诺作为因变量，运用 PROCESS 分析工具进行多重中介效应分析，将样本数量设置为5000，置信区间的置信度设置为 95%。以下为稳定性人格在数学素养与未来承诺之间的中介效应的检验结果。

（1）数学竞赛。将数学竞赛作为自变量，稳定性人格作为中介变量，未来

承诺作为因变量。数学竞赛影响未来承诺的总效应置信区间［0.0950，0.1380］不包含 0，说明总效应在 α＝0.05 的水平上显著，效应大小为 0.1165；直接效应置信区间［0.0412，0.0751］不包含 0，说明直接效应显著，效应大小为 0.0582；总间接效应的置信区间［0.0446，0.0720］不包含 0，说明稳定性人格间接效应显著，发挥的间接效应与直接效应的符号相同，故存在部分中介效应，效应大小为 0.0584，占总效应的 50%。其中，自我效能和延迟满足的置信区间不包含 0，说明其均发挥了显著的中介效应，效应大小分别为 0.0434和 0.0162。认知需求的置信区间包含 0，其中介效应不显著。具体的数据如表 4-220 所示。

表 4-220　稳定性人格在数学竞赛与未来承诺之间的中介效应

效应		Effect	置信区间下限	置信区间上限
总效应		0.1165	0.0950	0.1380
直接效应		0.0582	0.0412	0.0751
间接效应	总间接效应	0.0584	0.0446	0.0720
	认知需求	−0.0012	−0.0033	0.0009
	自我效能	0.0434	0.0339	0.0535
	延迟满足	0.0162	0.0106	0.0219

（2）学术成就。将学术成就作为自变量，稳定性人格作为中介变量，未来承诺作为因变量。学术成就影响未来承诺的总效应置信区间［0.1260，0.1738］不包含 0，说明总效应在 α＝0.05 的水平上显著，效应大小为 0.1499；直接效应置信区间［0.0402，0.0784］不包含 0，说明直接效应显著，效应大小为 0.0593；总间接效应的置信区间［0.0730，0.1075］不包含 0，说明稳定性人格间接效应显著，发挥的间接效应与直接效应的符号相同，故存在部分中介效应，效应大小为 0.0906，占总效应的 60.4%。其中，认知需求、自我效能和延迟满足的置信区间不包含 0，说明其发挥了显著的中介效应，效应大小分别为−0.0052、0.0675 和 0.0283。具体的数据如表 4-221 所示。

表 4-221　稳定性人格在学术成就与未来承诺之间的中介效应

效应		Effect	置信区间下限	置信区间上限
总效应		0.1499	0.1260	0.1738
直接效应		0.0593	0.0402	0.0784
间接效应	总间接效应	0.0906	0.0730	0.1075
	认知需求	−0.0052	−0.0080	−0.0027
	自我效能	0.0675	0.0554	0.0796
	延迟满足	0.0283	0.0214	0.0358

（3）高级数学课程。将高级数学课程作为自变量，稳定性人格作为中介变量，未来承诺作为因变量。高级数学课程影响未来承诺的总效应置信区间

[0.0500，0.0847] 不包含 0，说明总效应显著，效应大小为 0.0673；直接效应置信区间 [0.0130，0.0404] 不包含 0，说明直接效应在 $\alpha=0.05$ 的水平上显著，效应大小为 0.0267；总间接效应的置信区间 [0.0296，0.0521] 不包含 0，说明稳定性人格间接效应显著，发挥的间接效应与直接效应的符号相同，故存在部分中介效应，效应大小为 0.0407，占总效应的 60.5%。其中，认知需求、自我效能和延迟满足的置信区间不包含 0，说明其发挥了显著的中介效应，效应大小分别为 -0.0025、0.0322 和 0.0110。具体的数据如表 4-222 所示。

表 4-222　稳定性人格在高级数学课程与未来承诺之间的中介效应

效应		Effect	置信区间下限	置信区间上限
总效应		0.0673	0.0500	0.0847
直接效应		0.0267	0.0130	0.0404
间接效应	总间接效应	0.0407	0.0296	0.0521
	认知需求	-0.0025	-0.0043	-0.0008
	自我效能	0.0322	0.0246	0.0404
	延迟满足	0.0110	0.0067	0.0155

（4）独立研究。将独立研究作为自变量，稳定性人格作为中介变量，未来承诺作为因变量。独立研究影响未来承诺的总效应置信区间 [0.1055，0.1537] 不包含 0，说明总效应在 $\alpha=0.05$ 的水平上显著，效应大小为 0.1296；直接效应置信区间 [0.0503，0.0883] 不包含 0，说明直接效应显著，效应大小为 0.0693；总间接效应的置信区间 [0.0431，0.0778] 不包含 0，说明稳定性人格间接效应显著，发挥的间接效应与直接效应的符号相同，故存在部分中介效应，效应大小为 0.0603，占总效应的 46.5%。其中，认知需求、自我效能和延迟满足的置信区间不包含 0，说明其发挥了显著的中介效应，效应大小分别为 0.0054、0.0382 和 0.0167。具体的数据如表 4-223 所示。

表 4-223　稳定性人格在独立研究与未来承诺之间的中介效应

效应		Effect	置信区间下限	置信区间上限
总效应		0.1296	0.1055	0.1537
直接效应		0.0693	0.0503	0.0883
间接效应	总间接效应	0.0603	0.0431	0.0778
	认知需求	0.0054	0.0028	0.0084
	自我效能	0.0382	0.0267	0.0500
	延迟满足	0.0167	0.0105	0.0236

（5）实际应用。将实际应用作为自变量，稳定性人格作为中介变量，未来承诺作为因变量。实际应用影响未来承诺的总效应置信区间 [0.1430，0.1914] 不包含 0，说明总效应在 $\alpha=0.05$ 的水平上显著，效应大小为 0.1672；直接效应置信区间 [0.0460，0.0849] 不包含 0，说明直接效应显著，效应大小为 0.0655；总

间接效应的置信区间［0.0856，0.1178］不包含0，说明稳定性人格间接效应显著，发挥的间接效应与直接效应的符号相同，故存在部分中介效应，效应大小为0.1017，占总效应的60.8%。其中，认知需求、自我效能和延迟满足的置信区间均不包含0，说明其发挥了显著的中介效应，效应大小分别为－0.0046、0.0771和0.0292。具体的数据如表4-224所示。

表4-224　稳定性人格在实际应用与未来承诺之间的中介效应

效应		Effect	置信区间下限	置信区间上限
总效应		0.1672	0.1430	0.1914
直接效应		0.0655	0.0460	0.0849
间接效应	总间接效应	0.1017	0.0856	0.1178
	认知需求	－0.0046	－0.0075	－0.0020
	自我效能	0.0771	0.0652	0.0894
	延迟满足	0.0292	0.0224	0.0367

（6）统计与数据分析。将统计与数据分析作为自变量，稳定性人格作为中介变量，未来承诺作为因变量。统计与数据分析影响未来承诺的总效应置信区间［0.1044，0.1538］不包含0，说明总效应在α＝0.05的水平上显著，效应大小为0.1291；直接效应置信区间［0.0313，0.0704］不包含0，说明直接效应显著，效应大小为0.0508；总间接效应置信区间［0.0619，0.0952］不包含0，说明稳定性人格间接效应显著，发挥的间接效应与直接效应的符号相同，故存在部分中介效应，效应大小为0.0783，占总效应的60.7%。其中，自我效能、延迟满足的置信区间不包含0，说明其发挥了显著的中介效应，效应大小分别为0.0568和0.0203。认知需求的置信区间包含0，其中介效应不显著。具体的数据如表4-225所示。

表4-225　稳定性人格在统计与数据分析与未来承诺之间的中介效应

效应		Effect	置信区间下限	置信区间上限
总效应		0.1291	0.1044	0.1538
直接效应		0.0508	0.0313	0.0704
间接效应	总间接效应	0.0783	0.0619	0.0952
	认知需求	0.0012	－0.0012	0.0037
	自我效能	0.0568	0.0454	0.0687
	延迟满足	0.0203	0.0140	0.0272

（7）计算工具。将计算工具作为自变量，稳定性人格作为中介变量，未来承诺作为因变量。计算工具影响未来承诺的总效应置信区间［0.1166，0.1694］不包含0，说明总效应在α＝0.05的水平上显著，效应大小为0.1430；直接效应置信区间［0.0212，0.0633］不包含0，说明直接效应显著，效应大小为0.0422；总间接效应置信区间［0.0825，0.1188］不包含0，说明稳定性人格间

接效应显著,发挥的间接效应与直接效应的符号相同,故存在部分中介效应,效应大小为 0.1008,占总效应的 70.5%。其中,自我效能、延迟满足的置信区间不包含 0,说明其发挥了显著的中介效应,效应大小分别为 0.0764 和 0.0271。认知需求的置信区间包含 0,其中介效应不显著。具体的数据如表 4-226 所示。

表 4-226 稳定性人格在计算工具与未来承诺之间的中介效应

效应		Effect	置信区间下限	置信区间上限
总效应		0.1430	0.1166	0.1694
直接效应		0.0422	0.0212	0.0633
间接效应	总间接效应	0.1008	0.0825	0.1188
	认知需求	−0.0028	−0.0055	0.0000
	自我效能	0.0764	0.0633	0.0894
	延迟满足	0.0271	0.0199	0.0350

(8)数学历史。将数学历史作为自变量,稳定性人格作为中介变量,未来承诺作为因变量。数学历史影响未来承诺的总效应置信区间 [0.1121,0.1645] 包含 0,说明总效应在 $\alpha = 0.05$ 的水平上显著,效应大小为 0.1383;直接效应置信区间 [0.0380,0.0793] 不包含 0,说明直接效应显著,效应大小为 0.0586;总间接效应置信区间 [0.0624,0.0975] 不包含 0,说明稳定性人格间接效应显著,发挥的间接效应与直接效应的符号相同,故存在部分中介效应,效应大小为 0.0797,占总效应的 57.6%。其中,认知需求、自我效能和延迟满足的置信区间不包含 0,说明其发挥了显著的中介效应,效应大小分别为 0.0037、0.0549 和 0.0211。具体的数据如表 4-227 所示。

表 4-227 稳定性人格在数学历史与未来承诺之间的中介效应

效应		Effect	置信区间下限	置信区间上限
总效应		0.1383	0.1121	0.1645
直接效应		0.0586	0.0380	0.0793
间接效应	总间接效应	0.0797	0.0624	0.0975
	认知需求	0.0037	0.0012	0.0066
	自我效能	0.0549	0.0429	0.0676
	延迟满足	0.0211	0.0143	0.0284

第四节 阅读素养对稳定性人格及财经素养的影响

为探析阅读素养及认知需求、自我效能、延迟满足三个稳定性人格心理变量与财经素养的关系,本节首先运用 One-way ANOVA 分析工具,分析了阅读素养对认知需求、自我效能、延迟满足三个稳定性人格心理变量及财经素养的影响,并在此基础上进行了多重组间比较分析。其次运用 PROCESS 分析工具，将认知需求、自我效能、延迟满足三个稳定性人格心理变量作为中介，进行多重中介效应分析，研究阅读素养是否通过三个心理变量对大学生的财经素养产生影响。

本书中，阅读素养的相关变量有：①阅读频率；②阅读时长；③阅读类型；④阅读媒介；⑤阅读主动性；⑥阅读计划完成度；⑦阅读影响。三个稳定性人格心理变量为：①认知需求；②自我效能；③延迟满足。财经素养的相关变量有：①客观财经知识得分；②主观财经知识评价；③财经态度；④财经满意度；⑤财经行为合理性；⑥独立；⑦信用；⑧未来规划（生涯适应能力和未来承诺）。

一、阅读素养对认知需求的影响

本书将认知需求涉及的三个题项加总求均值，记为因子分，用这个因子分代表认知需求，这个值越高，则表示认知需求越强。该变量的均值为 3.21，标准差为 0.930。

本书将阅读素养作为自变量，包括阅读频率、阅读时长、阅读类型、阅读媒介、阅读主动性、阅读计划完成度、阅读影响共七个变量。将认知需求作为因变量，运用 One-way ANOVA 分析工具进行方差分析。以下为阅读素养对认知需求的检验结果。

（1）阅读频率。One-way ANOVA 分析发现，$F_{(3, 6061)} = 21.029$，$p = 0.000(p<0.05)$，由于基于均值计算的因变量的方差在自变量各组间不等，故而使用 Tamehane 多重比较法，发现每天都有时间阅读的大学生的认知需求显著高于其他组别的大学生的认知需求。大约每周阅读一次的大学生的认知需求显著高于难得读一次或几个月都不读的大学生的认知需求。大约每月阅读一次的大学生的认知需求显著高于难得读一次或几个月都不读的大学生的认知需求。其余组间并不存在显著性差异，具体数据如表 4-228 和图 4-92 所示。

表 4-228　阅读频率与大学生认知需求之间的关系

阅读频率	频数（人）	均值	标准差
每天都有时间阅读	1850	3.33	1.00
大约每周阅读一次	2600	3.20	0.91
大约每月阅读一次	916	3.15	0.86
难得读一次或几个月都不读	699	3.02	0.87
总计	6065	3.21	0.93

（2）阅读时长。One-way ANOVA 分析发现，$F_{(3, 6061)} = 16.421$，$p = 0.000(p<0.05)$，由于基于均值计算的因变量的方差在自变量各组间不等，故而使用 Tamehane 多重比较法，发现每天阅读 1 小时或更长时间的大学生的认知需求显著高于每月阅读少于 1 小时、很少或几乎不阅读的大学生的认知需求。每周

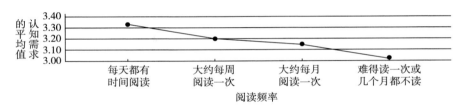

图 4-92　阅读频率与大学生认知需求之间的关系

阅读 1~5 小时的大学生的认知需求显著高于每月阅读少于 1 小时、很少或几乎不阅读的大学生的认知需求。每月阅读少于 1 小时的大学生的认知需求显著高于很少或几乎不阅读的大学生的认知需求。其余组别大学生的认知需求无显著差异。具体数据如表 4-229 和图 4-93 所示。

表 4-229　阅读时长与大学生认知需求之间的关系

阅读时长	频数（人）	均值	标准差
每天阅读 1 小时或更长时间	1755	3.28	1.00
每周阅读 1~5 小时	2836	3.24	0.91
每月阅读少于 1 小时	935	3.13	0.83
很少或几乎不阅读	539	2.99	0.91
总计	6065	3.21	0.93

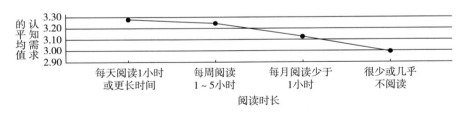

图 4-93　阅读时长与大学生认知需求之间的关系

（3）阅读类型。One-way ANOVA 分析发现，$F(4, 6060) = 3.661$，$p = 0.006$（$p < 0.05$）。由于基于均值计算的因变量的方差在自变量各组间不等，故而使用 Tamehane 多重比较法，发现阅读类型为小说或文学作品的大学生的认知需求显著高于阅读类型为杂志或期刊的大学生的认知需求。阅读类型为教材或学术文献的大学生的认知需求显著高于阅读类型为杂志或期刊的大学生的认知需求。阅读类型为新闻或时事杂志的大学生的认知需求显著高于阅读类型为杂志或期刊的大学生的认知需求。其余组别间不存在显著性差异。具体数据如表 4-230 和图 4-94 所示。

表 4-230　阅读类型与大学生认知需求之间的关系

阅读类型	频数（人）	均值	标准差
小说或文学作品	3683	3.23	0.91

续表

阅读类型	频数（人）	均值	标准差
教材或学术文献	858	3.23	1.00
新闻或时事杂志	579	3.24	0.98
杂志或期刊	253	3.04	0.97
博客或社交媒体	692	3.14	0.87
总计	6065	3.21	0.93

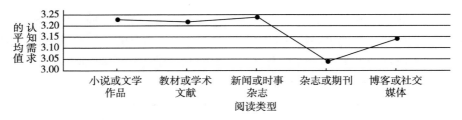

图4-94 阅读类型与大学生认知需求之间的关系

（4）阅读媒介。One-way ANOVA 分析发现，$F_{(3, 6061)} = 3.197$，$p = 0.022$（$p<0.05$）。由于基于均值计算的因变量的方差在自变量各组间不等，故而使用Tamehane 多重比较法，发现阅读媒介为纸质书籍的大学生的认知需求显著高于阅读媒介为电子书、社交媒体的大学生的认知需求。其余组别间无显著差异（$\alpha = 0.05$）。具体数据如表4-231和图4-95所示。

表4-231 阅读媒介与大学生认知需求之间的关系

阅读媒介	频数（人）	均值	标准差
纸质书籍	1694	3.27	0.98
电子书	2550	3.19	0.92
网络文章	758	3.21	0.92
社交媒体	1063	3.17	0.90
总计	6065	3.21	0.93

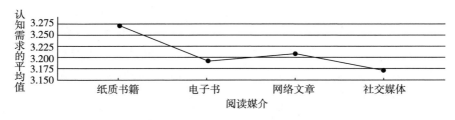

图4-95 阅读媒介与大学生认知需求之间的关系

（5）阅读主动性。One-way ANOVA 分析发现，$F_{(3, 6061)} = 22.651$，$p = 0.000$（$p<0.05$）。由于基于均值计算的因变量的方差在自变量各组间不等，故而使用Tamehane 多重比较法，发现在阅读主动性方面，态度为"我主动寻找新的

阅读材料并持续学习"的大学生的认知需求显著高于其余组别的大学生的认知需求。态度为"我偶尔会读书，但不会特别积极"的大学生的认知需求显著高于"我只在有课业或任务要求的情况下阅读""我几乎不主动阅读"的大学生的认知需求。其余组别间无显著差异（$\alpha = 0.05$）。具体数据如表 4-232 和图 4-96 所示。

表 4-232 阅读主动性与大学生认知需求之间的关系

阅读主动性	频数（人）	均值	标准差
我主动寻找新的阅读材料并持续学习	2459	3.30	1.03
我偶尔会读书，但不会特别积极	2876	3.20	0.84
我只在有课业或任务要求的情况下阅读	559	3.01	0.90
我几乎不主动阅读	171	2.90	0.91
总计	6065	3.21	0.93

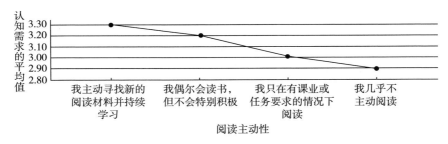

图 4-96 阅读主动性与大学生认知需求之间的关系

（6）阅读计划完成度。One-way ANOVA 分析发现，$F(3, 6061) = 5.814$，$p = 0.001$（$p<0.05$）。由于基于均值计算的因变量的方差在自变量各组间不等，故而使用 Tamehane 多重比较法，发现在阅读计划完成度方面，总是能按照自己制订的阅读计划完成任务的大学生的认知需求显著高于有阅读计划但不总能如期完成及没有阅读计划的大学生的认知需求。其余组别间无显著差异（$\alpha = 0.05$）。具体数据如表 4-233 和图 4-97 所示。

表 4-233 阅读计划完成度与大学生认知需求之间的关系

阅读计划完成度	频数（人）	均值	标准差
我总是能按照自己制订的阅读计划完成任务	1620	3.27	1.09
我有阅读计划，但不总能如期完成	2129	3.18	0.88
我很少有具体的阅读计划	1848	3.23	0.82
我没有阅读计划	468	3.10	0.92
总计	6065	3.21	0.93

（7）阅读影响。One-way ANOVA 分析发现，$F(3, 6061) = 10.746$，$p = 0.000$（$p<0.05$）。由于基于均值计算的因变量的方差在自变量各组间不等，故而

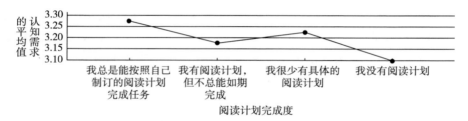

图 4-97　阅读计划完成度与大学生认知需求之间的关系

使用 Tamehane 多重比较法，发现在阅读影响方面，认为非常有影响的大学生的认知需求显著高于认为有一些影响、一点影响都没有的大学生的认知需求。认为有一些影响的大学生的认知需求显著高于认为一点影响都没有的大学生的认知需求。其余组别间无显著差异（α=0.05）。具体数据如表 4-234 和图 4-98 所示。

表 4-234　阅读影响与大学生认知需求之间的关系

阅读影响	频数（人）	均值	标准差
非常有影响	2579	3.28	1.03
有一些影响	3183	3.18	0.84
一点影响都没有	125	2.91	1.00
不确定	178	3.11	0.86
总计	6065	3.21	0.93

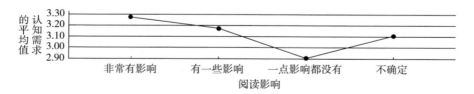

图 4-98　阅读影响与大学生认知需求之间的关系

二、阅读素养对自我效能的影响

本书将自我效能涉及的三个题项加总求均值，记为因子分，用这个因子分代表自我效能，这个值越高，则表示自我效能越强。该变量的均值为 3.65，标准差为 0.805。

本书将阅读素养作为自变量，包括阅读频率、阅读时长、阅读类型、阅读媒介、阅读主动性、阅读计划完成度、阅读影响共七个变量。将自我效能作为因变量，运用 One-way ANOVA 分析工具进行方差分析。以下为阅读素养对自我效能的检验结果。

（1）阅读频率。One-way ANOVA 分析发现，$F(3, 6061) = 44.132$，$p = 0.000(p<0.05)$，由于基于均值计算的因变量的方差在自变量各组间不等，故而

使用 Tamehane 多重比较法，发现每天都有时间阅读的大学生的自我效能显著高于其他组别的大学生的自我效能。大约每周阅读一次的大学生的自我效能显著高于大约每周阅读一次、难得读一次或几个月都不读的大学生的自我效能。大约每月阅读一次的大学生的自我效能显著高于难得读一次或几个月都不读的大学生的自我效能。其余组间并不存在显著性差异，具体数据如表 4-235 和图 4-99 所示。

表 4-235   阅读频率与大学生自我效能之间的关系

阅读频率	频数（人）	均值	标准差
每天都有时间阅读	1850	3.79	0.82
大约每周阅读一次	2600	3.65	0.77
大约每月阅读一次	916	3.54	0.78
难得读一次或几个月都不读	699	3.42	0.84
总计	6065	3.65	0.81

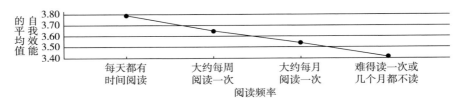

图 4-99   阅读频率与大学生自我效能之间的关系

（2）阅读时长。One-way ANOVA 分析发现，$F(3, 6061) = 35.790$，$p = 0.000 (p<0.05)$，由于基于均值计算的因变量的方差在自变量各组间不等，故而使用 Tamehane 多重比较法，发现每天阅读 1 小时或更长时间的大学生的自我效能显著高于每月阅读少于 1 小时、很少或几乎不阅读的大学生的自我效能。每周阅读 1~5 小时的大学生的自我效能显著高于每月阅读少于 1 小时、很少或几乎不阅读的大学生的自我效能。其余组别大学生的自我效能无显著差异。具体数据如表 4-236 和图 4-100 所示。

表 4-236   阅读时长与大学生自我效能之间的关系

阅读时长	频数（人）	均值	标准差
每天阅读 1 小时或更长时间	1755	3.75	0.83
每周阅读 1~5 小时	2836	3.69	0.77
每月阅读少于 1 小时	935	3.49	0.77
很少或几乎不阅读	539	3.43	0.88
总计	6065	3.65	0.81

（3）阅读类型。One-way ANOVA 分析发现，$F(4, 6060) = 8.571$，$p = 0.000$（$p<0.05$）。由于基于均值计算的因变量的方差在自变量各组间不等，故而使用

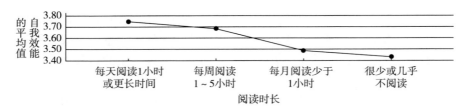

图 4-100　阅读时长与大学生自我效能之间的关系

Tamehane 多重比较法，发现阅读类型为教材或学术文献的大学生的自我效能显著高于阅读类型为小说或文学作品的大学生的自我效能。阅读类型为新闻或时事杂志的大学生的自我效能显著高于阅读类型为小说或文学作品的大学生的自我效能。其余组别间不存在显著性差异。具体数据如表 4-237 和图 4-101 所示。

表 4-237　阅读类型与大学生自我效能之间的关系

阅读类型	频数（人）	均值	标准差
小说或文学作品	3683	3.61	0.79
教材或学术文献	858	3.75	0.84
新闻或时事杂志	579	3.75	0.80
杂志或期刊	253	3.69	0.85
博客或社交媒体	692	3.66	0.80
总计	6065	3.65	0.81

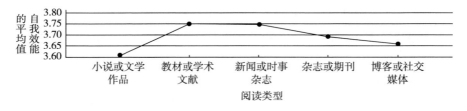

图 4-101　阅读类型与大学生自我效能之间的关系

（4）阅读媒介。One-way ANOVA 分析发现，$F_{(3, 6061)} = 15.318$，$p = 0.000(p<0.05)$。由于基于均值计算的因变量的方差在自变量各组间不等，故而使用 Tamehane 多重比较法，发现阅读媒介为纸质书籍的大学生的自我效能显著高于阅读媒介为电子书、网络文章的大学生的自我效能。阅读媒介为社交媒体的大学生的自我效能显著高于阅读媒介为电子书的大学生的自我效能。其余组别间无显著差异（$\alpha = 0.05$）。具体数据如表 4-238 和图 4-102 所示。

表 4-238　阅读媒介与大学生自我效能之间的关系

阅读媒介	频数（人）	均值	标准差
纸质书籍	1694	3.75	0.82
电子书	2550	3.58	0.79

阅读媒介	频数（人）	均值	标准差
网络文章	758	3.62	0.82
社交媒体	1063	3.67	0.79
总计	6065	3.65	0.81

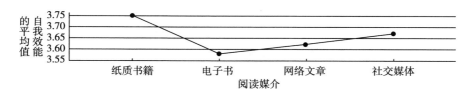

图 4-102　阅读媒介与大学生自我效能之间的关系

（5）阅读主动性。One-way ANOVA 分析发现，$F_{(3, 6061)} = 88.979$，$p = 0.000$（$p<0.05$）。由于基于均值计算的因变量的方差在自变量各组间不等，故而使用 Tamehane 多重比较法，发现在阅读主动性方面，态度为"我主动寻找新的阅读材料并持续学习"的大学生的自我效能显著高于其余组别的大学生的自我效能。态度为"我偶尔会读书，但不会特别积极"的大学生的自我效能显著高于态度为"我几乎不主动阅读"的大学生的自我效能。其余组别间无显著差异（$\alpha = 0.05$）。具体数据如表 4-239 和图 4-103 所示。

表 4-239　阅读主动性与大学生自我效能之间的关系

阅读主动性	频数（人）	均值	标准差
我主动寻找新的阅读材料并持续学习	2459	3.85	0.83
我偶尔会读书，但不会特别积极	2876	3.53	0.74
我只在有课业或任务要求的情况下阅读	559	3.50	0.82
我几乎不主动阅读	171	3.36	0.86
总计	6065	3.65	0.81

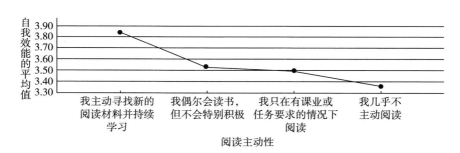

图 4-103　阅读主动性与大学生自我效能之间的关系

（6）阅读计划完成度。One-way ANOVA 分析发现，$F_{(3, 6061)} = 90.144$，$p=0.000$（$p<0.05$），由于基于均值计算的因变量的方差在自变量各组间不等，故

而使用 Tamehane 多重比较法，发现在阅读计划完成度方面，总是能按照自己制订的阅读计划完成任务的大学生的自我效能显著高于其他组别的大学生的自我效能。在阅读计划完成度方面"有阅读计划，但不总能如期完成"的大学生的自我效能显著高于很少有具体的阅读计划、没有阅读计划的大学生的自我效能。其余组别间无显著差异（α＝0.05）。具体数据如表 4-240 和图 4-104 所示。

表 4-240   阅读计划完成度与大学生自我效能之间的关系

阅读计划完成度	频数（人）	均值	标准差
我总是能按照自己制订的阅读计划完成任务	1620	3.90	0.86
我有阅读计划，但不总能如期完成	2129	3.64	0.74
我很少有具体的阅读计划	1848	3.50	0.76
我没有阅读计划	468	3.44	0.86
总计	6065	3.65	0.81

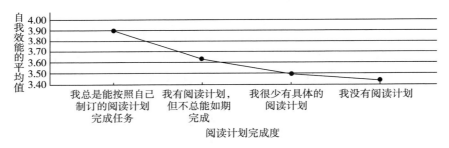

图 4-104   阅读计划完成度与大学生自我效能之间的关系

（7）阅读影响。One-way ANOVA 分析发现，$F_{(3, 6061)} = 78.879$，$p = 0.000(p<0.05)$。由于基于均值计算的因变量的方差在自变量各组间不等，故而使用 Tamehane 多重比较法，发现在阅读影响方面，认为非常有影响的大学生的自我效能显著高于其余组别的大学生的自我效能。认为有一些影响的大学生的自我效能显著高于认为一点影响都没有、不确定的大学生的自我效能。其余组别间无显著差异（α＝0.05）。具体数据如表 4-241 和图 4-105 所示。

表 4-241   阅读影响与大学生自我效能之间的关系

阅读影响	频数（人）	均值	标准差
非常有影响	2579	3.82	0.83
有一些影响	3183	3.55	0.75
一点影响都没有	125	3.29	0.81
不确定	178	3.30	0.77
总计	6065	3.65	0.81

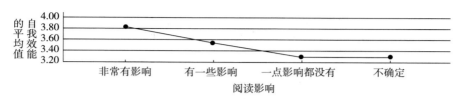

图 4-105　阅读影响与大学生自我效能之间的关系

三、阅读素养对延迟满足的影响

本书将延迟满足涉及的三个题项加总求均值，记为因子分，用这个因子分代表延迟满足，这个值越高，则表示延迟满足越强。该变量的均值为 3.53，标准差为 0.810。

本书将阅读素养作为自变量，包括阅读频率、阅读时长、阅读类型、阅读媒介、阅读主动性、阅读计划完成度、阅读影响共七个变量。将延迟满足作为因变量，运用 One-way ANOVA 分析工具进行方差分析。以下为阅读素养对延迟满足的检验结果。

（1）阅读频率。One-way ANOVA 分析发现，$F_{(3, 6061)} = 25.482$，$p = 0.000$（$p < 0.05$），由于基于均值计算的因变量的方差在自变量各组间不等，故而使用 Tamehane 多重比较法，发现每天都有时间阅读的大学生的延迟满足显著高于其他组别的大学生的延迟满足。大约每周阅读一次的大学生的延迟满足显著高于大约每周阅读一次、难得读一次或几个月都不读的大学生的延迟满足。其余组间并不存在显著性差异，具体数据如表 4-242 和图 4-106 所示。

表 4-242　阅读频率与大学生延迟满足之间的关系

阅读频率	频数（人）	均值	标准差
每天都有时间阅读	1850	3.79	0.82
大约每周阅读一次	2600	3.65	0.77
大约每月阅读一次	916	3.54	0.78
难得读一次或几个月都不读	699	3.42	0.84
总计	6065	3.65	0.81

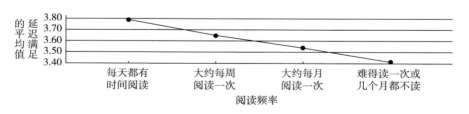

图 4-106　阅读频率与大学生延迟满足之间的关系

（2）阅读时长。One-way ANOVA 分析发现，F（3，6061）= 19.148，p = 0.000（p<0.05），由于基于均值计算的因变量的方差在自变量各组间不等，故而使用 Tamehane 多重比较法，发现每天阅读 1 小时或更长时间的大学生的延迟满足显著高于每月阅读少于 1 小时、很少或几乎不阅读的大学生的延迟满足。每周阅读 1~5 小时的大学生的延迟满足显著高于每月阅读少于 1 小时、很少或几乎不阅读的大学生的延迟满足。其余组别大学生的延迟满足无显著差异。具体数据如表 4-243 和图 4-107 所示。

表 4-243　阅读时长与大学生延迟满足之间的关系

阅读时长	频数（人）	均值	标准差
每天阅读 1 小时或更长时间	1755	3.75	0.83
每周阅读 1~5 小时	2836	3.69	0.77
每月阅读少于 1 小时	935	3.49	0.77
很少或几乎不阅读	539	3.43	0.88
总计	6065	3.65	0.81

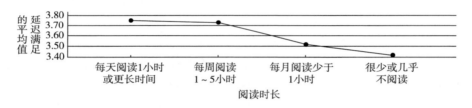

图 4-107　阅读时长与大学生延迟满足之间的关系

（3）阅读类型。One-way ANOVA 分析发现，F（4，6060）= 7.733，p = 0.000（p<0.05）。由于基于均值计算的因变量的方差在自变量各组间不等，故而使用 Tamehane 多重比较法，发现阅读类型为教材或学术文献的大学生的延迟满足显著高于阅读类型为小说或文学作品的大学生的延迟满足。阅读类型为新闻或时事杂志的大学生的延迟满足显著高于阅读类型为小说或文学作品的大学生的延迟满足。其余组别间不存在显著性差异。具体数据如表 4-244 和图 4-108 所示。

表 4-244　阅读类型与大学生延迟满足之间的关系

阅读类型	频数（人）	均值	标准差
小说或文学作品	3683	3.61	0.79
教材或学术文献	858	3.75	0.84
新闻或时事杂志	579	3.75	0.80
杂志或期刊	253	3.69	0.85
博客或社交媒体	692	3.66	0.80
总计	6065	3.65	0.81

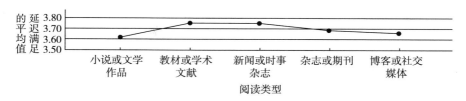

图 4-108　阅读类型与大学生延迟满足之间的关系

（4）阅读媒介。One-way ANOVA 分析发现，$F(3, 6061) = 15.079$，$p = 0.000(p<0.05)$。由于基于均值计算的因变量的方差在自变量各组间不等，故而使用 Tamehane 多重比较法，发现阅读媒介为纸质书籍的大学生的延迟满足显著高于阅读媒介为电子书、网络文章的大学生的延迟满足。阅读媒介为社交媒体的大学生的延迟满足显著高于阅读媒介为电子书的大学生的延迟满足。其余组别间无显著差异（$\alpha = 0.05$）。具体数据如表 4-245 和图 4-109 所示。

表 4-245　阅读媒介与大学生延迟满足之间的关系

阅读媒介	频数（人）	均值	标准差
纸质书籍	1694	3.75	0.82
电子书	2550	3.58	0.79
网络文章	758	3.62	0.82
社交媒体	1063	3.67	0.79
总计	6065	3.65	0.81

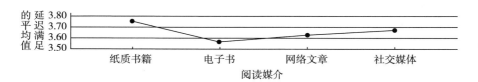

图 4-109　阅读媒介与大学生延迟满足之间的关系

（5）阅读主动性。One-way ANOVA 分析发现，$F(3, 6061) = 55.281$，$p = 0.000(p<0.05)$。由于基于均值计算的因变量的方差在自变量各组间不等，故而使用 Tamehane 多重比较法，发现在阅读主动性方面，态度为"我主动寻找新的阅读材料并持续学习"的大学生的延迟满足显著高于其余组别的大学生的延迟满足。其余组别间无显著差异（$\alpha = 0.05$）。具体数据如表 4-246 和图 4-110 所示。

表 4-246　阅读主动性与大学生延迟满足之间的关系

阅读主动性	频数（人）	均值	标准差
我主动寻找新的阅读材料并持续学习	2459	3.85	0.83
我偶尔会读书，但不会特别积极	2876	3.53	0.74
我只在有课业或任务要求的情况下阅读	559	3.50	0.82

续表

阅读主动性	频数（人）	均值	标准差
我几乎不主动阅读	171	3.36	0.86
总计	6065	3.65	0.81

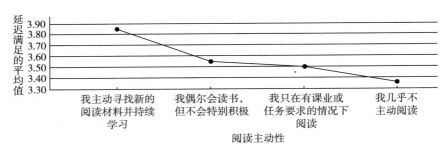

图 4-110　阅读主动性与大学生延迟满足之间的关系

（6）阅读计划完成度。One-way ANOVA 分析发现，F（3，6061）=59.758，p=0.000（p<0.05）。由于基于均值计算的因变量的方差在自变量各组间不等，故而使用 Tamehane 多重比较法，发现在阅读计划完成度方面，总是能按照自己制订的阅读计划完成任务的大学生的延迟满足显著高于其他组别的大学生的延迟满足。在阅读计划完成度方面"有阅读计划，但不总能如期完成"的大学生的延迟满足显著高于很少有具体的阅读计划、没有阅读计划的大学生的延迟满足。其余组别间无显著差异（α=0.05）。具体数据如表 4-247 和图 4-111 所示。

表 4-247　阅读计划完成度与大学生延迟满足之间的关系

阅读计划完成度	频数（人）	均值	标准差
我总是能按照自己制订的阅读计划完成任务	1620	3.90	0.86
我有阅读计划，但不总能如期完成	2129	3.64	0.74
我很少有具体的阅读计划	1848	3.50	0.76
我没有阅读计划	468	3.44	0.86
总计	6065	3.65	0.81

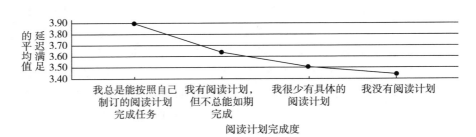

图 4-111　阅读计划完成度与大学生延迟满足之间的关系

（7）阅读影响。One-way ANOVA 分析发现，F（3，6061）=52.069，p=

0.000（p<0.05）。由于基于均值计算的因变量的方差在自变量各组间不等，故而使用 Tamehane 多重比较法，发现在阅读影响方面，认为非常有影响的大学生的延迟满足显著高于其余组别的大学生的延迟满足。认为有一些影响的大学生的延迟满足显著高于认为一点影响都没有、不确定的大学生的延迟满足。其余组别间无显著差异（α＝0.05）。具体数据如表 4-248 所示。

表 4-248　阅读影响与大学生延迟满足之间的关系

阅读影响	频数（人）	均值	标准差
非常有影响	2579	3.82	0.83
有一些影响	3183	3.55	0.75
一点影响都没有	125	3.29	0.81
不确定	178	3.30	0.77
总计	6065	3.65	0.81

四、阅读素养对客观财经知识得分的影响

本书将客观财经知识涉及的二十三个题项每题赋予一分，每题分数相同，记为因子分，用这个因子分代表客观财经知识得分，这个值越高，则表示客观财经知识得分越高。该变量的均值为 12.51，标准差为 3.833。

本书将阅读素养作为自变量，包括阅读频率、阅读时长、阅读类型、阅读媒介、阅读主动性、阅读计划完成度、阅读影响共七个变量。将客观财经知识得分作为因变量，运用 One-way ANOVA 分析工具进行方差分析。以下为阅读素养对客观财经知识得分的检验结果。

（1）阅读频率。One-way ANOVA 分析发现，$F(3, 6061) = 14.659$，$p = 0.000$（p<0.05），由于基于均值计算的因变量的方差在自变量各组间不等，故而使用 Tamehane 多重比较法，发现每天都有时间阅读的大学生的客观财经知识得分显著高于大约每月阅读一次、难得读一次或几个月都不读的大学生的客观财经知识得分。大约每周阅读一次的大学生的客观财经知识得分显著高于大约每周阅读一次、难得读一次或几个月都不读的大学生的客观财经知识得分。其余组间并不存在显著性差异，具体数据如表 4-249 和图 4-112 所示。

表 4-249　阅读频率与大学生客观财经知识得分之间的关系

阅读频率	频数（人）	均值	标准差
每天都有时间阅读	1850	12.84	3.77
大约每周阅读一次	2600	12.60	3.79
大约每月阅读一次	916	12.07	3.75
难得读一次或几个月都不读	699	11.92	4.14
总计	6065	12.51	3.83

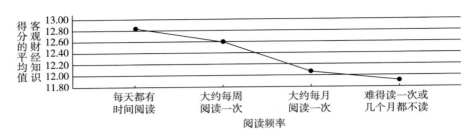

图 4-112　阅读频率与大学生客观财经知识得分之间的关系

（2）阅读时长。One-way ANOVA 分析发现，$F(3, 6061) = 25.934$，$p = 0.000(p<0.05)$，由于基于均值计算的因变量的方差在自变量各组间不等，故而使用 Tamehane 多重比较法，发现每天阅读 1 小时或更长时间的大学生的客观财经知识得分显著高于每月阅读少于 1 小时、很少或几乎不阅读的大学生的客观财经知识得分。每周阅读 1~5 小时的大学生的客观财经知识得分显著高于每月阅读少于 1 小时、很少或几乎不阅读的大学生的客观财经知识得分。每月阅读少于 1 小时的大学生的客观财经知识得分显著高于很少或几乎不阅读的大学生的客观财经知识得分。其余组别大学生的客观财经知识得分无显著差异。具体数据如表 4-250 和图 4-113 所示。

表 4-250　阅读时长与大学生客观财经知识得分之间的关系

阅读时长	频数（人）	均值	标准差
每天阅读 1 小时或更长时间	1755	12.58	3.80
每周阅读 1~5 小时	2836	12.83	3.68
每月阅读少于 1 小时	935	12.06	3.87
很少或几乎不阅读	539	11.42	4.34
总计	6065	12.51	3.83

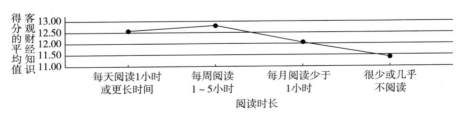

图 4-113　阅读时长与大学生客观财经知识得分之间的关系

（3）阅读类型。One-way ANOVA 分析发现，$F(4, 6060) = 5.798$，$p = 0.000$（$p<0.05$）。由于基于均值计算的因变量的方差在自变量各组间不等，故而使用 Tamehane 多重比较法，发现阅读类型为小说或文学作品的大学生的客观财经知识得分显著高于阅读类型为杂志或期刊的大学生的客观财经知识得分。阅读类型为教材或学术文献的大学生的客观财经知识得分显著高于阅读类型为杂志或期刊

的大学生的客观财经知识得分。阅读类型为新闻或时事杂志的大学生的客观财经知识得分显著高于阅读类型为杂志或期刊的大学生的客观财经知识得分。阅读类型为博客或社交媒体的大学生的客观财经知识得分显著高于阅读类型为杂志或期刊的大学生的客观财经知识得分。其余组别间不存在显著性差异。具体数据如表 4-251 和图 4-114 所示。

表 4-251　阅读类型与大学生客观财经知识得分之间的关系

阅读类型	频数（人）	均值	标准差
小说或文学作品	3683	12.58	3.72
教材或学术文献	858	12.37	4.04
新闻或时事杂志	579	12.44	4.04
杂志或期刊	253	11.49	4.17
博客或社交媒体	692	12.75	3.81
总计	6065	12.51	3.83

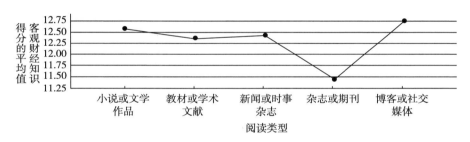

图 4-114　阅读类型与大学生客观财经知识得分之间的关系

（4）阅读媒介。One-way ANOVA 分析发现，$F(3, 6061) = 1.342$，$p = 0.259$（$p > 0.05$），未通过显著性检验，组别间无显著差异（$\alpha = 0.05$）。具体数据如表 4-252 所示。

表 4-252　阅读媒介与大学生客观财经知识得分之间的关系

阅读媒介	频数（人）	均值	标准差
纸质书籍	1694	12.64	3.76
电子书	2550	12.43	3.84
网络文章	758	12.40	4.00
社交媒体	1063	12.59	3.81
总计	6065	12.51	3.83

（5）阅读主动性。One-way ANOVA 分析发现，$F(3, 6061) = 36.607$，$p = 0.000$（$p < 0.05$）。由于基于均值计算的因变量的方差在自变量各组间不等，故而使用 Tamehane 多重比较法，发现在阅读主动性方面，态度为"我主动寻找新的阅读材料并持续学习"的大学生的客观财经知识得分显著高于其余组别的大学生的客观财经知识得分。态度为"偶尔会读书，但不会特别积极"的大学生的客

观财经知识得分显著高于"只在有课业或任务要求的情况下阅读""几乎不主动阅读"的大学生的客观财经知识得分。只在有课业或任务要求的情况下阅读的大学生的客观财经知识得分显著高于几乎不主动阅读的大学生的客观财经知识得分。其余组别间无显著差异（$\alpha = 0.05$）。具体数据如表 4-253 和图 4-115 所示。

表 4-253　阅读主动性与大学生客观财经知识得分之间的关系

阅读主动性	频数（人）	均值	标准差
我主动寻找新的阅读材料并持续学习	2459	12.92	3.70
我偶尔会读书，但不会特别积极	2876	12.48	3.75
我只在有课业或任务要求的情况下阅读	559	11.51	4.14
我几乎不主动阅读	171	10.61	4.84
总计	6065	12.51	3.83

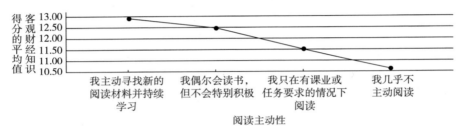

图 4-115　阅读主动性与大学生客观财经知识得分之间的关系

（6）阅读计划完成度。One-way ANOVA 分析发现，$F(3, 6061) = 6.098$，$p = 0.000(p<0.05)$。由于基于均值计算的因变量的方差在自变量各组间不等，故而使用 Tamehane 多重比较法，发现在阅读计划完成度方面，总是能按照自己制订的阅读计划完成任务的大学生的客观财经知识得分显著高于没有阅读计划的大学生的客观财经知识得分。在阅读计划完成度方面，"有阅读计划，但不总能如期完成"的大学生的客观财经知识得分显著高于没有阅读计划的大学生的客观财经知识得分。"我很少有具体的阅读计划"的大学生的客观财经知识得分显著高于没有阅读计划的大学生的客观财经知识得分。其余组别间无显著差异（$\alpha = 0.05$）。具体数据如表 4-254 和图 4-116 所示。

表 4-254　阅读计划完成度与大学生客观财经知识得分之间的关系

阅读计划完成度	频数（人）	均值	标准差
我总是能按照自己制订的阅读计划完成任务	1620	12.51	3.88
我有阅读计划，但不总能如期完成	2129	12.54	3.77
我很少有具体的阅读计划	1848	12.66	3.77
我没有阅读计划	468	11.81	4.13
总计	6065	12.51	3.83

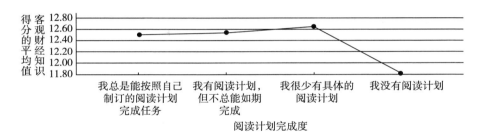

图 4-116　阅读计划完成度与大学生客观财经知识得分之间的关系

（7）阅读影响。One-way ANOVA 分析发现，F（3，6061）＝50.409，p＝0.000（p<0.05）。由于基于均值计算的因变量的方差在自变量各组间不等，故而使用 Tamehane 多重比较法，发现在阅读影响方面，认为非常有影响的大学生的客观财经知识得分显著高于其余组别的大学生的客观财经知识得分。认为有一些影响的大学生的客观财经知识得分显著高于认为一点影响都没有、不确定的大学生的客观财经知识得分。其余组别间无显著差异（α＝0.05）。具体数据如表 4-255和图 4-117 所示。

表 4-255　阅读影响与大学生客观财经知识得分之间的关系

阅读影响	频数（人）	均值	标准差
非常有影响	2579	12.82	3.66
有一些影响	3183	12.49	3.81
一点影响都没有	125	9.25	4.24
不确定	178	10.70	4.83
总计	6065	12.51	3.83

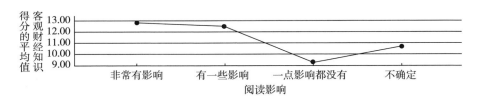

图 4-117　阅读影响与大学生客观财经知识得分之间的关系

五、阅读素养对主观财经知识得分的影响

主观财经知识得分的均值为 3.54，标准差为 1.251。主观财经知识得分越低，则表示被调查者对自身的财务素养越不满意；这个值越高，则表示对自己的财务素养越满意。

本书将阅读素养作为自变量，包括阅读频率、阅读时长、阅读类型、阅读媒介、阅读主动性、阅读计划完成度、阅读影响共七个变量。将主观财经知识得分作为因变量，运用 One-way ANOVA 分析工具进行方差分析。以下为阅读素养对主观财经知识得分的检验结果。

（1）阅读频率。One-way ANOVA 分析发现，F（3，6061）= 23.487，p = 0.000(p<0.05)，由于基于均值计算的因变量的方差在自变量各组间不等，故而使用 Tamehane 多重比较法，发现每天都有时间阅读的大学生的主观财经知识得分显著高于大约每月阅读一次、难得读一次或几个月都不读的大学生的主观财经知识得分。大约每周阅读一次的大学生的主观财经知识得分显著高于大约每周阅读一次、难得读一次或几个月都不读的大学生的主观财经知识得分。大约每月阅读一次的大学生的主观财经知识得分显著高于难得读一次或几个月都不读的大学生的主观财经知识得分。其余组间并不存在显著性差异，具体数据如表 4-256 和图 4-118 所示。

表 4-256 　阅读频率与大学生主观财经知识得分之间的关系

阅读频率	频数（人）	均值	标准差
每天都有时间阅读	1850	3.62	1.28
大约每周阅读一次	2600	3.60	1.22
大约每月阅读一次	916	3.45	1.20
难得读一次或几个月都不读	699	3.20	1.30
总计	6065	3.54	1.25

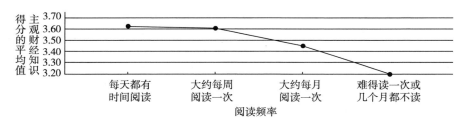

图 4-118 　阅读频率与大学生主观财经知识得分之间的关系

（2）阅读时长。One-way ANOVA 分析发现，F（3，6061）= 27.007，p = 0.000(p<0.05)，由于基于均值计算的因变量的方差在自变量各组间不等，故而使用 Tamehane 多重比较法，发现每天阅读 1 小时或更长时间的大学生的主观财经知识得分显著高于每月阅读少于 1 小时、很少或几乎不阅读的大学生的主观财经知识得分。每周阅读 1~5 小时的大学生的主观财经知识得分显著高于每月阅读少于 1 小时、很少或几乎不阅读的大学生的主观财经知识得分。每月阅读少于 1 小时的大学生的主观财经知识得分显著高于很少或几乎不阅读的大学生的主观财经知识得分。其余组别大学生的主观财经知识得分无显著差异。具体数据如表 4-257 和图 4-119 所示。

表 4-257　阅读时长与大学生主观财经知识得分之间的关系

阅读时长	频数（人）	均值	标准差
每天阅读 1 小时或更长时间	1755	3.60	1.30
每周阅读 1~5 小时	2836	3.62	1.21
每月阅读少于 1 小时	935	3.39	1.17
很少或几乎不阅读	539	3.16	1.36
总计	6065	3.54	1.25

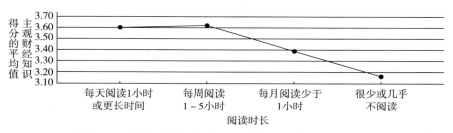

图 4-119　阅读时长与大学生主观财经知识得分之间的关系

（3）阅读类型。One-way ANOVA 分析发现，$F_{(4, 6060)} = 13.970$，$p = 0.000$（$p<0.05$）。由于基于均值计算的因变量的方差在自变量各组间不等，故而使用 Tamehane 多重比较法，发现阅读类型为教材或学术文献的大学生的主观财经知识得分显著高于阅读类型为小说或文学作品、博客或社交媒体的大学生的主观财经知识得分。阅读类型为新闻或时事杂志的大学生的主观财经知识得分显著高于阅读类型为小说或文学作品、博客或社交媒体的大学生的主观财经知识得分。其余组别大学生的主观财经知识得分无显著差异。具体数据如表 4-258 和图 4-120 所示。

表 4-258　阅读类型与大学生主观财经知识得分之间的关系

阅读类型	频数（人）	均值	标准差
小说或文学作品	3683	3.46	1.21
教材或学术文献	858	3.69	1.32
新闻或时事杂志	579	3.79	1.32
杂志或期刊	253	3.68	1.34
博客或社交媒体	692	3.48	1.22
总计	6065	3.54	1.25

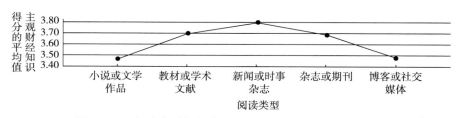

图 4-120　阅读类型与大学生主观财经知识得分之间的关系

（4）阅读媒介。One-way ANOVA 分析发现，$F_{(3, 6061)} = 3.998$，$p = 0.008$（$p < 0.05$）。由于基于均值计算的因变量的方差在自变量各组间不等，故而使用 Tamehane 多重比较法，发现阅读媒介为纸质书籍的大学生的主观财经知识得分显著高于阅读媒介为电子书的大学生的主观财经知识得分。其余组别大学生的主观财经知识得分无显著差异。具体数据如表 4-259 和图 4-121 所示。

表 4-259　阅读媒介与大学生主观财经知识得分之间的关系

阅读媒介	频数（人）	均值	标准差
纸质书籍	1694	3.62	1.29
电子书	2550	3.49	1.22
网络文章	758	3.57	1.26
社交媒体	1063	3.50	1.24
总计	6065	3.54	1.25

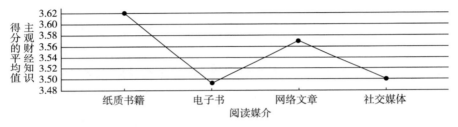

图 4-121　阅读媒介与大学生主观财经知识得分之间的关系

（5）阅读主动性。One-way ANOVA 分析发现，$F_{(3, 6061)} = 42.596$，$p = 0.000$（$p < 0.05$）。由于基于均值计算的因变量的方差在自变量各组间不等，故而使用 Tamehane 多重比较法，发现在阅读主动性方面，态度为"我主动寻找新的阅读材料并持续学习"的大学生的主观财经知识得分显著高于其余组别的大学生的主观财经知识得分。态度为"偶尔会读书，但不会特别积极"的大学生的主观财经知识得分显著高于几乎不主动阅读的大学生的主观财经知识得分。只在有课业或任务要求的情况下阅读的大学生的主观财经知识得分显著高于几乎不主动阅读的大学生的主观财经知识得分。其余组别间无显著差异（$\alpha = 0.05$）。具体数据如表 4-260 和图 4-122 所示。

表 4-260　阅读主动性与大学生主观财经知识得分之间的关系

阅读主动性	频数（人）	均值	标准差
我主动寻找新的阅读材料并持续学习	2459	3.74	1.28
我偶尔会读书，但不会特别积极	2876	3.41	1.19
我只在有课业或任务要求的情况下阅读	559	3.44	1.27
我几乎不主动阅读	171	3.05	1.36
总计	6065	3.54	1.25

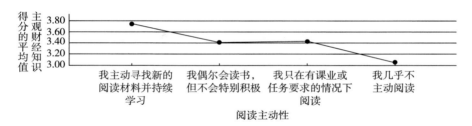

图 4-122　阅读主动性与大学生主观财经知识得分之间的关系

（6）阅读计划完成度。One-way ANOVA 分析发现，F(3，6061)= 53.771，p = 0.000(p<0.05)。由于基于均值计算的因变量的方差在自变量各组间不等，故而使用 Tamehane 多重比较法，发现在阅读计划完成度方面，总是能按照自己制订的阅读计划完成任务的大学生的主观财经知识得分显著高于其他组别的大学生的主观财经知识得分。有阅读计划，但不总能如期完成的大学生的主观财经知识得分显著高于很少有具体的阅读计划、没有阅读计划的大学生的主观财经知识得分。很少有具体的阅读计划的大学生的主观财经知识得分显著高于没有阅读计划的大学生的主观财经知识得分。其余组别间无显著差异（α=0.05）。具体数据如表 4-261 和图 4-123 所示。

表 4-261　阅读计划完成度与大学生主观财经知识得分之间的关系

阅读计划完成度	频数（人）	均值	标准差
我总是能按照自己制订的阅读计划完成任务	1620	3.82	1.38
我有阅读计划，但不总能如期完成	2129	3.54	1.16
我很少有具体的阅读计划	1848	3.39	1.17
我没有阅读计划	468	3.14	1.32
总计	6065	3.54	1.25

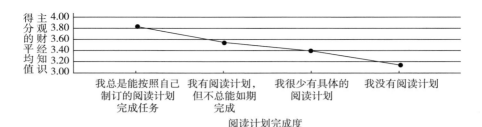

图 4-123　阅读计划完成度与大学生主观财经知识得分之间的关系

（7）阅读影响。One-way ANOVA 分析发现，F(3，6061)= 18.955，p = 0.000(p<0.05)。由于基于均值计算的因变量的方差在自变量各组间不等，故而使用 Tamehane 多重比较法，发现在阅读影响方面，认为非常有影响的大学生的主观财经知识得分显著高于有一些影响、不确定的大学生的主观财经知识得分。

认为有一些影响的大学生的主观财经知识得分显著高于认为不确定的大学生的主观财经知识得分。其余组别间无显著差异（α=0.05）。具体数据如表4-262和图4-124所示。

表4-262 阅读影响与大学生主观财经知识得分之间的关系

阅读影响	频数（人）	均值	标准差
非常有影响	2579	3.65	1.31
有一些影响	3183	3.48	1.18
一点影响都没有	125	3.38	1.33
不确定	178	3.05	1.38
总计	6065	3.54	1.25

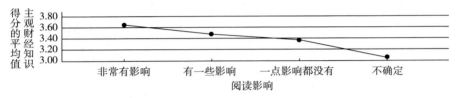

图4-124 阅读影响与大学生主观财经知识得分之间的关系

六、阅读素养对财经态度的影响

本书将财经态度的两个题项加总求均值，记为因子分，用这个因子分代表财经态度。作为高阶概念财经态度的计量，这个值越低，则表示财经态度越消极；这个值越高，则表示财经态度越积极。该变量的均值为3.69，标准差为0.937。

本书将阅读素养作为自变量，包括阅读频率、阅读时长、阅读类型、阅读媒介、阅读主动性、阅读计划完成度、阅读影响七个变量。将财经态度作为因变量，运用One-way ANOVA分析工具进行方差分析。以下为阅读素养对财经态度的检验结果。

（1）阅读频率。One-way ANOVA分析发现，$F_{(3, 6061)} = 10.475$，$p = 0.000$（$p<0.05$），由于基于均值计算的因变量的方差在自变量各组间不等，故而使用Tamehane多重比较法，发现每天都有时间阅读的大学生的财经态度显著高于大约每月阅读一次、难得读一次或几个月都不读的大学生的财经态度。大约每周阅读一次的大学生的财经态度显著高于大约每周读一次、难得读一次或几个月都不读的大学生的财经态度。其余组间并不存在显著性差异，具体数据如表4-263和图4-125所示。

表4-263 阅读频率与大学生财经态度之间的关系

阅读频率	频数（人）	均值	标准差
每天都有时间阅读	1850	3.74	0.98

阅读频率	频数（人）	均值	标准差
大约每周阅读一次	2600	3.73	0.90
大约每月阅读一次	916	3.60	0.90
难得读一次或几个月都不读	699	3.56	1.01
总计	6065	3.69	0.94

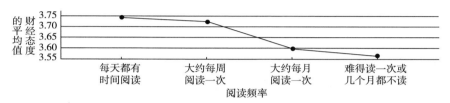

图 4-125　阅读频率与大学生财经态度之间的关系

（2）阅读时长。One-way ANOVA 分析发现，$F_{(3, 6061)} = 7.924$，$p = 0.000$（$p < 0.05$），由于基于均值计算的因变量的方差在自变量各组间不等，故而使用 Tamehane 多重比较法，发现每天阅读 1 小时或更长时间的大学生的财经态度显著高于很少或几乎不阅读的大学生的财经态度。每周阅读 1~5 小时的大学生的财经态度显著高于很少或几乎不阅读的大学生的财经态度。其余组别大学生的财经态度无显著差异。具体数据如表 4-264 和图 4-126 所示。

表 4-264　阅读时长与大学生财经态度之间的关系

阅读时长	频数（人）	均值	标准差
每天阅读 1 小时或更长时间	1755	3.73	0.99
每周阅读 1~5 小时	2836	3.72	0.88
每月阅读少于 1 小时	935	3.64	0.92
很少或几乎不阅读	539	3.53	1.04
总计	6065	3.69	0.94

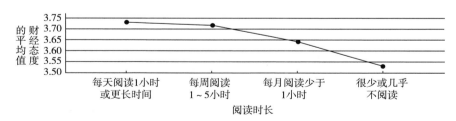

图 4-126　阅读时长与大学生财经态度之间的关系

（3）阅读类型。One-way ANOVA 分析发现，$F_{(4, 6060)} = 2.722$，$p = 0.028$（$p < 0.05$）。由于基于均值计算的因变量的方差在自变量各组间不等，故而使用 Tamehane 多重比较法，发现阅读类型为小说或文学作品的大学生的财经态度显著高于阅读类型为杂志或期刊的大学生的财经态度。阅读类型为教材或学术文献

的大学生的财经态度显著高于阅读类型为杂志或期刊的大学生的财经态度。其余组别大学生的财经态度无显著差异。具体数据如表 4-265 和图 4-127 所示。

表 4-265　阅读类型与大学生财经态度之间的关系

阅读类型	频数（人）	均值	标准差
小说或文学作品	3683	3.70	0.92
教材或学术文献	858	3.73	1.00
新闻或时事杂志	579	3.71	0.97
杂志或期刊	253	3.52	1.05
博客或社交媒体	692	3.66	0.87
总计	6065	3.69	0.94

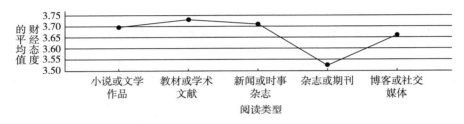

图 4-127　阅读类型与大学生财经态度之间的关系

（4）阅读媒介。One-way ANOVA 分析发现，$F(3, 6061) = 5.952$，$p = 0.008$（$p < 0.05$）。由于基于均值计算的因变量的方差在自变量各组间不等，故而使用 Tamehane 多重比较法，发现阅读媒介为纸质书籍的大学生的财经态度显著高于阅读媒介为电子书的大学生的财经态度。其余组别大学生的财经态度无显著差异。具体数据如表 4-266 和图 4-128 所示。

表 4-266　阅读媒介与大学生财经态度之间的关系

阅读媒介	频数（人）	均值	标准差
纸质书籍	1694	3.76	0.95
电子书	2550	3.64	0.94
网络文章	758	3.68	0.93
社交媒体	1063	3.72	0.91
总计	6065	3.69	0.94

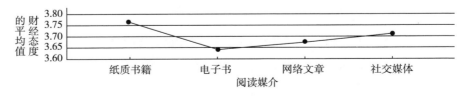

图 4-128　阅读媒介与大学生财经态度之间的关系

（5）阅读主动性。One-way ANOVA 分析发现，$F(3, 6061) = 14.684$，$p = 0.000(p<0.05)$。由于基于均值计算的因变量的方差在自变量各组间不等，故而使用 Tamehane 多重比较法，发现在阅读主动性方面，态度为"我主动寻找新的阅读材料并持续学习"的大学生的财经态度显著高于其余组别的大学生的财经态度。态度为"偶尔会读书，但不会特别积极"的大学生的财经态度显著高于几乎不主动阅读的大学生的财经态度。其余组别间无显著差异（$\alpha = 0.05$）。具体数据如表 4-267 和图 4-129 所示。

表 4-267　阅读主动性与大学生财经态度之间的关系

阅读主动性	频数（人）	均值	标准差
我主动寻找新的阅读材料并持续学习	2459	3.77	0.97
我偶尔会读书，但不会特别积极	2876	3.67	0.89
我只在有课业或任务要求的情况下阅读	559	3.56	0.99
我几乎不主动阅读	171	3.42	1.00
总计	6065	3.69	0.94

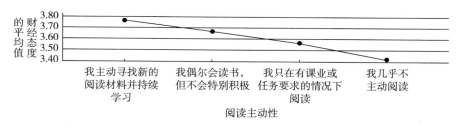

图 4-129　阅读主动性与大学生财经态度之间的关系

（6）阅读计划完成度。One-way ANOVA 分析发现，$F(3, 6061) = 4.646$，$p = 0.003(p<0.05)$。由于基于均值计算的因变量的方差在自变量各组间不等，故而使用 Tamehane 多重比较法，发现在阅读计划完成度方面，总是能按照自己制订的阅读计划完成任务的大学生的财经态度显著高于很少有具体的阅读计划、没有阅读计划的大学生的财经态度。其余组别间无显著差异（$\alpha = 0.05$）。具体数据如表 4-268 和图 4-130 所示。

表 4-268　阅读计划完成度与大学生财经态度之间的关系

阅读计划完成度	频数（人）	均值	标准差
我总是能按照自己制订的阅读计划完成任务	1620	3.75	1.03
我有阅读计划，但不总能如期完成	2129	3.70	0.89
我很少有具体的阅读计划	1848	3.66	0.89
我没有阅读计划	468	3.59	0.99
总计	6065	3.69	0.94

（7）阅读影响。One-way ANOVA 分析发现，$F(3, 6061) = 27.439$，$p = 0.000$

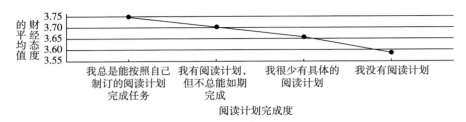

图 4-130　阅读计划完成度与大学生财经态度之间的关系

（p<0.05）。由于基于均值计算的因变量的方差在自变量各组间不等，故而使用 Tamehane 多重比较法，发现在阅读影响方面，认为非常有影响的大学生的财经态度显著高于其余组别的大学生的财经态度。认为有一些影响的大学生的财经态度显著高于认为一点影响也没有、不确定的大学生的财经态度。其余组别间无显著差异（α=0.05）。具体数据如表 4-269 和图 4-131 所示。

表 4-269　阅读影响与大学生财经态度之间的关系

阅读影响	频数（人）	均值	标准差
非常有影响	2579	3.80	0.98
有一些影响	3183	3.64	0.89
一点影响都没有	125	3.24	0.99
不确定	178	3.46	0.95
总计	6065	3.69	0.94

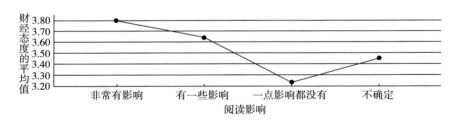

图 4-131　阅读影响与大学生财经态度之间的关系

七、阅读素养对财经满意度的影响

财经满意度的均值为 2.63，标准差为 1.127。

本书将阅读素养作为自变量，包括阅读频率、阅读时长、阅读类型、阅读媒介、阅读主动性、阅读计划完成度、阅读影响七个变量。将财经满意度作为因变量，运用 One-way ANOVA 分析工具进行方差分析。以下为阅读素养对财经满意度的检验结果。

（1）阅读频率。One-way ANOVA 分析发现，$F_{(3, 6061)} = 3.441$，$p = 0.016$（p<0.05），由于基于均值计算的因变量的方差在自变量各组间不等，故而使用

Tamehane 多重比较法，发现每天都有时间阅读的大学生的财经满意度显著高于难得读一次或几个月都不读的大学生的财经满意度。其余组间并不存在显著性差异，具体数据如表 4-270 和图 4-132 所示。

表 4-270 阅读频率与大学生财经满意度之间的关系

阅读频率	频数（人）	均值	标准差
每天都有时间阅读	1850	2.69	1.19
大约每周阅读一次	2600	2.62	1.09
大约每月阅读一次	916	2.61	1.07
难得读一次或几个月都不读	699	2.54	1.14
总计	6065	2.63	1.13

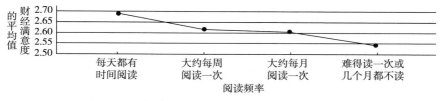

图 4-132 阅读频率与大学生财经满意度之间的关系

（2）阅读时长。One-way ANOVA 分析发现，$F(3, 6061) = 6.481$，$p = 0.000$（$p < 0.05$），由于基于均值计算的因变量的方差在自变量各组间不等，故而使用 Tamehane 多重比较法，发现每天阅读 1 小时或更长时间的大学生的财经满意度显著高于每月阅读少于 1 小时的大学生的财经满意度。每周阅读 1~5 小时的大学生的财经满意度显著高于每月阅读少于 1 小时的大学生的财经满意度。其余组别大学生的财经满意度无显著差异。具体数据如表 4-271 和图 4-133 所示。

表 4-271 阅读时长与大学生财经满意度之间的关系

阅读时长	频数（人）	均值	标准差
每天阅读 1 小时或更长时间	1755	2.68	1.18
每周阅读 1~5 小时	2836	2.65	1.10
每月阅读少于 1 小时	935	2.50	1.08
很少或几乎不阅读	539	2.58	1.18
总计	6065	2.63	1.13

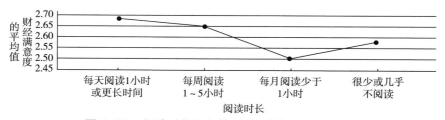

图 4-133 阅读时长与大学生财经满意度之间的关系

（3）阅读类型。One-way ANOVA 分析发现，$F_{(4, 6060)} = 10.750$，$p = 0.000(p<0.05)$。由于基于均值计算的因变量的方差在自变量各组间不等，故而使用 Tamehane 多重比较法，发现阅读类型为教材或学术文献的大学生的财经满意度显著高于阅读类型为小说或文学作品、博客或社交媒体的大学生的财经满意度。阅读类型为新闻或时事杂志的大学生的财经满意度显著高于阅读类型为小说或文学作品、博客或社交媒体的大学生的财经满意度。其余组别大学生的财经满意度无显著差异。具体数据如表4-272和图4-134所示。

表4-272 阅读类型与大学生财经满意度之间的关系

阅读类型	频数（人）	均值	标准差
小说或文学作品	3683	2.59	1.12
教材或学术文献	858	2.75	1.16
新闻或时事杂志	579	2.82	1.15
杂志或期刊	253	2.71	1.14
博客或社交媒体	692	2.49	1.08
总计	6065	2.63	1.13

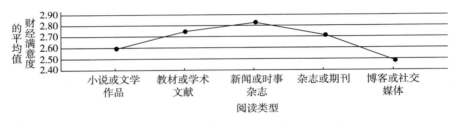

图4-134 阅读类型与大学生财经满意度之间的关系

（4）阅读媒介。One-way ANOVA 分析发现，$F_{(3, 6061)} = 3.659$，$p = 0.012(p<0.05)$。由于基于均值计算的因变量的方差在自变量各组间不等，故而使用 Tamehane 多重比较法，发现阅读媒介为纸质书籍的大学生的财经满意度显著高于阅读媒介为电子书的大学生的财经满意度。其余组别大学生的财经满意度无显著差异。具体数据如表4-273和图4-135所示。

表4-273 阅读媒介与大学生财经满意度之间的关系

阅读媒介	频数（人）	均值	标准差
纸质书籍	1694	2.70	1.15
电子书	2550	2.60	1.11
网络文章	758	2.63	1.14
社交媒体	1063	2.59	1.12
总计	6065	2.63	1.13

（5）阅读主动性。One-way ANOVA 分析发现，$F_{(3, 6061)} = 14.637$，$p = 0.000$

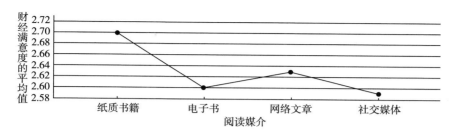

图4-135　阅读媒介与大学生财经满意度之间的关系

（p<0.05）。由于基于均值计算的因变量的方差在自变量各组间不等，故而使用 Tamehane 多重比较法，发现在阅读主动性方面，态度为"我主动寻找新的阅读材料并持续学习"的大学生的财经满意度显著高于偶尔会读书，但不会特别积极的大学生的财经满意度。态度为"只在有课业或任务要求的情况下阅读"的大学生的财经满意度显著高于"偶尔会读书，但不会特别积极"的大学生的财经满意度。其余组别间无显著差异（α＝0.05）。具体数据如表4-274和图4-136所示。

表4-274　阅读主动性与大学生财经满意度之间的关系

阅读主动性	频数（人）	均值	标准差
我主动寻找新的阅读材料并持续学习	2459	2.73	1.17
我偶尔会读书，但不会特别积极	2876	2.53	1.07
我只在有课业或任务要求的情况下阅读	559	2.70	1.11
我几乎不主动阅读	171	2.63	1.22
总计	6065	2.63	1.13

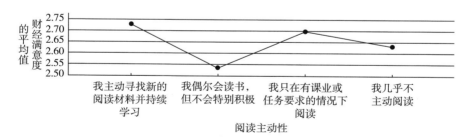

图4-136　阅读主动性与大学生财经满意度之间的关系

（6）阅读计划完成度。One-way ANOVA 分析发现，$F(3, 6061) = 32.514$，$p = 0.003$（$p < 0.05$）。由于基于均值计算的因变量的方差在自变量各组间不等，故而使用 Tamehane 多重比较法，发现在阅读计划完成度方面，总是能按照自己制订的阅读计划完成任务的大学生的财经满意度显著高于其他组别的大学生的财经满意度。其余组别间无显著差异（α＝0.05）。具体数据如表4-275和图4-137所示。

表 4-275　阅读计划完成度与大学生财经满意度之间的关系

阅读计划完成度	频数（人）	均值	标准差
我总是能按照自己制订的阅读计划完成任务	1620	2.86	1.20
我有阅读计划，但不总能如期完成	2129	2.56	1.08
我很少有具体的阅读计划	1848	2.56	1.07
我没有阅读计划	468	2.44	1.16
总计	6065	2.63	1.13

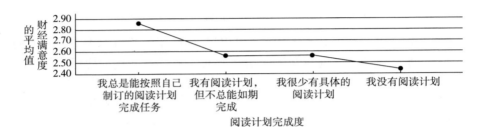

图 4-137　阅读计划完成度与大学生财经满意度之间的关系

（7）阅读影响。One-way ANOVA 分析发现，$F(3，6061)=4.843$，$p=0.002$（$p<0.05$）。由于基于均值计算的因变量的方差在自变量各组间不等，故而使用 Tamehane 多重比较法，发现在阅读影响方面，认为非常有影响的大学生的财经满意度显著高于认为有一些影响的大学生的财经满意度。其余组别间无显著差异（$\alpha=0.05$）。具体数据如表 4-276 和图 4-138 所示。

表 4-276　阅读影响与大学生财经满意度之间的关系

阅读影响	频数（人）	均值	标准差
非常有影响	2579	2.68	1.21
有一些影响	3183	2.59	1.05
一点影响都没有	125	2.78	1.15
不确定	178	2.53	1.14
总计	6065	2.63	1.13

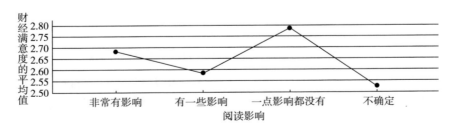

图 4-138　阅读影响与大学生财经满意度之间的关系

八、阅读素养对财经行为合理性的影响

本书将财经行为合理性的四个题项加总求均值，记为因子分，用这个因子分代表财经行为合理性。它的均值为 4.02，标准差为 0.834。

本书将阅读素养作为自变量，包括阅读频率、阅读时长、阅读类型、阅读媒介、阅读主动性、阅读计划完成度、阅读影响七个变量。将财经行为合理性作为因变量，运用 One-way ANOVA 分析工具进行方差分析。以下为阅读素养对财经行为合理性的检验结果

（1）阅读频率。One-way ANOVA 分析发现，$F(3, 6061) = 26.589$，$p = 0.016(p<0.05)$，由于基于均值计算的因变量的方差在自变量各组间不等，故而使用 Tamehane 多重比较法，发现每天都有时间阅读的大学生的财经行为合理性显著高于其他组别的大学生的财经行为合理性。大约每周阅读一次的大学生的财经行为合理性显著高于大约每月阅读一次、难得读一次或几个月都不读的大学生的财经行为合理性。其余组间并不存在显著性差异，具体数据如表 4-277 和图 4-139 所示。

表 4-277　阅读频率与大学生财经行为合理性之间的关系

阅读频率	频数（人）	均值	标准差
每天都有时间阅读	1850	4.12	0.83
大约每周阅读一次	2600	4.03	0.82
大约每月阅读一次	916	3.92	0.83
难得读一次或几个月都不读	699	3.83	0.86
总计	6065	4.02	0.83

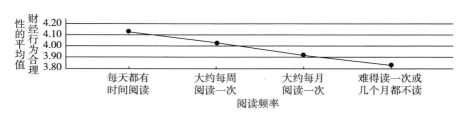

图 4-139　阅读频率与大学生财经行为合理性之间的关系

（2）阅读时长。One-way ANOVA 分析发现，$F(3, 6061) = 27.461$，$p = 0.000(p<0.05)$，由于基于均值计算的因变量的方差在自变量各组间不等，故而使用 Tamehane 多重比较法，发现每天阅读 1 小时或更长时间的大学生的财经行为合理性显著高于每月阅读少于 1 小时、很少或几乎不阅读的大学生的财经行为合理性。每周阅读 1~5 小时的大学生的财经行为合理性显著高于每月阅读少于 1 小时、很少或几乎不阅读的大学生的财经行为合理性。每月阅读少于 1 小时的大

学生的财经行为合理性显著高于很少或几乎不阅读的大学生的财经行为合理性。其余组别大学生的财经行为合理性无显著差异。具体数据如表 4-278 和图 4-140 所示。

表 4-278　阅读时长与大学生财经行为合理性之间的关系

阅读时长	频数（人）	均值	标准差
每天阅读 1 小时或更长时间	1755	4.08	0.85
每周阅读 1~5 小时	2836	4.06	0.80
每月阅读少于 1 小时	935	3.92	0.83
很少或几乎不阅读	539	3.77	0.88
总计	6065	4.02	0.83

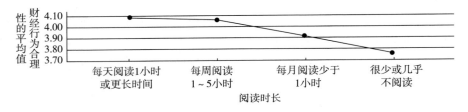

图 4-140　阅读时长与大学生财经行为合理性之间的关系

（3）阅读类型。One-way ANOVA 分析发现，F(4，6060)= 2.172，p = 0.069（p>0.05），未通过显著性检验，各组别大学生的财经行为合理性无显著差异。具体数据如表 4-279 所示。

表 4-279　阅读类型与大学生财经行为合理性之间的关系

阅读类型	频数（人）	均值	标准差
小说或文学作品	3683	4.03	0.81
教材或学术文献	858	4.01	0.89
新闻或时事杂志	579	4.02	0.86
杂志或期刊	253	3.87	0.89
博客或社交媒体	692	4.01	0.83
总计	6065	4.02	0.83

（4）阅读媒介。One-way ANOVA 分析发现，F(3，6061)= 7.714，p = 0.012（p<0.05）。由于基于均值计算的因变量的方差在自变量各组间不等，故而使用 Tamehane 多重比较法，发现阅读媒介为纸质书籍的大学生的财经行为合理性显著高于阅读媒介为电子书、网络文章的大学生的财经行为合理性。阅读媒介为社交媒体的大学生的财经行为合理性显著高于阅读媒介为电子书的大学生的财经行为合理性。其余组别大学生的财经行为合理性无显著差异。具体数据如表 4-280 和图 4-141 所示。

表 4-280　阅读媒介与大学生财经行为合理性之间的关系

阅读媒介	频数（人）	均值	标准差
纸质书籍	1694	4.08	0.85
电子书	2550	3.97	0.84
网络文章	758	3.97	0.86
社交媒体	1063	4.07	0.78
总计	6065	4.02	0.83

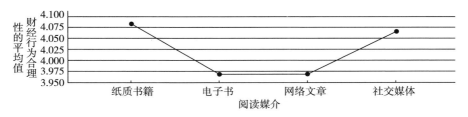

图 4-141　阅读媒介与大学生财经行为合理性之间的关系

（5）阅读主动性。One-way ANOVA 分析发现，F（3，6061）= 58.800，p = 0.000（p<0.05）。由于基于均值计算的因变量的方差在自变量各组间不等，故而使用 Tamehane 多重比较法，发现在阅读主动性方面，态度为"我主动寻找新的阅读材料并持续学习"的大学生的财经行为合理性显著高于其他组别的大学生的财经行为合理性。态度为"偶尔会读书，但不会特别积极"的大学生的财经行为合理性显著高于只在有课业或任务要求的情况下阅读、几乎不主动阅读的大学生的财经行为合理性。态度为"只在有课业或任务要求的情况下阅读"的大学生的财经行为合理性显著高于几乎不主动阅读的大学生的财经行为合理性。其余组别间无显著差异（α = 0.05）。具体数据如表 4-281 和图 4-142 所示。

表 4-281　阅读主动性与大学生财经行为合理性之间的关系

阅读主动性	频数（人）	均值	标准差
我主动寻找新的阅读材料并持续学习	2459	4.16	0.83
我偶尔会读书，但不会特别积极	2876	3.97	0.81
我只在有课业或任务要求的情况下阅读	559	3.82	0.86
我几乎不主动阅读	171	3.53	0.89
总计	6065	4.02	0.83

（6）阅读计划完成度。One-way ANOVA 分析发现，F（3，6061）= 22.880，p=0.000（p<0.05）。由于基于均值计算的因变量的方差在自变量各组间不等，故而使用 Tamehane 多重比较法，发现在阅读计划完成度方面，总是能按照自己制订的阅读计划完成任务的大学生的财经行为合理性显著高于其他组别的大学生的财经行为合理性。有阅读计划，但不总能如期完成的大学生的财经行为合理性

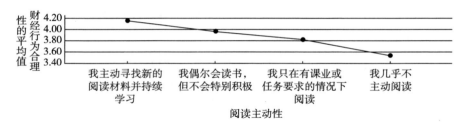

图 4-142 阅读主动性与大学生财经行为合理性之间的关系

显著高于没有阅读计划的大学生的财经行为合理性。很少有具体的阅读计划的大学生的财经行为合理性显著高于没有阅读计划的大学生的财经行为合理性。其余组别间无显著差异（α=0.05）。具体数据如表 4-282 和图 4-143 所示。

表 4-282 阅读计划完成度与大学生财经行为合理性之间的关系

阅读计划完成度	频数（人）	均值	标准差
我总是能按照自己制订的阅读计划完成任务	1620	4.14	0.90
我有阅读计划，但不总能如期完成	2129	4.01	0.82
我很少有具体的阅读计划	1848	3.96	0.77
我没有阅读计划	468	3.83	0.85
总计	6065	4.02	0.83

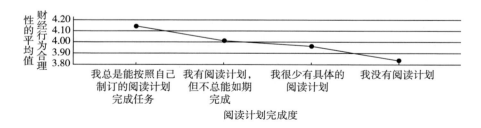

图 4-143 阅读计划完成度与大学生财经行为合理性之间的关系

（7）阅读影响。One-way ANOVA 分析发现，$F_{(3, 6061)} = 55.418$，$p = 0.002(p<0.05)$。由于基于均值计算的因变量的方差在自变量各组间不等，故而使用 Tamehane 多重比较法，发现在阅读影响方面，认为非常有影响的大学生的财经行为合理性显著高于其他组别的大学生的财经行为合理性。认为有一些影响的大学生的财经行为合理性显著高于一点影响都没有、不确定的大学生的财经行为合理性。其余组别间无显著差异（α=0.05）。具体数据如表 4-283 和图 4-144 所示。

表 4-283 阅读影响与大学生财经行为合理性之间的关系

阅读影响	频数（人）	均值	标准差
非常有影响	2579	4.14	0.84

续表

阅读影响	频数（人）	均值	标准差
有一些影响	3183	3.96	0.80
一点影响都没有	125	3.49	0.97
不确定	178	3.64	0.88
总计	6065	4.02	0.83

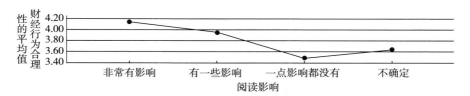

图 4-144　阅读影响与大学生财经行为合理性之间的关系

九、阅读素养对独立的影响

本书将独立的九个题项加总求均值，记为因子分，用这个因子分代表独立。它的均值为 3.68，标准差为 0.761。

本书将阅读素养作为自变量，包括阅读频率、阅读时长、阅读类型、阅读媒介、阅读主动性、阅读计划完成度、阅读影响七个变量。将独立作为因变量，运用 One-way ANOVA 分析工具进行方差分析。以下为阅读素养对独立的检验结果。

（1）阅读频率。One-way ANOVA 分析发现，$F(3, 6061) = 54.470$，$p = 0.016(p < 0.05)$，由于基于均值计算的因变量的方差在自变量各组间不等，故而使用 Tamehane 多重比较法，发现每天都有时间阅读的大学生的独立显著高于其他组别的大学生的独立。大约每周阅读一次的大学生的独立显著高于大约每月阅读一次、难得读一次或几个月都不读的大学生的独立。大约每月阅读一次的大学生的独立显著高于难得读一次或几个月都不读的大学生的独立。其余组间并不存在显著性差异，具体数据如表 4-284 和图 4-145 所示。

表 4-284　阅读频率与大学生独立之间的关系

阅读频率	频数（人）	均值	标准差
每天都有时间阅读	1850	4.12	0.83
大约每周阅读一次	2600	4.03	0.82
大约每月阅读一次	916	3.92	0.83
难得读一次或几个月都不读	699	3.83	0.86
总计	6065	4.02	0.83

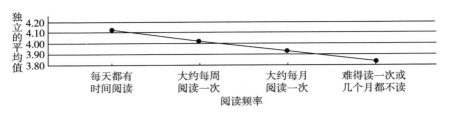

图 4-145　阅读频率与大学生独立之间的关系

（2）阅读时长。One-way ANOVA 分析发现，$F(3, 6061) = 52.492$，$p = 0.000$（$p<0.05$），由于基于均值计算的因变量的方差在自变量各组间不等，故而使用 Tamehane 多重比较法，发现每天阅读 1 小时或更长时间的大学生的独立显著高于每月阅读少于 1 小时、很少或几乎不阅读的大学生的独立。每周阅读 1~5 小时的大学生的独立显著高于每月阅读少于 1 小时、很少或几乎不阅读的大学生的独立。每月阅读少于 1 小时的大学生的独立显著高于很少或几乎不阅读的大学生的独立。其余组别大学生的独立无显著差异。具体数据如表 4-285 和图 4-146 所示。

表 4-285　阅读时长与大学生独立之间的关系

阅读时长	频数（人）	均值	标准差
每天阅读 1 小时或更长时间	1755	3.95	0.79
每周阅读 1~5 小时	2836	3.89	0.75
每月阅读少于 1 小时	935	3.69	0.76
很少或几乎不阅读	539	3.55	0.84
总计	6065	3.85	0.78

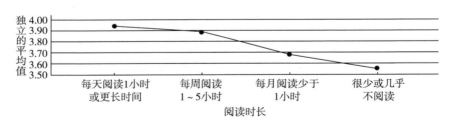

图 4-146　阅读时长与大学生独立之间的关系

（3）阅读类型。One-way ANOVA 分析发现，$F(4, 6060) = 4.244$，$p = 0.002$（$p<0.05$），由于基于均值计算的因变量的方差在自变量各组间不等，故而使用 Tamehane 多重比较法，发现阅读类型为新闻或时事杂志的大学生的独立显著高于阅读类型为小说或文学作品、杂志或期刊、博客或社交媒体的大学生的独立。其余各组别大学生的独立无显著差异。具体数据如表 4-286 和图 4-147 所示。

表 4-286　阅读类型与大学生独立之间的关系

阅读类型	频数（人）	均值	标准差
小说或文学作品	3683	3.83	0.77
教材或学术文献	858	3.87	0.83
新闻或时事杂志	579	3.95	0.79
杂志或期刊	253	3.76	0.80
博客或社交媒体	692	3.83	0.77
总计	6065	3.85	0.78

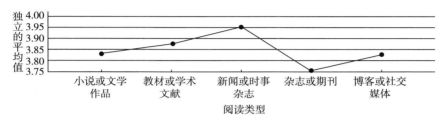

图 4-147　阅读类型与大学生独立之间的关系

（4）阅读媒介。One-way ANOVA 分析发现，$F_{(3, 6061)} = 14.496$，$p = 0.012$（$p<0.05$）。由于基于均值计算的因变量的方差在自变量各组间不等，故而使用 Tamehane 多重比较法，发现阅读媒介为纸质书籍的大学生的独立显著高于其余组别的大学生的独立。其余组别大学生的独立无显著差异。具体数据如表 4-287 和图 4-148 所示。

表 4-287　阅读媒介与大学生独立之间的关系

阅读媒介	频数（人）	均值	标准差
纸质书籍	1694	3.95	0.79
电子书	2550	3.79	0.77
网络文章	758	3.81	0.80
社交媒体	1063	3.85	0.75
总计	6065	3.85	0.78

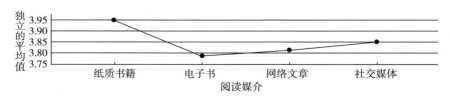

图 4-148　阅读媒介与大学生独立之间的关系

（5）阅读主动性。One-way ANOVA 分析发现，$F_{(3, 6061)} = 102.466$，$p = 0.000$（$p<0.05$）。由于基于均值计算的因变量的方差在自变量各组间不等，故而使用 Tamehane 多重比较法，发现在阅读主动性方面，态度为"我主动寻找新的

阅读材料并持续学习"的大学生的独立显著高于其他组别的大学生的独立。态度为"偶尔会读书，但不会特别积极"的大学生的独立显著高于只在有课业或任务要求的情况下阅读、几乎不主动阅读的大学生的独立。态度为"只在有课业或任务要求的情况下阅读"的大学生的独立显著高于几乎不主动阅读的大学生的独立。其余组别间无显著差异（α＝0.05）。具体数据如表4-288和图4-149所示。

表4-288　阅读主动性与大学生独立之间的关系

阅读主动性	频数（人）	均值	标准差
我主动寻找新的阅读材料并持续学习	2459	4.04	0.78
我偶尔会读书，但不会特别积极	2876	3.75	0.74
我只在有课业或任务要求的情况下阅读	559	3.63	0.77
我几乎不主动阅读	171	3.37	0.83
总计	6065	3.85	0.78

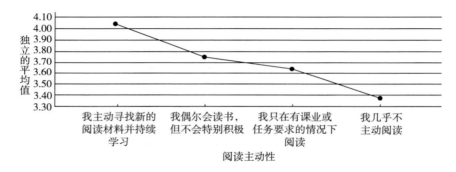

图4-149　阅读主动性与大学生独立之间的关系

（6）阅读计划完成度。One-way ANOVA分析发现，$F(3, 6061) = 72.422$，$p = 0.000 (p < 0.05)$。由于基于均值计算的因变量的方差在自变量各组间不等，故而使用Tamehane多重比较法，发现在阅读计划完成度方面，总是能按照自己制订的阅读计划完成任务的大学生的独立显著高于其他组别的大学生的独立。有阅读计划，但不总能如期完成的大学生的独立显著高于没有阅读计划的大学生的独立。其余组别间无显著差异（α＝0.05）。具体数据如表4-289和图4-150所示。

表4-289　阅读计划完成度与大学生独立之间的关系

阅读计划完成度	频数（人）	均值	标准差
我总是能按照自己制订的阅读计划完成任务	1620	4.08	0.83
我有阅读计划，但不总能如期完成	2129	3.80	0.75
我很少有具体的阅读计划	1848	3.75	0.72
我没有阅读计划	468	3.66	0.83
总计	6065	3.85	0.78

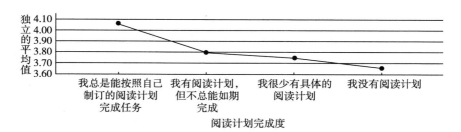

图 4-150　阅读计划完成度与大学生独立之间的关系

（7）阅读影响。One-way ANOVA 分析发现，F（3，6061）＝85.320，p＝0.000（p<0.05）。由于基于均值计算的因变量的方差在自变量各组间不等，故而使用 Tamehane 多重比较法，发现在阅读影响方面，认为非常有影响的大学生的独立显著高于其他组别的大学生的独立。认为有一些影响的大学生的独立显著高于一点影响都没有、不确定的大学生的独立。其余组别间无显著差异（α＝0.05）。具体数据如表 4-290 和图 4-151 所示。

表 4-290　阅读影响与大学生独立之间的关系

阅读影响	频数（人）	均值	标准差
非常有影响	2579	4.00	0.79
有一些影响	3183	3.76	0.74
一点影响都没有	125	3.29	0.87
不确定	178	3.48	0.79
总计	6065	3.85	0.78

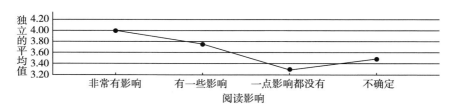

图 4-151　阅读影响与大学生独立之间的关系

十、阅读素养对信用的影响

本书将信用的九个题项加总求均值，记为因子分，用这个因子分代表信用。它的均值为 3.68，标准差为 0.761。

本书将阅读素养作为自变量，包括阅读频率、阅读时长、阅读类型、阅读媒介、阅读主动性、阅读计划完成度、阅读影响七个变量。将信用作为因变量，运用 One-way ANOVA 分析工具进行方差分析。以下为阅读素养对信用的检验结果。

（1）阅读频率。One‐way ANOVA 分析发现，F（3，6061）= 36.367，p = 0.000（p<0.05），由于基于均值计算的因变量的方差在自变量各组间不等，故而使用 Tamehane 多重比较法，发现每天都有时间阅读的大学生的信用显著高于其他组别的大学生的信用。大约每周阅读一次的大学生的信用显著高于大约每月阅读一次、难得读一次或几个月都不读的大学生的信用。大约每月阅读一次的大学生的信用显著高于难得读一次或几个月都不读的大学生的信用。其余组间并不存在显著性差异，具体数据如表 4‐291 和图 4‐152 所示。

表 4‐291　阅读频率与大学生信用之间的关系

阅读频率	频数（人）	均值	标准差
每天都有时间阅读	1850	4.28	0.75
大约每周阅读一次	2600	4.18	0.77
大约每月阅读一次	916	4.08	0.80
难得读一次或几个月都不读	699	3.94	0.85
总计	6065	4.17	0.78

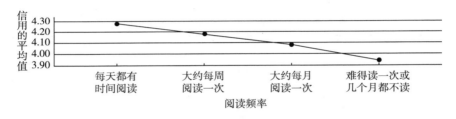

图 4‐152　阅读频率与大学生信用之间的关系

（2）阅读时长。One‐way ANOVA 分析发现，F（3，6061）= 37.103，p = 0.000（p<0.05），由于基于均值计算的因变量的方差在自变量各组间不等，故而使用 Tamehane 多重比较法，发现每天阅读 1 小时或更长时间的大学生的信用显著高于每月阅读少于 1 小时、很少或几乎不阅读的大学生的信用。每周阅读 1~5 小时的大学生的信用显著高于每月阅读少于 1 小时、很少或几乎不阅读的大学生的信用。每月阅读少于 1 小时的大学生的信用显著高于很少或几乎不阅读的大学生的信用。其余组别大学生的信用无显著差异。具体数据如表 4‐292 和图 4‐153 所示。

表 4‐292　阅读时长与大学生信用之间的关系

阅读时长	频数（人）	均值	标准差
每天阅读 1 小时或更长时间	1755	4.23	0.79
每周阅读 1~5 小时	2836	4.21	0.74
每月阅读少于 1 小时	935	4.04	0.81
很少或几乎不阅读	539	3.90	0.88
总计	6065	4.17	0.78

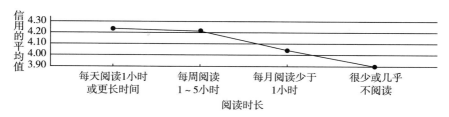

图 4-153　阅读时长与大学生信用之间的关系

（3）阅读类型。One-way ANOVA 分析发现，$F(4, 6060) = 5.401$，$p = 0.000$（$p < 0.05$），由于基于均值计算的因变量的方差在自变量各组间不等，故而使用 Tamehane 多重比较法，发现阅读类型为小说或文学作品的大学生的信用显著高于阅读类型为杂志或期刊的大学生的信用。阅读类型为教材或学术文献的大学生的信用显著高于阅读类型为杂志或期刊的大学生的信用。阅读类型为新闻或时事杂志的大学生的信用显著高于阅读类型为杂志或期刊的大学生的信用。阅读类型为博客或社交媒体的大学生的信用显著高于阅读类型为杂志或期刊的大学生的信用。其余各组别大学生的信用无显著差异。具体数据如表 4-293 和图 4-154 所示。

表 4-293　阅读类型与大学生信用之间的关系

阅读类型	频数（人）	均值	标准差
小说或文学作品	3683	4.18	0.76
教材或学术文献	858	4.16	0.82
新闻或时事杂志	579	4.19	0.81
杂志或期刊	253	3.94	0.87
博客或社交媒体	692	4.18	0.79
总计	6065	4.17	0.78

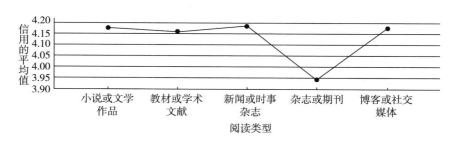

图 4-154　阅读类型与大学生信用之间的关系

（4）阅读媒介。One-way ANOVA 分析发现，$F(3, 6061) = 9.690$，$p = 0.012$（$p < 0.05$）。由于基于均值计算的因变量的方差在自变量各组间不等，故而使用 Tamehane 多重比较法，发现阅读媒介为纸质书籍的大学生的信用显著高于阅读

媒介为电子书、网络文章的大学生的信用。其余组别大学生的信用无显著差异。具体数据如表 4-294 和图 4-155 所示。

表 4-294　阅读媒介与大学生信用之间的关系

阅读媒介	频数（人）	均值	标准差
纸质书籍	1694	4.24	0.78
电子书	2550	4.12	0.78
网络文章	758	4.10	0.84
社交媒体	1063	4.20	0.76
总计	6065	4.17	0.78

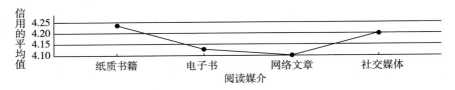

图 4-155　阅读媒介与大学生信用之间的关系

（5）阅读主动性。One-way ANOVA 分析发现，$F(3, 6061) = 56.464$，$p = 0.000 (p<0.05)$。由于基于均值计算的因变量的方差在自变量各组间不等，故而使用 Tamehane 多重比较法，发现在阅读主动性方面，态度为"我主动寻找新的阅读材料并持续学习"的大学生的信用显著高于其他组别的大学生的信用。态度为"偶尔会读书，但不会特别积极"的大学生的信用显著高于只在有课业或任务要求的情况下阅读、几乎不主动阅读的大学生的信用。态度为"只在有课业或任务要求的情况下阅读"的大学生的信用显著高于几乎不主动阅读的大学生的信用。其余组别间无显著差异（α = 0.05）。具体数据如表 4-295 和图 4-156 所示。

表 4-295　阅读主动性与大学生信用之间的关系

阅读主动性	频数（人）	均值	标准差
我主动寻找新的阅读材料并持续学习	2459	4.30	0.77
我偶尔会读书，但不会特别积极	2876	4.12	0.76
我只在有课业或任务要求的情况下阅读	559	3.95	0.84
我几乎不主动阅读	171	3.78	0.91
总计	6065	4.17	0.78

（6）阅读计划完成度。One-way ANOVA 分析发现，$F(3, 6061) = 21.512$，$p = 0.000 (p<0.05)$。由于基于均值计算的因变量的方差在自变量各组间不等，故而使用 Tamehane 多重比较法，发现在阅读计划完成度方面，总是能按照自己制订的阅读计划完成任务的大学生的信用显著高于其他组别的大学生的信用。有

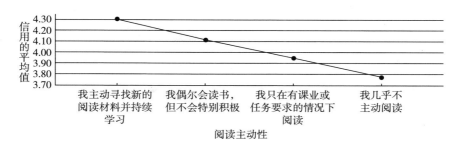

图 4-156 阅读主动性与大学生信用之间的关系

阅读计划，但不总能如期完成的大学生的信用显著高于没有阅读计划的大学生的信用。其余组别间无显著差异（α=0.05）。具体数据如表 4-296 和图 4-157 所示。

表 4-296 阅读计划完成度与大学生信用之间的关系

阅读计划完成度	频数（人）	均值	标准差
我总是能按照自己制订的阅读计划完成任务	1620	4.29	0.84
我有阅读计划，但不总能如期完成	2129	4.14	0.75
我很少有具体的阅读计划	1848	4.12	0.74
我没有阅读计划	468	4.03	0.84
总计	6065	4.17	0.78

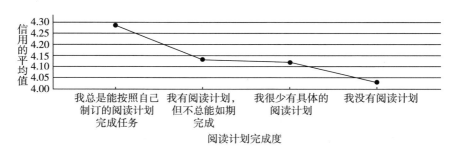

图 4-157 阅读计划完成度与大学生信用之间的关系

（7）阅读影响。One-way ANOVA 分析发现，F（3，6061）=74.537，p=0.000（p<0.05）。由于基于均值计算的因变量的方差在自变量各组间不等，故而使用 Tamehane 多重比较法，发现在阅读影响方面，认为非常有影响的大学生的信用显著高于其他组别的大学生的信用。认为有一些影响的大学生的信用显著高于一点影响都没有、不确定的大学生的信用。其余组别间无显著差异（α=0.05）。具体数据如表 4-297 和图 4-158 所示。

表 4-297 阅读影响与大学生信用之间的关系

阅读影响	频数（人）	均值	标准差
非常有影响	2579	4.30	0.76

— 201 —

续表

阅读影响	频数（人）	均值	标准差
有一些影响	3183	4.10	0.76
一点影响都没有	125	3.51	0.94
不确定	178	3.80	0.89
总计	6065	4.17	0.78

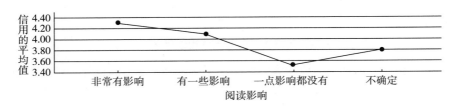

图 4-158　阅读影响与大学生信用之间的关系

十一、阅读素养对生涯适应能力的影响

本书将生涯适应能力的三个题项加总求均值，记为因子分，用这个因子分代表生涯适应能力。它的均值为 3.68，标准差为 0.761。

本书将阅读素养作为自变量，包括阅读频率、阅读时长、阅读类型、阅读媒介、阅读主动性、阅读计划完成度、阅读影响七个变量。将生涯适应能力作为因变量，运用 One-way ANOVA 分析工具进行方差分析。以下为阅读素养对生涯适应能力的检验结果

（1）阅读频率。One-way ANOVA 分析发现，$F(3, 6061) = 34.360$，$p = 0.000(p<0.05)$，由于基于均值计算的因变量的方差在自变量各组间不等，故而使用 Tamehane 多重比较法，发现每天都有时间阅读的大学生的生涯适应能力显著高于其他组别的大学生的生涯适应能力。大约每周阅读一次的大学生的生涯适应能力显著高于大约每月阅读一次、难得读一次或几个月都不读的大学生的生涯适应能力。大约每月阅读一次的大学生的生涯适应能力显著高于难得读一次或几个月都不读的大学生的生涯适应能力。其余组间并不存在显著性差异，具体数据如表 4-298 和图 4-159 所示。

表 4-298　阅读频率与大学生生涯适应能力之间的关系

阅读频率	频数（人）	均值	标准差
每天都有时间阅读	1850	3.48	0.91
大约每周阅读一次	2600	3.40	0.83
大约每月阅读一次	916	3.28	0.84
难得读一次或几个月都不读	699	3.11	0.91
总计	6065	3.37	0.87

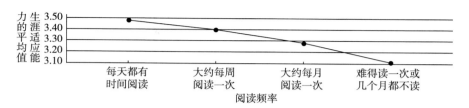

图 4-159　阅读频率与大学生生涯适应能力之间的关系

（2）阅读时长。One-way ANOVA 分析发现，F（3，6061）= 23.649，p = 0.000（p<0.05），由于基于均值计算的因变量的方差在自变量各组间不等，故而使用 Tamehane 多重比较法，发现每天阅读 1 小时或更长时间的大学生的生涯适应能力显著高于每月阅读少于 1 小时、很少或几乎不阅读的大学生的生涯适应能力。每周阅读 1~5 小时的大学生的生涯适应能力显著高于每月阅读少于 1 小时、很少或几乎不阅读的大学生的生涯适应能力。其余组别大学生的生涯适应能力无显著差异。具体数据如表 4-299 和图 4-160 所示。

表 4-299　阅读时长与大学生生涯适应能力之间的关系

阅读时长	频数（人）	均值	标准差
每天阅读 1 小时或更长时间	1755	3.45	0.90
每周阅读 1~5 小时	2836	3.40	0.84
每月阅读少于 1 小时	935	3.25	0.84
很少或几乎不阅读	539	3.15	0.94
总计	6065	3.37	0.87

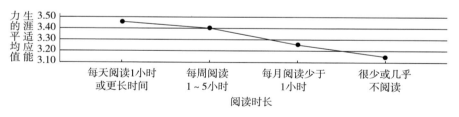

图 4-160　阅读时长与大学生生涯适应能力之间的关系

（3）阅读类型。One-way ANOVA 分析发现，F（4，6060）= 12.846，p = 0.000（p<0.05），由于基于均值计算的因变量的方差在自变量各组间不等，故而使用 Tamehane 多重比较法，发现阅读类型为教材或学术文献的大学生的生涯适应能力显著高于阅读类型为小说或文学作品、博客或社交媒体的大学生的生涯适应能力。阅读类型为新闻或时事杂志的大学生的生涯适应能力显著高于阅读类型为小说或文学作品、博客或社交媒体的大学生的生涯适应能力。其余各组别大学生的生涯适应能力无显著差异。具体数据如表 4-300 和图 4-161 所示。

表 4-300 阅读类型与大学生生涯适应能力之间的关系

阅读类型	频数（人）	均值	标准差
小说或文学作品	3683	3.32	0.87
教材或学术文献	858	3.52	0.92
新闻或时事杂志	579	3.50	0.84
杂志或期刊	253	3.43	0.89
博客或社交媒体	692	3.32	0.85
总计	6065	3.37	0.87

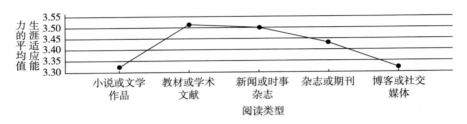

图 4-161 阅读类型与大学生生涯适应能力之间的关系

（4）阅读媒介。One-way ANOVA 分析发现，F（3，6061）= 6.086，p = 0.000（p<0.05）。由于基于均值计算的因变量的方差在自变量各组间不等，故而使用 Tamehane 多重比较法，发现阅读媒介为纸质书籍的大学生的生涯适应能力显著高于阅读媒介为电子书的大学生的生涯适应能力。其余组别大学生的生涯适应能力无显著差异。具体数据如表 4-301 和图 4-162 所示。

表 4-301 阅读媒介与大学生生涯适应能力之间的关系

阅读媒介	频数（人）	均值	标准差
纸质书籍	1694	3.44	0.90
电子书	2550	3.33	0.86
网络文章	758	3.35	0.87
社交媒体	1063	3.37	0.87
总计	6065	3.37	0.87

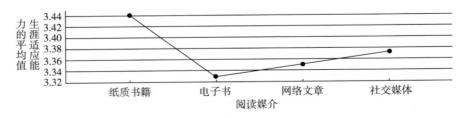

图 4-162 阅读媒介与大学生生涯适应能力之间的关系

（5）阅读主动性。One-way ANOVA 分析发现，F（3，6061）= 84.720，p = 0.000（p<0.05）。由于基于均值计算的因变量的方差在自变量各组间不等，故而

使用 Tamehane 多重比较法，发现在阅读主动性方面，态度为"主动寻找新的阅读材料并持续学习"的大学生的生涯适应能力显著高于其他组别的大学生的生涯适应能力。态度为"偶尔会读书，但不会特别积极"的大学生的生涯适应能力显著高于几乎不主动阅读的大学生的生涯适应能力。态度为"只在有课业或任务要求的情况下阅读"的大学生的生涯适应能力显著高于几乎不主动阅读的大学生的生涯适应能力。其余组别间无显著差异（α=0.05）。具体数据如表 4-302 和图 4-163 所示。

表 4-302　阅读主动性与大学生生涯适应能力之间的关系

阅读主动性	频数（人）	均值	标准差
我主动寻找新的阅读材料并持续学习	2459	3.58	0.90
我偶尔会读书，但不会特别积极	2876	3.24	0.80
我只在有课业或任务要求的情况下阅读	559	3.24	0.88
我几乎不主动阅读	171	2.99	0.96
总计	6065	3.37	0.87

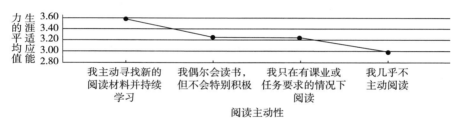

图 4-163　阅读主动性与大学生生涯适应能力之间的关系

（6）阅读计划完成度。One-way ANOVA 分析发现，$F(3, 6061)=100.735$，$p=0.000(p<0.05)$。由于基于均值计算的因变量的方差在自变量各组间不等，故而使用 Tamehane 多重比较法，发现在阅读计划完成度方面，总是能按照自己制订的阅读计划完成任务的大学生的生涯适应能力显著高于其他组别的大学生的生涯适应能力。有阅读计划，但不总能如期完成的大学生的生涯适应能力显著高于很少有具体的阅读计划、没有阅读计划的大学生的生涯适应能力。其余组别间无显著差异（α=0.05）。具体数据如表 4-303 和图 4-164 所示。

表 4-303　阅读计划完成度与大学生生涯适应能力之间的关系

阅读计划完成度	频数（人）	均值	标准差
我总是能按照自己制订的阅读计划完成任务	1620	3.63	0.93
我有阅读计划，但不总能如期完成	2129	3.41	0.83
我很少有具体的阅读计划	1848	3.18	0.78
我没有阅读计划	468	3.08	0.97
总计	6065	3.37	0.87

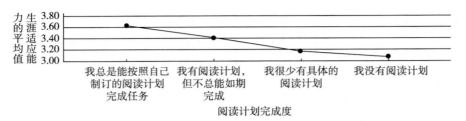

图4-164　阅读计划完成度与大学生生涯适应能力之间的关系

（7）阅读影响。One-way ANOVA 分析发现，F（3，6061）=51.714，p=0.000（p<0.05）。由于基于均值计算的因变量的方差在自变量各组间不等，故而使用 Tamehane 多重比较法，发现在阅读影响方面，认为非常有影响的大学生的生涯适应能力显著高于其他组别的大学生的生涯适应能力。认为有一些影响的大学生的生涯适应能力显著高于不确定的大学生的生涯适应能力。其余组别间无显著差异（α=0.05）。具体数据如表4-304和图4-165所示。

表4-304　阅读影响与大学生生涯适应能力之间的关系

阅读影响	频数（人）	均值	标准差
非常有影响	2579	3.52	0.92
有一些影响	3183	3.28	0.82
一点影响都没有	125	3.14	0.93
不确定	178	3.03	0.84
总计	6065	3.37	0.87

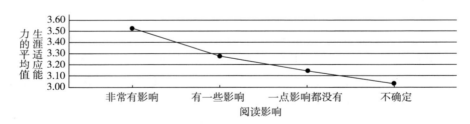

图4-165　阅读影响与大学生生涯适应能力之间的关系

十二、阅读素养对未来承诺的影响

本书将未来承诺的三个题项加总求均值，记为因子分，用这个因子分代表未来承诺。它的均值为3.68，标准差为0.761。

本书将阅读素养作为自变量，包括阅读频率、阅读时长、阅读类型、阅读媒介、阅读主动性、阅读计划完成度、阅读影响七个变量。将未来承诺作为因变量，运用 One-way ANOVA 分析工具进行方差分析。以下为阅读素养对未来承诺的检验结果。

（1）阅读频率。One – way ANOVA 分析发现，F（3，6061）= 38. 223，p = 0. 000（p<0. 05），由于基于均值计算的因变量的方差在自变量各组间不等，故而使用 Tamehane 多重比较法，发现每天都有时间阅读的大学生的未来承诺显著高于其他组别的大学生的未来承诺。大约每周阅读一次的大学生的未来承诺显著高于大约每月阅读一次、难得读一次或几个月都不读的大学生的未来承诺。大约每月阅读一次的大学生的未来承诺显著高于难得读一次或几个月都不读的大学生的未来承诺。其余组间并不存在显著性差异，具体数据如表 4 – 305 和图 4 – 166 所示。

表 4-305　　阅读频率与大学生未来承诺之间的关系

阅读频率	频数（人）	均值	标准差
每天都有时间阅读	1850	3. 61	0. 89
大约每周阅读一次	2600	3. 53	0. 82
大约每月阅读一次	916	3. 38	0. 81
难得读一次或几个月都不读	699	3. 25	0. 87
总计	6065	3. 50	0. 85

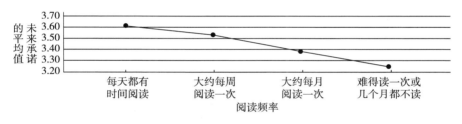

图 4-166　阅读频率与大学生未来承诺之间的关系

（2）阅读时长。One – way ANOVA 分析发现，F（3，6061）= 25. 608，p = 0. 000（p<0. 05），由于基于均值计算的因变量的方差在自变量各组间不等，故而使用 Tamehane 多重比较法，发现每天阅读 1 小时或更长时间的大学生的未来承诺显著高于每月阅读少于 1 小时、很少或几乎不阅读的大学生的未来承诺。每周阅读 1~5 小时的大学生的未来承诺显著高于每月阅读少于 1 小时、很少或几乎不阅读的大学生的未来承诺。其余组别大学生的未来承诺无显著差异。具体数据如表 4-306 和图 4-167 所示。

表 4-306　　阅读时长与大学生未来承诺之间的关系

阅读时长	频数（人）	均值	标准差
每天阅读 1 小时或更长时间	1755	3. 58	0. 89
每周阅读 1~5 小时	2836	3. 53	0. 82
每月阅读少于 1 小时	935	3. 38	0. 83
很少或几乎不阅读	539	3. 28	0. 89
总计	6065	3. 50	0. 85

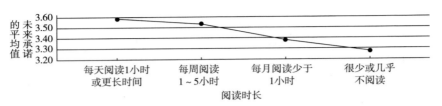

图 4-167　阅读时长与大学生未来承诺之间的关系

（3）阅读类型。One - way ANOVA 分析发现，$F(4, 6060) = 11.518$，$p = 0.000(p<0.05)$，由于基于均值计算的因变量的方差在自变量各组间不等，故而使用 Tamehane 多重比较法，发现阅读类型为教材或学术文献的大学生的未来承诺显著高于阅读类型为小说或文学作品、博客或社交媒体的大学生的未来承诺。阅读类型为新闻或时事杂志的大学生的未来承诺显著高于阅读类型为小说或文学作品、博客或社交媒体的大学生的未来承诺。其余各组别大学生的未来承诺无显著差异。具体数据如表 4-307 和图 4-168 所示。

表 4-307　阅读类型与大学生未来承诺之间的关系

阅读类型	频数（人）	均值	标准差
小说或文学作品	3683	3.45	0.85
教材或学术文献	858	3.64	0.87
新闻或时事杂志	579	3.61	0.85
杂志或期刊	253	3.55	0.89
博客或社交媒体	692	3.47	0.84
总计	6065	3.50	0.85

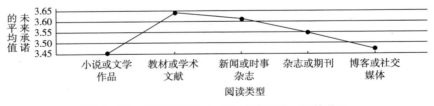

图 4-168　阅读类型与大学生未来承诺之间的关系

（4）阅读媒介。One - way ANOVA 分析发现，$F(3, 6061) = 12.799$，$p = 0.000(p<0.05)$。由于基于均值计算的因变量的方差在自变量各组间不等，故而使用 Tamehane 多重比较法，发现阅读媒介为纸质书籍的大学生的未来承诺显著高于其他类别的大学生的未来承诺。其余组别大学生的未来承诺无显著差异。具体数据如表 4-308 和图 4-169 所示。

表 4-308　阅读媒介与大学生未来承诺之间的关系

阅读媒介	频数（人）	均值	标准差
纸质书籍	1694	3.61	0.87

阅读媒介	频数（人）	均值	标准差
电子书	2550	3.45	0.83
网络文章	758	3.46	0.87
社交媒体	1063	3.49	0.85
总计	6065	3.50	0.85

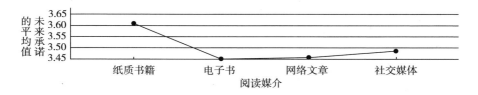

图 4-169　阅读媒介与大学生未来承诺之间的关系

（5）阅读主动性。One-way ANOVA 分析发现，$F_{(3, 6061)} = 95.812$，$p = 0.000$（$p<0.05$）。由于基于均值计算的因变量的方差在自变量各组间不等，故而使用 Tamehane 多重比较法，发现在阅读主动性方面，态度为"主动寻找新的阅读材料并持续学习"的大学生的未来承诺显著高于其他组别的大学生的未来承诺。态度为"偶尔会读书，但不会特别积极"的大学生的未来承诺显著高于几乎不主动阅读的大学生的未来承诺。态度为"只在有课业或任务要求的情况下阅读"的大学生的未来承诺显著高于几乎不主动阅读的大学生的未来承诺。其余组别间无显著差异（$\alpha = 0.05$）。具体数据如表 4-309 和图 4-170 所示。

表 4-309　阅读主动性与大学生未来承诺之间的关系

阅读主动性	频数（人）	均值	标准差
我主动寻找新的阅读材料并持续学习	2459	3.72	0.88
我偶尔会读书，但不会特别积极	2876	3.36	0.78
我只在有课业或任务要求的情况下阅读	559	3.39	0.85
我几乎不主动阅读	171	3.16	0.92
总计	6065	3.50	0.85

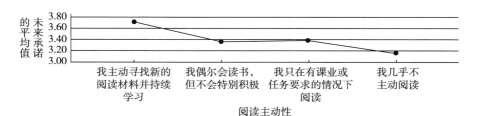

图 4-170　阅读主动性与大学生未来承诺之间的关系

（6）阅读计划完成度。One-way ANOVA 分析发现，$F_{(3, 6061)} = 94.672$，

p=0.000（p<0.05）。由于基于均值计算的因变量的方差在自变量各组间不等，故而使用 Tamehane 多重比较法，发现在阅读计划完成度方面，总是能按照自己制订的阅读计划完成任务的大学生的未来承诺显著高于其他组别的大学生的未来承诺。有阅读计划，但不总能如期完成的大学生的未来承诺显著高于很少有具体的阅读计划、没有阅读计划的大学生的未来承诺。其余组别间无显著差异（α=0.05）。具体数据如表 4-310 和图 4-171 所示。

表 4-310　阅读计划完成度与大学生未来承诺之间的关系

阅读计划完成度	频数（人）	均值	标准差
我总是能按照自己制订的阅读计划完成任务	1620	3.76	0.91
我有阅读计划，但不总能如期完成	2129	3.51	0.81
我很少有具体的阅读计划	1848	3.33	0.77
我没有阅读计划	468	3.24	0.92
总计	6065	3.50	0.85

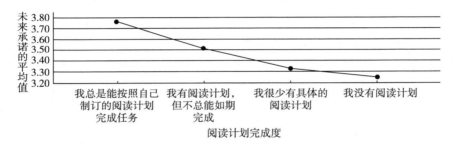

图 4-171　阅读计划完成度与大学生未来承诺之间的关系

（7）阅读影响。One-way ANOVA 分析发现，$F(3, 6061) = 61.808$，$p = 0.000$（p<0.05）。由于基于均值计算的因变量的方差在自变量各组间不等，故而使用 Tamehane 多重比较法，发现在阅读影响方面，认为非常有影响的大学生的未来承诺显著高于其他组别的大学生的未来承诺。认为有一些影响的大学生的未来承诺显著高于一点影响都没有、不确定的大学生的未来承诺。其余组别间无显著差异（α=0.05）。具体数据如表 4-311 和图 4-172 所示。

表 4-311　阅读影响与大学生未来承诺之间的关系

阅读影响	频数（人）	均值	标准差
非常有影响	2579	3.66	0.88
有一些影响	3183	3.40	0.80
一点影响都没有	125	3.18	0.92
不确定	178	3.20	0.83
总计	6065	3.50	0.85

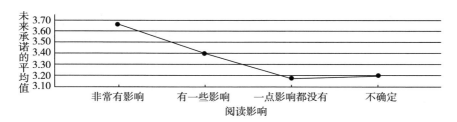

图 4-172　阅读影响与大学生未来承诺之间的关系

十三、稳定性人格在阅读素养与客观财经知识得分之间的中介效应

本书把阅读素养作为自变量，包括阅读频率、阅读时长、阅读类型、阅读媒介、阅读主动性、阅读计划完成度、阅读影响七个变量。把认知需求、自我效能、延迟满足三种稳定性人格心理变量作为中介变量，客观财经知识得分作为因变量，运用 PROCESS 分析工具进行多重中介效应分析，将样本数量设置为5000，置信区间的置信度设置为95%。以下为稳定性人格在阅读素养与客观财经知识得分之间的中介效应的检验结果。

（1）阅读频率。将阅读频率作为自变量，稳定性人格作为中介变量，客观财经知识得分作为因变量。阅读频率影响客观财经知识得分的总效应置信区间 $[-0.4334，-0.2319]$ 不包含 0，说明总效应在 $\alpha = 0.05$ 的水平上显著，效应大小为 -0.3326；直接效应置信区间 $[-0.2452，-0.0469]$ 不包含 0，说明直接效应显著，效应大小为 -0.1461；总间接效应的置信区间 $[-0.2161，-0.1573]$ 不包含 0，说明稳定性人格间接效应显著，发挥的间接效应与直接效应的符号相同，故存在部分中介效应，效应大小为 -0.1866，占总效应的 56.1%。其中，认知需求、自我效能和延迟满足的置信区间不包含 0，说明其均发挥了显著的中介效应，效应大小分别为 -0.0781、-0.0689 和 -0.0396。具体的数据如表 4-312所示。

表 4-312　稳定性人格在阅读频率与客观财经知识得分之间的中介效应

效应		Effect	置信区间下限	置信区间上限
总效应		−0.3326	−0.4334	−0.2319
直接效应		−0.1461	−0.2452	−0.0469
间接效应	总间接效应	−0.1866	−0.2161	−0.1573
	认知需求	−0.0781	−0.1001	−0.0572
	自我效能	−0.0689	−0.0922	−0.0473
	延迟满足	−0.0396	−0.0578	−0.0237

（2）阅读时长。将阅读时长作为自变量，稳定性人格作为中介变量，客观财经知识得分作为因变量。阅读时长影响客观财经知识得分的总效应置信区间

［-0.4638，-0.2483］不包含 0，说明总效应在 α＝0.05 的水平上显著，效应大小为-0.3560；直接效应置信区间 ［-0.2941，-0.0832］ 不包含 0，说明直接效应显著，效应大小为-0.1886；总间接效应的置信区间 ［-0.1981，-0.1369］ 不包含 0，说明稳定性人格间接效应显著，发挥的间接效应与直接效应的符号相同，故存在部分中介效应，效应大小为-0.1674，占总效应的 47.0%。其中，认知需求、自我效能和延迟满足的置信区间不包含 0，说明其发挥了显著的中介效应，效应大小分别为-0.0704、-0.0633 和-0.0337。具体的数据如表 4-313所示。

表 4-313　稳定性人格在阅读时长与客观财经知识得分之间的中介效应

效应		Effect	置信区间下限	置信区间上限
总效应		-0.3560	-0.4638	-0.2483
直接效应		-0.1886	-0.2941	-0.0832
间接效应	总间接效应	-0.1674	-0.1981	-0.1369
	认知需求	-0.0704	-0.0940	-0.0483
	自我效能	-0.0633	-0.0865	-0.0430
	延迟满足	-0.0337	-0.0507	-0.0193

（3）阅读类型。将阅读类型作为自变量，稳定性人格作为中介变量，客观财经知识得分作为因变量。阅读类型影响客观财经知识得分的总效应置信区间 ［-0.0975，0.0429］ 包含 0，说明总效应不显著；直接效应置信区间 ［-0.0969，0.0388］ 包含 0，说明直接效应在 α＝0.05 的水平上不显著；总间接效应的置信区间 ［-0.0166，0.0198］ 不包含 0，说明稳定性人格间接效应不显著。具体的数据如表 4-314 所示。

表 4-314　稳定性人格在阅读类型与客观财经知识得分之间的中介效应

效应		Effect	置信区间下限	置信区间上限
总效应		-0.0273	-0.0975	0.0429
直接效应		-0.0290	-0.0969	0.0388
间接效应	总间接效应	0.0017	-0.0166	0.0198
	认知需求	-0.0195	-0.0344	-0.0062
	自我效能	0.0132	0.0042	0.0235
	延迟满足	0.0081	0.0018	0.0158

（4）阅读媒介。将阅读媒介作为自变量，稳定性人格作为中介变量，客观财经知识得分作为因变量。阅读媒介影响客观财经知识得分的总效应置信区间 ［-0.1159，0.0710］ 包含 0，说明总效应在 α＝0.05 的水平上不显著；直接效应置信区间 ［-0.0677，0.1127］ 包含 0，说明直接效应不显著；总间接效应的置信区间 ［-0.0710，-0.0195］ 不包含 0，说明稳定性人格间接效应显著，发挥的间接效应与直接效应的符号相反，故存在部分中介效应，效应大小为-0.0449。

其中，认知需求、自我效能和延迟满足的置信区间不包含 0，说明其发挥了显著的中介效应，效应大小分别为 -0.0232、-0.0131 和 -0.0086。具体的数据如表 4-315 所示。

表 4-315 稳定性人格在阅读媒介与客观财经知识得分之间的中介效应

效应		Effect	置信区间下限	置信区间上限
总效应		-0.0224	-0.1159	0.0710
直接效应		0.0225	-0.0677	0.1127
间接效应	总间接效应	-0.0449	-0.0710	-0.0195
	认知需求	-0.0232	-0.0426	-0.0050
	自我效能	-0.0131	-0.0259	-0.0019
	延迟满足	-0.0086	-0.0187	-0.0002

（5）阅读主动性。将阅读主动性作为自变量，稳定性人格作为中介变量，客观财经知识得分作为因变量。阅读主动性影响客观财经知识得分的总效应置信区间 [-0.7969，-0.5374] 不包含 0，说明总效应在 $\alpha = 0.05$ 的水平上显著，效应大小为 -0.6672；直接效应置信区间 [-0.5214，-0.2633] 不包含 0，说明直接效应显著，效应大小为 -0.3923；总间接效应的置信区间 [-0.3181，-0.2355] 不包含 0，说明稳定性人格间接效应显著，发挥的间接效应与直接效应的符号相同，故存在部分中介效应，效应大小为 -0.2748，占总效应的 41.2%。其中，认知需求、自我效能和延迟满足的置信区间均不包含 0，说明其发挥了显著的中介效应，效应大小分别为 -0.1015、-0.1072 和 -0.0661。具体的数据如表 4-316 所示。

表 4-316 稳定性人格在阅读主动性与客观财经知识得分之间的中介效应

效应		Effect	置信区间下限	置信区间上限
总效应		-0.6672	-0.7969	-0.5374
直接效应		-0.3923	-0.5214	-0.2633
间接效应	总间接效应	-0.2748	-0.3181	-0.2355
	认知需求	-0.1015	-0.1314	-0.0746
	自我效能	-0.1072	-0.1436	-0.0737
	延迟满足	-0.0661	-0.0951	-0.0406

（6）阅读计划完成度。将阅读计划完成度作为自变量，稳定性人格作为中介变量，客观财经知识得分作为因变量。阅读计划完成度影响客观财经知识得分的总效应置信区间 [-0.1820，0.0281] 包含 0，说明总效应在 $\alpha = 0.05$ 的水平上不显著；直接效应置信区间 [0.0158，0.2230] 不包含 0，说明直接效应显著，效应大小为 0.1194；总间接效应置信区间 [-0.2318，-0.1616] 不包含 0，说明稳定性人格间接效应显著，发挥的间接效应与直接效应的符号相反，故存在部分中介效应，效应大小为 -0.1964。其中，认知需求、自我效能和延迟满足的

置信区间不包含 0，说明其发挥了显著的中介效应，效应大小分别为 -0.0291、-0.1044 和 -0.0629。具体的数据如表 4-317 所示。

表 4-317　稳定性人格在阅读计划完成度与客观财经知识得分之间的中介效应

效应		Effect	置信区间下限	置信区间上限
总效应		-0.0770	-0.1820	0.0281
直接效应		0.1194	0.0158	0.2230
间接效应	总间接效应	-0.1964	-0.2318	-0.1616
	认知需求	-0.0291	-0.0516	-0.0070
	自我效能	-0.1044	-0.1345	-0.0755
	延迟满足	-0.0629	-0.0879	-0.0399

（7）阅读影响。将阅读影响作为自变量，稳定性人格作为中介变量，客观财经知识得分作为因变量。阅读影响这一变量影响客观财经知识得分的总效应置信区间 [-0.8332，-0.5454] 不包含 0，说明总效应在 $\alpha = 0.05$ 的水平上显著，效应大小为 -0.6893；直接效应置信区间 [-0.5662，-0.2813] 不包含 0，说明直接效应显著，效应大小为 -0.4238；总间接效应置信区间 [-0.3117，-0.2219] 不包含 0，说明稳定性人格间接效应显著，故发挥的间接效应与直接效应的符号相同，故存在部分中介效应，效应大小为 -0.2655，占总效应的 38.5%。其中，认知需求、自我效能和延迟满足的置信区间不包含 0，说明其发挥了显著的中介效应，效应大小分别为 -0.0705、-0.1198 和 -0.0752。具体的数据如表 4-318 所示。

表 4-318　稳定性人格在阅读影响与客观财经知识得分之间的中介效应

效应		Effect	置信区间下限	置信区间上限
总效应		-0.6893	-0.8332	-0.5454
直接效应		-0.4238	-0.5662	-0.2813
间接效应	总间接效应	-0.2655	-0.3117	-0.2219
	认知需求	-0.0705	-0.1002	-0.0417
	自我效能	-0.1198	-0.1606	-0.0835
	延迟满足	-0.0752	-0.1063	-0.0456

十四、稳定性人格在阅读素养与主观财经知识得分之间的中介效应

本书把阅读素养作为自变量，包括阅读频率、阅读时长、阅读类型、阅读媒介、阅读主动性、阅读计划完成度、阅读影响七个变量。把认知需求、自我效能、延迟满足三种稳定性人格心理变量作为中介变量，主观财经知识得分作为因变量，运用 PROCESS 分析工具进行多重中介效应分析，将样本数量设置为5000，置信区间的置信度设置为95%。以下为稳定性人格在阅读素养与主观财经知识得分之间的中介效应的检验结果。

（1）阅读频率。将阅读频率作为自变量，稳定性人格作为中介变量，主观财经知识得分作为因变量。阅读频率影响主观财经知识得分的总效应置信区间 [-0.1605，-0.0948] 不包含 0，说明总效应在 $\alpha = 0.05$ 的水平上显著，效应大小为-0.1276；直接效应置信区间 [-0.1034，-0.0393] 不包含 0，说明直接效应显著，效应大小为-0.0713；总间接效应的置信区间 [-0.0682，-0.0452] 不包含 0，说明稳定性人格间接效应显著，发挥的间接效应与直接效应的符号相同，故存在部分中介效应，效应大小为-0.0563，占总效应的 44.1%。其中，自我效能和延迟满足的置信区间不包含 0，说明其均发挥了显著的中介效应，效应大小分别为-0.0394 和-0.0142。认知需求的置信区间包含 0，中介效应不显著。具体的数据如表 4-319 所示。

表 4-319　稳定性人格在阅读频率与主观财经知识得分之间的中介效应

效应		Effect	置信区间下限	置信区间上限
总效应		-0.1276	-0.1605	-0.0948
直接效应		-0.0713	-0.1034	-0.0393
间接效应	总间接效应	-0.0563	-0.0682	-0.0452
	认知需求	-0.0027	-0.0065	0.0010
	自我效能	-0.0394	-0.0498	-0.0305
	延迟满足	-0.0142	-0.0207	-0.0084

（2）阅读时长。将阅读时长作为自变量，稳定性人格作为中介变量，主观财经知识得分作为因变量。阅读时长影响主观财经知识得分的总效应置信区间 [-0.1725，-0.1023] 不包含 0，说明总效应在 $\alpha = 0.05$ 的水平上显著，效应大小为-0.1374；直接效应置信区间 [-0.1206，-0.0523] 不包含 0，说明直接效应显著，效应大小为-0.0865；总间接效应的置信区间 [-0.0634，-0.0393] 不包含 0，说明稳定性人格间接效应显著，发挥的间接效应与直接效应的符号相同，故存在部分中介效应，效应大小为-0.0509，占总效应的 37.0%。其中，自我效能和延迟满足的置信区间不包含 0，说明其均发挥了显著的中介效应，效应大小分别为-0.0363 和-0.0122。认知需求的置信区间包含 0，中介效应不显著。具体的数据如表 4-320 所示。

表 4-320　稳定性人格在阅读时长与主观财经知识得分之间的中介效应

效应		Effect	置信区间下限	置信区间上限
总效应		-0.1374	-0.1725	-0.1023
直接效应		-0.0865	-0.1206	-0.0523
间接效应	总间接效应	-0.0509	-0.0634	-0.0393
	认知需求	-0.0024	-0.0060	0.0007
	自我效能	-0.0363	-0.0466	-0.0269
	延迟满足	-0.0122	-0.0185	-0.0069

（3）阅读类型。将阅读类型作为自变量，稳定性人格作为中介变量，主观财经知识得分作为因变量。阅读类型影响主观财经知识得分的总效应置信区间 [0.0093，0.0551] 不包含 0，说明总效应在 $\alpha=0.05$ 的水平上显著，效应大小为 0.0322；直接效应置信区间 [0.0007，0.0446] 不包含 0，说明直接效应显著，效应大小为 0.0227；总间接效应的置信区间 [0.0029，0.0163] 不包含 0，说明稳定性人格间接效应显著，发挥的间接效应与直接效应的符号相同，故存在部分中介效应，效应大小为 0.0095，占总效应的 29.5%。其中，自我效能和延迟满足的置信区间不包含 0，说明其均发挥了显著的中介效应，效应大小分别为 0.0074 和 0.0029。认知需求的置信区间包含 0，中介效应不显著。具体的数据如表 4-321 所示。

表 4-321　稳定性人格在阅读类型与主观财经知识得分之间的中介效应

效应		Effect	置信区间下限	置信区间上限
总效应		0.0322	0.0093	0.0551
直接效应		0.0227	0.0007	0.0446
间接效应	总间接效应	0.0095	0.0029	0.0163
	认知需求	−0.0009	−0.0021	0.0001
	自我效能	0.0074	0.0026	0.0125
	延迟满足	0.0029	0.0006	0.0057

（4）阅读媒介。将阅读媒介作为自变量，稳定性人格作为中介变量，主观财经知识得分作为因变量。阅读媒介影响主观财经知识得分的总效应置信区间 [−0.0608，0.0002] 包含 0，说明总效应在 $\alpha=0.05$ 的水平上不显著；直接效应置信区间 [−0.0480，0.0105] 包含 0，说明直接效应不显著；总间接效应的置信区间 [−0.0206，−0.0025] 不包含 0，说明稳定性人格间接效应显著，发挥的间接效应与直接效应的符号相同，故存在部分中介效应，效应大小为 −0.0115，占总效应的 38%。其中，认知需求、自我效能和延迟满足的置信区间不包含 0，说明其发挥了显著的中介效应，效应大小分别为 −0.0010、−0.0074 和 −0.0031。具体的数据如表 4-322 所示。

表 4-322　稳定性人格在阅读媒介与主观财经知识得分之间的中介效应

效应		Effect	置信区间下限	置信区间上限
总效应		−0.0303	−0.0608	0.0002
直接效应		−0.0188	−0.0480	0.0105
间接效应	总间接效应	−0.0115	−0.0206	−0.0025
	认知需求	−0.0010	−0.0026	0.0001
	自我效能	−0.0074	−0.0142	−0.0011
	延迟满足	−0.0031	−0.0067	0.0000

（5）阅读主动性。将阅读主动性作为自变量，稳定性人格作为中介变量，

主观财经知识得分作为因变量。阅读主动性影响主观财经知识得分的总效应置信区间 [−0.2629, −0.1783] 不包含 0，说明总效应在 $\alpha=0.05$ 的水平上显著，效应大小为−0.2206；直接效应置信区间 [−0.1718, −0.0883] 不包含 0，说明直接效应显著，效应大小为 −0.1301；总间接效应的置信区间 [−0.1068, −0.0755] 不包含 0，说明稳定性人格间接效应显著，发挥的间接效应与直接效应的符号相同，存在部分中介效应，效应大小为−0.0906，占总效应的 41.1%。其中，自我效能和延迟满足的置信区间不包含 0，说明其均发挥了显著的中介效应，效应大小分别为−0.0636 和−0.0240。认知需求的置信区间包含 0，中介效应不显著。具体的数据如表 4−323 所示。

表 4−323　稳定性人格在阅读主动性与主观财经知识得分之间的中介效应

效应		Effect	置信区间下限	置信区间上限
总效应		−0.2206	−0.2629	−0.1783
直接效应		−0.1301	−0.1718	−0.0883
间接效应	总间接效应	−0.0906	−0.1068	−0.0755
	认知需求	−0.0030	−0.0081	0.0020
	自我效能	−0.0636	−0.0785	−0.0503
	延迟满足	−0.0240	−0.0342	−0.0143

（6）阅读计划完成度。将阅读计划完成度作为自变量，稳定性人格作为中介变量，主观财经知识得分作为因变量。阅读计划完成度影响主观财经知识得分的总效应置信区间 [−0.2508, −0.1831] 不包含 0，说明总效应在 $\alpha=0.05$ 的水平上显著，效应大小为−0.2169；直接效应置信区间 [−0.1755, −0.1088] 不包含 0，说明直接效应显著，效应大小为 −0.1422；总间接效应置信区间 [−0.0872, −0.0628] 不包含 0，说明稳定性人格间接效应显著，发挥的间接效应与直接效应的符号相同，故存在部分中介效应，效应大小为−0.0748，占总效应的 34.5%。其中，自我效能和延迟满足的置信区间不包含 0，说明其均发挥了显著的中介效应，效应大小分别为−0.0529 和−0.0208。认知需求的置信区间包含 0，中介效应不显著。具体的数据如表 4−324 所示。

表 4−324　稳定性人格在阅读计划完成度与主观财经知识得分之间的中介效应

效应		Effect	置信区间下限	置信区间上限
总效应		−0.2169	−0.2508	−0.1831
直接效应		−0.1422	−0.1755	−0.1088
间接效应	总间接效应	−0.0748	−0.0872	−0.0628
	认知需求	−0.0010	−0.0029	0.0003
	自我效能	−0.0529	−0.0654	−0.0414
	延迟满足	−0.0208	−0.0296	−0.0128

（7）阅读影响。将阅读影响作为自变量，稳定性人格作为中介变量，主观

财经知识得分作为因变量。阅读影响这一变量影响主观财经知识得分的总效应置信区间 [-0.2263，-0.1322] 不包含 0，说明总效应在 $\alpha = 0.05$ 的水平上显著，效应大小为 -0.1792；直接效应置信区间 [-0.1219，-0.0295] 不包含 0，说明直接效应显著，效应大小为 -0.0757；总间接效应置信区间 [-0.1210，-0.0875] 不包含 0，说明稳定性人格间接效应显著。其中，自我效能和延迟满足的置信区间不包含 0，说明其均发挥了显著的中介效应，效应大小分别为 -0.0728 和 -0.0279。认知需求的置信区间包含 0，中介效应不显著。具体的数据如表 4-325 所示。

表 4-325　稳定性人格在阅读影响与主观财经知识得分之间的中介效应

效应		Effect	置信区间下限	置信区间上限
总效应		-0.1792	-0.2263	-0.1322
直接效应		-0.0757	-0.1219	-0.0295
间接效应	总间接效应	-0.1035	-0.1210	-0.0875
	认知需求	-0.0028	-0.0068	0.0006
	自我效能	-0.0728	-0.0891	-0.0581
	延迟满足	-0.0279	-0.0398	-0.0172

十五、稳定性人格在阅读素养与财经态度之间的中介效应

本书把阅读素养作为自变量，包括阅读频率、阅读时长、阅读类型、阅读媒介、阅读主动性、阅读计划完成度、阅读影响共七个变量。把认知需求、自我效能、延迟满足三种稳定性人格心理变量作为中介变量，财经态度作为因变量，运用 PROCESS 分析工具进行多重中介效应分析，将样本数量设置为 5000，置信区间的置信度设置为 95%。以下为稳定性人格在阅读素养与财经态度之间的中介效应的检验结果。

（1）阅读频率。将阅读频率作为自变量，稳定性人格作为中介变量，财经态度作为因变量。阅读频率影响财经态度的总效应置信区间 [-0.0899，-0.0406] 不包含 0，说明总效应在 $\alpha = 0.05$ 的水平上显著，效应大小为 -0.0652；直接效应置信区间 [-0.0551，-0.0064] 不包含 0，说明直接效应显著，效应大小为 -0.0307；总间接效应的置信区间 [-0.0419，-0.0271] 不包含 0，说明稳定性人格间接效应显著，发挥的间接效应与直接效应的符号相同，故存在部分中介效应，效应大小为 -0.0345，占总效应的 52.9%。其中，认知需求和延迟满足的置信区间不包含 0，说明其均发挥了显著的中介效应，效应大小分别为 -0.0232 和 -0.0112。自我效能的置信区间包含 0，中介效应不显著。具体的数据如表 4-326 所示。

表 4-326　稳定性人格在阅读频率与财经态度之间的中介效应

效应		Effect	置信区间下限	置信区间上限
总效应		-0.0652	-0.0899	-0.0406
直接效应		-0.0307	-0.0551	-0.0064
间接效应	总间接效应	-0.0345	-0.0419	-0.0271
	认知需求	-0.0232	-0.0300	-0.0169
	自我效能	-0.0001	-0.0053	0.0051
	延迟满足	-0.0112	-0.0161	-0.0068

（2）阅读时长。将阅读时长作为自变量，稳定性人格作为中介变量，财经态度作为因变量。阅读时长影响财经态度的总效应置信区间 [-0.0863，-0.0335] 不包含 0，说明总效应在 $\alpha = 0.05$ 的水平上显著，效应大小为 -0.0599；直接效应置信区间 [-0.0551，-0.0033] 不包含 0，说明直接效应显著，效应大小为 -0.0292；总间接效应的置信区间 [-0.0386，-0.0235] 不包含 0，说明稳定性人格间接效应显著，发挥的间接效应与直接效应的符号相同，故存在部分中介效应，效应大小为 -0.0307，占总效应的 51.3%。其中，认知需求和延迟满足的置信区间不包含 0，说明其均发挥了显著的中介效应，效应大小分别为 -0.0210 和 -0.0095。自我效能的置信区间包含 0，中介效应不显著。具体的数据如表 4-327 所示。

表 4-327　稳定性人格在阅读时长与财经态度之间的中介效应

效应		Effect	置信区间下限	置信区间上限
总效应		-0.0599	-0.0863	-0.0335
直接效应		-0.0292	-0.0551	-0.0033
间接效应	总间接效应	-0.0307	-0.0386	-0.0235
	认知需求	-0.0210	-0.0281	-0.0145
	自我效能	-0.0002	-0.0049	0.0046
	延迟满足	-0.0095	-0.0141	-0.0056

（3）阅读类型。将阅读类型作为自变量，稳定性人格作为中介变量，财经态度作为因变量。阅读类型影响财经态度的总效应置信区间 [-0.0310，0.0033] 包含 0，说明总效应在 $\alpha = 0.05$ 的水平上不显著；直接效应置信区间 [-0.0272，0.0062] 包含 0，说明直接效应不显著；总间接效应的置信区间 [-0.0076，0.0008] 包含 0，说明稳定性人格间接效应不显著。具体的数据如表 4-328 所示。

表 4-328　稳定性人格在阅读类型与财经态度之间的中介效应

效应		Effect	置信区间下限	置信区间上限
总效应		-0.0139	-0.0310	0.0033
直接效应		-0.0105	-0.0272	0.0062

续表

效应		Effect	置信区间下限	置信区间上限
间接效应	总间接效应	−0.0034	−0.0076	0.0008
	认知需求	−0.0058	−0.0098	−0.0018
	自我效能	0.0001	−0.0009	0.0012
	延迟满足	0.0023	0.0004	0.0043

（4）阅读媒介。将阅读媒介作为自变量，稳定性人格作为中介变量，财经态度作为因变量。阅读媒介影响财经态度的总效应置信区间［−0.0348，0.0109］包含 0，说明总效应在 α = 0.05 的水平上不显著；直接效应置信区间［−0.0248，0.0196］包含 0，说明直接效应不显著；总间接效应的置信区间［−0.0154，−0.0036］不包含 0，说明稳定性人格间接效应显著，发挥的间接效应与直接效应的符号相同，故存在部分中介效应，效应大小为−0.0094，占总效应的 78.3%。其中，认知需求的置信区间不包含 0，说明其发挥了显著的中介效应，效应大小为−0.0069。自我效能和延迟满足的置信区间包含 0，中介效应不显著。具体的数据如表 4−329 所示。

表 4−329　稳定性人格在阅读媒介与财经态度之间的中介效应

效应		Effect	置信区间下限	置信区间上限
总效应		−0.0120	−0.0348	0.0109
直接效应		−0.0026	−0.0248	0.0196
间接效应	总间接效应	−0.0094	−0.0154	−0.0036
	认知需求	−0.0069	−0.0125	−0.0013
	自我效能	−0.0001	−0.0012	0.0009
	延迟满足	−0.0024	−0.0053	0.0000

（5）阅读主动性。将阅读主动性作为自变量，稳定性人格作为中介变量，财经态度作为因变量。阅读主动性影响财经态度的总效应置信区间［−0.1394，−0.0756］不包含 0，说明总效应在 α = 0.05 的水平上显著，效应大小为−0.1075；直接效应置信区间［−0.0900，−0.0264］不包含 0，说明直接效应显著，效应大小为−0.0582；总间接效应的置信区间［−0.0597，−0.0391］，说明稳定性人格间接效应显著，发挥的间接效应与直接效应的符号相同，存在部分中介效应，效应大小为−0.0493，占总效应的 45.9%。其中，认知需求和延迟满足的置信区间不包含 0，说明其均发挥了显著的中介效应，效应大小分别为−0.0307 和−0.0191。认知需求的置信区间包含 0，中介效应不显著。具体的数据如表 4−330 所示。

表 4−330　稳定性人格在阅读主动性与财经态度之间的中介效应

效应	Effect	置信区间下限	置信区间上限
总效应	−0.1075	−0.1394	−0.0756
直接效应	−0.0582	−0.0900	−0.0264

续表

效应		Effect	置信区间下限	置信区间上限
间接效应	总间接效应	−0.0493	−0.0597	−0.0391
	认知需求	−0.0307	−0.0394	−0.0222
	自我效能	0.0005	−0.0079	0.0091
	延迟满足	−0.0191	−0.0269	−0.0118

（6）阅读计划完成度。将阅读计划完成度作为自变量，稳定性人格作为中介变量，财经态度作为因变量。阅读计划完成度影响财经态度的总效应置信区间 [−0.0742，−0.0228] 不包含0，说明总效应在 $\alpha = 0.05$ 的水平上显著，效应大小为−0.0485；直接效应置信区间 [−0.0482，0.0027] 包含0，说明直接效应不显著；总间接效应置信区间 [−0.0346，−0.0172] 不包含0，说明稳定性人格间接效应显著，发挥的间接效应与直接效应的符号相同，故存在部分中介效应，效应大小为−0.0258，占总效应的53.2%。其中，认知需求和延迟满足的置信区间不包含0，说明其均发挥了显著的中介效应，效应大小分别为−0.0085和−0.0171。自我效能的置信区间包含0，中介效应不显著。具体的数据如表4−331所示。

表4−331　稳定性人格在阅读计划完成度与财经态度之间的中介效应

效应		Effect	置信区间下限	置信区间上限
总效应		−0.0485	−0.0742	−0.0228
直接效应		−0.0227	−0.0482	0.0027
间接效应	总间接效应	−0.0258	−0.0346	−0.0172
	认知需求	−0.0085	−0.0155	−0.0020
	自我效能	−0.0002	−0.0076	0.0074
	延迟满足	−0.0171	−0.0242	−0.0106

（7）阅读影响。将阅读影响作为自变量，稳定性人格作为中介变量，财经态度作为因变量。阅读影响这一变量影响财经态度的总效应置信区间 [−0.1861，−0.1156] 不包含0，说明总效应在 $\alpha = 0.05$ 的水平上显著，效应大小为−0.1508；直接效应置信区间 [−0.1456，−0.0756] 不包含0，说明直接效应显著，效应大小为−0.1106；总间接效应置信区间 [−0.0513，−0.0293] 不包含0，说明稳定性人格间接效应显著，故存在部分中介效应，效应大小为−0.0402，占总效应的26.7%。其中，认知需求和延迟满足的置信区间不包含0，说明其均发挥了显著的中介效应，效应大小分别为−0.0209和−0.0212。具体的数据如表4−332所示。

表4−332　稳定性人格在阅读影响与财经态度之间的中介效应

效应	Effect	置信区间下限	置信区间上限
总效应	−0.1508	−0.1861	−0.1156
直接效应	−0.1106	−0.1456	−0.0756

效应		Effect	置信区间下限	置信区间上限
间接效应	总间接效应	−0.0402	−0.0513	−0.0293
	认知需求	−0.0209	−0.0299	−0.0121
	自我效能	0.0019	−0.0075	0.0112
	延迟满足	−0.0212	−0.0300	−0.0130

十六、稳定性人格在阅读素养与财经满意度之间的中介效应

本书把阅读素养作为自变量，包括阅读频率、阅读时长、阅读类型、阅读媒介、阅读主动性、阅读计划完成度、阅读影响共七个变量。把认知需求、自我效能、延迟满足三种稳定性人格心理变量作为中介变量，财经满意度作为因变量，运用 PROCESS 分析工具进行多重中介效应分析，将样本数量设置为 5000，置信区间的置信度设置为 95%。以下为稳定性人格在阅读素养与财经满意度之间的中介效应的检验结果。

（1）阅读频率。将阅读频率作为自变量，稳定性人格作为中介变量，财经满意度作为因变量。阅读频率影响财经满意度的总效应置信区间［−0.0761，−0.0167］不包含 0，说明总效应在 α＝0.05 的水平上显著，效应大小为−0.0464；直接效应置信区间［−0.0444，0.0151］包含 0，说明直接效应不显著；总间接效应的置信区间［−0.0401，−0.0238］不包含 0，说明稳定性人格间接效应显著，发挥的间接效应与直接效应的符号相同，故存在部分中介效应，效应大小为−0.0317，占总效应的 68.3%。其中，自我效能的置信区间不包含 0，说明其发挥了显著的中介效应，效应大小为−0.0325。认知需求和延迟满足的置信区间包含 0，其中介效应不显著。具体的数据如表 4−333 所示。

表 4−333 稳定性人格在阅读频率与财经满意度之间的中介效应

效应		Effect	置信区间下限	置信区间上限
总效应		−0.0464	−0.0761	−0.0167
直接效应		−0.0147	−0.0444	0.0151
间接效应	总间接效应	−0.0317	−0.0401	−0.0238
	认知需求	−0.0004	−0.0038	0.0031
	自我效能	−0.0325	−0.0416	−0.0244
	延迟满足	0.0012	−0.0038	0.0062

（2）阅读时长。将阅读时长作为自变量，稳定性人格作为中介变量，财经满意度作为因变量。阅读时长影响财经满意度的总效应置信区间［−0.0885，−0.0250］不包含 0，说明总效应在 α＝0.05 的水平上显著，效应大小为−0.0568；直接效应置信区间［−0.0592，0.0040］包含 0，说明直接效应不显著；总间接效应的置信区间［−0.0375，−0.0212］不包含 0，说明稳定性人格间接效应显著，发挥

的间接效应与直接效应的符号相同，故存在部分中介效应，效应大小为 -0.0292，占总效应的 51.4%。其中，自我效能的置信区间不包含 0，说明其发挥了显著的中介效应，效应大小为 -0.0299。认知需求和延迟满足的置信区间包含 0，其中介效应均不显著。具体的数据如表 4-334 所示。

表 4-334　稳定性人格在阅读时长与财经满意度之间的中介效应

效应		Effect	置信区间下限	置信区间上限
总效应		-0.0568	-0.0885	-0.0250
直接效应		-0.0276	-0.0592	0.0040
间接效应	总间接效应	-0.0292	-0.0375	-0.0212
	认知需求	-0.0003	-0.0035	0.0027
	自我效能	-0.0299	-0.0387	-0.0219
	延迟满足	0.0010	-0.0032	0.0053

（3）阅读类型。将阅读类型作为自变量，稳定性人格作为中介变量，财经满意度作为因变量。阅读类型影响财经满意度的总效应置信区间 [-0.0218, 0.0195] 包含 0，说明总效应不显著；直接效应置信区间 [-0.0272, 0.0135] 包含 0，说明直接效应在 $\alpha=0.05$ 的水平上不显著；总间接效应的置信区间 [0.0017, 0.0099] 不包含 0，说明稳定性人格间接效应显著，效应大小为 0.0057。具体的数据如表 4-335 所示。

表 4-335　稳定性人格在阅读类型与财经满意度之间的中介效应

效应		Effect	置信区间下限	置信区间上限
总效应		-0.0012	-0.0218	0.0195
直接效应		-0.0068	-0.0272	0.0135
间接效应	总间接效应	0.0057	0.0017	0.0099
	认知需求	-0.0001	-0.0011	0.0008
	自我效能	0.0060	0.0020	0.0105
	延迟满足	-0.0002	-0.0015	0.0008

（4）阅读媒介。将阅读媒介作为自变量，稳定性人格作为中介变量，财经满意度作为因变量。阅读媒介影响财经满意度的总效应置信区间 [-0.0595, -0.0046] 不包含 0，说明总效应在 $\alpha=0.05$ 的水平上显著，效应大小为 -0.0321；直接效应置信区间 [-0.0532, 0.0008] 包含 0，说明直接效应不显著；总间接效应的置信区间 [-0.0113, -0.0006] 不包含 0，说明稳定性人格间接效应显著，发挥的间接效应与直接效应的符号相同，故存在部分中介效应，效应大小为 -0.0059，占总效应的 18.4%。其中，自我效能的置信区间不包含 0，说明其发挥了显著的中介效应，效应大小为 -0.0060。认知需求和延迟满足的置信区间包含 0，其中介效应均不显著。具体的数据如表 4-336 所示。

表 4-336　稳定性人格在阅读媒介与财经满意度之间的中介效应

效应		Effect	置信区间下限	置信区间上限
总效应		−0.0321	−0.0595	−0.0046
直接效应		−0.0262	−0.0532	0.0008
间接效应	总间接效应	−0.0059	−0.0113	−0.0006
	认知需求	−0.0001	−0.0013	0.0010
	自我效能	−0.0060	−0.0117	−0.0008
	延迟满足	0.0003	−0.0009	0.0016

（5）阅读主动性。将阅读主动性作为自变量，稳定性人格作为中介变量，财经满意度作为因变量。阅读主动性影响财经满意度的总效应置信区间［−0.1013，−0.0245］不包含 0，说明总效应在 $\alpha = 0.05$ 的水平上显著，效应大小为−0.0629；直接效应置信区间［−0.0493，0.0282］包含 0，说明直接效应不显著；总间接效应的置信区间［−0.0643，−0.0404］不包含 0，说明稳定性人格间接效应显著，发挥的间接效应与直接效应的符号相同，故存在部分中介效应，效应大小为−0.0523，占总效应的 83.1%。其中，自我效能的置信区间不包含 0，说明其发挥了显著的中介效应，效应大小为−0.0538。认知需求和延迟满足的置信区间包含 0，其中介效应均不显著。具体的数据如表 4-337 所示。

表 4-337　稳定性人格在阅读主动性与财经满意度之间的中介效应

效应		Effect	置信区间下限	置信区间上限
总效应		−0.0629	−0.1013	−0.0245
直接效应		−0.0106	−0.0493	0.0282
间接效应	总间接效应	−0.0523	−0.0643	−0.0404
	认知需求	−0.0006	−0.0051	0.0038
	自我效能	−0.0538	−0.0673	−0.0410
	延迟满足	0.0021	−0.0064	0.0108

（6）阅读计划完成度。将阅读计划完成度作为自变量，稳定性人格作为中介变量，财经满意度作为因变量。阅读计划完成度影响财经满意度的总效应置信区间［−0.1626，−0.1013］不包含 0，说明总效应在 $\alpha = 0.05$ 的水平上显著，效应大小为−0.1320；直接效应置信区间［−0.1221，−0.0602］不包含 0，说明直接效应显著，效应大小为−0.0912；总间接效应的置信区间［−0.0498，−0.0325］不包含 0，说明稳定性人格间接效应显著，发挥的间接效应与直接效应的符号相同，故存在部分中介效应，效应大小为−0.0408，占总效应的 30.9%。其中，自我效能的置信区间不包含 0，说明其发挥了显著的中介效应，效应大小为−0.0434。认知需求和延迟满足的置信区间包含 0，其中介效应均不显著。具体的数据如表 4-338 所示。

表 4-338　稳定性人格在阅读计划完成度与财经满意度之间的中介效应

效应		Effect	置信区间下限	置信区间上限
总效应		-0.1320	-0.1626	-0.1013
直接效应		-0.0912	-0.1221	-0.0602
间接效应	总间接效应	-0.0408	-0.0498	-0.0325
	认知需求	0.0000	-0.0015	0.0013
	自我效能	-0.0434	-0.0542	-0.0333
	延迟满足	0.0027	-0.0047	0.0100

（7）阅读影响。将阅读影响作为自变量，稳定性人格作为中介变量，财经满意度作为因变量。阅读影响这一变量影响财经满意度的总效应置信区间 [-0.1004，-0.0153] 不包含 0，说明总效应在 $\alpha=0.05$ 的水平上显著，效应大小为 -0.0578；直接效应置信区间 [-0.0419，0.0437] 包含 0，说明直接效应不显著；总间接效应的置信区间 [-0.0709，-0.0465] 不包含 0，说明稳定性人格间接效应显著，发挥的间接效应与直接效应的符号相反，故存在部分中介效应，效应大小为 -0.0587。其中，自我效能的置信区间不包含 0，说明其发挥了显著的中介效应，效应大小为 -0.0604。认知需求和延迟满足的置信区间包含 0，其中介效应均不显著。具体的数据如表 4-339 所示。

表 4-339　稳定性人格在阅读影响与财经满意度之间的中介效应

效应		Effect	置信区间下限	置信区间上限
总效应		-0.0578	-0.1004	-0.0153
直接效应		0.0009	-0.0419	0.0437
间接效应	总间接效应	-0.0587	-0.0709	-0.0465
	认知需求	-0.0005	-0.0038	0.0027
	自我效能	-0.0604	-0.0747	-0.0464
	延迟满足	0.0022	-0.0069	0.0121

十七、稳定性人格在阅读素养与财经行为合理性之间的中介效应

本书把阅读素养作为自变量，包括阅读频率、阅读时长、阅读类型、阅读媒介、阅读主动性、阅读计划完成度、阅读影响共七个变量。把认知需求、自我效能、延迟满足三种稳定性人格心理变量作为中介变量，财经行为合理性作为因变量，运用 PROCESS 分析工具进行多重中介效应分析，将样本数量设置为 5000，置信区间的置信度设置为 95%。以下为稳定性人格在阅读素养与财经行为合理性之间的中介效应的检验结果。

（1）阅读频率。将阅读频率作为自变量，稳定性人格作为中介变量，财经行为合理性作为因变量。阅读频率影响财经行为合理性的总效应置信区间 [-0.1213，-0.0776] 不包含 0，说明总效应在 $\alpha=0.05$ 的水平上显著，效应大小为 -0.0994；

直接效应置信区间［-0.0453，-0.0071］不包含 0，说明直接效应显著，效应大小为-0.0262；总间接效应的置信区间［-0.0851，-0.0616］不包含 0，说明稳定性人格间接效应显著，发挥的间接效应与直接效应的符号相同，故存在部分中介效应，效应大小为-0.0732，占总效应的 73.6%。其中，认知需求、自我效能和延迟满足的置信区间不包含 0，说明其均发挥了显著的中介效应，效应大小分别为-0.0106、-0.0345 和-0.0281。具体的数据如表 4-340 所示。

表 4-340　稳定性人格在阅读频率与财经行为合理性之间的中介效应

效应		Effect	置信区间下限	置信区间上限
总效应		-0.0994	-0.1213	-0.0776
直接效应		-0.0262	-0.0453	-0.0071
间接效应	总间接效应	-0.0732	-0.0851	-0.0616
	认知需求	-0.0106	-0.0141	-0.0075
	自我效能	-0.0345	-0.0419	-0.0276
	延迟满足	-0.0281	-0.0353	-0.0212

（2）阅读时长。将阅读时长作为自变量，稳定性人格作为中介变量，财经行为合理性作为因变量。阅读时长影响财经行为合理性的总效应置信区间［-0.1233，-0.0765］不包含 0，说明总效应在 $\alpha = 0.05$ 的水平上显著，效应大小为-0.0999；直接效应置信区间［-0.0551，-0.0144］不包含 0，说明直接效应显著，效应大小为-0.0347；总间接效应的置信区间［-0.0784，-0.0524］不包含 0，说明稳定性人格间接效应显著，发挥的间接效应与直接效应的符号相同，故存在部分中介效应，效应大小为-0.0652，占总效应的 65.3%。其中，认知需求、自我效能和延迟满足的置信区间不包含 0，说明其均发挥了显著的中介效应，效应大小分别为-0.0095、-0.0318 和-0.0238。具体的数据如表 4-341 所示。

表 4-341　稳定性人格在阅读时长与财经行为合理性之间的中介效应

效应		Effect	置信区间下限	置信区间上限
总效应		-0.0999	-0.1233	-0.0765
直接效应		-0.0347	-0.0551	-0.0144
间接效应	总间接效应	-0.0652	-0.0784	-0.0524
	认知需求	-0.0095	-0.0131	-0.0064
	自我效能	-0.0318	-0.0397	-0.0242
	延迟满足	-0.0238	-0.0317	-0.0166

（3）阅读类型。将阅读类型作为自变量，稳定性人格作为中介变量，财经行为合理性作为因变量。阅读类型影响财经行为合理性的总效应置信区间［-0.0273，0.0032］包含 0，说明总效应不显著；直接效应置信区间［-0.0346，-0.0084］不包含 0，说明直接效应在 $\alpha = 0.05$ 的水平上显著，效应大小为-0.0215；总间接效应的置信区间［0.0018，0.0172］不包含 0，说明稳定性人格间接效应显

著，效应大小为 0.0095。其中，认知需求、自我效能和延迟满足的置信区间不包含 0，说明其均发挥了显著的中介效应，效应大小分别为 -0.0026、0.0065 和 0.0056。具体的数据如表 4-342 所示。

表 4-342　稳定性人格在阅读类型与财经行为合理性之间的中介效应

效应		Effect	置信区间下限	置信区间上限
总效应		-0.0120	-0.0273	0.0032
直接效应		-0.0215	-0.0346	-0.0084
间接效应	总间接效应	0.0095	0.0018	0.0172
	认知需求	-0.0026	-0.0046	-0.0009
	自我效能	0.0065	0.0023	0.0107
	延迟满足	0.0056	0.0012	0.0101

（4）阅读媒介。将阅读媒介作为自变量，稳定性人格作为中介变量，财经行为合理性作为因变量。阅读媒介影响财经行为合理性的总效应置信区间 [-0.0271，0.0136] 包含 0，说明总效应在 $\alpha = 0.05$ 的水平上不显著；直接效应置信区间 [-0.0085，0.0263] 包含 0，说明直接效应不显著；总间接效应的置信区间 [-0.0263，-0.0049] 不包含 0，说明稳定性人格间接效应显著，发挥的间接效应与直接效应的符号相反，故存在部分中介效应，效应大小为 -0.0156。其中，认知需求、自我效能和延迟满足的置信区间不包含 0，说明其均发挥了显著的中介效应，效应大小分别为 -0.0032、-0.0064 和 -0.0060。具体的数据如表 4-343 所示。

表 4-343　稳定性人格在阅读媒介与财经行为合理性之间的中介效应

效应		Effect	置信区间下限	置信区间上限
总效应		-0.0067	-0.0271	0.0136
直接效应		0.0089	-0.0085	0.0263
间接效应	总间接效应	-0.0156	-0.0263	-0.0049
	认知需求	-0.0032	-0.0058	-0.0006
	自我效能	-0.0064	-0.0122	-0.0009
	延迟满足	-0.0060	-0.0122	-0.0001

（5）阅读主动性。将阅读主动性作为自变量，稳定性人格作为中介变量，财经行为合理性作为因变量。阅读主动性影响财经行为合理性的总效应置信区间 [-0.2168，-0.1607] 不包含 0，说明总效应在 $\alpha = 0.05$ 的水平上显著，效应大小为 -0.1888；直接效应置信区间 [-0.0959，-0.0462] 包含 0，说明直接效应显著，效应大小为 -0.0711；总间接效应的置信区间 [-0.1334，-0.1019] 不包含 0，说明稳定性人格间接效应显著，发挥的间接效应与直接效应的符号相同，故存在部分中介效应，效应大小为 -0.1177，占总效应的 62.3%。其中，认知需求、自我效能和延迟满足的置信区间不包含 0，说明其均发挥了显著的中介效

应，效应大小分别为 −0.0136、−0.0558 和 −0.0483。具体的数据如表 4−344 所示。

表 4−344　稳定性人格在阅读主动性与财经行为合理性之间的中介效应

效应		Effect	置信区间下限	置信区间上限
总效应		−0.1888	−0.2168	−0.1607
直接效应		−0.0711	−0.0959	−0.0462
间接效应	总间接效应	−0.1177	−0.1334	−0.1019
	认知需求	−0.0136	−0.0180	−0.0096
	自我效能	−0.0558	−0.0663	−0.0459
	延迟满足	−0.0483	−0.0585	−0.0383

（6）阅读计划完成度。将阅读计划完成度作为自变量，稳定性人格作为中介变量，财经行为合理性作为因变量。阅读计划完成度影响财经行为合理性的总效应置信区间 [−0.1164，−0.0709] 不包含 0，说明总效应在 $\alpha = 0.05$ 的水平上显著，效应大小为 −0.0936；直接效应置信区间 [−0.0171，0.0229] 包含 0，说明直接效应不显著；总间接效应的置信区间 [−0.1096，−0.0834] 不包含 0，说明稳定性人格间接效应显著，发挥的间接效应与直接效应的符号相反，故存在部分中介效应，效应大小为 −0.0965。其中，认知需求、自我效能和延迟满足的置信区间不包含 0，说明其均发挥了显著的中介效应，效应大小分别为 −0.0039、−0.0494 和 −0.0432。具体的数据如表 4−345 所示。

表 4−345　稳定性人格在阅读计划完成度与财经行为合理性之间的中介效应

效应		Effect	置信区间下限	置信区间上限
总效应		−0.0936	−0.1164	−0.0709
直接效应		0.0029	−0.0171	0.0229
间接效应	总间接效应	−0.0965	−0.1096	−0.0834
	认知需求	−0.0039	−0.0072	−0.0010
	自我效能	−0.0494	−0.0585	−0.0410
	延迟满足	−0.0432	−0.0519	−0.0350

（7）阅读影响。将阅读影响作为自变量，稳定性人格作为中介变量，财经行为合理性作为因变量。阅读影响这一变量影响财经行为合理性的总效应置信区间 [−0.2263，−0.1640] 不包含 0，说明总效应在 $\alpha = 0.05$ 的水平上显著，效应大小为 −0.1951；直接效应置信区间 [−0.0957，−0.0408] 包含 0，说明直接效应不显著；总间接效应的置信区间 [−0.1440，−0.1108] 不包含 0，说明稳定性人格间接效应显著，发挥的间接效应与直接效应的符号相同，故存在部分中介效应，效应大小为 −0.1269，占总效应的 65.0%。其中，认知需求、自我效能和延迟满足的置信区间不包含 0，说明其均发挥了显著的中介效应，效应大小分别为 −0.0096、−0.0625 和 −0.0548。具体的数据如表 4−346 所示。

表 4-346　稳定性人格在阅读影响与财经行为合理性之间的中介效应

效应		Effect	置信区间下限	置信区间上限
总效应		−0.1951	−0.2263	−0.1640
直接效应		−0.0682	−0.0957	−0.0408
间接效应	总间接效应	−0.1269	−0.1440	−0.1108
	认知需求	−0.0096	−0.0140	−0.0056
	自我效能	−0.0625	−0.0744	−0.0517
	延迟满足	−0.0548	−0.0662	−0.0446

十八、稳定性人格在阅读素养与独立之间的中介效应

本书把阅读素养作为自变量，包括阅读频率、阅读时长、阅读类型、阅读媒介、阅读主动性、阅读计划完成度、阅读影响共七个变量。把认知需求、自我效能、延迟满足三种稳定性人格心理变量作为中介变量，独立作为因变量，运用 PROCESS 分析工具进行多重中介效应分析，将样本数量设置为 5000，置信区间的置信度设置为 95%。以下为稳定性人格在阅读素养与独立之间的中介效应的检验结果。

（1）阅读频率。将阅读频率作为自变量，稳定性人格作为中介变量，独立作为因变量。阅读频率影响独立的总效应置信区间 ［−0.1524，−0.1118］不包含 0，说明总效应在 $\alpha = 0.05$ 的水平上显著，效应大小为−0.1321；直接效应置信区间 ［−0.0567，−0.0263］不包含 0，说明直接效应显著，效应大小为−0.0415；总间接效应的置信区间 ［−0.1051，−0.0768］不包含 0，说明稳定性人格间接效应显著，发挥的间接效应与直接效应的符号相同，故存在部分中介效应，效应大小为−0.0906，占总效应的 68.6%。其中，认知需求、自我效能和延迟满足的置信区间不包含 0，说明其均发挥了显著的中介效应，效应大小分别为−0.0112、−0.0542 和−0.0251。具体的数据如表 4-347 所示。

表 4-347　稳定性人格在阅读频率与独立之间的中介效应

效应		Effect	置信区间下限	置信区间上限
总效应		−0.1321	−0.1524	−0.1118
直接效应		−0.0415	−0.0567	−0.0263
间接效应	总间接效应	−0.0906	−0.1051	−0.0768
	认知需求	−0.0112	−0.0145	−0.0082
	自我效能	−0.0542	−0.0646	−0.0442
	延迟满足	−0.0251	−0.0317	−0.0189

（2）阅读时长。将阅读时长作为自变量，稳定性人格作为中介变量，独立作为因变量。阅读时长影响独立的总效应置信区间 ［−0.1540，−0.1104］不包含 0，说明总效应在 $\alpha = 0.05$ 的水平上显著，效应大小为−0.1322；直接效应置

信区间 [-0.0669, -0.0345] 不包含 0，说明直接效应显著，效应大小为 -0.0507；总间接效应的置信区间 [-0.0976, -0.0660] 不包含 0，说明稳定性人格间接效应显著，发挥的间接效应与直接效应的符号相同，故存在部分中介效应，效应大小为-0.0815，占总效应的61.6%。其中，认知需求、自我效能和延迟满足的置信区间不包含 0，说明其均发挥了显著的中介效应，效应大小分别为-0.0101、-0.0500 和-0.0214。具体的数据如表4-348 所示。

表4-348 稳定性人格在阅读时长与独立之间的中介效应

效应		Effect	置信区间下限	置信区间上限
总效应		-0.1322	-0.1540	-0.1104
直接效应		-0.0507	-0.0669	-0.0345
间接效应	总间接效应	-0.0815	-0.0976	-0.0660
	认知需求	-0.0101	-0.0136	-0.0068
	自我效能	-0.0500	-0.0610	-0.0392
	延迟满足	-0.0214	-0.0281	-0.0147

（3）阅读类型。将阅读类型作为自变量，稳定性人格作为中介变量，独立作为因变量。阅读类型影响独立的总效应置信区间 [-0.0122, 0.0164] 包含 0，说明总效应不显著；直接效应置信区间 [-0.0207, 0.0002] 包含 0，说明直接效应在 $\alpha=0.05$ 的水平上不显著；总间接效应的置信区间 [0.0027, 0.0220] 不包含 0，说明稳定性人格间接效应显著，发挥的间接效应与直接效应的符号相反，故存在部分中介效应，效应大小为 0.0123。其中，认知需求、自我效能和延迟满足的置信区间不包含 0，说明其均发挥了显著的中介效应，效应大小分别为-0.0028、0.0101 和 0.0051。具体的数据如表4-349 所示。

表4-349 稳定性人格在阅读类型与独立之间的中介效应

效应		Effect	置信区间下限	置信区间上限
总效应		0.0021	-0.0122	0.0164
直接效应		-0.0102	-0.0207	0.0002
间接效应	总间接效应	0.0123	0.0027	0.0220
	认知需求	-0.0028	-0.0049	-0.0009
	自我效能	0.0101	0.0035	0.0167
	延迟满足	0.0051	0.0011	0.0091

（4）阅读媒介。将阅读媒介作为自变量，稳定性人格作为中介变量，独立作为因变量。阅读媒介影响独立的总效应置信区间 [-0.0475, -0.0095] 不包含 0，说明总效应在 $\alpha=0.05$ 的水平上显著，效应大小为-0.0285；直接效应置信区间 [-0.0235, 0.0042] 包含 0，说明直接效应不显著；总间接效应的置信区间 [-0.0320, -0.0060] 不包含 0，说明稳定性人格间接效应显著，发挥的间接效应与直接效应的符号相同，故存在部分中介效应，效应大小为-0.0189，占

总效应的 66.3%。其中，认知需求、自我效能和延迟满足的置信区间不包含 0，说明其均发挥了显著的中介效应，效应大小分别为 -0.0034、-0.0101 和 -0.0054。具体的数据如表 4-350 所示。

表 4-350　稳定性人格在阅读媒介与独立之间的中介效应

效应		Effect	置信区间下限	置信区间上限
总效应		-0.0285	-0.0475	-0.0095
直接效应		-0.0096	-0.0235	0.0042
间接效应	总间接效应	-0.0189	-0.0320	-0.0060
	认知需求	-0.0034	-0.0061	-0.0008
	自我效能	-0.0101	-0.0188	-0.0015
	延迟满足	-0.0054	-0.0111	-0.0001

（5）阅读主动性。将阅读主动性作为自变量，稳定性人格作为中介变量，独立作为因变量。阅读主动性影响独立的总效应置信区间 [-0.2537，-0.2016] 不包含 0，说明总效应在 $\alpha = 0.05$ 的水平上显著，效应大小为 -0.2277；直接效应置信区间 [-0.1012，-0.0616] 不包含 0，说明直接效应显著，效应大小为 -0.0814；总间接效应的置信区间 [-0.1646，-0.1276] 不包含 0，说明稳定性人格间接效应显著，发挥的间接效应与直接效应的符号相同，故存在部分中介效应，效应大小为 -0.1462，占总效应的 64.2%。其中，认知需求、自我效能和延迟满足的置信区间不包含 0，说明其均发挥了显著的中介效应，效应大小分别为 -0.0145、-0.0885 和 -0.0432。具体的数据如表 4-351 所示。

表 4-351　稳定性人格在阅读主动性与独立之间的中介效应

效应		Effect	置信区间下限	置信区间上限
总效应		-0.2277	-0.2537	-0.2016
直接效应		-0.0814	-0.1012	-0.0616
间接效应	总间接效应	-0.1462	-0.1646	-0.1276
	认知需求	-0.0145	-0.0191	-0.0105
	自我效能	-0.0885	-0.1023	-0.0748
	延迟满足	-0.0432	-0.0524	-0.0349

（6）阅读计划完成度。将阅读计划完成度作为自变量，稳定性人格作为中介变量，独立作为因变量。阅读计划完成度影响独立的总效应置信区间 [-0.1651，-0.1229] 不包含 0，说明总效应在 $\alpha = 0.05$ 的水平上显著，效应大小为 -0.1440；直接效应置信区间 [-0.0405，-0.0086] 不包含 0，说明直接效应显著，效应大小为 -0.0245；总间接效应的置信区间 [-0.1352，-0.1045] 不包含 0，说明稳定性人格间接效应显著，发挥的间接效应与直接效应的符号相同，故存在部分中介效应，效应大小为 -0.1195，占总效应的 83.0%。其中，认知需求、自我效能和延迟满足的置信区间不包含 0，说明其均发挥了显著的中介效应，效应大小分

别为-0.0042、-0.0768 和-0.0385。具体的数据如表 4-352 所示。

表 4-352　稳定性人格在阅读计划完成度与独立之间的中介效应

效应		Effect	置信区间下限	置信区间上限
总效应		-0.1440	-0.1651	-0.1229
直接效应		-0.0245	-0.0405	-0.0086
间接效应	总间接效应	-0.1195	-0.1352	-0.1045
	认知需求	-0.0042	-0.0075	-0.0011
	自我效能	-0.0768	-0.0882	-0.0658
	延迟满足	-0.0385	-0.0461	-0.0316

（7）阅读影响。将阅读影响作为自变量，稳定性人格作为中介变量，独立作为因变量。阅读影响这一变量影响独立的总效应置信区间 [-0.2539，-0.1959] 不包含 0，说明总效应在 α = 0.05 的水平上显著，效应大小为-0.2249；直接效应置信区间 [-0.0879，-0.0441] 不包含 0，说明直接效应显著，效应大小为-0.0660；总间接效应的置信区间 [-0.1784，-0.1395] 不包含 0，说明稳定性人格间接效应显著，发挥的间接效应与直接效应的符号相同，故存在部分中介效应，效应大小为-0.1589，占总效应的 70.7%。其中，认知需求、自我效能和延迟满足的置信区间不包含 0，说明其均发挥了显著的中介效应，效应大小分别为-0.0103、-0.0994 和-0.0492。具体的数据如表 4-353 所示。

表 4-353　稳定性人格在阅读影响与独立之间的中介效应

效应		Effect	置信区间下限	置信区间上限
总效应		-0.2249	-0.2539	-0.1959
直接效应		-0.0660	-0.0879	-0.0441
间接效应	总间接效应	-0.1589	-0.1784	-0.1395
	认知需求	-0.0103	-0.0148	-0.0061
	自我效能	-0.0994	-0.1145	-0.0850
	延迟满足	-0.0492	-0.0589	-0.0401

十九、稳定性人格在阅读素养与信用之间的中介效应

本书把阅读素养作为自变量，包括阅读频率、阅读时长、阅读类型、阅读媒介、阅读主动性、阅读计划完成度、阅读影响共七个变量。把认知需求、自我效能、延迟满足三种稳定性人格心理变量作为中介变量，信用作为因变量，运用 PROCESS 分析工具进行多重中介效应分析，将样本数量设置为 5000，置信区间的置信度设置为 95%。以下为稳定性人格在阅读素养与信用之间的中介效应的检验结果。

（1）阅读频率。将阅读频率作为自变量，稳定性人格作为中介变量，信用作为因变量。阅读频率影响信用的总效应置信区间 [-0.1294，-0.0884] 不包

含 0，说明总效应在 $\alpha = 0.05$ 的水平上显著，效应大小为 -0.1089；直接效应置信区间 [-0.0438，-0.0113] 不包含 0，说明直接效应显著，效应大小为 -0.0275；总间接效应的置信区间 [-0.0949，-0.0677] 不包含 0，说明稳定性人格间接效应显著，发挥的间接效应与直接效应的符号相同，故存在部分中介效应，效应大小为 -0.0814，占总效应的 74.7%。其中，认知需求、自我效能和延迟满足的置信区间不包含 0，说明其均发挥了显著的中介效应，效应大小分别为 -0.0076、-0.0463 和 -0.0275。具体的数据如表 4-354 所示。

表 4-354　稳定性人格在阅读频率与信用之间的中介效应

效应		Effect	置信区间下限	置信区间上限
总效应		-0.1089	-0.1294	-0.0884
直接效应		-0.0275	-0.0438	-0.0113
间接效应	总间接效应	-0.0814	-0.0949	-0.0677
	认知需求	-0.0076	-0.0102	-0.0053
	自我效能	-0.0463	-0.0550	-0.0374
	延迟满足	-0.0275	-0.0346	-0.0206

（2）阅读时长。将阅读时长作为自变量，稳定性人格作为中介变量，信用作为因变量。阅读时长影响信用的总效应置信区间 [-0.1297，-0.0858] 不包含 0，说明总效应在 $\alpha = 0.05$ 的水平上显著，效应大小为 -0.1077；直接效应置信区间 [-0.0522，-0.0176] 不包含 0，说明直接效应显著，效应大小为 -0.0349；总间接效应的置信区间 [-0.0876，-0.0582] 不包含 0，说明稳定性人格间接效应显著，发挥的间接效应与直接效应的符号相同，故存在部分中介效应，效应大小为 -0.0729，占总效应的 67.7%。其中，认知需求、自我效能和延迟满足的置信区间不包含 0，说明其均发挥了显著的中介效应，效应大小分别为 -0.0069、-0.0427 和 -0.0233。具体的数据如表 4-355 所示。

表 4-355　稳定性人格在阅读时长与信用之间的中介效应

效应		Effect	置信区间下限	置信区间上限
总效应		-0.1077	-0.1297	-0.0858
直接效应		-0.0349	-0.0522	-0.0176
间接效应	总间接效应	-0.0729	-0.0876	-0.0582
	认知需求	-0.0069	-0.0095	-0.0046
	自我效能	-0.0427	-0.0520	-0.0332
	延迟满足	-0.0233	-0.0308	-0.0161

（3）阅读类型。将阅读类型作为自变量，稳定性人格作为中介变量，信用作为因变量。阅读类型影响信用的总效应置信区间 [-0.0247，0.0040] 包含 0，说明总效应不显著；直接效应置信区间 [-0.0337，-0.0115] 不包含 0，说明直接效应在 $\alpha = 0.05$ 的水平上显著，效应大小为 -0.0226；总间接效应的置信区间

[0.0038，0.0215] 不包含 0，说明稳定性人格间接效应显著，发挥的间接效应与直接效应的符号相反，效应大小为 0.0122。其中，认知需求、自我效能和延迟满足的置信区间不包含 0，说明其均发挥了显著的中介效应，效应大小分别为 -0.0019、0.0086 和 0.0055。具体的数据如表 4-356 所示。

表 4-356　稳定性人格在阅读类型与信用之间的中介效应

效应		Effect	置信区间下限	置信区间上限
总效应		-0.0103	-0.0247	0.0040
直接效应		-0.0226	-0.0337	-0.0115
间接效应	总间接效应	0.0122	0.0038	0.0215
	认知需求	-0.0019	-0.0033	-0.0006
	自我效能	0.0086	0.0032	0.0145
	延迟满足	0.0055	0.0013	0.0100

（4）阅读媒介。将阅读媒介作为自变量，稳定性人格作为中介变量，信用作为因变量。阅读媒介影响信用的总效应置信区间 [-0.0354，0.0028] 包含 0，说明总效应在 $\alpha = 0.05$ 的水平上不显著；直接效应置信区间 [-0.0143，0.0153] 包含 0，说明直接效应不显著；总间接效应的置信区间 [-0.0288，-0.0044] 不包含 0，说明稳定性人格间接效应显著，发挥的间接效应与直接效应的符号相反，故存在部分中介效应，效应大小为 -0.0168。其中，认知需求、自我效能和延迟满足的置信区间不包含 0，说明其均发挥了显著的中介效应，效应大小分别为 -0.0023、-0.0086 和 -0.0059。具体的数据如表 4-357 所示。

表 4-357　稳定性人格在阅读媒介与信用之间的中介效应

效应		Effect	置信区间下限	置信区间上限
总效应		-0.0163	-0.0354	0.0028
直接效应		0.0005	-0.0143	0.0153
间接效应	总间接效应	-0.0168	-0.0288	-0.0044
	认知需求	-0.0023	-0.0042	-0.0005
	自我效能	-0.0086	-0.0160	-0.0011
	延迟满足	-0.0059	-0.0118	-0.0001

（5）阅读主动性。将阅读主动性作为自变量，稳定性人格作为中介变量，信用作为因变量。阅读主动性影响信用的总效应置信区间 [-0.2016，-0.1488] 不包含 0，说明总效应在 $\alpha = 0.05$ 的水平上显著，效应大小为 -0.1752；直接效应置信区间 [-0.0627，-0.0203] 不包含 0，说明直接效应显著，效应大小为 -0.0415；总间接效应的置信区间 [-0.1514，-0.1160] 不包含 0，说明稳定性人格间接效应显著，发挥的间接效应与直接效应的符号相同，故存在部分中介效应，效应大小为 -0.1336，占总效应的 76.3%。其中，认知需求、自我效能和延迟满足的置信区间不包含 0，说明其均发挥了显著的中介效应，效应大小分别

为 -0.0101、-0.0760 和 -0.0476。具体的数据如表 4-358 所示。

表 4-358   稳定性人格在阅读主动性与信用之间的中介效应

效应		Effect	置信区间下限	置信区间上限
总效应		-0.1752	-0.2016	-0.1488
直接效应		-0.0415	-0.0627	-0.0203
间接效应	总间接效应	-0.1336	-0.1514	-0.1160
	认知需求	-0.0101	-0.0134	-0.0070
	自我效能	-0.0760	-0.0886	-0.0646
	延迟满足	-0.0476	-0.0572	-0.0381

（6）阅读计划完成度。将阅读计划完成度作为自变量，稳定性人格作为中介变量，信用作为因变量。阅读计划完成度影响信用的总效应置信区间 [-0.1014,-0.0586] 不包含 0，说明总效应在 $\alpha = 0.05$ 的水平上显著，效应大小为 -0.0800；直接效应置信区间 [0.0155, 0.0494] 不包含 0，说明直接效应显著，效应大小为 0.0324；总间接效应的置信区间 [-0.1274, -0.0977] 不包含 0，说明稳定性人格间接效应显著，发挥的间接效应与直接效应的符号相反，故存在部分中介效应，效应大小为 -0.1124。其中，认知需求、自我效能和延迟满足的置信区间不包含 0，说明其均发挥了显著的中介效应，效应大小分别为 -0.0029、-0.0669 和 -0.0426。具体的数据如表 4-359 所示。

表 4-359   稳定性人格在阅读计划完成度与信用之间的中介效应

效应		Effect	置信区间下限	置信区间上限
总效应		-0.0800	-0.1014	-0.0586
直接效应		0.0324	0.0155	0.0494
间接效应	总间接效应	-0.1124	-0.1274	-0.0977
	认知需求	-0.0029	-0.0053	-0.0007
	自我效能	-0.0669	-0.0775	-0.0573
	延迟满足	-0.0426	-0.0508	-0.0348

（7）阅读影响。将阅读影响作为自变量，稳定性人格作为中介变量，信用作为因变量。阅读影响这一变量影响信用的总效应置信区间 [-0.2336, -0.1752] 不包含 0，说明总效应在 $\alpha = 0.05$ 的水平上显著，效应大小为 -0.2044；直接效应置信区间 [-0.0827, -0.0359] 不包含 0，说明直接效应显著，效应大小为 -0.0593；总间接效应的置信区间 [-0.1642, -0.1267] 不包含 0，说明稳定性人格间接效应显著，发挥的间接效应与直接效应的符号相同，故存在部分中介效应，效应大小为 -0.1451，占总效应的 70.9%。其中，认知需求、自我效能和延迟满足的置信区间不包含 0，说明其均发挥了显著的中介效应，效应大小分别为 -0.0069、-0.0844 和 -0.0537。具体的数据如表 4-360 所示。

表4-360　稳定性人格在阅读影响与信用之间的中介效应

效应		Effect	置信区间下限	置信区间上限
总效应		−0.2044	−0.2336	−0.1752
直接效应		−0.0593	−0.0827	−0.0359
间接效应	总间接效应	−0.1451	−0.1642	−0.1267
	认知需求	−0.0069	−0.0101	−0.0040
	自我效能	−0.0844	−0.0977	−0.0719
	延迟满足	−0.0537	−0.0643	−0.0440

二十、稳定性人格在阅读素养与生涯适应能力之间的中介效应

本书把阅读素养作为自变量，包括阅读频率、阅读时长、阅读类型、阅读媒介、阅读主动性、阅读计划完成度、阅读影响共七个变量。把认知需求、自我效能、延迟满足三种稳定性人格心理变量作为中介变量，生涯适应能力作为因变量，运用PROCESS分析工具进行多重中介效应分析，将样本数量设置为5000，置信区间的置信度设置为95%。以下为稳定性人格在阅读素养与生涯适应能力之间的中介效应的检验结果。

（1）阅读频率。将阅读频率作为自变量，稳定性人格作为中介变量，生涯适应能力作为因变量。阅读频率影响生涯适应能力的总效应置信区间 [−0.1390, −0.0933] 不包含0，说明总效应在 $\alpha = 0.05$ 的水平上显著，效应大小为−0.1162；直接效应置信区间 [−0.0799, −0.0409] 不包含0，说明直接效应显著，效应大小为−0.0604；总间接效应的置信区间 [−0.0693, −0.0418] 不包含0，说明稳定性人格间接效应显著，发挥的间接效应与直接效应的符号相同，故存在部分中介效应，效应大小为−0.0558，占总效应的48.0%。其中，认知需求、自我效能和延迟满足的置信区间不包含0，说明其均发挥了显著的中介效应，效应大小分别为0.0116、−0.0409和−0.0265。具体的数据如表4-361所示。

表4-361　稳定性人格在阅读频率与生涯适应能力之间的中介效应

效应		Effect	置信区间下限	置信区间上限
总效应		−0.1162	−0.1390	−0.0933
直接效应		−0.0604	−0.0799	−0.0409
间接效应	总间接效应	−0.0558	−0.0693	−0.0418
	认知需求	0.0116	0.0082	0.0153
	自我效能	−0.0409	−0.0498	−0.0325
	延迟满足	−0.0265	−0.0337	−0.0198

（2）阅读时长。将阅读时长作为自变量，稳定性人格作为中介变量，生涯适应能力作为因变量。阅读时长影响生涯适应能力的总效应置信区间 [−0.1264, −0.0774] 不包含0，说明总效应在 $\alpha = 0.05$ 的水平上显著，效应大小为−0.1019；

直接效应置信区间［-0.0723，-0.0308］不包含0，说明直接效应显著，效应大小为-0.0516；总间接效应的置信区间［-0.0652，-0.0356］不包含0，说明稳定性人格间接效应显著，发挥的间接效应与直接效应的符号相同，故存在部分中介效应，效应大小为-0.0503，占总效应的49.4%。其中，认知需求、自我效能和延迟满足的置信区间不包含0，说明其发挥了显著的中介效应，效应大小分别为0.0102、-0.0380和-0.0226。具体的数据如表4-362所示。

表4-362　稳定性人格在阅读时长与生涯适应能力之间的中介效应

效应		Effect	置信区间下限	置信区间上限
总效应		-0.1019	-0.1264	-0.0774
直接效应		-0.0516	-0.0723	-0.0308
间接效应	总间接效应	-0.0503	-0.0652	-0.0356
	认知需求	0.0102	0.0068	0.0139
	自我效能	-0.0380	-0.0472	-0.0291
	延迟满足	-0.0226	-0.0302	-0.0156

（3）阅读类型。将阅读类型作为自变量，稳定性人格作为中介变量，生涯适应能力作为因变量。阅读类型影响生涯适应能力的总效应置信区间［-0.0004，0.0316］包含0，说明总效应不显著；直接效应置信区间［-0.0134，0.0132］包含0，说明直接效应在 $\alpha = 0.05$ 的水平上不显著，总间接效应的置信区间［0.0067，0.0245］不包含0，说明稳定性人格间接效应显著。具体的数据如表4-363所示。

表4-363　稳定性人格在阅读类型与生涯适应能力之间的中介效应

效应		Effect	置信区间下限	置信区间上限
总效应		0.0156	-0.0004	0.0316
直接效应		-0.0001	-0.0134	0.0132
间接效应	总间接效应	0.0157	0.0067	0.0245
	认知需求	0.0027	0.0007	0.0047
	自我效能	0.0077	0.0027	0.0128
	延迟满足	0.0053	0.0012	0.0095

（4）阅读媒介。将阅读媒介作为自变量，稳定性人格作为中介变量，生涯适应能力作为因变量。阅读媒介影响生涯适应能力的总效应置信区间［-0.0418，0.0008］包含0，说明总效应在 $\alpha = 0.05$ 的水平上不显著；直接效应置信区间［-0.0280，0.0075］包含0，说明直接效应不显著；总间接效应的置信区间［-0.0217，0.0014］包含0，说明稳定性人格间接效应不显著。具体的数据如表4-364所示。

（5）阅读主动性。将阅读主动性作为自变量，稳定性人格作为中介变量，生涯适应能力作为因变量。阅读主动性影响生涯适应能力的总效应置信区间［-0.2447，

表 4-364　稳定性人格在阅读媒介与生涯适应能力之间的中介效应

效应		Effect	置信区间下限	置信区间上限
总效应		−0.0205	−0.0418	0.0008
直接效应		−0.0103	−0.0280	0.0075
间接效应	总间接效应	−0.0102	−0.0217	0.0014
	认知需求	0.0032	0.0006	0.0058
	自我效能	−0.0077	−0.0145	−0.0011
	延迟满足	−0.0057	−0.0115	−0.0002

−0.1860］不包含0，说明总效应在 α = 0.05 的水平上显著，效应大小为−0.2154；直接效应置信区间［−0.1454，−0.0948］不包含0，说明直接效应显著，效应大小为−0.1201；总间接效应的置信区间［−0.1135，−0.0769］不包含0，说明稳定性人格间接效应显著，发挥的间接效应与直接效应的符号相同，存在部分中介效应，效应大小为−0.0952，占总效应的44.2%。其中，认知需求、自我效能和延迟满足的置信区间均不包含0，说明其发挥了显著的中介效应，效应大小分别为0.0160、−0.0659 和−0.0453。具体的数据如表 4-365 所示。

表 4-365　稳定性人格在阅读主动性与生涯适应能力之间的中介效应

效应		Effect	置信区间下限	置信区间上限
总效应		−0.2154	−0.2447	−0.1860
直接效应		−0.1201	−0.1454	−0.0948
间接效应	总间接效应	−0.0952	−0.1135	−0.0769
	认知需求	0.0160	0.0113	0.0212
	自我效能	−0.0659	−0.0782	−0.0541
	延迟满足	−0.0453	−0.0558	−0.0355

（6）阅读计划完成度。将阅读计划完成度作为自变量，稳定性人格作为中介变量，生涯适应能力作为因变量。阅读计划完成度影响生涯适应能力的总效应置信区间［−0.2286，−0.1819］不包含0，说明总效应在 α = 0.05 的水平上显著，效应大小为−0.2053；直接效应置信区间［−0.1342，−0.0938］不包含0，说明直接效应显著，效应大小为−0.1140；总间接效应置信区间［−0.1061，−0.0773］不包含0，说明稳定性人格间接效应显著，发挥的间接效应与直接效应的符号相反，故存在部分中介效应，效应大小为−0.0912。其中，认知需求、自我效能和延迟满足的置信区间不包含0，说明其发挥了显著的中介效应，效应大小分别为0.0041、−0.0556 和−0.0398。具体的数据如表 4-366 所示。

表 4-366　稳定性人格在阅读计划完成度与生涯适应能力之间的中介效应

效应	Effect	置信区间下限	置信区间上限
总效应	−0.2053	−0.2286	−0.1819
直接效应	−0.1140	−0.1342	−0.0938

效应		Effect	置信区间下限	置信区间上限
间接效应	总间接效应	−0.0912	−0.1061	−0.0773
	认知需求	0.0041	0.0010	0.0075
	自我效能	−0.0556	−0.0661	−0.0459
	延迟满足	−0.0398	−0.0483	−0.0318

（7）阅读影响。将阅读影响作为自变量，稳定性人格作为中介变量，生涯适应能力作为因变量。阅读影响这一变量影响生涯适应能力的总效应置信区间 [−0.2341，−0.1688] 不包含 0，说明总效应在 $\alpha=0.05$ 的水平上显著，效应大小为−0.2015；直接效应置信区间 [−0.1132，−0.0571] 不包含 0，说明直接效应显著，效应大小为−0.0852；总间接效应置信区间 [−0.1361，−0.0976] 不包含 0，说明稳定性人格间接效应显著，发挥的间接效应与直接效应的符号相同，故存在部分中介效应，效应大小为−0.1163，占总效应的 57.7%。其中，认知需求、自我效能和延迟满足的置信区间不包含 0，说明其发挥了显著的中介效应，效应大小分别为 0.0104、−0.0748 和−0.0518。具体的数据如表 4−367 所示。

表 4−367　稳定性人格在阅读影响与生涯适应能力之间的中介效应

效应		Effect	置信区间下限	置信区间上限
总效应		−0.2015	−0.2341	−0.1688
直接效应		−0.0852	−0.1132	−0.0571
间接效应	总间接效应	−0.1163	−0.1361	−0.0976
	认知需求	0.0104	0.0060	0.0151
	自我效能	−0.0748	−0.0885	−0.0623
	延迟满足	−0.0518	−0.0636	−0.0411

二十一、稳定性人格在阅读素养与未来承诺之间的中介效应

本书把阅读素养作为自变量，包括阅读频率、阅读时长、阅读类型、阅读媒介、阅读主动性、阅读计划完成度、阅读影响共七个变量。把认知需求、自我效能、延迟满足三种稳定性人格心理变量作为中介变量，未来承诺作为因变量，运用 PROCESS 分析工具进行多重中介效应分析，将样本数量设置为 5000，置信区间的置信度设置为 95%。以下为稳定性人格在阅读素养与未来承诺之间的中介效应的检验结果。

（1）阅读频率。将阅读频率作为自变量，稳定性人格作为中介变量，未来承诺作为因变量。阅读频率影响未来承诺的总效应置信区间 [−0.1426，−0.0980] 不包含 0，说明总效应在 $\alpha=0.05$ 的水平上显著，效应大小为−0.1203；直接效应置信区间 [−0.0684，−0.0328] 不包含 0，说明直接效应显著，效应大小为−0.0506；总间接效应的置信区间 [−0.0849，−0.0548] 不包含 0，说明稳定性

人格间接效应显著，发挥的间接效应与直接效应的符号相同，故存在部分中介效应，效应大小为 -0.0697，占总效应的 57.9%。其中，认知需求、自我效能和延迟满足的置信区间不包含 0，说明其均发挥了显著的中介效应，效应大小分别为 0.0085、-0.0554 和 -0.0228。具体的数据如表 4-368 所示。

表 4-368　稳定性人格在阅读频率与未来承诺之间的中介效应

效应		Effect	置信区间下限	置信区间上限
总效应		-0.1203	-0.1426	-0.0980
直接效应		-0.0506	-0.0684	-0.0328
间接效应	总间接效应	-0.0697	-0.0849	-0.0548
	认知需求	0.0085	0.0058	0.0115
	自我效能	-0.0554	-0.0663	-0.0450
	延迟满足	-0.0228	-0.0291	-0.0170

（2）阅读时长。将阅读时长作为自变量，稳定性人格作为中介变量，未来承诺作为因变量。阅读时长影响未来承诺的总效应置信区间 [-0.1272，-0.0794] 不包含 0，说明总效应在 $\alpha = 0.05$ 的水平上显著，效应大小为 -0.1033；直接效应置信区间 [-0.0589，-0.0210] 不包含 0，说明直接效应显著，效应大小为 -0.0399；总间接效应的置信区间 [-0.0798，-0.0472] 不包含 0，说明稳定性人格间接效应显著，发挥的间接效应与直接效应的符号相同，故存在部分中介效应，效应大小为 -0.0634，占总效应的 61.4%。其中，认知需求、自我效能和延迟满足的置信区间不包含 0，说明其发挥了显著的中介效应，效应大小分别为 0.0074、-0.0514 和 -0.0194。具体的数据如表 4-369 所示。

表 4-369　稳定性人格在阅读时长与未来承诺之间的中介效应

效应		Effect	置信区间下限	置信区间上限
总效应		-0.1033	-0.1272	-0.0794
直接效应		-0.0399	-0.0589	-0.0210
间接效应	总间接效应	-0.0634	-0.0798	-0.0472
	认知需求	0.0074	0.0049	0.0104
	自我效能	-0.0514	-0.0631	-0.0400
	延迟满足	-0.0194	-0.0260	-0.0131

（3）阅读类型。将阅读类型作为自变量，稳定性人格作为中介变量，未来承诺作为因变量。阅读类型影响未来承诺的总效应置信区间 [0.0017，0.0330] 不包含 0，说明总效应显著，效应大小为 0.0174；直接效应置信区间 [-0.0117，0.0127] 包含 0，说明直接效应在 $\alpha = 0.05$ 的水平上不显著；总间接效应的置信区间 [0.0073，0.0267] 不包含 0，说明稳定性人格间接效应显著，发挥的间接效应与直接效应的符号相同，故存在部分中介效应，效应大小为 0.0169。其中，认知需求、自我效能和延迟满足的置信区间不包含 0，说明其发挥了显著的中介

效应，效应大小分别为 0.0019、0.0103 和 0.0046。具体的数据如表 4-370 所示。

表 4-370 稳定性人格在阅读类型与未来承诺之间的中介效应

效应		Effect	置信区间下限	置信区间上限
总效应		0.0174	0.0017	0.0330
直接效应		0.0005	−0.0117	0.0127
间接效应	总间接效应	0.0169	0.0073	0.0267
	认知需求	0.0019	0.0006	0.0035
	自我效能	0.0103	0.0036	0.0172
	延迟满足	0.0046	0.0010	0.0082

（4）阅读媒介。将阅读媒介作为自变量，稳定性人格作为中介变量，未来承诺作为因变量。阅读媒介影响未来承诺的总效应置信区间 [−0.0583, −0.0167] 不包含 0，说明总效应在 $\alpha = 0.05$ 的水平上显著，效应大小为 −0.0375；直接效应置信区间 [−0.0409, −0.0084] 不包含 0，说明直接效应显著，效应大小为 −0.0246；总间接效应的置信区间 [−0.0263, 0.0003] 包含 0，说明稳定性人格间接效应不显著。具体的数据如表 4-371 所示。

表 4-371 稳定性人格在阅读媒介与未来承诺之间的中介效应

效应		Effect	置信区间下限	置信区间上限
总效应		−0.0375	−0.0583	−0.0167
直接效应		−0.0246	−0.0409	−0.0084
间接效应	总间接效应	−0.0129	−0.0263	0.0003
	认知需求	0.0023	0.0005	0.0044
	自我效能	−0.0103	−0.0194	−0.0014
	延迟满足	−0.0049	−0.0099	−0.0001

（5）阅读主动性。将阅读主动性作为自变量，稳定性人格作为中介变量，未来承诺作为因变量。阅读主动性影响未来承诺的总效应置信区间 [−0.2448, −0.1875] 不包含 0，说明总效应在 $\alpha = 0.05$ 的水平上显著，效应大小为 −0.2161；直接效应置信区间 [−0.1219, −0.0756] 不包含 0，说明直接效应显著，效应大小为 −0.0987；总间接效应的置信区间 [−0.1366, −0.0979] 不包含 0，说明稳定性人格间接效应显著，发挥的间接效应与直接效应的符号相同，故存在部分中介效应，效应大小为 −0.1174，占总效应的 54.3%。其中，认知需求、自我效能和延迟满足的置信区间均不包含 0，说明其发挥了显著的中介效应，效应大小分别为 0.0118、−0.0902 和 −0.0390。具体的数据如表 4-372 所示。

表 4-372 稳定性人格在阅读主动性与未来承诺之间的中介效应

效应	Effect	置信区间下限	置信区间上限
总效应	−0.2161	−0.2448	−0.1875
直接效应	−0.0987	−0.1219	−0.0756

续表

效应		Effect	置信区间下限	置信区间上限
间接效应	总间接效应	−0.1174	−0.1366	−0.0979
	认知需求	0.0118	0.0080	0.0159
	自我效能	−0.0902	−0.1049	−0.0757
	延迟满足	−0.0390	−0.0478	−0.0308

（6）阅读计划完成度。将阅读计划完成度作为自变量，稳定性人格作为中介变量，未来承诺作为因变量。阅读计划完成度影响未来承诺的总效应置信区间 [−0.2161，−0.1703] 不包含 0，说明总效应在 α=0.05 的水平上显著，效应大小为−0.1932；直接效应置信区间 [−0.1037，−0.0666] 不包含 0，说明直接效应显著，效应大小为−0.0851；总间接效应置信区间 [−0.1236，−0.0928] 不包含 0，说明稳定性人格间接效应显著，发挥的间接效应与直接效应的符号相同，故存在部分中介效应，效应大小为−0.1080，占总效应的 55.9%。其中，认知需求、自我效能和延迟满足的置信区间不包含 0，说明其发挥了显著的中介效应，效应大小分别为 0.0030、−0.0767 和−0.0343。具体的数据如表 4-373 所示。

表 4-373　稳定性人格在阅读计划完成度与未来承诺之间的中介效应

效应		Effect	置信区间下限	置信区间上限
总效应		−0.1932	−0.2161	−0.1703
直接效应		−0.0851	−0.1037	−0.0666
间接效应	总间接效应	−0.1080	−0.1236	−0.0928
	认知需求	0.0030	0.0007	0.0054
	自我效能	−0.0767	−0.0889	−0.0654
	延迟满足	−0.0343	−0.0417	−0.0275

（7）阅读影响。将阅读影响作为自变量，稳定性人格作为中介变量，未来承诺作为因变量。阅读影响这一变量影响未来承诺的总效应置信区间 [−0.2341，−0.1794] 不包含 0，说明总效应在 α=0.05 的水平上显著，效应大小为−0.2113；直接效应置信区间 [−0.0983，−0.0470] 不包含 0，说明直接效应显著，效应大小为−0.0726；总间接效应置信区间 [−0.1596，−0.1176] 不包含 0，说明稳定性人格间接效应显著，发挥的间接效应与直接效应的符号相同，故存在部分中介效应，效应大小为−0.1386，占总效应的 65.6%。其中，认知需求、自我效能和延迟满足的置信区间不包含 0，说明其发挥了显著的中介效应，效应大小分别为 0.0076、−0.1017 和−0.0445。具体的数据如表 4-374 所示。

表 4-374　稳定性人格在阅读影响与未来承诺之间的中介效应

效应	Effect	置信区间下限	置信区间上限
总效应	−0.2113	−0.2431	−0.1794
直接效应	−0.0726	−0.0983	−0.0470

效应		Effect	置信区间下限	置信区间上限
间接效应	总间接效应	−0.1386	−0.1596	−0.1176
	认知需求	0.0076	0.0041	0.0113
	自我效能	−0.1017	−0.1176	−0.0864
	延迟满足	−0.0445	−0.0547	−0.0354

本章小结

在本章中，第一节我们完成了对主体相关的 26 个变量的描述性统计，其结果基本符合大学生群体特征，样本具有代表性。第二节为了保持项目的连贯性，在原试题未做更改的情况下，进行了 2023 年、2024 年客观财经知识正确率对比，发现相较于 2023 年，2024 年的正确率趋于稳定，整体情况良好，原因可能是在受试者人数增加的情况下，其组成成分，如是否是经管类学生、年龄等相较于 2023 年并未出现较大变化，使结果趋于一致。第三节通过运用 One-way ANOVA 分析工具、PROCESS 分析工具探明了数学素养变量通过稳定性人格对大学生的财经素养产生影响。第四节，通过运用 One-way ANOVA 分析工具、PROCESS 分析工具，探析阅读素养变量对稳定性人格及财经素养的影响，证实了阅读素养对于大学生财经素养形成的作用，稳定性人格的培养是作用的路径之一。

第五章　结论与启示

第一节　结论

本书围绕描述大学生财经素养现状以及素养因素（包括数学素养和阅读素养）对财经素养的影响效应两个研究目的，回顾了翔实的外文文献，根据本书先前积累的研究成果，设计了个人数学素养、阅读素养与财经素养之间关系的研究框架，在此基础上通过文献研究和小组访谈建立了变量的测量体系。借助四川省大学生财经素养大赛，把报名参赛学生作为样本框获取受访对象，取得的样本具有一定的代表性，取得的数据具有高质量的特性。运用可靠性分析、描述性统计分析、Cross Tabulation 分析、ANOVA 方差分析、多重对比分析、回归分析、相关分析、PROCESS 分析等定量分析工作对数据进行了规范的研究，形成如下主要结论。

一、大学生财经素养总体状况

本书从客观财经知识、主观财经知识、财经态度、财经满意度、财经行为合理性、独立、信用、生涯适应能力和未来承诺九个维度界定大学生财经素养的内涵。

1. 客观财经知识

客观财经知识，是指 23 道常识性的客观财经知识问题作答得分。客观财经知识由 23 个财经类知识问答组成，包括通货膨胀、单利计算、借钱中的利息计算、复利计算、投资的风险性、通货膨胀和生活成本的关系、股票的风险性、抵押贷款的利息成本、分散化投资和风险的关系、利率和债券价格的关系、美元的买入价识别、高回报金融产品的识别、收益波动资产的识别、债券和股票的风险比较、资产的时间价值、股票共同基金的含义、存款准备金率、股票的意义、医疗保险、个人信用评级、不良信用记录、分期付款购买汽车、个人信用报告。数据分析结果显示，23 道常识性的客观财经知识问题都回答正确的人数为 1 人。

回答正确 22 道题的人数为 20 人，占比 0.3%；12 道题都回答正确，也就是 50% 的题都回答正确的人数累计为 72.5%。换言之，另外 50% 的题都无法回答正确的人数的占比为 28.5%。此外，单一问题正确比例最高的为投资的风险性（高投资高风险的识别），正确率为 91.7%；正确比例最低的为医疗保险，正确率仅为 15.9%。每道题平均的正确率为 58.0%。

值得注意的是，本书对在 2023 年、2024 年客观财经知识测试中设置的相同题目进行了对比分析。结果发现，2024 年参与项目的大学生在客观财经知识的正确率方面，相较于 2023 年的受试者，正确率趋于稳定，整体情况良好。2023 年受试者正确率不足 50% 的项目为通货膨胀、借钱中的利息计算、股票的风险性、利率和债券的关系、美元的买入价识别、高回报金融产品的识别、股票持有人的性质、医疗保险，最低为医疗保险仅为 15.9%；正确率超过 80% 的项目为投资的风险性、个人信用评级，最高为投资的风险性 91.7%。其中，通货膨胀、存款准备金率、股票持有人的性质、医疗保险，呈明显上升趋势，且通货膨胀的正确率上升幅度最大。高回报金融资产的识别则出现显著且较高的正确率下降。而单利计算、借钱中的利息计算、复利计算、投资的风险性、通货膨胀和生活成本的关系、股票的风险性、抵押贷款的利息成本、分散化投资和风险的关系、利率和债券价格的关系、美元的买入价识别、收益波动资产的识别、债券和股票的风险比较、资产的时间价值、股票共同基金、个人信用评级、不良信用记录的影响、分期付款购买汽车、申请个人信用报告不存在显著性差异。

2. 主观财经知识

主观财经知识，是指对财经知识的掌握和理解程度的自我评判。数据分析结果显示，自我评估财经知识低于中等水平的大学生累计达到 47.7%；自我评估财经知识高于中等水平的大学生累计为 20.0%。

3. 财经态度

财经态度，是指个体即时满足抑或延迟满足的愿望，以及能否正确处理储蓄和消费之间的关系。此变量的测量由两个题项构成，分别是“我倾向于今朝有酒今朝醉而不去考虑明天”“相比存钱而言，我更愿意把这些钱花掉”。得分越高代表越不同意该测项的观点，财经态度则表现出正向积极的特性。数据分析结果显示，仅 12.0% 的受访者更赞同即时满足的财经态度，58.5% 则不赞同这种观点，处于中立态度的受访者的比例达到 29.5%；12.0% 的受访者认为花钱比储蓄更重要；57.2% 的受访者认为储蓄比花钱更重要；30.8% 处于中立态度。由于“我倾向于今朝有酒今朝醉而不去考虑明天”“我发现花钱比长期保存更令人满意”两个变量之间的 Pearson 相关系数为 0.660，在 $\alpha = 0.001$ 的水平上显著。因此，这两个量表的测量结果共同说明，约 14.3% 的受访者倾向于即时满足的财经态度，而一半以上的受访者倾向于延迟满足的财经态度。

4. 财经满意度

财经满意度，是指个体对目前财务状况的满意程度。此变量的测量由"我对目前的财务状况感到满意"来进行测量。数据分析结果显示，44.8%的受访者对自己目前的财务状况不满意；19.5%的受访者对自己的财经状况处于满意状态。财经满意度的均值为2.63，小于中值3，说明大学生普遍对当下的财经状况处于不满意状态。

5. 财经行为合理性

财经行为合理性，是指个人的财经行为是否符合正常的规范。此变量的测量由四个题项构成，包括"在我买东西之前，我仔细考虑一下我是否能负担得起""我会按时偿还借款""我会密切关注自己的财务事宜""我制定了长期财务目标并努力实现这些目标"。得分越高，说明受访者的财经行为合理性越高。数据结果显示，受访者量入为出、按时支付账单、关注自身财务状况的均值都大于4，说明受访者财经行为合理性较高；对这三个题项完全不同意的比例为2.5% ~ 4.3%，占比较低。然而，仅制定财务目标并努力实现它的均值小于3.5，完全不同意的比例为4.3%。总体来讲，受访者财经行为的合理性比较高，但是财经行为的目的性还不是很强。

6. 独立

独立，是指个体依靠自己的力量去做某事的心理变量，它通常包括人格独立、经济独立、思想独立、生活独立。此变量的测量由八个题项构成，如"我通常能根据自身的情况和外部环境变化制定下一步的行动方案""我有勇气面对自己曾经犯过的错误""我会为自己的行为负责"等。本书对独立的八个关联题项的描述统计结果进行了分析。结果显示，受访者对于正向态度（比较同意和完全同意）均大于50%，仅"我的内心非常强大"比50%略低，八个题项的均值均大于3，也就是说，四成的大学生的独立比较强。但是，八个题项的负向态度（完全不同意和比较不同意）合并的比例为5.3% ~ 13.4%，说明还有接近一成的大学生独立比较弱。

7. 信用

信用，是指基于人们之间的互相信任，通过具有法律效力的契约或协议提供给自然人的信用。本书从道德层面和经济学层面界定了信用的内涵。此变量的测量由六个题项构成，如"我会对我说出的话负责""我借用了他人的东西，我都会如期归还""我会尽最大努力履行我对他人的承诺""我认识的人都很信任我"等。数据分析结果显示，六个题项正向态度（比较同意和完全同意）合并的比例均大于70%，六个题项负向态度（比较不同意和完全不同意）合并的比例为

4%~8%。这说明，绝大多数大学生遵循信用的规则，但仍有少量学生还未认识到信用的作用和意义。

8. 生涯适应能力

生涯适应能力，是指个人在获取更高学历、未来工作和未来家庭所做的思考和长远规划。此变量的测量由三个题项构成，分别是"您多久筹划一次您未来更高学历的教育""您多久筹划一次您未来的工作""您多久筹划一次您未来的家庭"。得分越高，说明生涯适应能力越强。数据分析结果发现，其中三个题项的均值均大于中值3，偶尔和经常两个选项合并的比例均大于30%，其中，对学历教育和工作的筹划均大于50%，说明大部分大学生均有较强的生涯适应能力，但是，尚有一成多的学生没有未来规划的意识。

9. 未来承诺

未来承诺，是指个体把未来规划付诸行动的决心。此变量的测量由三个题项构成，分别是"您大学毕业后实现更高学历教育计划的决心有多大""您大学毕业后实现未来工作计划的决心有多大""您大学毕业后实现未来家庭计划的决心有多大"。得分越高，说明未来承诺越强。数据分析结果显示，在这三个题项中，有决心实现继续教育和未来工作计划（决心较大和决心很大）的比例超过50%，有决心实现未来家庭计划的比例达到36.4%，但仍有3%左右的大学生对实现未来规划没有决心，特别是对实现家庭计划没有决心。

二、数学素养对大学生财经知识和财经素养的影响

本书构建的数学素养变量旨在反映大学生的数学背景，包含数学竞赛、学术成就、高级数学课程、独立研究、实际应用、统计与数据分析、计算工具、数学历史共八个变量。将数学素养作为自变量，将大学生财经知识和财经素养作为因变量，运用One-way ANOVA分析工具进行方差分析，探究数学素养变量对大学生财经知识和财经素养的影响。同时，探究了稳定性人格（包括认知需求、自我效能、延迟满足）在其中的中介作用。数据分析结论如下：

1. 数学素养对客观财经知识的影响及稳定性人格的中介作用

（1）数学竞赛对客观财经知识的影响及稳定性人格的中介作用。数据分析结果显示，参加过且多次获奖的大学生的客观财经知识得分显著低于参加过且表现较好的大学生。将数学竞赛作为自变量，稳定性人格作为中介变量，客观财经知识作为因变量。结果显示，三个稳定性人格变量（认知需求、自我效能、延迟满足）在数学竞赛与客观财经知识之间没有发挥显著的中介效应。

（2）学术成就对客观财经知识的影响及稳定性人格的中介作用。数据分析结果显示，学术成就为杰出的大学生的客观财经知识得分显著高于学术成就为较差、一般的大学生的客观财经知识得分。学术成就为优秀的大学生的客观财经知识得分显著高于学术成就为较差、一般以及良好的大学生的客观财经知识得分。学术成就为良好的大学生的客观财经知识得分显著高于学术成就为一般以及较差的大学生的客观财经知识得分。学术成就良好的大学生的客观财经知识得分显著高于学术成就为一般的大学生的客观财经知识得分。将学术成就作为自变量，稳定性人格作为中介变量，客观财经知识得分作为因变量。结果显示，三个稳定性人格变量（认知需求、自我效能、延迟满足）在学术成就与客观财经知识之间发挥显著的中介效应。

（3）高级数学课程对客观财经知识的影响及稳定性人格的中介作用。数据分析结果显示，学习过高级数学课程且取得高分的大学生的客观财经知识得分显著高于学习过但困难重重、一般以及从未学习过的大学生的客观财经知识得分。学习过高级数学课程且顺利完成的大学生的客观财经知识得分显著高于学习过但困难重重、一般的大学生的客观财经知识得分。学习过高级数学课程但结果一般的大学生的客观财经知识得分显著高于未学习过的大学生的客观财经知识得分。高级数学课程作为自变量，稳定性人格作为中介变量，客观财经知识得分作为因变量。结果显示，三个稳定性人格变量（认知需求、自我效能、延迟满足）在高级数学课程与客观财经知识之间发挥显著的中介效应。

（4）独立研究对客观财经知识的影响及稳定性人格的中介作用。数据分析结果显示，参与过独立研究且有一定经验的大学生的客观财经知识得分显著低于未参与过的、经验有限的大学生的客观财经知识得分。将独立研究作为自变量，稳定性人格作为中介变量，客观财经知识得分作为因变量。结果显示，三个稳定性人格变量（认知需求、自我效能、延迟满足）在独立研究与客观财经知识得分之间没有发挥显著的中介效应。

（5）实际应用对客观财经知识的影响及稳定性人格的中介作用。数据分析结果显示，在数学素养实际应用方面较有经验的大学生的客观财经知识得分显著高于从未尝试过的大学生的客观财经知识得分。有一些经验的大学生的客观财经知识得分显著高于从未尝试过的大学生的客观财经知识得分。经验有限的大学生的客观财经知识得分显著高于从未尝试过的大学生的客观财经知识得分。将实际应用作为自变量，稳定性人格作为中介变量，客观财经知识得分作为因变量。结果显示，三个稳定性人格变量（认知需求、自我效能、延迟满足）在实际应用与客观财经知识之间发挥显著的中介效应。

（6）统计与数据分析对客观财经知识的影响及稳定性人格的中介作用。数据分析结果显示，在统计与数据分析方面有高水平经验的大学生的客观财经知识得分显著低于经验有限及有一定经验的大学生的客观财经知识得分。较有经验的大学生的客观财经知识得分显著高于从未学习过的大学生的客观财经知识得分。有一定经验的大学生的客观财经知识得分显著高于从未学习过的大学生的客观财经知识得分。经验有限的大学生的客观财经知识得分显著高于从未学习过的大学生的客观财经知识得分。将统计与数据分析作为自变量，稳定性人格作为中介变量，客观财经知识得分作为因变量。结果显示，自我效能和延迟满足在统计与数据分析与客观财经知识之间发挥显著的中介效应，认知需求在统计与数据分析与客观财经知识得分之间没有发挥显著的中介效应。

（7）计算工具对客观财经知识的影响及稳定性人格的中介作用。数据分析结果显示，在计算工具使用方面有高水平经验的大学生的客观财经知识得分显著低于经验有限、有一定经验及较有经验的大学生的客观财经知识得分。较有经验的大学生的客观财经知识得分显著高于从未使用过的大学生的客观财经知识得分。有一定经验的大学生的客观财经知识得分显著高于从未使用过、经验有限的大学生的客观财经知识得分。经验有限的大学生的客观财经知识得分显著高于从未使用过的大学生的客观财经知识得分。将计算工具作为自变量，稳定性人格作为中介变量，客观财经知识得分作为因变量。结果显示，三个稳定性人格变量（认知需求、自我效能、延迟满足）在计算工具与客观财经知识之间发挥显著的中介效应。

（8）数学历史对客观财经知识的影响及稳定性人格的中介作用。数据分析结果显示，对于数学历史深入研究过的大学生的客观财经知识得分显著低于从未学习过、有一定了解、有一些学习经验的大学生的客观财经知识得分。有较多学习经验的大学生的客观财经知识得分显著低于有一定了解的大学生的客观财经知识得分。有一定了解的大学生的客观财经知识得分显著高于从未学习过的大学生的客观财经知识得分。将数学历史作为自变量，稳定性人格作为中介变量，客观财经知识得分作为因变量。结果显示，三个稳定性人格变量（认知需求、自我效能、延迟满足）在数学历史与客观财经知识之间发挥显著的中介效应。

2. 数学素养对主观财经知识的影响及稳定性人格的中介作用

（1）数学竞赛对主观财经知识的影响及稳定性人格的中介作用。数据分析结果显示，参加过数学竞赛且多次获奖的大学生的主观财经知识得分显著高于参加过且表现一般、较差与未参加过的大学生的主观财经知识得分。参加过数学竞赛且表现较好的大学生的主观财经知识得分显著高于参加过且表现一般、较差与未参加过的大学生的主观财经知识得分。参加过数学竞赛且表现一般的大学生的主观财经知识得分显著高于参加过且表现较差与未参加过的大学生的主观财经知识得分。将数学竞赛作为自变量，稳定性人格作为中介变量，主观财经知识得分作为因变量。结果显示，三个稳定性人格变量（认知需求、自我效能、延迟满足）在数学竞赛与主观财经知识之间发挥显著的中介效应。

（2）学术成就对主观财经知识的影响及稳定性人格的中介作用。数据分析结果显示，学术成就杰出的大学生的主观财经知识得分显著高于其余组别的大学生的主观财经知识得分。学术成就为优秀的大学生的主观财经知识得分显著高于学术成就为较差、一般以及良好的大学生的主观财经知识得分。学术成就良好的大学生的主观财经知识得分显著高于学术成就一般以及较差的大学生的主观财经知识得分。学术成就为一般的大学生的主观财经知识得分显著高于学术成就为较差的大学生的主观财经知识得分。将学术成就作为自变量，稳定性人格作为中介变量，主观财经知识得分作为因变量。结果显示，三个稳定性人格变量（认知需求、自我效能、延迟满足）在学术成就与主观财经知识之间发挥显著的中介效应。

（3）高级数学课程对主观财经知识的影响及稳定性人格的中介作用。数据分析结果显示，学习过高级数学课程且取得高分的大学生的主观财经知识得分显著高于学习过但困难重重、一般以及从未学习过的大学生的主观财经知识得分。学习过高级数学课程且顺利完成的大学生的主观财经知识得分显著高于学习过但困难重重、一般以及未学习过的大学生的主观财经知识得分。学习过高级数学课程但结果一般的大学生的主观财经知识得分显著高于学习过但困难重重，以及未学习过的大学生的主观财经知识得分。结果显示，自我效能和延迟满足在高级数学课程与主观财经知识之间发挥显著的中介效应，认知需求在高级数学课程与主观财经知识得分之间没有发挥显著的中介效应。

（4）独立研究对主观财经知识的影响及稳定性人格的中介作用。数据分析结果显示，参与过独立研究且取得成绩的大学生的主观财经知识得分显著高于未参与过独立研究的大学生的主观财经知识得分。参与过独立研究且积极参与的大学生的主观财经知识得分显著高于参与过独立研究但经验有限、有一定经验以及未参与过的大学生的主观财经知识得分。参与过独立研究且有一定经验的大学生的主观财经知识得分显著高于未参与过独立研究的大学生的主观财经知识得分。参与过独立研究但经验有限的大学生的主观财经知识得分显著高于未参与过独立研究的大学生的主观财经知识得分。将高级数学课程作为自变量，稳定性人格作为中介变量，主观财经知识得分作为因变量。将独立研究作为自变量，稳定性人格作为中介变量，主观财经知识得分作为因变量。结果显示，自我效能和延迟满足在独立研究与主观财经知识之间发挥显著的中介效应，认知需求在独立研究与主观财经知识得分之间没有发挥显著的中介效应。

（5）实际应用对主观财经知识的影响及稳定性人格的中介作用。数据分析结果显示，在数学素养实际应用方面非常有经验的大学生的主观财经知识得分显著高于其余组别的大学生的主观财经知识得分。在数学素养实际应用方面较有经验的大学生的主观财经知识得分显著高于有一些经验、经验有限以及从未尝试过的大学生的主观财经知识得分。有一些经验的大学生的主观财经知识得分显著高于经验有限以及从未尝试过的大学生的主观财经知识得分。经验有限的大学生的主观财经知识得分显著高于从未尝试过的大学生的主观财经知识得分。将实际应用作为自变量，稳定性人格作为中介变量，主观财经知识得分作为因变量。结果显示，自我效能和延迟满足在实际应用与主观财经知识之间发挥显著的中介效应，认知需求在实际应用与主观财经知识得分之间没有发挥显著的中介效应。

（6）统计与数据分析对主观财经知识的影响及稳定性人格的中介作用。数据分析结果显示，在统计与数据分析方面有高水平经验的大学生的主观财经知识得分显著高于经验有限、有一定经验以及从未学习过的大学生的主观财经知识得分。较有经验的大学生的主观财经知识得分显著高于经验有限、有一定经验以及从未学习过的大学生的主观财经知识得分。有一定经验的大学生的主观财经知识得分显著高于经验有限以及从未学习过的大学生的主观财经知识得分。经验有限的大学生的主观财经知识得分显著高于从未学习过的大学生的主观财经知识得分。将统计与数据分析作为自变量，稳定性人格作为中介变量，主观财经知识得分作为因变量。统计结果显示，自我效能和延迟满足在统计与数据分析与主观财经知识之间发挥显著的中介效应，认知需求在统计与数据分析与主观财经知识得分之间没有发挥显著的中介效应。

（7）计算工具对主观财经知识的影响及稳定性人格的中介作用。数据分析结果显示，在计算工具使用方面具有高水平经验的大学生的主观财经知识得分显著高于其他组别的大学生的主观财经知识得分。较有经验的大学生的主观财经知识得分显著高于经验有限、有一定经验以及从未使用过的大学生的主观财经知识得分。有一定经验的大学生的主观财经知识得分显著高于从未使用过、经验有限的大学生的主观财经知识得分。经验有限的大学生的主观财经知识得分显著高于从未使用过的大学生的主观财经知识得分。将计算工具作为自变量，稳定性人格作为中介变量，主观财经知识得分作为因变量。结果显示，自我效能和延迟满足在计算工具与主观财经知识之间发挥显著的中介效应，认知需求在计算工具与主观财经知识得分之间没有发挥显著的中介效应。

（8）数学历史对主观财经知识的影响及稳定性人格的中介作用。数据分析结果显示，对于数学历史深入研究过的大学生的主观财经知识得分显著高于其他组别的大学生的主观财经知识得分。有较多学习经验的大学生的主观财经知识得分显著高于有一定了解、有一些学习经验以及从未学习过的大学生的主观财经知识得分。有一定了解的大学生的主观财经知识得分显著高于从未学习过的大学生的主观财经知识得分。将数学历史作为自变量，稳定性人格作为中介变量，主观财经知识得分作为因变量。结果显示，三个稳定性人格变量（认知需求、自我效能、延迟满足）在计算工具与主观财经知识之间发挥显著的中介效应。

3. 数学素养对财经态度的影响及稳定性人格的中介作用

（1）数学竞赛对财经态度的影响及稳定性人格的中介作用。数据分析结果显示，发现参加过数学竞赛且多次获奖的大学生的财经态度显著低于参加过且表现一般、较好与未参加过的大学生的财经态度。将数学竞赛作为自变量，稳定性人格作为中介变量，财经态度作为因变量。结果显示，延迟满足在数学竞赛与财经态度之间发挥显著的中介效应，认知需求和自我效能在数学竞赛与财经态度之间没有发挥显著的中介效应。

（2）学术成就对财经态度的影响及稳定性人格的中介作用。数据分析结果显示，学术成就为优秀的大学生的财经态度显著高于学术成就为一般的大学生的财经态度。学术成就为良好的大学生的财经态度显著高于学术成就为一般以及较差的大学生的财经态度。将学术成就作为自变量，稳定性人格作为中介变量，财经态度作为因变量。结果显示，延迟满足在学术成就与财经态度之间发挥显著的中介效应，认知需求和自我效能在学术成就与财经态度之间没有发挥显著的中介效应。

（3）高级数学课程对财经态度的影响及稳定性人格的中介作用。数据分析结果显示，学习过高级数学课程且取得高分的大学生的财经态度显著高于学习过但困难重重、一般的大学生的财经态度。将高级数学课程作为自变量，稳定性人格作为中介变量，财经态度作为因变量。结果显示，认知需求和延迟满足在高级数学课程与财经态度之间发挥显著的中介效应，自我效能在高级数学课程与财经态度之间没有发挥显著的中介效应。

（4）独立研究对财经态度的影响及稳定性人格的中介作用。数据分析结果显示，参与过独立研究且经验有限的大学生的财经态度显著高于有一定经验的大学生的财经态度。未参与过独立研究的大学生的财经态度显著高于有一定经验的大学生的财经态度。将独立研究作为自变量，稳定性人格作为中介变量，财经态度作为因变量。结果显示，三个稳定性人格变量（认知需求、自我效能、延迟满足）在独立研究与财经态度之间没有发挥显著的中介效应。

（5）实际应用对财经态度的影响及稳定性人格的中介作用。数据分析结果显示，在数学素养实际应用方面非常有经验的大学生的财经态度显著低于经验有限、一般、较有经验的大学生的财经态度。在数学素养和实际应用方面较有经验的大学生的财经态度显著高于从未尝试过的大学生的财经态度。有一些经验的大学生的财经态度显著高于从未尝试过的大学生的财经态度。经验有限的大学生的财经态度显著高于从未尝试过的大学生的财经态度。将实际应用作为自变量，稳定性人格作为中介变量，财经态度作为因变量。结果显示，认知需求和延迟满足在实际应用与财经态度之间发挥显著的中介效应，自我效能在实际应用与财经态度之间没有发挥显著的中介效应。

（6）统计与数据分析对财经态度的影响及稳定性人格的中介作用。数据分析结果显示，是否有统计与数据分析经验对大学生的财经态度无显著性影响。将统计与数据分析作为自变量，稳定性人格作为中介变量，财经态度作为因变量。结果显示，三个稳定性人格变量（认知需求、自我效能、延迟满足）在统计与数据分析与财经态度之间没有发挥显著的中介效应。

（7）计算工具对财经态度的影响及稳定性人格的中介作用。数据分析结果显示，在计算工具使用方面有一定经验的大学生的财经态度显著高于从未使用过的大学生的财经态度。经验有限的大学生的财经态度显著高于从未使用过的大学生的财经态度。将计算工具作为自变量，稳定性人格作为中介变量，财经态度作为因变量。结果显示，认知需求和延迟满足在计算工具与财经态度之间发挥显著的中介效应，自我效能在计算工具与财经态度之间没有发挥显著的中介效应。

（8）数学历史对财经态度的影响及稳定性人格的中介作用。数据分析结果显示，对于数学历史有较多学习经验的大学生的财经态度显著低于有一定了解以及从未学习过的大学生的财经态度。将数学历史作为自变量，稳定性人格作为中介变量，财经态度作为因变量。结果显示，三个稳定性人格变量（认知需求、自我效能、延迟满足）在数学历史与财经态度之间没有发挥显著的中介效应。

4. 数学素养对财经满意度的影响及稳定性人格的中介作用

（1）数学竞赛对财经满意度的影响及稳定性人格的中介作用。数据分析结果显示，参加过数学竞赛且表现较好的大学生的财经满意度显著高于未参加过的大学生的财经满意度。参加过且表现一般的大学生的财经满意度显著高于从未参加过的大学生的财经满意度。将数学竞赛作为自变量，稳定性人格作为中介变量，财经满意度作为因变量。结果显示，自我效能在数学竞赛与财经满意度之间发挥显著的中介效应，认知需求和延迟满足在数学竞赛与财经满意度之间没有发挥显著的中介效应。

（2）学术成就对财经满意度的影响及稳定性人格的中介作用。数据分析结果显示，学术成就为杰出的大学生的财经满意度显著高于学术成就为一般、较差、良好的大学生的财经满意度。学术成就为优秀的大学生的财经满意度显著高于学术成就为一般、良好、较差的大学生的财经满意度。学术成就为良好的大学生的财经满意度显著高于学术成就为一般以及较差的大学生的财经满意度。学术成就为一般的大学生的财经满意度显著高于学术成就为较差的大学生的财经满意度。将学术成就作为自变量，稳定性人格作为中介变量，财经满意度作为因变量。结果显示，自我效能在学术成就与财经满意度之间发挥显著的中介效应，认知需求和延迟满足在学术成就与财经满意度之间没有发挥显著的中介效应。

（3）高级数学课程对财经满意度的影响及稳定性人格的中介作用。数据分析结果显示，学习过高级数学课程且取得高分的大学生的财经满意度显著高于学习过但困难重重以及从未学习过的大学生的财经满意度。学习过且顺利完成的大学生的财经满意度显著高于学习过但困难重重以及从未学习过的大学生的财经满意度。学习过且一般的大学生的财经满意度显著高于学习过但困难重重的大学生的财经满意度。将高级数学课程作为自变量，稳定性人格作为中介变量，财经满意度作为因变量。结果显示，自我效能在高级数学课程与财经满意度之间发挥显著的中介效应，认知需求和延迟满足在高级数学课程与财经满意度之间没有发挥显著的中介效应。

（4）独立研究对财经满意度的影响及稳定性人格的中介作用。数据分析结果显示，参与过独立研究且积极参与的大学生的财经满意度显著高于从未参与过独立研究的大学生的财经满意度。参与过独立研究但经验有限的大学生的财经满意度显著高于从未参与过独立研究的大学生的财经满意度。参与过独立研究但经验有限的大学生的财经满意度显著高于从未参与过独立研究的大学生的财经满意度。将独立研究作为自变量，稳定性人格作为中介变量，财经满意度作为因变量。结果显示，自我效能在独立研究与财经满意度之间发挥显著的中介效应，认知需求和延迟满足在独立研究与财经满意度之间没有发挥显著的中介效应。

（5）实际应用对财经满意度的影响及稳定性人格的中介作用。数据分析结果显示，在数学素养实际应用方面非常经验的大学生的财经满意度显著高于从未尝试过、经验有限及有一些经验的大学生的财经满意度。在数学素养和实际应用方面较有经验的大学生的财经满意度显著高于经验有限、有一定经验以及从未尝试过的大学生的财经满意度。有一些经验的大学生的财经满意度显著高于从未尝试过、经验有限的大学生的财经满意度。将实际应用作为自变量，稳定性人格作为中介变量，财经满意度作为因变量。结果显示，自我效能在实际应用与财经满意度之间发挥显著的中介效应，认知需求和延迟满足在实际应用与财经满意度之间没有发挥显著的中介效应。

（6）统计与数据分析对财经满意度的影响及稳定性人格的中介作用。数据分析结果显示，在统计与数据分析方面有高水平经验的大学生的财经满意度显著高于经验有限、有一定经验以及从未学习过的大学生的财经满意度。较有经验的大学生的财经满意度显著高于经验有限、有一定经验以及从未学习过的大学生的财经满意度。有一定经验的大学生的财经满意度显著高于从未学习过、经验有限的大学生的财经满意度。将统计与数据分析作为自变量，稳定性人格作为中介变量，财经满意度作为因变量。结果显示，自我效能在统计与数据分析与财经满意度之间发挥显著的中介效应，认知需求和延迟满足在统计与数据分析与财经满意度之间没有发挥显著的中介效应。

（7）计算工具对财经满意度的影响及稳定性人格的中介作用。数据分析结果显示，在计算工具使用方面有高水平经验的大学生的财经满意度显著高于其他组别的大学生的财经满意度。较有经验的大学生的财经满意度显著高于从未使用过、经验有限和有一定经验的大学生的财经满意度。有一定经验的大学生的财经满意度显著高于经验有限的大学生的财经满意度。将计算工具作为自变量，稳定性人格作为中介变量，财经满意度作为因变量。结果显示，自我效能在计算工具与财经满意度之间发挥显著的中介效应，认知需求和延迟满足在计算工具与财经满意度之间没有发挥显著的中介效应。

（8）数学历史对财经满意度的影响及稳定性人格的中介作用。数据分析结果显示，在数学历史方面有深入研究的大学生的财经满意度显著高于有一定了解、有一些学习经验、从未学习过的大学生的财经满意度。较多学习经验的大学生的财经满意度显著高于从未学习过、有一定了解、有一些学习经验的大学生的财经满意度。有一些学习经验的大学生的财经满意度显著高于从未学习过、有一定了解的大学生的财经满意度。有一定了解的大学生的财经满意度显著高于从未学习过的大学生的财经满意度。将数学历史作为自变量，稳定性人格作为中介变量，财经满意度作为因变量。结果显示，自我效能在数学历史与财经满意度之间发挥显著的中介效应，认知需求和延迟满足在数学历史与财经满意度之间没有发挥显著的中介效应。

5. 数学素养对财经行为合理性的影响及稳定性人格的中介作用

（1）数学竞赛对财经行为合理性的影响及稳定性人格的中介作用。数据分析结果显示，参加过数学竞赛且表现较好的大学生的财经行为合理性显著高于参加过且表现较好及未参加过的大学生的财经行为合理性。参加过且表现一般的大学生的财经行为合理性显著高于表现较差的大学生的财经行为合理性。未参加过的大学生的财经行为合理性显著高于表现较差的大学生的财经行为合理性。将数学竞赛作为自变量，稳定性人格作为中介变量，财经行为合理性作为因变量。结果显示，自我效能和延迟满足在数学素养和财经行为合理性之间发挥显著的中介效应，认知需求在数学素养和财经行为合理性之间没有发挥显著的中介效应。

（2）学术成就对财经行为合理性的影响及稳定性人格的中介作用。数据分析结果显示，学术成就为杰出的大学生的财经行为合理性显著高于学术成就为一般、较差的大学生的财经行为合理性。学术成就为优秀的大学生的财经行为合理性显著高于学术成就为一般以及较差的大学生的财经行为合理性。学术成就为良好的大学生的财经行为合理性显著高于学术成就为一般以及较差的大学生的财经行为合理性。学术成就为一般的大学生的财经行为合理性显著高于学术成就为较差的大学生的财经行为合理性。将学术成就作为自变量，稳定性人格作为中介变量，财经行为合理性作为因变量。结果显示，三个稳定性人格变量（认知需求、自我效能、延迟满足）在学术成就和财经行为合理性之间发挥显著的中介效应。

（3）高级数学课程对财经行为合理性的影响及稳定性人格的中介作用。数据分析结果显示，学习过高级数学课程且取得高分的大学生的财经行为合理性显著高于学习过但困难重重、一般以及从未学习过的大学生的财经行为合理性。学习过且顺利完成的大学生的财经行为合理性显著高于学习过但困难重重、一般的大学生的财经行为合理性。学习过且一般的大学生的财经行为合理性显著高于学习过但困难重重的大学生的财经行为合理性。未学习过的大学生的财经行为合理性显著高于学习过但困难重重的大学生的财经行为合理性。将高级数学课程作为自变量，稳定性人格作为中介变量，财经行为合理性作为因变量。结果显示，三个稳定性人格变量（认知需求、自我效能、延迟满足）在高级数学课程和财经行为合理性之间发挥显著的中介效应。

（4）独立研究对财经行为合理性的影响及稳定性人格的中介作用。数据分析结果显示，参与过独立研究且积极参与的大学生的财经行为合理性显著高于有一定经验的大学生的财经行为合理性。参与过独立研究但经验有限的大学生的财经行为合理性显著高于有一定经验的大学生的财经行为合理性。未参与过独立研究的大学生的财经行为合理性显著高于有一定经验的大学生的财经行为合理性。将独立研究作为自变量，稳定性人格作为中介变量，财经行为合理性作为因变量。结果显示，三个稳定性人格变量（认知需求、自我效能、延迟满足）在独立研究和财经行为合理性之间发挥显著的中介效应。

（5）实际应用对财经行为合理性的影响及稳定性人格的中介作用。数据分析结果显示，在数学素养实际应用方面非常有经验的大学生的财经行为合理性显著高于从未尝试过的大学生的财经行为合理性。在数学素养实际应用方面较有经验的大学生的财经行为合理性显著高于经验有限、有一定经验以及从未尝试过的大学生的财经行为合理性。有一些经验的大学生的财经行为合理性显著高于从未尝试过的大学生的财经行为合理性。经验有限的大学生的财经行为合理性显著高于从未尝试过的大学生的财经行为合理性。将实际应用作为自变量，稳定性人格作为中介变量，财经行为合理性作为因变量。结果显示，三个稳定性人格变量（认知需求、自我效能、延迟满足）在实际应用和财经行为合理性之间发挥显著的中介效应。

（6）统计与数据分析对财经行为合理性的影响及稳定性人格的中介作用。数据分析结果显示，是否有统计与数据分析经验对大学生的财经行为合理性无显著性影响。将统计与数据分析作为自变量，稳定性人格作为中介变量，财经行为合理性作为因变量。结果显示，自我效能和延迟满足在数学素养和统计与数据分析之间发挥显著的中介效应，认知需求在数学素养和统计与数据分析之间没有发挥显著的中介效应。

（7）计算工具对财经行为合理性的影响及稳定性人格的中介作用。数据分析结果显示，在计算工具使用方面有高水平经验的大学生的财经行为合理性显著高于从未使用过的大学生的财经行为合理性。较有经验的大学生的财经行为合理性显著高于从未使用过、经验有限和有一定经验的大学生的财经行为合理性。有一定经验的大学生的财经行为合理性显著高于从未使用过的大学生的财经行为合理性。经验有限的大学生的财经行为合理性显著高于从未使用过的大学生的财经行为合理性。将计算工具作为自变量，稳定性人格作为中介变量，财经行为合理性作为因变量。结果显示，三个稳定性人格变量（认知需求、自我效能、延迟满足）在计算工具和财经行为合理性之间发挥显著的中介效应。

（8）数学历史对财经行为合理性的影响及稳定性人格的中介作用。数据分析结果显示，是否学习数学历史对大学生的财经行为合理性无显著性影响。将数学历史作为自变量，稳定性人格作为中介变量，财经行为合理性作为因变量。结果显示，三个稳定性人格变量（认知需求、自我效能、延迟满足）在学术成就和财经行为合理性之间发挥显著的中介效应。

6. 数学素养对独立的影响及稳定性人格的中介作用

（1）数学竞赛对独立的影响及稳定性人格的中介作用。数据分析结果显示，参加过数学竞赛且表现较好的大学生的独立显著高于表现较差、表现一般以及从未参加过的大学生的独立。参加过且表现一般的大学生的独立显著高于从未参加过、表现较差的大学生的独立。从未参加过的大学生的独立显著高于表现较差的大学生的独立。将数学竞赛作为自变量，稳定性人格作为中介变量，独立作为因变量。结果显示，自我效能和延迟满足在数学竞赛和独立之间发挥显著的中介效应，认知需求在数学竞赛和独立之间没有发挥显著的中介效应。

（2）学术成就对独立的影响及稳定性人格的中介作用。数据分析结果显示，学术成就为杰出的大学生的独立显著高于学术成就为一般、较差、良好的大学生的独立。学术成就为优秀的大学生的独立显著高于学术成就为一般、良好、较差的大学生的独立。学术成就为良好的大学生的独立显著高于学术成就为一般以及较差的大学生的独立。学术成就为一般的大学生的独立显著高于学术成就为较差的大学生的独立。结果显示，三个稳定性人格变量（认知需求、自我效能、延迟满足）在学术成就和独立之间发挥显著的中介效应。

（3）高级数学课程对独立的影响及稳定性人格的中介作用。数据分析结果显示，学习过高级数学课程且取得高分的大学生的独立显著高于学习过但困难重重、一般以及从未学习过的大学生的独立。学习过且顺利完成的大学生的独立显著高于学习过但困难重重、一般以及从未学习过的大学生的独立。学习过且一般的大学生的独立显著高于学习过但困难重重的大学生的独立。从未学习过的大学生的独立显著高于学习过但困难重重的大学生的独立。将高级数学课程作为自变量，稳定性人格作为中介变量，独立作为因变量。结果显示，三个稳定性人格变量（认知需求、自我效能、延迟满足）在高级数学课程和独立之间发挥显著的中介效应。

（4）独立研究对独立的影响及稳定性人格的中介作用。数据分析结果显示，参与过独立研究且积极参与的大学生的独立显著高于经验有限、有一定经验以及从未参与过独立研究的大学生的独立。将独立研究作为自变量，稳定性人格作为中介变量，独立作为因变量。结果显示，三个稳定性人格变量（认知需求、自我效能、延迟满足）在独立研究和独立之间发挥显著的中介效应。

（5）实际应用对独立的影响及稳定性人格的中介作用。数据分析结果显示，在数学素养实际应用方面非常有经验的大学生的独立显著高于从未尝试过、经验有限及有一些经验的大学生的独立。在数学素养实际应用方面较有经验的大学生的独立显著高于经验有限、有一定经验以及从未尝试过的大学生的独立。有一些经验的大学生的独立显著高于从未尝试过、经验有限的大学生的独立。经验有限的大学生的独立显著高于从未尝试过的大学生的独立。将实际应用作为自变量，稳定性人格作为中介变量，独立作为因变量。结果显示，三个稳定性人格变量（认知需求、自我效能、延迟满足）在实际应用和独立之间发挥显著的中介效应。

（6）统计与数据分析对独立的影响及稳定性人格的中介作用。数据分析结果显示，在统计与数据分析方面较有经验的大学生的独立显著高于经验有限、有一定经验以及从未学习过的大学生的独立。有一定经验的大学生的独立显著高于从未学习过、经验有限的大学生的独立。结果显示，自我效能和延迟满足在统计与数据分析和独立之间发挥显著的中介效应，认知需求在统计与数据分析和独立之间没有发挥显著的中介效应。

（7）计算工具对独立的影响及稳定性人格的中介作用。数据分析结果显示，在计算工具使用方面有高水平经验的大学生的独立显著高于经验有限及从未使用过的大学生的独立。较有经验的大学生的独立显著高于从未使用过、经验有限和有一定经验的大学生的独立。有一定经验的大学生的独立显著高于经验有限及从未使用过的大学生的独立。经验有限的大学生的独立显著高于从未使用过的大学生的独立。将计算工具作为自变量，稳定性人格作为中介变量，独立作为因变量。结果显示，三个稳定性人格变量（认知需求、自我效能、延迟满足）在计算工具和独立之间发挥显著的中介效应。

（8）数学历史对独立的影响及稳定性人格的中介作用。数据分析结果显示，在数学历史方面有深入研究的大学生的独立显著高于从未学习过的大学生的独立。在数学历史方面有较多学习经验的大学生的独立显著高于从未学习过的大学生的独立。有一些学习经验的大学生的独立显著高于从未学习过的大学生的独立。有一定了解的大学生的独立显著高于从未学习过的大学生的独立。将数学历史作为自变量，稳定性人格作为中介变量，独立作为因变量。结果显示，三个稳定性人格变量（认知需求、自我效能、延迟满足）在数学历史和独立之间发挥显著的中介效应。

7. 数学素养对信用的影响及稳定性人格的中介作用

（1）数学竞赛对信用的影响及稳定性人格的中介作用。数据分析结果显示，参加过数学竞赛且表现较好的大学生的信用显著高于表现较差以及从未参加过的大学生的信用。参加过且表现一般的大学生的信用显著高于从未参加过、表现较差的大学生的信用。从未参加过的大学生的信用显著高于表现较差的大学生的信用。将数学竞赛作为自变量，稳定性人格作为中介变量，信用作为因变量。结果显示，三个稳定性人格变量（认知需求、自我效能、延迟满足）在数学竞赛和信用之间发挥显著的中介效应。

（2）学术成就对信用的影响及稳定性人格的中介作用。数据分析结果显示，学术成就为杰出的大学生的信用显著高于学术成就为一般、较差的大学生的信用。学术成就为优秀的大学生的信用显著高于学术成就为一般、较差的大学生的信用。学术成就为良好的大学生的信用显著高于学术成就为一般、较差的大学生的信用。将学术成就作为自变量，稳定性人格作为中介变量，信用作为因变量。结果显示，三个稳定性人格变量（认知需求、自我效能、延迟满足）在学术成就和信用之间发挥显著的中介效应。

（3）高级数学课程对信用的影响及稳定性人格的中介作用。数据分析结果显示，学习过高级数学课程且取得高分的大学生的信用显著高于学习过但困难重重、一般以及从未学习过的大学生的信用。学习过且顺利完成的大学生的信用显著高于学习过但困难重重、一般以及从未学习过的大学生的信用。学习过且一般的大学生的信用显著高于学习过但困难重重的大学生的信用。从未学习过的大学生的信用显著高于学习过但困难重重的大学生的信用。将高级数学课程作为自变量，稳定性人格作为中介变量，信用作为因变量。结果显示，三个稳定性人格变量（认知需求、自我效能、延迟满足）在高级数学课程和信用之间发挥显著的中介效应。

（4）独立研究对信用的影响及稳定性人格的中介作用。数据分析结果显示，参与过独立研究且积极参与的大学生的信用显著高于有一定经验以及从未参与过独立研究的大学生的信用。从未参与过独立研究的大学生的信用显著高于有一定经验的大学生的信用。经验有限的大学生的信用显著高于有一定经验的大学生的信用。将独立研究作为自变量，稳定性人格作为中介变量，独立作为因变量。结果显示，三个稳定性人格变量（认知需求、自我效能、延迟满足）在独立研究和信用之间发挥显著的中介效应。

（5）实际应用对信用的影响及稳定性人格的中介作用。数据分析结果显示，在数学素养实际应用方面非常有经验的大学生的信用显著高于从未尝试过的大学生的信用。在数学素养实际应用方面较有经验的大学生的信用显著高于经验有限、有一定经验以及从未尝试过的大学生的信用。有一些经验的大学生的信用显著高于从未尝试过的大学生的信用。经验有限的大学生的信用显著高于从未尝试过的大学生的信用。将实际应用作为自变量，稳定性人格作为中介变量，信用作为因变量。结果显示，三个稳定性人格变量（认知需求、自我效能、延迟满足）在实际应用和信用之间发挥显著的中介效应。

（6）统计与数据分析对信用的影响及稳定性人格的中介作用。数据分析结果显示，在统计与数据分析方面较有经验的大学生的信用显著高于从未学习过的大学生的信用。将统计与数据分析作为自变量，稳定性人格作为中介变量，信用作为因变量。结果显示，自我效能和延迟满足在统计与数据分析和信用之间发挥显著的中介效应，认知需求在统计与数据分析和信用之间没有发挥显著的中介效应。

（7）计算工具对信用的影响及稳定性人格的中介作用。数据分析结果显示，在计算工具使用方面有高水平经验的大学生的信用显著高于从未使用过的大学生的信用。较有经验的大学生的信用显著高于从未使用过、经验有限和有一定经验的大学生的信用。有一定经验的大学生的信用显著高于从未使用过的大学生的信用。经验有限的大学生的信用显著高于从未使用过的大学生的信用。将计算工具作为自变量，稳定性人格作为中介变量，信用作为因变量。结果显示，自我效能和延迟满足在计算工具和信用之间发挥显著的中介效应，认知需求在计算工具和信用之间没有发挥显著的中介效应。

（8）数学历史对信用的影响及稳定性人格的中介作用。数据分析结果显示，是否学习数学历史对大学生的信用无显著性影响。将数学历史作为自变量，稳定性人格作为中介变量，信用作为因变量。结果显示，三个稳定性人格变量（认知需求、自我效能、延迟满足）在数学历史和信用之间发挥显著的中介效应。

8. 数学素养对生涯适应能力的影响及稳定性人格的中介作用

（1）数学竞赛对生涯适应能力的影响及稳定性人格的中介作用。数据分析结果显示，参加过数学竞赛且多次获奖的大学生的生涯适应能力显著高于从未参加过、参加过但表现较差的大学生的生涯适应能力。表现较好的大学生的生涯适应能力显著高于表现较差、一般以及从未参加过的大学生的生涯适应能力。参加过且表现一般的大学生的生涯适应能力显著高于从未参加过、表现较差的大学生的生涯适应能力。将数学竞赛作为自变量，稳定性人格作为中介变量，生涯适应能力作为因变量。结果显示，自我效能和延迟满足在数学竞赛和生涯适应能力之间发挥显著的中介效应，认知需求在数学竞赛和生涯适应能力之间没有发挥显著的中介效应。

（2）学术成就对生涯适应能力的影响及稳定性人格的中介作用。数据分析结果显示，学术成就为杰出的大学生的生涯适应能力显著高于学术成就为一般、较差、良好的大学生的生涯适应能力。学术成就为优秀的大学生的生涯适应能力显著高于学术成就为一般、较差、良好的大学生的生涯适应能力。学术成就为良好的大学生的生涯适应能力显著高于学术成就为一般的大学生的生涯适应能力。将学术成就作为自变量，稳定性人格作为中介变量，生涯适应能力作为因变量。结果显示，三个稳定性人格变量（认知需求、自我效能、延迟满足）在学术成就和生涯适应能力之间发挥显著的中介效应。

（3）高级数学课程对生涯适应能力的影响及稳定性人格的中介作用。数据分析结果显示，学习过高级数学课程且取得高分的大学生的生涯适应能力显著高于其他组别的大学生的生涯适应能力。学习过且顺利完成的大学生的生涯适应能力显著高于学习过但困难重重的大学生的生涯适应能力。学习过且一般的大学生的生涯适应能力显著高于学习过但困难重重的大学生的生涯适应能力。将高级数学课程作为自变量，稳定性人格作为中介变量，生涯适应能力作为因变量。结果显示，三个稳定性人格变量（认知需求、自我效能、延迟满足）在数学竞赛和生涯适应能力之间发挥显著的中介效应。

（4）独立研究对生涯适应能力的影响及稳定性人格的中介作用。数据分析结果显示，参与过独立研究且取得成绩的大学生的生涯适应能力显著高于从未参与过独立研究的大学生的生涯适应能力。参与过独立研究且积极参与的大学生的生涯适应能力显著高于有一定经验、经验有限以及从未参与过独立研究的大学生的生涯适应能力。有一定经验的大学生的生涯适应能力显著高于从未参与过的大学生的生涯适应能力。经验有限的大学生的生涯适应能力显著高于从未参与过的大学生的生涯适应能力。将独立研究作为自变量，稳定性人格作为中介变量，生涯适应能力作为因变量结果显示，三个稳定性人格变量（认知需求、自我效能、延迟满足）在独立研究和生涯适应能力之间发挥显著的中介效应。

（5）实际应用对生涯适应能力的影响及稳定性人格的中介作用。数据分析结果显示，在数学素养实际应用方面非常有经验的大学生的生涯适应能力显著高于经验有限、有一定经验以及从未尝试过的大学生的生涯适应能力。在数学素养实际应用方面较有经验的大学生的生涯适应能力显著高于经验有限、有一定经验以及从未尝试过的大学生的生涯适应能力。有一些经验的大学生的生涯适应能力显著高于从未尝试过、经验有限的大学生的生涯适应能力。经验有限的大学生的生涯适应能力显著高于从未尝试过的大学生的生涯适应能力。将实际应用作为自变量，稳定性人格作为中介变量，生涯适应能力作为因变量。结果显示，三个稳定性人格变量（认知需求、自我效能、延迟满足）在实际应用和生涯适应能力之间发挥显著的中介效应。

（6）统计与数据分析对生涯适应能力的影响及稳定性人格的中介作用。数据分析结果显示，在统计与数据分析方面有高水平经验的大学生的生涯适应能力显著高于经验有限、有一定经验以及从未学习过的大学生的生涯适应能力。较有经验的大学生的生涯适应能力显著高于经验有限、有一定经验以及从未学习过的大学生的生涯适应能力。有一定经验的大学生的生涯适应能力显著高于从未学习以及经验有限的大学生的生涯适应能力。经验有限的大学生的生涯适应能力显著高于从未学习过的大学生的生涯适应能力。将统计与数据分析作为自变量，稳定性人格作为中介变量，生涯适应能力作为因变量。结果显示，自我效能和延迟满足在统计与数据分析和生涯适应能力之间发挥显著的中介效应，认知需求在统计与数据分析和生涯适应能力之间没有发挥显著的中介效应。

（7）计算工具对生涯适应能力的影响及稳定性人格的中介作用。数据分析结果显示，在计算工具使用方面有高水平经验的大学生的生涯适应能力显著高于经验有限、有一定经验以及从未使用过的大学生的生涯适应能力。较有经验的大学生的生涯适应能力显著高于从未使用过、经验有限和有一定经验的大学生的生涯适应能力。有一定经验的大学生的生涯适应能力显著高于从未使用过、经验有限的大学生的生涯适应能力。将计算工具作为自变量，稳定性人格作为中介变量，生涯适应能力作为因变量。结果显示，自我效能和延迟满足在数学竞赛和生涯适应能力之间发挥显著的中介效应，认知需求在计算工具和生涯适应能力之间没有发挥显著的中介效应。

（8）数学历史对生涯适应能力的影响及稳定性人格的中介作用。数据分析结果显示，在数学历史方面深入研究过的大学生的生涯适应能力显著高于有一定了解、有一些学习经验及从未了解过的大学生的生涯适应能力。有较多学习经验的大学生的生涯适应能力显著高于有一定了解、有一些学习经验及从未了解过的大学生的生涯适应能力的。有一些学习经验的大学生的生涯适应能力显著高于从未学习过的大学生的生涯适应能力。有一定了解的大学生的生涯适应能力显著高于从未学习过的大学生的生涯适应能力。将数学历史作为自变量，稳定性人格作为中介变量，生涯适应能力作为因变量。结果显示，三个稳定性人格变量（认知需求、自我效能、延迟满足）在数学历史和生涯适应能力之间发挥显著的中介效应。

9. 数学素养对未来承诺的影响及稳定性人格的中介作用

（1）数学竞赛对未来承诺的影响及稳定性人格的中介作用。数据分析结果显示，参加过数学竞赛且多次获奖的大学生的未来承诺显著高于从未参加过、参加过但表现较差的大学生的未来承诺。表现较好的大学生的未来承诺显著高于表现较差、一般以及从未参加过的大学生的未来承诺。参加过且表现一般的大学生的未来承诺显著高于从未参加过、表现较差的大学生的未来承诺。将数学竞赛作为自变量，稳定性人格作为中介变量，未来承诺作为因变量。结果显示，自我效能和延迟满足在数学竞赛和未来承诺之间发挥显著的中介效应，认知需求在数学竞赛和未来承诺之间没有发挥显著的中介效应。

（2）学术成就对未来承诺的影响及稳定性人格的中介作用。数据分析结果显示，学术成就为杰出的大学生的未来承诺显著高于学术成就为一般、较差、良好的大学生的未来承诺。学术成就为优秀的大学生显著高于学术成就为一般、较差、良好的大学生的未来承诺。学术成就为良好的大学生的未来承诺显著高于学术成就为较差、一般的大学生的未来承诺。将学术成就作为自变量，稳定性人格作为中介变量，未来承诺作为因变量。结果显示，三个稳定性人格变量（认知需求、自我效能、延迟满足）在学术成就和未来承诺之间发挥显著的中介效应。

（3）高级数学课程对未来承诺的影响及稳定性人格的中介作用。数据分析结果显示，学习过高级数学课程且取得高分的大学生的未来承诺显著高于其他组别的大学生的未来承诺。学习过且顺利完成的大学生的未来承诺显著高于学习过但困难重重、一般以及从未学习过的大学生的未来承诺。学习过且一般的大学生的未来承诺显著高于学习过但困难重重的大学生的未来承诺。将高级数学课程作为自变量，稳定性人格作为中介变量，未来承诺作为因变量。结果显示，三个稳定性人格变量（认知需求、自我效能、延迟满足）在高级数学课程和未来承诺之间发挥显著的中介效应。

（4）独立研究对未来承诺的影响及稳定性人格的中介作用。数据分析结果显示，参与过独立研究且取得成绩的大学生的未来承诺显著高于从未参与过独立研究、经验有限的大学生的未来承诺。参与过独立研究且积极参与的大学生的未来承诺显著高于有一定经验、经验有限以及从未参与过独立研究的大学生的未来承诺。有一定经验的大学生的未来承诺显著高于从未参与过独立研究的大学生的未来承诺。经验有限的大学生的未来承诺显著高于从未参与过独立研究的大学生的未来承诺。将独立研究作为自变量，稳定性人格作为中介变量，未来承诺作为因变量。结果显示，三个稳定性人格变量（认知需求、自我效能、延迟满足）在独立研究和未来承诺之间发挥显著的中介效应。

（5）实际应用对未来承诺的影响及稳定性人格的中介作用。数据分析结果显示，在数学素养实际应用方面非常有经验的大学生的未来承诺显著高于经验有限、有一定经验以及从未尝试过的大学生的未来承诺。在数学素养实际应用方面较有经验的大学生的未来承诺显著高于经验有限、有一定经验以及从未尝试过的大学生的未来承诺。有一些经验的大学生的未来承诺显著高于从未尝试过、经验有限的大学生的未来承诺。经验有限的大学生的未来承诺显著高于从未尝试过的大学生的未来承诺。将实际应用作为自变量，稳定性人格作为中介变量，未来承诺作为因变量。结果显示，三个稳定性人格变量（认知需求、自我效能、延迟满足）在实际应用和未来承诺之间发挥显著的中介效应。

（6）统计与数据分析对未来承诺的影响及稳定性人格的中介作用。数据分析结果显示，在统计与数据分析方面有高水平经验的大学生的未来承诺显著高于经验有限、有一定经验以及从未学习过的大学生的未来承诺。较有经验的大学生的未来承诺显著高于经验有限、有一定经验以及从未学习过的大学生的未来承诺。有一定经验的大学生的未来承诺显著高于从未学习以及经验有限的大学生的未来承诺。经验有限的大学生的未来承诺显著高于从未学习过的大学生的未来承诺。将统计与数据分析作为自变量，稳定性人格作为中介变量，未来承诺作为因变量。结果显示，自我效能和延迟满足在统计与数据分析和未来承诺之间发挥显著的中介效应，认知需求在统计与数据分析和未来承诺之间没有发挥显著的中介效应。

（7）计算工具对未来承诺的影响及稳定性人格的中介作用。数据分析结果显示，在计算工具使用方面有高水平经验的大学生的未来承诺显著高于其他组别的大学生的未来承诺。较有经验的大学生的未来承诺显著高于从未使用过、经验有限和有一定经验的大学生的未来承诺。有一定经验的大学生的未来承诺显著高于从未使用过、经验有限的大学生的未来承诺。将计算工具作为自变量，稳定性人格作为中介变量，未来承诺作为因变量。结果显示，自我效能和延迟满足在计算工具和未来承诺之间发挥显著的中介效应，认知需求在计算工具和未来承诺之间没有发挥显著的中介效应。

（8）数学历史对未来承诺的影响及稳定性人格的中介作用。数据分析结果显示，在数学历史方面深入研究过的大学生的未来承诺显著高于有一定了解、有一些学习经验及从未了解过的大学生的未来承诺。有较多学习经验的大学生的未来承诺显著高于有一定了解、有一些学习经验及从未了解过的大学生的未来承诺。有一些学习经验的大学生的未来承诺显著高于从未学习过的大学生的未来承诺。有一定了解的大学生的未来承诺显著高于从未学习过的大学生的未来承诺。将数学历史作为自变量，稳定性人格作为中介变量，未来承诺作为因变量。结果显示，三个稳定性人格变量（认知需求、自我效能、延迟满足）在数学历史和未来承诺之间发挥显著的中介效应。

三、阅读素养对大学生财经知识和财经素养的影响

本书构建的阅读素养变量旨在反映大学生的数学背景，涉及的相关变量包含阅读频率、阅读时长、阅读类型、阅读媒介、阅读主动性、阅读计划完成度、阅读影响共七个变量。将阅读素养变量作为自变量，将大学生财经知识和财经素养作为因变量，运用 One-way ANOVA 分析工具进行方差分析。同时，探究了稳定性人格（认知需求、自我效能、延迟满足）在其中的中介作用。数据分析结论如下：

1. 阅读素养对客观财经知识的影响及稳定性人格的中介作用

（1）阅读频率对客观财经知识的影响及稳定性人格的中介作用。数据分析结果显示，每天都有时间阅读的大学生的客观财经知识得分显著高于大约每月阅读一次、难得读一次或几个月都不读的大学生的客观财经知识得分。大约每周阅读一次的大学生的客观财经知识得分显著高于大约每周阅读一次、难得读一次或几个月都不读的大学生的客观财经知识得分。将阅读频率作为自变量，稳定性人格作为中介变量，客观财经知识得分作为因变量。结果显示，三个稳定性人格变量（认知需求、自我效能、延迟满足）在阅读频率和客观财经知识之间发挥显著的中介效应。

（2）阅读时长对客观财经知识的影响及稳定性人格的中介作用。数据分析结果显示，每天阅读 1 小时或更长时间的大学生的客观财经知识得分显著高于每月阅读少于 1 小时、很少或几乎不阅读的大学生的客观财经知识得分。每周阅读 1~5 小时的大学生的客观财经知识得分显著高于每月阅读少于 1 小时、很少或几乎不阅读的大学生的客观财经知识得分。每月阅读少于 1 小时的大学生的客观财经知识得分显著高于很少或几乎不阅读的大学生的客观财经知识得分。将阅读时长作为自变量，稳定性人格作为中介变量，客观财经知识得分作为因变量。结果显示，三个稳定性人格变量（认知需求、自我效能、延迟满足）在阅读时长和客观财经知识之间发挥显著的中介效应。

（3）阅读类型对客观财经知识的影响及稳定性人格的中介作用。数据分析

结果显示，阅读类型为小说或文学作品的大学生的客观财经知识得分显著高于阅读类型为杂志或期刊的大学生的客观财经知识得分。阅读类型为教材或学术文献的大学生的客观财经知识得分显著高于阅读类型为杂志或期刊的大学生的客观财经知识得分。阅读类型为新闻或时事杂志的大学生的客观财经知识得分显著高于阅读类型为杂志或期刊的大学生的客观财经知识得分。阅读类型为博客或社交媒体的大学生的客观财经知识得分显著高于阅读类型为杂志或期刊的大学生的客观财经知识得分。结果显示，三个稳定性人格变量（认知需求、自我效能、延迟满足）在阅读类型和客观财经知识之间没有发挥显著的中介效应。

（4）阅读媒介对客观财经知识的影响及稳定性人格的中介作用。数据分析结果显示，阅读媒介对大学生客观财经知识得分无显著性影响。将阅读媒介作为自变量，稳定性人格作为中介变量，客观财经知识得分作为因变量。结果显示，三个稳定性人格变量（认知需求、自我效能、延迟满足）在阅读媒介和客观财经知识之间发挥显著的中介效应。

（5）阅读主动性对客观财经知识的影响及稳定性人格的中介作用。数据分析结果显示，在阅读主动性方面，态度为"我主动寻找新的阅读材料并持续学习"的大学生的客观财经知识得分显著高于其余组别的大学生的客观财经知识得分。态度为"偶尔会读书，但不会特别积极"的大学生的客观财经知识得分显著高于只在有课业或任务要求的情况下阅读、几乎不主动阅读的大学生的客观财经知识得分。只在有课业或任务要求的情况下阅读的大学生的客观财经知识得分显著高于几乎不主动阅读的大学生的客观财经知识得分。将阅读主动性作为自变量，稳定性人格作为中介变量，客观财经知识得分作为因变量。结果显示，三个稳定性人格变量（认知需求、自我效能、延迟满足）在阅读主动性和客观财经知识之间发挥显著的中介效应。

（6）阅读计划完成度对客观财经知识的影响及稳定性人格的中介作用。数据分析结果显示，在阅读计划完成度方面，总是能按照自己制订的阅读计划完成任务的大学生的客观财经知识得分显著高于没有阅读计划的大学生的客观财经知识得分。在阅读计划完成度方面有阅读计划，但不总能如期完成的大学生的客观财经知识得分显著高于没有阅读计划的大学生的客观财经知识得分。很少有具体的阅读计划的大学生的客观财经知识得分显著高于没有阅读计划的大学生的客观财经知识得分。将阅读计划完成度作为自变量，稳定性人格作为中介变量，客观财经知识得分作为因变量。结果显示，三个稳定性人格变量（认知需求、自我效能、延迟满足）在阅读计划完成度和客观财经知识之间发挥显著的中介效应。

（7）阅读影响对客观财经知识的影响及稳定性人格的中介作用。数据分析结果显示，在阅读影响方面，认为非常有影响的大学生的客观财经知识得分显著高于其余组别的大学生的客观财经知识得分。认为有一些影响的大学生的客观财经知识得分显著高于认为一点影响都没有、不确定的大学生的客观财经知识得分。将阅读影响作为自变量，稳定性人格作为中介变量，客观财经知识得分作为因变量。结果显示，三个稳定性人格变量（认知需求、自我效能、延迟满足）在阅读影响和客观财经知识之间发挥显著的中介效应。

2. 阅读素养对主观财经知识的影响及稳定性人格的中介作用

（1）阅读频率对主观财经知识的影响及稳定性人格的中介作用。数据分析结果显示，每天都有时间阅读的大学生的主观财经知识得分显著高于大约每月阅读一次、难得读一次或几个月都不读的大学生的主观财经知识得分。大约每周一次的大学生的主观财经知识得分显著高于大约每周阅读一次、难得读一次或几个月都不读的大学生的主观财经知识得分。大约每月阅读一次的大学生的主观财经知识得分显著高于难得读一次或几个月都不读的大学生的主观财经知识得分。将阅读频率作为自变量，稳定性人格作为中介变量，主观财经知识得分作为因变量。结果显示，自我效能和延迟满足在阅读频率和主观财经知识之间发挥显著的中介效应，认知需求在阅读频率和主观财经知识之间没有发挥显著的中介效应。

（2）阅读时长对主观财经知识的影响及稳定性人格的中介作用。数据分析结果显示，每天阅读 1 小时或更长时间的大学生的主观财经知识得分显著高于每月阅读少于 1 小时、很少或几乎不阅读的大学生的主观财经知识得分。每周阅读 1~5 小时的大学生的主观财经知识得分显著高于每月阅读少于 1 小时、很少或几乎不阅读的大学生的主观财经知识得分。每月阅读少于 1 小时的大学生的主观财经知识得分显著高于很少或几乎不阅读的大学生的主观财经知识得分。结果显示，自我效能和延迟满足在阅读时长和主观财经知识之间发挥显著的中介效应，认知需求在阅读时长和主观财经知识之间没有发挥显著的中介效应。

（3）阅读类型对主观财经知识的影响及稳定性人格的中介作用。数据分析结果显示，阅读类型为教材或学术文献的大学生的主观财经知识得分显著高于阅读类型为小说或文学作品、博客或社交媒体的大学生的主观财经知识得分。阅读类型为新闻或时事杂志的大学生的主观财经知识得分显著高于阅读类型为小说或文学作品、博客或社交媒体的大学生的主观财经知识得分。将阅读类型作为自变量，稳定性人格作为中介变量，主观财经知识得分作为因变量。结果显示，自我效能和延迟满足在阅读类型和主观财经知识之间发挥显著的中介效应，认知需求在阅读类型和主观财经知识之间没有发挥显著的中介效应。

（4）阅读媒介对主观财经知识的影响及稳定性人格的中介作用。数据分析结果显示，阅读媒介为纸质书籍的大学生的主观财经知识得分显著高于阅读媒介为电子书的大学生的主观财经知识得分。将阅读媒介作为自变量，稳定性人格作为中介变量，主观财经知识得分作为因变量。结果显示，三个稳定性人格变量（认知需求、自我效能、延迟满足）在阅读媒介和主观财经知识之间发挥显著的中介效应。

（5）阅读主动性对主观财经知识的影响及稳定性人格的中介作用。数据分析结果显示，在阅读主动性方面，态度为"我主动寻找新的阅读材料并持续学习"的大学生的主观财经知识得分显著高于其余组别的大学生的主观财经知识得分。态度为"偶尔会读书，但不会特别积极"的大学生的主观财经知识得分显著高于几乎不主动阅读的大学生的主观财经知识得分。只在有课业或任务要求的情况下阅读的大学生的主观财经知识得分显著高于几乎不主动阅读的大学生的主观财经知识得分。将阅读主动性作为自变量，稳定性人格作为中介变量，主观财经知识得分作为因变量。结果显示，自我效能和延迟满足在阅读主动性和主观财经知识之间发挥显著的中介效应，认知需求在阅读主动性和主观财经知识之间没有发挥显著的中介效应。

（6）阅读计划完成度对主观财经知识的影响及稳定性人格的中介作用。数据分析结果显示，在阅读计划完成度方面，总是能按照自己制订的阅读计划完成任务的大学生的主观财经知识得分显著高于其他组别的大学生的主观财经知识得分。有阅读计划，但不总能如期完成的大学生的主观财经知识得分显著高于很少有具体的阅读计划、没有阅读计划的大学生的主观财经知识得分。很少有具体的阅读计划的大学生的主观财经知识得分显著高于没有阅读计划的大学生的主观财经知识得分。将阅读计划完成度作为自变量，稳定性人格作为中介变量，主观财经知识得分作为因变量。结果显示，自我效能和延迟满足在阅读计划完成度和主观财经知识之间发挥显著的中介效应，认知需求在阅读计划完成度和主观财经知识之间没有发挥显著的中介效应。

（7）阅读影响对主观财经知识的影响及稳定性人格的中介作用。数据分析结果显示，在阅读影响方面，认为非常有影响的大学生的主观财经知识得分显著高于有一些影响、不确定的大学生的主观财经知识得分。认为有一些影响的大学生的主观财经知识得分显著高于认为不确定的大学生的主观财经知识得分。将阅读影响作为自变量，稳定性人格作为中介变量，主观财经知识得分作为因变量。结果显示，自我效能和延迟满足在阅读影响和主观财经知识之间发挥显著的中介效应，认知需求在阅读影响和主观财经知识之间没有发挥显著的中介效应。

3. 阅读素养对财经态度的影响及稳定性人格的中介作用

（1）阅读频率对财经态度的影响及稳定性人格的中介作用。数据分析结果显示，每天都有时间阅读的大学生的财经态度显著高于大约每月阅读一次、难得读一次或几个月都不读的大学生的财经态度。大约每周阅读一次的大学生的财经态度显著高于大约每周读一次、难得读一次或几个月都不读的大学生的财经态度。将阅读频率作为自变量，稳定性人格作为中介变量，财经态度作为因变量。结果显示，认知需求和延迟满足在阅读频率和财经态度之间发挥显著的中介效应，自我效能在阅读频率和财经态度之间没有发挥显著的中介效应。

（2）阅读时长对财经态度的影响及稳定性人格的中介作用。数据分析结果显示，每天阅读1小时或更长时间的大学生的财经态度显著高于很少或几乎不阅读的大学生的财经态度。每周阅读1~5小时的大学生的财经态度显著高于很少或几乎不阅读的大学生的财经态度。将阅读时长作为自变量，稳定性人格作为中介变量，财经态度作为因变量。结果显示，认知需求和延迟满足在阅读时长和财经态度之间发挥显著的中介效应，自我效能在阅读时长和财经态度之间没有发挥显著的中介效应。

（3）阅读类型对财经态度的影响及稳定性人格的中介作用。数据分析结果显示，阅读类型为小说或文学作品的大学生的财经态度显著高于阅读类型为杂志或期刊的大学生的财经态度。阅读类型为教材或学术文献的大学生的财经态度显著高于阅读类型为杂志或期刊的大学生的财经态度。将阅读类型作为自变量，稳定性人格作为中介变量，财经态度作为因变量。结果显示，三个稳定性人格（认知需求、自我效能、延迟满足）在阅读类型和财经态度之间没有发挥显著的中介效应。

（4）阅读媒介对财经态度的影响及稳定性人格的中介作用。数据分析结果显示，阅读媒介为纸质书籍的大学生的财经态度显著高于阅读媒介为电子书的大学生的财经态度。将阅读媒介作为自变量，稳定性人格作为中介变量，财经态度作为因变量。结果显示，认知需求在阅读媒介和财经态度之间发挥显著的中介效应，自我效能和延迟满足在阅读媒介和财经态度之间没有发挥显著的中介效应。

（5）阅读主动性对财经态度的影响及稳定性人格的中介作用。数据分析结果显示，阅读主动性方面，态度为"我主动寻找新的阅读材料并持续学习"的大学生的财经态度显著高于其余组别的大学生的财经态度。态度为"偶尔会读书，但不会特别积极"的大学生的财经态度显著高于几乎不主动阅读的大学生的财经态度。将阅读主动性作为自变量，稳定性人格作为中介变量，财经态度作为因变量。结果显示，认知需求和延迟满足在阅读主动性和财经态度之间发挥显著的中介效应，自我效能在阅读主动性和财经态度之间没有发挥显著的中介效应。

（6）阅读计划完成度对财经态度的影响及稳定性人格的中介作用。数据分析结果显示，在阅读计划完成度方面，总是能按照自己制订的阅读计划完成任务的大学生的财经态度显著高于很少有具体的阅读计划、没有阅读计划的大学生的财经态度。将阅读计划完成度作为自变量，稳定性人格作为中介变量，财经态度作为因变量。结果显示，认知需求和延迟满足在阅读计划完成度和财经态度之间发挥显著的中介效应，自我效能在阅读计划完成度和财经态度之间没有发挥显著的中介效应。

（7）阅读影响对财经态度的影响及稳定性人格的中介作用。数据分析结果显示，在阅读影响方面，认为非常有影响的大学生的财经态度显著高于其余组别的大学生的财经态度。认为有一些影响的大学生的财经态度显著高于认为一点影响也没有、不确定的大学生的财经态度。将阅读影响作为自变量，稳定性人格作为中介变量，财经态度作为因变量。结果显示，三个稳定性人格（认知需求、自我效能、延迟满足）在阅读影响和财经态度之间发挥显著的中介效应。

4. 阅读素养对财经满意度的影响及稳定性人格的中介作用

（1）阅读频率对财经满意度的影响及稳定性人格的中介作用。数据分析结果显示，每天都有时间阅读的大学生的财经满意度显著高于难得读一次或几个月都不读的大学生的财经满意度。将阅读频率作为自变量，稳定性人格作为中介变量，财经满意度作为因变量。结果显示，自我效能在阅读频率和财经满意度之间发挥显著的中介效应，认知需求和延迟满足在阅读频率和财经满意度之间没有发挥显著的中介效应。

（2）阅读时长对财经满意度的影响及稳定性人格的中介作用。数据分析结果显示，每天阅读1小时或更长时间的大学生的财经满意度显著高于每月阅读少于1小时的大学生的财经满意度。每周阅读1~5小时的大学生的财经满意度显著高于每月阅读少于1小时的大学生的财经满意度。将阅读时长作为自变量，稳定性人格作为中介变量，财经满意度作为因变量。结果显示，自我效能在阅读时长和财经满意度之间发挥显著的中介效应，认知需求和延迟满足阅读时长和财经满意度之间没有发挥显著的中介效应。

（3）阅读类型对财经满意度的影响及稳定性人格的中介作用。数据分析结果显示，阅读类型为教材或学术文献的大学生的财经满意度显著高于阅读类型为小说或文学作品、博客或社交媒体的大学生的财经满意度。阅读类型为新闻或时事杂志的大学生的财经满意度显著高于阅读类型为小说或文学作品、博客或社交媒体的大学生的财经满意度。将阅读类型作为自变量，稳定性人格作为中介变量，财经满意度作为因变量。结果显示，三个稳定性人格（认知需求、自我效能、延迟满足）在阅读类型和财经满意度之间发挥显著的中介效应。

（4）阅读媒介对财经满意度的影响及稳定性人格的中介作用。数据分析结果显示，阅读媒介为纸质书籍的大学生的财经满意度显著高于阅读媒介为电子书的大学生的财经满意度。将阅读媒介作为自变量，稳定性人格作为中介变量，财经满意度作为因变量。结果显示，自我效能在阅读媒介和财经态度之间发挥显著的中介效应，认知需求和延迟满足在阅读媒介和财经满意度之间没有发挥显著的中介效应。

（5）阅读主动性对财经满意度的影响及稳定性人格的中介作用。数据分析结果显示，在阅读主动性方面，态度为"我主动寻找新的阅读材料并持续学习"的大学生的财经满意度显著高于"偶尔会读书，但不会特别积极"的大学生的财经满意度。态度为"只在有课业或任务要求的情况下阅读"的大学生的财经满意度显著高于"偶尔会读书，但不会特别积极"的大学生的财经满意度。将阅读主动性作为自变量，稳定性人格作为中介变量，财经满意度作为因变量。结果显示，自我效能在阅读主动性和财经满意度之间发挥显著的中介效应，认知需求和延迟满足在阅读主动性和财经满意度之间没有发挥显著的中介效应。

（6）阅读计划完成度对财经满意度的影响及稳定性人格的中介作用。数据分析结果显示，在阅读计划完成度方面，总是能按照自己制订的阅读计划完成任务的大学生的财经满意度显著高于其他组别的大学生的财经满意度。将阅读计划完成度作为自变量，稳定性人格作为中介变量，财经满意度作为因变量。结果显示，自我效能在阅读计划完成度和财经满意度之间发挥显著的中介效应，认知需求和延迟满足在阅读计划完成度和财经满意度之间没有发挥显著的中介效应。

（7）阅读影响对财经满意度的影响及稳定性人格的中介作用。数据分析结果显示，在阅读影响方面，认为非常有影响的大学生的财经满意度显著高于有一些影响的大学生的财经满意度。将阅读影响作为自变量，稳定性人格作为中介变量，财经满意度作为因变量。结果显示，自我效能在阅读影响和财经满意度之间发挥显著的中介效应，认知需求和延迟满足在阅读影响和财经满意度之间没有发挥显著的中介效应。

5. 阅读素养对财经行为合理性的影响及稳定性人格的中介作用

（1）阅读频率对财经行为合理性的影响及稳定性人格的中介作用。数据分析结果显示，每天都有时间阅读的大学生的财经行为合理性显著高于其他组别的大学生的财经行为合理性。大约每周阅读一次的大学生的财经行为合理性显著高于大约每月阅读一次、难得读一次或几个月都不读的大学生的财经行为合理性。将阅读频率作为自变量，稳定性人格作为中介变量，财经行为合理性作为因变量。结果显示，三个稳定性人格（认知需求、自我效能、延迟满足）在阅读频率和财经行为合理性之间发挥显著的中介效应。

（2）阅读时长对财经行为合理性的影响及稳定性人格的中介作用。数据分析结果显示，每天阅读 1 小时或更长时间的大学生的财经行为合理性显著高于每月阅读少于 1 小时、很少或几乎不阅读的大学生的财经行为合理性。每周阅读 1~5 小时的大学生的财经行为合理性显著高于每月阅读少于 1 小时、很少或几乎不阅读的大学生的财经行为合理性。每月阅读少于 1 小时的大学生的财经行为合理性显著高于很少或几乎不阅读的大学生的财经行为合理性。将阅读时长作为自变量，稳定性人格作为中介变量，财经行为合理性作为因变量。结果显示，三个稳定性人格（认知需求、自我效能、延迟满足）在阅读时长和财经行为合理性之间发挥显著的中介效应。

（3）阅读类型对财经行为合理性的影响及稳定性人格的中介作用。数据分析结果显示，阅读类型对财经行为合理性无显著性影响。将阅读类型作为自变量，稳定性人格作为中介变量，财经行为合理性作为因变量。结果显示，三个稳定性人格（认知需求、自我效能、延迟满足）在阅读类型和财经行为合理性之间发挥显著的中介效应。

（4）阅读媒介对财经行为合理性的影响及稳定性人格的中介作用。数据分析结果显示，阅读媒介为纸质书籍的大学生的财经行为合理性显著高于阅读媒介为电子书、网络文章的大学生的财经行为合理性。阅读媒介为社交媒体的大学生的财经行为合理性显著高于阅读媒介为电子书的大学生的财经行为合理性。将阅读媒介作为自变量，稳定性人格作为中介变量，财经行为合理性作为因变量。结果显示，三个稳定性人格（认知需求、自我效能、延迟满足）在阅读媒介和财经行为合理性之间发挥显著的中介效应。

（5）阅读主动性对财经行为合理性的影响及稳定性人格的中介作用。数据分析结果显示，在阅读主动性方面，态度为"我主动寻找新的阅读材料并持续学习"的大学生的财经行为合理性显著高于其他组别的大学生的财经行为合理性。态度为"偶尔会读书，但不会特别积极"的大学生的财经行为合理性显著高于只在有课业或任务要求的情况下阅读、几乎不主动阅读的大学生的财经行为合理性。态度为"只在有课业或任务要求的情况下阅读"的大学生的财经行为合理性显著高于几乎不主动阅读的大学生的财经行为合理性。将阅读主动性作为自变量，稳定性人格作为中介变量，财经行为合理性作为因变量。结果显示，三个稳定性人格（认知需求、自我效能、延迟满足）在阅读主动性和财经行为合理性之间发挥显著的中介效应。

（6）阅读计划完成度对财经行为合理性的影响及稳定性人格的中介作用。数据分析结果显示，在阅读计划完成度方面，总是能按照自己制订的阅读计划完成任务的大学生的财经行为合理性显著高于其他组别的大学生的财经行为合理性。有阅读计划，但总能如期完成的大学生的财经行为合理性显著高于没有阅读计划的大学生的财经行为合理性。很少有具体的阅读计划的大学生的财经行为合理性显著高于没有阅读计划的大学生的财经行为合理性。将阅读计划完成度作为自变量，稳定性人格作为中介变量，财经行为合理性作为因变量。结果显示，三个稳定性人格（认知需求、自我效能、延迟满足）在阅读计划完成度和财经行为合理性之间发挥显著的中介效应。

（7）阅读影响对财经行为合理性的影响及稳定性人格的中介作用。数据分析结果显示，在阅读影响方面，认为非常有影响的大学生的财经行为合理性显著高于其他组别的大学生的财经行为合理性。认为有一些影响的大学生的财经行为合理性显著高于一点影响都没有、不确定的大学生的财经行为合理性。将阅读影响作为自变量，稳定性人格作为中介变量，财经行为合理性作为因变量。结果显示，三个稳定性人格（认知需求、自我效能、延迟满足）在阅读影响和财经行为合理性之间发挥显著的中介效应。

6. 阅读素养对独立的影响及稳定性人格的中介作用

（1）阅读频率对独立的影响及稳定性人格的中介作用。数据分析结果显示，每天都有时间阅读的大学生的独立显著高于其他组别的大学生的独立。大约每周阅读一次的大学生的独立显著高于大约每月阅读一次、难得读一次或几个月都不读的大学生的独立。大约每月阅读一次的大学生的独立显著高于难得读一次或几个月都不读的大学生的独立。将阅读频率作为自变量，稳定性人格作为中介变量，独立作为因变量。结果显示，三个稳定性人格（认知需求、自我效能、延迟满足）在阅读频率和独立之间发挥显著的中介效应。

（2）阅读时长对独立的影响及稳定性人格的中介作用。数据分析结果显示，每天阅读 1 小时或更长时间的大学生的独立显著高于每月阅读少于 1 小时、很少或几乎不阅读的大学生的独立。每周阅读 1~5 小时的大学生的独立显著高于每月阅读少于 1 小时、很少或几乎不阅读的大学生的独立。每月阅读少于 1 小时的大学生的独立显著高于很少或几乎不阅读的大学生的独立。将阅读时长作为自变量，稳定性人格作为中介变量，独立作为因变量。结果显示，三个稳定性人格（认知需求、自我效能、延迟满足）在阅读时长和独立之间发挥显著的中介效应。

（3）阅读类型对独立的影响及稳定性人格的中介作用。数据分析结果显示，阅读类型为新闻或时事杂志的大学生的独立显著高于阅读类型为小说或文学作品、杂志或期刊、博客或社交媒体的大学生的独立。将阅读类型作为自变量，稳定性人格作为中介变量，独立作为因变量。结果显示，三个稳定性人格（认知需求、自我效能、延迟满足）在阅读类型和独立之间发挥显著的中介效应。

（4）阅读媒介对独立的影响及稳定性人格的中介作用。数据分析结果显示，阅读媒介为纸质书籍的大学生的独立显著高于其余组别的大学生的独立。将阅读媒介作为自变量，稳定性人格作为中介变量，独立作为因变量。结果显示，三个稳定性人格（认知需求、自我效能、延迟满足）在阅读媒介和独立之间发挥显著的中介效应。

（5）阅读主动性对独立的影响及稳定性人格的中介作用。数据分析结果显示，在阅读主动性方面，态度为"我主动寻找新的阅读材料并持续学习"的大学生的独立显著高于其他组别的大学生的独立。态度为"偶尔会读书，但不会特别积极"的大学生的独立显著高于只在有课业或任务要求的情况下阅读、几乎不主动阅读的大学生的独立。态度为"只在有课业或任务要求的情况下阅读"的大学生的独立显著高于几乎不主动阅读的大学生的独立。将阅读主动性作为自变量，稳定性人格作为中介变量，独立作为因变量。结果显示，三个稳定性人格（认知需求、自我效能、延迟满足）在阅读主动性和独立之间发挥显著的中介效应。

（6）阅读计划完成度对独立的影响及稳定性人格的中介作用。数据分析结果显示，在阅读计划完成度方面，总是能按照自己制订的阅读计划完成任务的大学生的独立显著高于其他组别的大学生的独立。有阅读计划，但不总能如期完成的大学生的独立显著高于没有阅读计划的大学生的独立。将阅读计划完成度作为自变量，稳定性人格作为中介变量，独立作为因变量。结果显示，三个稳定性人格（认知需求、自我效能、延迟满足）在阅读计划完成度和独立之间发挥显著的中介效应。

（7）阅读影响对独立的影响及稳定性人格的中介作用。数据分析结果显示，在阅读影响方面，认为非常有影响的大学生的独立显著高于其他组别的大学生的独立。认为有一些影响的大学生的独立显著高于一点影响都没有、不确定的大学生的独立。将阅读影响作为自变量，稳定性人格作为中介变量，独立作为因变量。结果显示，三个稳定性人格（认知需求、自我效能、延迟满足）在阅读影响和独立之间发挥显著的中介效应。

7. 阅读素养对信用的影响及稳定性人格的中介作用

（1）阅读频率对信用的影响及稳定性人格的中介作用。数据分析结果显示，每天都有时间阅读的大学生的信用显著高于其他组别的大学生的信用。大约每周阅读一次的大学生的信用显著高于大约每月阅读一次、难得读一次或几个月都不读的大学生的信用。大约每月阅读一次的大学生的信用显著高于难得读一次或几个月都不读的大学生的信用。将阅读频率作为自变量，稳定性人格作为中介变量，信用作为因变量。结果显示，三个稳定性人格（认知需求、自我效能、延迟满足）在阅读频率和信用之间发挥显著的中介效应。

（2）阅读时长对信用的影响及稳定性人格的中介作用。数据分析结果显示，每天阅读 1 小时或更长时间的大学生的信用显著高于每月阅读少于 1 小时、很少或几乎不阅读的大学生的信用。每周阅读 1~5 小时的大学生的信用显著高于每月阅读少于 1 小时、很少或几乎不阅读的大学生的信用。每月阅读少于 1 小时的大学生的信用显著高于很少或几乎不阅读的大学生的信用。将阅读时长作为自变量，稳定性人格作为中介变量，信用作为因变量。结果显示，三个稳定性人格（认知需求、自我效能、延迟满足）在阅读时长和信用之间发挥显著的中介效应。

（3）阅读类型对信用的影响及稳定性人格的中介作用。数据分析结果显示，阅读类型为小说或文学作品的大学生的信用显著高于阅读类型为杂志或期刊的大学生的信用。阅读类型为教材或学术文献的大学生的信用显著高于阅读类型为杂志或期刊的大学生的信用。阅读类型为新闻或时事杂志的大学生的信用显著高于阅读类型为杂志或期刊的大学生的信用。阅读类型为博客或社交媒体的大学生的信用显著高于阅读类型为杂志或期刊的大学生的信用。将阅读类型作为自变量，稳定性人格作为中介变量，信用作为因变量。结果显示，三个稳定性人格（认知需求、自我效能、延迟满足）在阅读类型和信用之间发挥显著的中介效应。

（4）阅读媒介对信用的影响及稳定性人格的中介作用。数据分析结果显示，阅读媒介为纸质书籍的大学生的信用显著高于阅读类型为电子书、网络文章的大学生的信用。将阅读媒介作为自变量，稳定性人格作为中介变量，信用作为因变量。结果显示，三个稳定性人格（认知需求、自我效能、延迟满足）在阅读媒介和信用之间发挥显著的中介效应。

（5）阅读主动性对信用的影响及稳定性人格的中介作用。数据分析结果显示，在阅读主动性方面，态度为"我主动寻找新的阅读材料并持续学习"的大学生的信用显著高于其他组别的大学生的信用。态度为"偶尔会读书，但不会特别积极"的大学生的信用显著高于只在有课业或任务要求的情况下阅读、几乎不主动阅读的大学生的信用。态度为"只在有课业或任务要求的情况下阅读"的大学生的信用显著高于几乎不主动阅读的大学生的信用。将阅读主动性作为自变量，稳定性人格作为中介变量，信用作为因变量。结果显示，三个稳定性人格（认知需求、自我效能、延迟满足）在阅读主动性和信用之间发挥显著的中介效应。

（6）阅读计划完成度对信用的影响及稳定性人格的中介作用。数据分析结果显示，在阅读计划完成度方面，总是能按照自己制订的阅读计划完成任务的大学生的信用显著高于其他组别的大学生的信用。有阅读计划，但不总能如期完成的大学生的信用显著高于没有阅读计划的大学生的信用。将阅读计划完成度作为自变量，稳定性人格作为中介变量，信用作为因变量。结果显示，三个稳定性人格（认知需求、自我效能、延迟满足）在阅读计划完成度和信用之间发挥显著的中介效应。

（7）阅读影响对信用的影响及稳定性人格的中介作用。数据分析结果显示，在阅读影响方面，认为非常有影响的大学生的信用显著高于其他组别的大学生的信用。认为有一些影响的大学生的信用显著高于一点影响都没有、不确定的大学生的信用。将阅读影响作为自变量，稳定性人格作为中介变量，信用作为因变量。结果显示，三个稳定性人格（认知需求、自我效能、延迟满足）在阅读影响和信用之间发挥显著的中介效应。

8. 阅读素养对生涯适应能力的影响及稳定性人格的中介作用

（1）阅读频率对生涯适应能力的影响及稳定性人格的中介作用。数据分析结果显示，每天都有时间阅读的大学生的信用显著高于其他组别的大学生的信用。大约每周阅读一次的大学生的信用显著高于大约每月阅读一次、难得读一次或几个月都不读的大学生的信用。大约每月阅读一次的大学生的信用显著高于难得读一次或几个月都不读的大学生的信用。将阅读频率作为自变量，稳定性人格作为中介变量，生涯适应能力作为因变量。结果显示，三个稳定性人格（认知需求、自我效能、延迟满足）在阅读频率和生涯适应能力之间发挥显著的中介效应。

（2）阅读时长对生涯适应能力的影响及稳定性人格的中介作用。数据分析结果显示，每天阅读1小时或更长时间的大学生的信用显著高于每月阅读少于1小时、很少或几乎不阅读的大学生的信用。每周阅读1~5小时的大学生的信用显著高于每月阅读少于1小时、很少或几乎不阅读的大学生的信用。每月阅读少于1小时的大学生的信用显著高于很少或几乎不阅读的大学生的信用。将阅读时长作为自变量，稳定性人格作为中介变量，生涯适应能力作为因变量。结果显示，三个稳定性人格（认知需求、自我效能、延迟满足）在阅读时长和生涯适应能力之间发挥显著的中介效应。

（3）阅读类型对生涯适应能力的影响及稳定性人格的中介作用。数据分析结果显示，阅读类型为小说或文学作品的大学生的信用显著高于阅读类型为杂志或期刊的大学生的信用。阅读类型为教材或学术文献的大学生的信用显著高于阅读类型为杂志或期刊的大学生的信用。阅读类型为新闻或时事杂志的大学生的信用显著高于阅读类型为杂志或期刊的大学生的信用。阅读类型为博客或社交媒体的大学生的信用显著高于阅读类型为杂志或期刊的大学生的信用。将阅读类型作为自变量，稳定性人格作为中介变量，生涯适应能力作为因变量。结果显示，三个稳定性人格（认知需求、自我效能、延迟满足）在阅读类型和生涯适应能力之间发挥显著的中介效应。

（4）阅读媒介对生涯适应能力的影响及稳定性人格的中介作用。数据分析结果显示，阅读媒介为纸质书籍的大学生的信用显著高于阅读媒介为电子书、网络文章的大学生的信用。将阅读媒介作为自变量，稳定性人格作为中介变量，生涯适应能力作为因变量。结果显示，三个稳定性人格（认知需求、自我效能、延迟满足）在阅读媒介和生涯适应能力之间不发挥显著的中介效应。

（5）阅读主动性对生涯适应能力的影响及稳定性人格的中介作用。数据分析结果显示，在阅读主动性方面，态度为"我主动寻找新的阅读材料并持续学习"的大学生的信用显著高于其他组别的大学生的信用。态度为"偶尔会读书，但不会特别积极"的大学生的信用显著高于只在有课业或任务要求的情况下阅读、几乎不主动阅读的大学生的信用。态度为"只在有课业或任务要求的情况下阅读"的大学生的信用显著高于几乎不主动阅读的大学生的信用。将阅读主动性作为自变量，稳定性人格作为中介变量，生涯适应能力作为因变量。结果显示，三个稳定性人格（认知需求、自我效能、延迟满足）在阅读主动性和生涯适应能力之间发挥显著的中介效应。

（6）阅读计划完成度对生涯适应能力的影响及稳定性人格的中介作用。数据分析结果显示，在阅读计划完成度方面，总是能按照自己制订的阅读计划完成任务的大学生的信用显著高于其他组别的大学生的信用。有阅读计划，但不总能如期完成的大学生的信用显著高于没有阅读计划的大学生的信用。将阅读计划完成度作为自变量，稳定性人格作为中介变量，生涯适应能力作为因变量。结果显示，三个稳定性人格（认知需求、自我效能、延迟满足）在阅读计划完成度和生涯适应能力之间发挥显著的中介效应。

（7）阅读影响对生涯适应能力的影响及稳定性人格的中介作用。数据分析结果显示，在阅读影响方面，认为非常有影响的大学生的信用显著高于其他组别的大学生的信用。认为有一些影响的大学生的信用显著高于一点影响都没有、不确定的大学生的信用。将阅读影响作为自变量，稳定性人格作为中介变量，生涯适应能力作为因变量。结果显示，三个稳定性人格（认知需求、自我效能、延迟满足）在阅读影响和生涯适应能力之间发挥显著的中介效应。

9. 阅读素养对未来承诺的影响及稳定性人格的中介作用

（1）阅读频率对未来承诺的影响及稳定性人格的中介作用。数据分析结果显示，每天都有时间阅读的大学生的未来承诺显著高于其他组别的大学生的未来承诺。大约每周阅读一次的大学生的未来承诺显著高于大约每月阅读一次、难得读一次或几个月都不读的大学生的未来承诺。大约每月阅读一次的大学生的未来承诺显著高于难得读一次或几个月都不读的大学生的未来承诺。将阅读频率作为自变量，稳定性人格作为中介变量，未来承诺作为因变量。结果显示，三个稳定性人格（认知需求、自我效能、延迟满足）在阅读频率和未来承诺之间发挥显著的中介效应。

（2）阅读时长对未来承诺的影响及稳定性人格的中介作用。数据分析结果显示，每天阅读 1 小时或更长时间的大学生的未来承诺显著高于每月阅读少于 1

小时、很少或几乎不阅读的大学生的未来承诺。每周阅读 1~5 小时的大学生的未来承诺显著高于每月阅读少于 1 小时、很少或几乎不阅读的大学生的未来承诺。将阅读时长作为自变量，稳定性人格作为中介变量，未来承诺作为因变量。结果显示，三个稳定性人格（认知需求、自我效能、延迟满足）在阅读时长和未来承诺之间发挥显著的中介效应。

（3）阅读类型对未来承诺的影响及稳定性人格的中介作用。数据分析结果显示，阅读类型为教材或学术文献的大学生的未来承诺显著高于阅读类型为小说或文学作品、博客或社交媒体的大学生的未来承诺。阅读类型为新闻或时事杂志的大学生的未来承诺显著高于阅读类型为小说或文学作品、博客或社交媒体的大学生的未来承诺。将阅读类型作为自变量，稳定性人格作为中介变量，未来承诺作为因变量。结果显示，三个稳定性人格（认知需求、自我效能、延迟满足）在阅读类型和未来承诺之间发挥显著的中介效应。

（4）阅读媒介对未来承诺的影响及稳定性人格的中介作用。数据分析结果显示，阅读媒介为纸质书籍的大学生的未来承诺显著高于其他类别的大学生的未来承诺。将阅读媒介作为自变量，稳定性人格作为中介变量，未来承诺作为因变量。结果显示，三个稳定性人格（认知需求、自我效能、延迟满足）在阅读媒介和未来承诺之间不发挥显著的中介效应。

（5）阅读主动性对未来承诺的影响及稳定性人格的中介作用。数据分析结果显示，在阅读主动性方面，态度为"主动寻找新的阅读材料并持续学习"的大学生的未来承诺显著高于其他组别的大学生的未来承诺。态度为"偶尔会读书，但不会特别积极"的大学生的未来承诺显著高于几乎不主动阅读的大学生的未来承诺。态度为"只在有课业或任务要求的情况下阅读"的大学生的未来承诺显著高于几乎不主动阅读的大学生的未来承诺。将阅读主动性作为自变量，稳定性人格作为中介变量，未来承诺作为因变量。结果显示，三个稳定性人格（认知需求、自我效能、延迟满足）在阅读主动性和未来承诺之间发挥显著的中介效应。

（6）阅读计划完成度对未来承诺的影响及稳定性人格的中介作用。数据分析结果显示，在阅读计划完成度方面，总是能按照自己制订的阅读计划完成任务的大学生的未来承诺显著高于其他组别的大学生的未来承诺。有阅读计划，但不总能如期完成的大学生的未来承诺显著高于很少有具体的阅读计划、没有阅读计划的大学生的未来承诺。将阅读计划完成度作为自变量，稳定性人格作为中介变量，未来承诺作为因变量。结果显示，三个稳定性人格（认知需求、自我效能、延迟满足）在阅读计划完成度和未来承诺之间发挥显著的中介效应。

（7）阅读影响对未来承诺的影响及稳定性人格的中介作用。数据分析结果显示，在阅读影响方面，认为非常有影响的大学生的未来承诺显著高于其他组别的大学生的未来承诺。认为有一些影响的大学生的未来承诺显著高于一点影响都没有、不确定的大学生的未来承诺。将阅读影响作为自变量，稳定性人格作为中介变量，未来承诺作为因变量。结果显示，三个稳定性人格（认知需求、自我效能、延迟满足）在阅读影响和未来承诺之间发挥显著的中介效应。

第二节　管理启示

一、继续丰富大学生的财经知识

2024年蓝皮书调查显示，大学生客观财经知识依然不容乐观，丰富大学生主客观财经知识是财经素养教育的重点工作之一。首先，可以开设多门经济学、金融学、会计学等相关课程，涵盖基础与高级内容，如宏观经济学、微观经济学、金融市场与机构、投资学等，帮助学生建立坚实的理论基础。特别是要结合中国经济发展的实际情况，增加对中国经济体制、金融市场和政策法规的研究和教学。并继续推进《大学生财经素养教育》通识课的课程建设，将其列入大学的课程体系建设当中，重点对非经济学和非管理学专业的大学生进行普及性授课，通过规范的课堂教育传授财经知识。此外，定期邀请业内专家和学者举办讲座和研讨会，分享最新的财经动态、市场趋势以及行业前沿研究成果，拓宽学生视野。可以邀请来自中国人民银行、国家发展和改革委员会、证券监督管理委员会等机构的专家，讲解中国经济政策和市场监管动态，帮助学生了解国内经济环境。在资源方面，应提供丰富的图书馆资源，增加财经类书籍和期刊的数量，订阅权威的财经杂志和报刊，如《财新周刊》《第一财经日报》《经济观察报》等，确保学生能够及时获取和阅读最新的财经信息和分析报告。同时，应鼓励学生利用网易公开课、学堂在线、沪江网校等国内在线学习平台，自主学习经济学和金融学的相关课程，这些平台上的课程通常由国内顶尖大学的教授讲授，内容翔实且质量较高。

为了让学生在实践中应用所学知识，应组织和鼓励学生参与各种投资模拟比赛，如股票模拟交易、虚拟货币交易等，让学生在模拟环境中体验真实市场操作，了解投资策略和风险管理。此外，还应与银行、证券公司、投资基金等金融机构建立合作关系，为学生提供实习和兼职机会，让学生在实际工作中积累宝贵的经验，了解市场运作的细节。在校园活动方面，应大力支持和推动财经类社团的发展，鼓励学生加入或成立投资俱乐部、经济学社等，大学生可通过组织和参与社团活动，与志同道合的同学共同学习和讨论财经话题，互相促进，共同进步。同时，可以举办财经知识竞赛、案例分析比赛等活动，激发学生的学习兴趣，提升他们分析和解决问题的能力。还应引导学生熟悉并使用一些常用的财经软件和工具，如 Wind 资讯、东方财富网、同花顺等，学习如何获取、分析和解读市场数据，培养数据分析和决策能力。每天阅读或观看财经新闻，了解最新的市场动态和经济政策，也应成为学生的日常习惯，培养他们对财经事件的敏感度和判断力。通过以上多样化的教育和实践途径，结合中国的实际情况，帮助学生建立起系统的财经知识体系，增强他们对金融市场和经济环境的理解和判断力，使其在未来的职业生涯中能够做出更加理性和明智的财务决策，适应中国及全球经济的发展变化。

二、强化数学素养对大学生财经素养的影响

数学是金融、经济学、会计等学科的基础，强化数学素养对大学生财经素养的影响，是提升他们在财经领域表现和决策能力的重要途径。

1. 开设高质量的数学课程

为了提高中国大学生的数学素养，学校应提供高质量的数学课程，涵盖基础课程和高级课程。基础课程包括微积分、线性代数、概率论和统计学，这些课程是理解金融模型、经济理论和数据分析的核心。此外，学校还应开设高级数学课程，如实证分析、微分方程、数理统计和运筹学，这些课程能够帮助学生深入理解复杂的金融工具和经济模型。结合中国的实际情况，课程设计应特别关注中国经济体制和金融市场的特点，增加对中国经济政策、市场结构和金融产品的研究和教学。

2. 跨学科融合教学

学校应推行跨学科融合教学，将数学与金融、经济学等课程有机结合。例如，开设金融数学、数量金融学等课程，教授学生如何将数学理论应用于金融市场分析、风险管理和投资组合优化。此外，开设数据科学与经济学结合的课程，教授学生如何使用统计学和机器学习等方法进行经济数据分析和预测。结合中国的实际情况，课程内容应涵盖中国金融市场的现状、发展趋势和监管政策，帮助学生理解数学在中国财经领域的实际应用。首先，数学课程可以结合中国的经济政策和市场特点，引导学生深入了解中国的宏观经济状况和政策调控措施。这包括对中国的货币政策、财政政策、产业政策等进行分析，以及对中国经济增长模式、结构调整和产业升级的研究。其次，数学课程还应关注中国金融市场的发展和特点，包括股票市场、债券市场、期货市场等各种金融工具的特点和运作机制。学生需要了解中国金融监管体系、金融创新产品和金融市场风险管理的相关知识，以及中国金融市场的国际化进程及其对全球经济的影响。此外，数学课程还应该教授与中国经济和金融相关的数学方法和模型。例如，可以介绍与中国经济增长、产业结构、金融风险等相关的数学模型和统计方法，帮助学生运用数学工具进行数据分析、预测和决策。

3. 实践与应用

为增强学生的实践能力，学校应组织各种数据分析项目和金融建模比赛。通过参与这些实际项目，学生可以利用数学和统计方法分析真实的金融数据和经济数据，培养他们的实际操作能力和团队协作能力。例如，学校可以组织全国大学生金融建模竞赛，让学生在实战演练中提高数学应用能力，通过团队合作，学生能够学会应用数学知识解决真实的经济和金融问题。这样的活动可以帮助学生将抽象的数学理论与实际情况相结合，培养他们的问题解决能力和创新思维。此外，学校还应鼓励学生参与企业实习，通过在银行、证券公司、投资基金等金融机构的实习，积累实际工作经验，了解市场运作的细节。特别是应与中国的金融机构、科技公司合作，为学生提供更多的实习和就业机会。另外，学校还可以邀请行业专家和从业者来校举办讲座和工作坊，分享他们的经验和见解，引导学生了解行业的最新发展动态和实际应用场景。这样的交流活动可以帮助学生建立与行业专家的联系，拓展职业发展的视野。

4. 使用专业软件和工具

首先，学校可以引入各种数学建模软件，如 MATLAB、Mathematica、R 软件等，用于数学建模和数据分析。这些软件可以帮助学生进行复杂的数学运算和模拟实验，探索不同的数学模型，并应用于财经领域的实际问题求解。其次，学校还可以引入金融分析软件，如 Excel、Python、Bloomberg 等，用于金融数据的处理和分析。这些软件可以帮助学生获取和分析金融市场的数据，进行风险评估和投资组合优化，提高他们在金融领域的实践能力和就业竞争力。此外，学校还可以引入仿真软件和交易平台，如股票模拟交易系统、期货模拟交易系统等，让学生通过模拟交易和实时数据操作，体验金融市场的真实运行机制，提升他们的交易技能和风险管理能力。通过使用专业软件和工具，学生可以更加直观地理解数学理论和金融知识，提高他们的实践操作能力和解决实际问题的能力。

5. 鼓励自主学习和科研

学校应鼓励学生利用网易公开课、学堂在线、沪江网校等国内在线平台学习数学与金融、经济学相关的课程，拓展他们的知识面。此外，学校应支持学生参与科研项目，鼓励他们将数学方法应用于金融和经济研究，培养创新思维和研究能力。例如，学生可以选择一个实际的经济问题，利用统计学和数理分析方法进行研究，撰写论文并发表在学术期刊上。这不仅能够提高学生的科研能力，还能增强他们的学术影响力。科研项目应特别关注中国经济与金融市场的问题和挑战，鼓励学生研究国家经济发展、金融创新和政策效果。

6. 提供支持与资源

为了帮助学生解决学习中的困难，学校应提供数学辅导和咨询服务，帮助学生提高数学理解力和应用能力。学校可以设置专门的数学辅导中心，提供一对一的辅导和小组学习，解决学生在学习过程中遇到的具体问题。此外，学校应建立数学与财经知识资源库，提供丰富的学习资料、案例分析和实践指南，帮助学生自主学习和提高综合素养。结合中国的实际情况，资源库应包括中国经济和金融市场的案例分析、政策解读和实践经验。

三、重视阅读素养对大学生财经素养的影响

阅读素养是提升大学生财经素养的重要组成部分，通过广泛而深入的阅读，学生可以拓展知识面，提高理解力和分析能力，进而提升其在财经领域的表现和决策能力。

1. 建立系统的阅读计划

首先，学校可以设立阅读任务和目标，明确学生每周应该阅读的内容和数量。这可以通过在课程大纲中明确规定阅读要求，或者设置一定的阅读时间来实现。其次，学校可以提供具体的阅读清单或推荐书目，包括经典的财经著作、最新的研究成果以及相关的新闻报道。这样可以帮助学生选择适合自己兴趣和水平的阅读材料。此外，学校还可以组织阅读小组或读书会，让学生相互交流阅读体会、分享感想，相互激励和监督。这样的活动可以增强学生的阅读兴趣和动力，促进他们的阅读效果。最后，学校可以定期评估学生的阅读进度和成果，对于完成阅读任务的学生给予鼓励和奖励，对于未完成任务的学生提供适当的帮助和指导，确保每位学生都能够达到预期的阅读目标。

2. 提供丰富的阅读资源

学校图书馆应当收藏涵盖经济学、金融学、会计学等多个领域的财经书籍、期刊和报纸，同时也应订阅在线数据库和电子期刊，为学生提供更广泛和即时的阅读资源，如 JSTOR、EBSCO、ProQuest 等。此外，学校可以与出版社和行业机构合作，举办定期的讲座、研讨会和展览活动，介绍最新的财经出版物和研究成果，为学生提供接触行业前沿的机会。同时，鼓励学生积极利用校外资源，如公共图书馆、在线图书商店等，自主拓展阅读领域和广度。学校还可以向学生推荐优秀的财经博客、论坛和社交媒体账号，帮助他们获取更丰富的财经信息。这样，学生将能够在各种资源的支持下，广泛涉猎财经领域的知识，拓宽视野，提高理解力和分析能力，从而更好地应对未来的挑战。

3. 参与财经类讲座，获得财经启示

为了增强大学生的财经素养，学校可以开设阅读与讨论课程。这种课程旨在引导学生阅读和讨论财经领域的经典著作、研究论文以及最新的财经资讯。通过这样的课程，学生不仅可以接触到各种财经知识，还能够深入思考、分析并与同学分享自己的见解。课程内容可以包括《经济学原理》《金融市场与投资》等经典教材，以及《华尔街日报》《经济学人》等知名财经杂志的精选文章。此外，也可以组织学生分组进行研究性讨论，针对特定财经问题展开深入探讨，从而培养学生的批判性思维和团队合作能力。通过参与这样的课程，学生将能够更加全面地理解财经领域的理论和实践，并培养出色的分析和解决问题的能力，为未来的职业生涯做好准备。

4. 鼓励自主阅读与写作

学校应该积极鼓励学生进行自主阅读与写作，以提高其财经素养。鼓励自主阅读的方式可以包括向学生提供多样化的阅读清单和推荐书目，如经济学、金融学、会计学等多个领域的经典著作、最新研究成果以及行业动态。学校也可以组织财经书籍俱乐部或阅读小组，为学生提供交流和分享的平台，激发学生的阅读兴趣和热情。除了阅读外，学校还应该鼓励学生进行财经领域的写作。这包括撰写读书笔记、写作评论文章、参与学术论文的撰写等形式。学校可以组织写作工作坊和培训课程，教授学生写作技巧和方法，引导他们将阅读所得转化为文字表达，提高其表达能力和学术水平。此外，学校还可以举办财经写作比赛或征文活动，鼓励学生积极参与，并为优秀作品提供奖励和认可。这样的活动不仅可以激发学生的写作激情，还可以提升他们的自信心和竞争力。通过鼓励自主阅读与写作，学校可以培养学生的独立思考能力、创造性思维能力和批判性思维能力，为其未来的学术研究和职业发展打下坚实的基础。

第三节　研究局限和未来的研究方向

一、样本框的合理性

本书把积极报名参与四川省大学生财经素养大赛的在校大学生作为样本框，严肃了受访者填写问卷的态度，强化了受访者的认真和负责的精神，在一定程度上保证了数量和质量，但是，这种样本框只能局限于那些对大学生财经素养大赛感兴趣的大学生，没有囊括对财经素养大赛不感兴趣的同学，这样获得的受访者可能高估了大学生的财经素养。未来的研究可以从各个院校的教务处获得学生的花名册，将其作为样本框获得样本单位，降低遗漏程度。

二、样本的代表性

虽然获得的样本单位有一定的代表性，获得的数据具有较高的质量，但是个体人文统计特征与总体之间还存在一定的偏颇，这样在一定程度上影响了我们对中国大学生总体的财经素养的推断和理解。因此，未来的研究须从全国高等院校在校大学生总体中按照分层抽样的原则，如研究者可以从高等院校的类型、性别、年级、专业、籍贯等变量出发对样本总体进行分层，确保每一个群体抽选出来的样本单位都和总体的比例相一致，由此提升样本的代表性。

三、各个变量之间的关系及可能的作用边界

本书从财经素养的内涵出发，围绕财经素养、数学素养、阅读素养和稳定性人格四方面，构建了相关主体变量。由于研究目的使然，本书没有按照各个变量之间的理论关系推导和发展关联的理论假设。虽然通过数据分析探讨了部分变量之间的主效应和简单中介效应，但并未进行更进一步的调节效应检验以及更复杂的理论模型构建。未来的研究可以遵从实证研究规范，发展理论假设，构建更加严谨的理论模型，运用数据检验这些假设是否得到支持。

参考文献

[1] Aaker, J. L., & Lee, A. Y. "I" seek pleasures and "we" avoid pains: The role of self-regulatory goals in information processing and persuasion [J]. Journal of Consumer Research, 2001, 28 (1): 33-49.

[2] Agarwal, S., Driscoll, J. C., Gabaix, X., & Laibson, D. The age of reason: Financial decisions over the life cycle and implications for regulation [J]. Brookings Papers on Economic Activity, 2009 (2): 51-117.

[3] Agnew, S., & Harrison, N. Financial literacy and student attitudes to debt: A cross national study examining the influence of gender on personal finance concepts [J]. Journal of Retailing and Consumer Services, 2015 (25): 122-129.

[4] Alba, J. W., & Hutchinson, J. W. Dimensions of consumer expertise [J]. Journal of Consumer Research, 1987, 13 (4): 411-454.

[5] Al-Bahrani, A. B. W. P. Does math confidence matter? How student perceptions create barriers to success in economic courses [J]. Journal of Economics and Finance Education, 2018, 17 (1): 61-77.

[6] Al-Bahrani, A., Buser, W., & Patel, D. Early causes of financial disquiet and the gender gap in financial literacy: Evidence from college students in the Southeastern United States [J]. Journal of Family and Economic Issues, 2020, 41 (3): 558-571.

[7] Alhabeeb, M. J. On the development of consumer socialization of children [J]. Academy of Marketing Studies Journal, 2002, 6 (1): 9-14.

[8] Ali, A., Rahman, M. S. A., & Bakar, A. Financial satisfaction and the influence of financial literacy in Malaysia [J]. Social Indicators Research, 2015, 120 (1): 137-156.

[9] Amagir, A., Groot, W., van den Brink, H. M., & Wilschut, A. Financial literacy of high school students in the Netherlands: Knowledge, attitudes, self-efficacy, and behavior [J]. International Review of Economics Education, 2020 (34): 100-185.

[10] Artavanis, N., & Karra, S. Financial literacy and student debt [J]. The European Journal of Finance, 2020, 26 (4-5): 382-401.

［11］Atkinson, A. , & Messy, F. A. Assessing financial literacy in 12 countries: An OECD/INFE international pilot exercise ［J］. Journal of Pension Economics & Finance, 2011, 10 (4): 657-665.

［12］Baas, M. , De Dreu, C. K. , & Nijstad, B. A. A meta-analysis of 25 years of mood-creativity research: Hedonic tone, activation, or regulatory focus? ［J］. Psychological Bulletin, 2008, 134 (6): 779.

［13］Bandura, A. Social foundations of thought and action: A social cognitive theory ［M］. Englewood Cliffs, NJ: Prentice-Hall, 1986.

［14］Bandura, A. Health promotion from the perspective of social cognitive theory ［J］. Psychology and Health, 1998, 13 (4): 623-649.

［15］Bandura, A. , & Locke, E. A. Negative self-efficacy and goal effects revisited ［J］. Journal of Applied Psychology, 2003, 88 (1): 87.

［16］Bandura, A. , & Walters, R. H. Social learning theory ［M］. Prentice Hall: Englewood Cliffs, 1977.

［17］Bannier, C. E. , & Schwarz, M. Gender-and education-related effects of financial literacy and confidence on financial wealth ［J］. Journal of Economic Psychology, 2018 (67): 66-86.

［18］Bearden, W. O. , Hardesty, D. M. , & Rose, R. L. Consumer self-confidence: Refinements in conceptualization and measurement ［J］. Journal of Consumer Research, 2001, 28 (1): 121-134.

［19］Beutler, I. , & Dickson, L. Handbook of consumer finance research ［J］. Journal of Applied Psychology, 2008 (1): 7-14.

［20］Boisclair, D. , Lusardi, A. , & Michaud, P. C. Financial literacy and retirement planning in Canada ［J］. Journal of Pension Economics & Finance, 2017, 16 (3): 277-296.

［21］Borodich, S. , Deplazes, S. , Kardash, N. , & Kovzik, A. Comparative analysis of the levels of financial literacy among students in the US, Belarus, and Japan ［J］. Journal of Economics & Economic Education Research, 2010, 11 (3): 7-14.

［22］Boss, P. , Doherty, W. J. , LaRossa, R. , Schumm, W. R. , & Steinmetz, S. K. , et al. Sourcebook of family theories and methods: A contextual approach ［J］. Springer Science & Business Media, 1993 (1): 7-14.

［23］Bottazzi, L. , & Lusardi, A. Stereotypes in financial literacy: Evidence from PISA ［J］. Journal of Corporate Finance, 2021 (71): 7-14.

［24］Britto, P. R. , Lye, S. J. , Proulx, K. , Yousafzai, A. K. , Matthews, S. G. , Vaivada, T. , & Bhutta, Z. A. , et al. The early childhood development interventions review group ［D］. Nurturing Care: Promoting Early Childhood Development,

2017.

[25] Bruhn, M., Leão, L. D. S., Legovini, A., Marchetti, R., & Zia, B. The impact of high school financial education: Evidence from a large-scale evaluation in Brazil [J]. American Economic Journal: Applied Economics, 2016, 8 (4): 256-295.

[26] Bucciol, A., & Veronesi, M. Teaching children to save and lifetime savings: What is the best strategy [J]. Journal of Economics Psychology, 2014 (45): 1-17.

[27] Bufford, R. K. Social foundations of thought and action—a social cognitive theory-bandura [J]. Journal of Psychology and Theology, 1986 (4): 341-342.

[28] Bureau, C. F. P. Financial well-being: The goal of financial education [R]. 2015.

[29] Byrne, L. K., Cook, K. E., Skouteris, H., & Do, M. Parental status and childhood obesity in Australia [J]. International Journal of Pediatric Obesity, 2011, 6 (5-6): 415-418.

[30] Cain, D. S., & Combs-Orme, T. Family structure effects on parenting stress and practices in the African American family [J]. Journal of Sociology & Social Welfare, 2005 (32): 19-20.

[31] Cameron, S. V., & Heckman, J. J. The dynamics of educational attainment for black, hispanic, and white males [J]. Journal of Political Economy, 2001, 109 (3): 455-499.

[32] Carneiro, P., Meghir, C., & Parey, M. Maternal education, home environments, and the development of children and adolescents [J]. Journal of the European Economic Association, 2013, 11 (1): 123-160.

[33] Casper, M. A definition of "social environment" [J]. American Journal of Public Health, 2001, 91 (3): 465-470.

[34] Chen, A. Y., & Escarce, J. J. Peer reviewed: Family structure and childhood obesity, early childhood longitudinal study—kindergarten cohort [J]. Preventing Chronic Disease, 2010, 7 (3): 7-14.

[35] Chen, H., & Volpe, R. P. An analysis of personal financial literacy among college students [J]. Financial Services Review, 1998, 7 (2): 107-128.

[36] Chen-Yu, J. H. A., Hong, K. H. B. & Seock, Y. K. C. Adolescents' clothing motives and store selection criteria: A comparison between South Korea and the United States [J]. Journal of Fashion Marketing & Management, 2010 (1): 127-144.

[37] Chijwani, M. M., & Vidyapeeth, D. Y. P. A study of financial literacy

among working women in Pune ［J］. International Journal for Scientific Research & Development, 2014, 1（11）: 2456-2458.

［38］ Christelis, D. , Georgarakos, D. , & Lusardi, A. The impact of bank account ownership on adolescents' financial literacy work in progress ［D］. Global Financial Literacy Excellence Center, Washington, D. C. , 2015.

［39］ Chu, Z. , Wang, Z. , Xiao, J. J. , & Zhang, W. Financial literacy, portfolio choice and financial well-being ［J］. Social Indicators Research, 2017, 132（2）: 799-820.

［40］ Clarke, A. T. , Marshall, S. A. , Mautone, J. A. , Soffer, S. L. , Jones, H. A. , Costigan, T. E. , & Power, T. J. , et al. Parent attendance and homework adherence predict response to a family-school intervention for children with ADHD ［J］. Journal of Clinical Child & Adolescent Psychology, 2015, 44（1）: 58-67.

［41］ Clinton, G. , Lee, E. , & Logan, R. Connectivism as a framework for creative productivity in instructional technology ［C］. 2011 IEEE 11th International Conference on Advanced Learning Technologies, 2011.

［42］ Cocco, J. F. , Gomes, F. J. , & Maenhout, P. J. Consumption and portfolio choice over the life cycle ［J］. The Review of Financial Studies, 2005, 18（2）: 491-533.

［43］ Cohen, M. , & Nelson, C. Financial literacy: A step for clients towards financial inclusion ［J］. Global Microcredit Summit, 2011（1）: 14-17.

［44］ Cole, C. A. Consumer socialization: A life-cycle perspective（book review）［J］. Journal of Consumer Affairs, 1988（1）: 174.

［45］ Cole, S. , Paulson, A. , & Shastry, G. K. High school curriculum and financial outcomes: The impact of mandated personal finance and mathematics courses ［J］. Journal of Human Resources, 2016, 51（3）: 656-698.

［46］ Conklin, J. A taxonomy for learning, teaching, and assessing: A revision of bloom's taxonomy of educational objectives ［J］. Educational Horizons, 2005（83）: 154-159.

［47］ Cordero, J. M. , Gil-Izquierdo, M. , & Pedraja-Chaparro, F. Financial education and student financial literacy: A cross-country analysis using PISA 2012 data ［J］. The Social Science Journal, 2022, 59（1）: 15-33.

［48］ Covington, O. Financial literacy bill advances: Aim is to educate college students about credit cards, debt ［J］. Messenger-Inquirer, 2008（1）: 7-14.

［49］ Crowe, E. , & Higgins, E. T. Regulatory focus and strategic inclinations: Promotion and prevention in decision-making ［J］. Organizational Behavior and Human Decision Processes, 1997, 69（2）: 117-132.

［50］Cunha, F. , & Heckman, J. The technology of skill formation ［J］. American Economic Review, 2007, 97 (2): 31-47.

［51］Cyberpsychology, Behavior, and Social Networking ［R］. 2014.

［52］Danns, D. E. Financial education in US state colleges and universities: Establishing and building programs ［M］. Berlin: Springer, 2015.

［53］De Vet, E. , De Ridder, D. T. D. , & De Wit, J. B. F. Environmental correlates of physical activity and dietary behaviours among young people: A systematic review of reviews ［J］. Obesity Reviews, 2011, 12 (5): 130-142.

［54］Deacon, R. E. , & Firebaugh, F. M. Family resource management principles and aplications ［J］. Atlantic Avenue, 1981 (420): 7-14.

［55］Demo, D. H. , Aquilino, W. S. , & Fine, M. A. Family composition and family transitions ［J］. Sourcebook of Family Theory and Research, 2005 (1): 119-142.

［56］Disney, R. , & Gathergood, J. Financial literacy and consumer credit portfolios ［J］. Journal of Banking & Finance, 2013, 37 (7): 2246-2254.

［57］Douissa, I. B. Factors affecting college students' multidimensional financial literacy in the Middle East ［J］. International Review of Economics Education, 2020 (1): 7-14.

［58］Downey, D. B. When bigger is not better: Family size, parental resources, and children's educational performance ［J］. American Sociological Review, 1995 (1): 746-761.

［59］Dube, D. , & Shivam, V. Financial literacy: An overview of current literature and future opportunities ［J］. EPRA International Journal of Economic and Business Review, 2018, 6 (1): 43-47.

［60］Duffield, J. Financial Literacy: Implications for retirement security and the financial marketplace ［J］. Journal of Pension Economics & Finance, 2013, 12 (1): 139-141.

［61］Dufur, M. J. , Hoffmann, J. P. , Braudt, D. B. , Parcel, T. L. , & Spence, K. R. Examining the effects of family and school social capital on delinquent behavior ［J］. Deviant Behavior, 2015, 36 (7): 511-526.

［62］El Nokali, N. E. , Bachman, H. J. , & Votruba - Drzal, E. Parent involvement and children's academic and social development in elementary school ［J］. Child Development, 2010, 81 (3): 988-1005.

［63］Ergün, K. Financial behaviour and financial literacy among university students ［J］. Research in Economics and Business: Central and Eastern Europe, 2017, 9 (2): 7-14.

［64］Ergün, K. Financial literacy among university students: A study in eight European countries ［J］. International Journal of Consumer Studies, 2018, 42（1）: 2-15.

［65］Erner, C. , Goedde – Menke, M. , & Oberste, M. Financial literacy of high school students: Evidence from Germany ［J］. The Journal of Economic Education, 2016, 47（2）: 95-105.

［66］Fernandes, D. , Lynch Jr, J. G. , & Netemeyer, R. G. Financial literacy, financial education, and downstream financial behaviors ［J］. Management Science, 2014, 60（8）: 1861-1883.

［67］Firmansyah, D. The influence of family backgrounds toward student saving behavior: A survey of college students in Jabodetabek ［J］. International Journal of Scientific and Research Publication, 2014, 4（1）: 1-6.

［68］Florack, A. , Keller, J. , & Palcu, J. Regulatory focus in economic contexts ［J］. Journal of Economic Psychology, 2013（38）: 127-137.

［69］Fonseca, R. M. K. Z. The financial literacy of young American adults Washingtong ［J］. National Institute of Public Health, 2012（1）: 7-14.

［70］Förster, J. , & Higgins, E. T. How global versus local perception fits regulatory focus ［J］. Psychological Science, 2005, 16（8）: 631-636.

［71］Fosco, G. M. , & Grych, J. H. Capturing the family context of emotion regulation: A family systems model comparison approach ［J］. Journal of Family Issues, 2013, 34（4）: 557-578.

［72］Friedline, T. L. , Elliott, W. , & Nam, I. Predicting savings from adolescence to young adulthood: A propensity score approach ［J］. Journal of the Society for Social Work and Research, 2011, 2（1）: 1-21.

［73］Garg, N. , & Singh, S. Financial literacy among youth ［J］. International Journal of Social Economics, 2018（1）: 7-14.

［74］Gerardi, K. Financial literacy and subprime mortgage delinquency: Evidence from a survey matched to administrative data ［M］. Darby: Diane Publishing, 2010.

［75］Gerrans, P. , & Heaney, R. The impact of undergraduate personal finance education on individual financial literacy, attitudes and intentions ［J］. Accounting & Finance, 2019, 59（1）: 177-217.

［76］Gilenko, E. , & Chernova, A. Saving behavior and financial literacy of Russian high school students: An application of a copula-based bivariate probit-regression approach ［J］. Children and Youth Services Review, 2021（127）: 106-122.

［77］Gill, A. , & Bhattacharya, R. The effects of a financial literacy intervention on the financial and economic knowledge of high school students [J]. The Journal of Economic Education, 2019, 50 (3): 215-229.

[78] Gill, D. , & Prowse, V. Cognitive ability, character skills, and learning to play equilibrium: A level-k analysis [J]. Journal of Political Economy, 2016, 124 (6): 1619-1676.

[79] Godfrey, N. S. Making our students smart about money-giving them financial literacy before they find themselves mired in credit-card debt [J]. Education Digest, 2006 (7): 21-26.

[80] Grinstein - Weiss, M. , Spader, J. , Yeo, Y. H. , Taylor, A. , & Freeze, E. B. Parental transfer of financial knowledge and later credit outcomes among low-and moderate-income homeowners [J]. Children and Youth Services Review, 2011, 33 (1): 78-85.

[81] Griskevicius, V. , Ackerman, J. M. , Cantú, S. M. , Delton, A. W. , Robertson, T. E. , Simpson, J. A. , & Tybur, J. M. When the economy falters, do people spend or save? Responses to resource scarcity depend on childhood environments [J]. Psychological Science, 2013, 24 (2): 197-205.

[82] Grusec, J. E. , & Davidov, M. Analyzing socialization from a domain-specific perspective [R]. 2015.

[83] Gutter, M. S. , Garrison, S. , & Copur, Z. Social learning opportunities and the financial behaviors of college students [J]. Family and Consumer Sciences Research Journal, 2010, 38 (4): 387-404.

[84] Haliassos, M. , Jansson, T. , & Karabulut, Y. Financial literacy externalities [J]. The Review of Financial Studies, 2020, 33 (2): 950-989.

[85] Haliassos, M. , Pardo, H. F. C. , Giannitsarou, C. , & Arrondel, L. Informative social interactions [N]. Meeting Papers Society for Economic Dynamics, 2016-01-10 (6) .

[86] Harrison, N. , Chudry, F. , Waller, R. , & Hatt, S. Towards a typology of debt attitudes among contemporary young UK undergraduates [J]. Journal of Further and Higher Education, 2015, 39 (1): 85-107.

[87] Hastings, J. S. , Madrian, B. C. , & Skimmyhorn, W. L. Financial literacy, financial education, and economic outcomes [J]. Annual Review of Economics, 2013, 5 (1): 347-373.

[88] Heckman, J. J. Skill formation and the economics of investing in disadvantaged children [J]. Science, 2006, 312 (5782): 1900-1902.

[89] Higgins, E. T. Beyond pleasure and pain [J]. American Psychologist, 1997, 52 (12): 1280.

［90］Hilgert, M. A., Hogarth, J. M., & Beverly, S. G. Household financial management: The connection between knowledge and behavior［J］. Federal Reserve Bulletin, 2003（89）: 309.

［91］Hira, T. K. Financial attitudes, beliefs and behaviours: Differences by age ［J］. Journal of Consumer Studies & Home Economics, 1997, 21（3）: 271-290.

［92］Hira, T. K., Sabri, M. F., & Loibl, C. Financial socialization's impact on investment orientation and household net worth［J］. International Journal of Consumer Studies, 2013, 37（1）: 29-35.

［93］Hirst, D. E., Koonce, L., & Venkataraman, S. Management earnings forecasts: A review and framework［J］. Accounting Horizons, 2008, 22（3）: 315-338.

［94］Hizgilov, A., & Silber, J. On multidimensional approaches to financial literacy measurement［J］. Social Indicators Research, 2020, 148（3）: 787-830.

［95］Ho, M. C. S., & Lee, D. H. L. School banding effects on student financial literacy acquisition in a standardised financial literacy curriculum［J］. The Asia-Pacific Education Researcher, 2010, 29（4）: 377-391.

［96］Hung, A., Parker, A. M., & Yoong, J. Defining and measuring financial literacy［R］. 2009.

［97］Huston, S. J. Measuring financial literacy［J］. Journal of Consumer Affairs, 2010, 44（2）: 296-316.

［98］Jang, K., Hahn, J., & Park, H. J. Comparison of financial literacy between Korean and US high school students［J］. International Review of Economics Education, 2014（16）: 22-38.

［99］Jarrett, R. L., Hamilton, M. B., & Coba-Rodriguez, S. "So we would all help pitch in" the family literacy practices of low-income African American mothers of preschoolers［J］. Journal of Communication Disorders, 2015（57）: 81-93.

［100］Johnson, E., & Sherraden, M. S. From financial literacy to financial capability smong youth［J］. Journal of Sociology and Social Welfare, 2007（34）: 119.

［101］Jorgensen, B. L. Financial literacy of college students: Parental and peer influences（Doctoral dissertation, Virginia Tech）［R］. 2007.

［102］Jorgensen, B. L., & Savla, J. Financial literacy of young adults: The importance of parental socialization［J］. Family Relations, 2010, 59（4）: 465-478.

［103］Kadoya, Y. What makes people anxious about life after the age of 65? Evidence from international survey research in Japan, the United States, China, and India［J］. Review of Economics of the Household, 2016, 14（2）: 443-461.

［104］Kahneman, D. , & Tversky, A. On the interpretation of intuitive probability: A reply to Jonathan Cohen ［R］. 1979.

［105］Kawamura, T. , Mori, T. , Motonishi, T. , & Ogawa, K. Is financial literacy dangerous? Financial literacy, behavioral factors, and financial choices of households ［J］. Journal of the Japanese and International Economies, 2021 (60): 101-131.

［106］Kim, C. , Yang, Z. , & Lee, H. Parental style, parental practices, and socialization outcomes: An investigation of their linkages in the consumer socialization context ［J］. Journal of Economic Psychology, 2015 (49): 15-33.

［107］Kim, D. , & Jang, S. S. Motivational drivers for status consumption: A study of Generation Y consumers ［J］. International Journal of Hospitality Management, 2014 (38): 39-47.

［108］Kimball, M. , & Shumway, T. Investor sophistication, and the participation, home bias, diversification, and employer stock puzzles ［Z］. Unpublished Manuscript, University of Michigan, 2006.

［109］Krische, S. D. Investment experience, financial literacy, and investment-related judgments ［J］. Contemporary Accounting Research, 2019, 36 (3): 1634-1668.

［110］Krische, S. , & Mislin, A. The impact of financial literacy on negotiation behavior ［J］. Journal of Behavioral and Experimental Economics, 2020 (87): 101-131.

［111］Kuczynski, L. , & Parkin, C. M. Agency and bidirectionality in socialization: Interactions, transactions, and relational dialectics ［R］. 2007.

［112］Kuntze, R. , Wu, C. K. , Wooldridge, B. R. , & Whang, Y. O. Improving financial literacy in college of business students: Modernizing delivery tools ［J］. International Journal of Bank Marketing, 2019 (4): 976-990.

［113］Lachance, M. J. , & Choquette-Bernier, N. College students' consumer competence: A qualitative exploration ［J］. International Journal of Consumer Studies, 2004, 28 (5): 433-442.

［114］Lantara, I. W. N. , & Kartini, N. K. R. Financial literacy among university students: Empirical evidence from Indonesia ［J］. Journal of Indonesian Economy and Business, 2015, 30 (3): 247-256.

［115］Li, A. Y. L. , Lo, B. C. Y. , & Cheng, C. It is the family context that matters: Concurrent and predictive effects of aspects of parent-child interaction on video gaming-related problems ［J］. Cyberpsychology, Behavior, and Social Networking, 2018, 21 (6): 374-380.

［116］Li, R., & Qian, Y. Entrepreneurial participation and performance: The role of financial literacy ［J］. Management Decision, 2019 (1): 7-14.

［117］Lunt, P., & Furnham, A. Economic socialization ［M］. Edward Elgar Publishing, 1996.

［118］Lusardi, A., & Mitchell, O. S. Baby boomer retirement security: The roles of planning, financial literacy, and housing wealth ［J］. Journal of Monetary Economics, 2007, 54 (1): 205-224.

［119］Lusardi, A., & Mitchell, O. S. Financial literacy and retirement planning in the United States ［J］. Journal of Pension Economics and Finance, 2011 (4): 509-525.

［120］Lusardi, A., & Mitchell, O. S. Financial literacy and planning: Implications for retirement wellbeing ［J］. National Bureau of Economic Research, 2011 (1): 7-14.

［121］Lusardi, A., & Mitchell, O. S. The economic importance of financial literacy: Theory and evidence ［J］. Journal of Economic Literature, 2014, 52 (1): 5-44.

［122］Lusardi, A., & Mitchelli, O. S. Financial literacy and retirement preparedness: Evidence and implications for financial education ［J］. Business Economics, 2007, 42 (1): 35-44.

［123］Lusardi, A., & Tufano, P. Debt literacy, financial experiences, and overindebtedness ［J］. Journal of Pension Economics & Finance, 2015, 14 (4): 332-368.

［124］Lusardi, A., Mitchell, O. S., & Curto, V. Financial literacy among the young ［J］. Journal of Consumer Affairs, 2010, 44 (2): 358-380.

［125］Madrian, B. C. & Shea, D. F. The power of suggestion: Inertia in participation and savings behavior ［J］. Quarterly Journal of Economics, 2001 (4): 1149-1187.

［126］Marcolin, S., & Abraham, A. Financial literacy research: Current literature and future opportunities ［R］. 2006.

［127］Martin, C. A. & Bush, A. J. Do role models influence teenagers' purchase intentions and behavior ［J］. Journal of Consumer Marketing, 2000 (4-5): 441.

［128］Meelissen, M., & Luyten, H. The Dutch gender gap in mathematics: Small for achievement, substantial for beliefs and attitudes ［J］. Studies in Educational Evaluation, 2008, 34 (2): 82-93.

［129］Montalto, C. P., Phillips, E. L., McDaniel, A., & Baker, A. R. College student financial wellness: Student loans and beyond ［J］. Journal of Family and Economic Issues, 2019, 40 (1): 3-21.

［130］Moreno-Herrero, D. , Salas-Velasco, M. , & Sánchez-Campillo, J. Factors that influence the level of financial literacy among young people: The role of parental engagement and students' experiences with money matters ［J］. Children and Youth Services Review, 2018 (95): 334-351.

［131］Moschis, G. P. , & Churchill Jr, G. A. Consumer socialization: A theoretical and empirical analysis ［J］. Journal of Marketing Research, 1978, 15 (4): 599-609.

［132］Moschis, G. P. , Cox, D. S. , & Kellaris, J. J. An exploratory study of adolescent shoplifting behavior ［J］. ACR North American Advances, 1987 (1): 7-14.

［133］Mottola, G. R. In our best interest: Women, financial literacy, and credit card behavior ［J］. Numeracy, 2013, 6 (2): 4.

［134］Mudzingiri, C. The impact of financial literacy on risk seeking and patient attitudes of university students ［J］. Development Southern Africa, 2021, 38 (5): 845-861.

［135］Mueller, H. M. , & Yannelis, C. The rise in student loan defaults ［J］. Journal of Financial Economics, 2019, 131 (1): 1-19.

［136］Mugenda, O. M. , Hira, T. K. , & Fanslow, A. M. Assessing the causal relationship among communication, money management practices, satisfaction with financial status, and satisfaction with quality of life ［J］. Lifestyles, 1990, 11 (4): 343-360.

［137］Muñoz-Murillo, M. , Álvarez-Franco, P. B. & Restrepo-Tobón, D. A. The role of cognitive abilities on financial literacy: New experimental evidence ［J］. Journal of Behavioral and Experimental Economics, 2020 (1): 7-14.

［138］Nayyar, S. Level of financial literacy among youth ［J］. International Journal of Business Management and Scientific Research, 2016 (1): 7-14.

［139］Newswire, C. Brandes scholarship program encourages financial literacy among canadian youth ［J］. Canada Newswire, 2012 (1): 7-14.

［140］Newswire, C. Canada ranks among top three countries worldwide for youth financial literacy ［J］. Canada Newswire, 2012 (1): 7-14.

［141］OECD. PISA 2009 assessment framework: Key competencies in reading, mathematics and science ［M］. London: M2 Presswire, 2010.

［142］OECD. Improving financial literacy: Analysis of issues and policies ［J］. Financial Market Trends, 2005 (2): 11.

［143］OECD. Science, problem solving and financial literacy ［R］. 2013.

［144］Ohno, K. Avoiding the middle-income trap: Renovating industrial policy formulation in Vietnam [J]. ASEAN Economic Bulletin, 2009 (1): 25-43.

[145] Ono, S., Yuktadatta, P., Taniguchi, T., Iitsuka, T., Noguchi, M., Tanaka, S., & Kadoya, Y. Financial literacy and exercise behavior: Evidence from Japan [J]. Sustainability, 2021, 13 (8): 41-89.

[146] Otto, A. Saving in childhood and adolescence: Insights from developmental psychology [J]. Economics of Education Review, 2013 (33): 8-18.

[147] Padilla-Walker, L. M., Nelson, L. J., & Carroll, J. S. Affording emerging adulthood: Parental financial assistance of their college-aged children [J]. Journal of Adult Development, 2012, 19 (1): 50-58.

[148] Paraboni, A. L., & da Costa Jr, N. Improving the level of financial literacy and the influence of the cognitive ability in this process [J]. Journal of Behavioral and Experimental Economics, 2021 (90): 7-14.

[149] Pearson, N., MacFarlane, A., Crawford, D., & Biddle, S. J. Family circumstance and adolescent dietary behaviours [J]. Appetite, 2009, 52 (3): 668-674.

[150] Pedersen, S., Grønhøj, A., & Thøgersen, J. Following family or friends, social norms in adolescent healthy eating [J]. Appetite, 2015 (86): 54-60.

[151] Peña-López, I. Pisa 2012 assessment and analytical framework [J]. Mathematics, Reading, Science, Problem Solving and Financial Literacy, 2012 (1): 7-14.

[152] Pham, M. T., & Higgins, E. T. Promotion and prevention in consumer decision-making [J]. Inside consumption: Consumer Motives, Goals, and Desires, 2005 (1): 8-43.

[153] Putthinun, P., Watanapongvanich, S., Khan, M. S. R., & Kadoya, Y. Financial literacy and alcohol drinking behavior: Evidence from Japan [J]. Sustainability, 2021, 13 (16): 7-14.

[154] Razen, M., Huber, J., Hueber, L., Kirchler, M., & Stefan, M. Financial literacy, economic preferences, and adolescents' field behavior [J]. Finance Research Letters, 2021 (40): 7-14.

[155] Remund, D. L. Financial literacy explicated: The case for a clearer definition in an increasingly complex economy [J]. Journal of Consumer Affairs, 2010, 44 (2): 276-295.

[156] Rhee, K. Childhood overweight and the relationship between parent behaviors, parenting style, and family functioning [J]. The Annals of the American Academy of Political and Social Science, 2008, 615 (1): 11-37.

[157] Ryan, R. M., Claessens, A., & Markowitz, A. J. Associations between

family structure change and child behavior problems: The moderating effect of family income [J]. Child Development, 2015, 86 (1): 112-127.

[158] Sadowski, C. J., & Cogburn, H. E. Need for cognition in the big-five factor structure [J]. The Journal of Psychology, 1997, 131 (3): 307-312.

[159] Santini, F. D. O., Ladeira, W. J., Mette, F. M. B., & Ponchio, M. C. The antecedents and consequences of financial literacy: A meta-analysis [J]. International Journal of Bank Marketing, 2019 (1): 7-14.

[160] Schmeiser, M. D., & Seligman, J. S. Using the right yardstick: Assessing financial literacy measures by way of financial well-being [J]. Journal of Consumer Affairs, 2013, 47 (2): 243-262.

[161] Sherraden, M. S., Johnson, L., Guo, B., & Elliott, W. Financial capability in children: Effects of participation in a school-based financial education and savings program [J]. Journal of Family and Economic Issues, 2011, 32 (3): 385-399.

[162] Shim, S., Barber, B. L., Card, N. A., Xiao, J. J., & Serido, J. Financial socialization of first-year college students: The roles of parents, work, and education [J]. Journal of Youth and Adolescence, 2010, 39 (12): 1457-1470.

[163] Shim, S., Serido, J., Tang, C., & Card, N. Socialization processes and pathways to healthy financial development for emerging young adults [J]. Journal of Applied Developmental Psychology, 2015 (38): 29-38.

[164] Skagerlund, K., Lind, T., Strömbäck, C., Tinghög, G., & Västfjäll, D. Financial literacy and the role of numeracy—How individuals' attitude and affinity with numbers influence financial literacy [J]. Journal of Behavioral and Experimental Economics, 2018 (74): 18-25.

[165] Sohn, S. H., Joo, S. H., Grable, J. E., Lee, S., & Kim, M. Adolescents' financial literacy: The role of financial socialization agents, financial experiences, and money attitudes in shaping financial literacy among South Korean youth [J]. Journal of Adolescence, 2012, 35 (4): 969-980.

[166] Strömbäck, C., Lind, T., Skagerlund, K., Västfjäll, D., & Tinghög, G. Does self-control predict financial behavior and financial well-being? [J]. Journal of Behavioral and Experimental Finance, 2017 (14): 30-38.

[167] Taylor, J. Y., Washington, O. G., Artinian, N. T., & Lichtenberg, P. Parental stress among African American parents and grandparents [J]. Issues in Mental Health Nursing, 2007, 28 (4): 373-387.

[168] Tennyson, S., & Nguyen, C. State curriculum mandates and student knowledge of personal finance [J]. Journal of Consumer Affairs, 2001, 35 (2):

241-262.

[169] Thakur, S. & Mago, M. Measuring the financial literacy level among working youth in punjab [J]. Research Review International Journal of Multidisciplinary, 2018 (5): 7-14.

[170] Tian, G., Zhou, S., & Hsu, S. Executive financial literacy and firm innovation in China [J]. Pacific-Basin Finance Journal, 2020 (62): 7-14.

[171] Van Rooij, M. C., Lusardi, A., & Alessie, R. J. Financial literacy and retirement planning in the Netherlands [J]. Journal of Economic Psychology, 2011, 32 (4): 593-608.

[172] Van Rooij, M. C., Lusardi, A., & Alessie, R. J. Financial literacy, retirement planning and household wealth [J]. The Economic Journal, 2012, 122 (560): 449-478.

[173] Van Rooij, M., Lusardi, A., & Alessie, R. Financial literacy and stock market participation [J]. Journal of Financial Economics, 2011, 101 (2): 449-472.

[174] Viner, R. M., Ozer, E. M., Denny, S., Marmot, M., Resnick, M., Fatusi, A., & Currie, C. Adolescence and the social determinants of health [J]. The Lancet, 2012, 379 (98): 1641-1652.

[175] Walstad, W. B., Rebeck, K., & MacDonald, R. A. The effects of financial education on the financial knowledge of high school students [J]. Journal of Consumer Affairs, 2010, 44 (2): 336-357.

[176] Ward, S. Consumer socialization [J]. Journal of Consumer Research, 1974, 1 (2): 1-14.

[177] Watanapongvanich, S., Binnagan, P., Putthinun, P., Khan, M. S. R., & Kadoya, Y. Financial literacy and gambling behavior: Evidence from Japan [J]. Journal of Gambling Studies, 2021, 37 (2): 445-465.

[178] Watanapongvanich, S., Khan, M. S. R., Putthinun, P., Ono, S., & Kadoya, Y. Financial literacy, financial education, and smoking behavior: Evidence from Japan [J]. Frontiers in Public Health, 2021 (1): 7-14.

[179] Webley, P., & Nyhus, E. K. Parents' influence on children's future orientation and saving [J]. Journal of Economic Psychology, 2006, 27 (1): 140-164.

[180] Webley, P., & Nyhus, E. K. Economic socialization, saving and assets in European young adults [J]. Economics of Education Review, 2013 (33): 19-30.

[181] Wei, L., Peng, M., & Wu, W. Financial literacy and fraud detection—Evidence from China [J]. International Review of Economics & Finance, 2021

（76）：478-494.

[182] Whitchurch, G. G. , & Constantine, L. L. Systems theory. In Sourcebook of family theories and methods [M]. Boston, MA: Springer, 2009.

[183] Widdowson, D. , & Hailwood, K. Financial literacy and its role in promoting a sound financial system [J]. Reserve Bank of New Zealand Bulletin, 2007, 70 (2): 7-14.

[184] Willis, L. E. The financial education fallacy [J]. American Economic Review, 2011, 101 (3): 429-434.

[185] Worthington, A. C. Predicting financial literacy in Australia [R]. 2006.

[186] Xue, R. , Gepp, A. , O'Neill, T. J. , Stern, S. , & Vanstone, B. J. Financial literacy and financial strategies: The mediating role of financial concerns [J]. Australian Journal of Management, 2021, 46 (3): 437-465.

[187] Ye, J. , & Kulathunga, K. M. M. C. B. How does financial literacy promote sustainability in SMEs? A developing country perspective [J]. Sustainability, 2019, 11 (10): 7-14.

[188] Yoong, J. Financial illiteracy and stock market participation: Evidence from the RAND American Life Panel [M]. New York: Oxford University Press, 2011: 76-97.

[189] Yuktadatta, P. , Khan, M. S. R. , & Kadoya, Y. Financial literacy and exercise behavior in the United States [J]. Sustainability, 2021, 13 (16): 7-14.

附　录

在校大学生财经素养调查问卷

尊敬的同学：

　　您好!

　　我们是中国大学生财经素养课题研究小组，耽误您大约一刻钟时间，麻烦您帮我们填一份问卷，您须根据自己的真实理解和切实感受认真填写。我们将对问卷涉及的个人隐私承担严格保密的责任和义务，回收回来的数据仅用于学术研究，不从事商业活动。对您的奉献，我们将万分感谢!

　　此致

敬礼!

四川大学中国大学生财经素养研究小组

2023 年 10 月 25 日

第一部分　基本信息

1. 您的性别：

（1）男　　　　　　（2）女

2. 您的年龄是（请填写具体数字）：＿＿＿＿＿＿

3. 您的民族：

（1）汉族　　　　　　（2）少数民族

4. 您所在的学校档次：

（1）985 院校　　（2）211 院校　　（3）普通院校　　（4）三本

（5）职业技术学院

5. 您目前所在年级是：

（1）大一　　　　（2）大二　　　　（3）大三　　　　（4）大四

6. 您的成长所在地属于：

（1）农村　　　　　（2）城市

7. 您的籍贯所在地：

（1）东北　　　　　（2）华北　　　　　（3）西北　　　　　（4）西南

（5）华中　　　　　（6）华东　　　　　（7）华南

8. 您的专业类别是：

（1）哲学　　　　　（2）经济学　　　　（3）法学　　　　　（4）教育学

（5）文学　　　　　（6）历史学　　　　（7）理学　　　　　（8）工学

（9）农学　　　　　（10）医学　　　　（11）管理学　　　　（12）艺术类

9. 最近一次的班级排名是：

（1）前 10%　　　　（2）11%～20%　　　（3）21%～50%　　　（4）51%～100%

10. 您的情感状况为：

（1）单身　　　　　（2）恋爱　　　　　（3）其他

11. 您每月生活费用（包括可支配零用钱）为：

（1）≤800 元　　　　　　　　　　　（2）800 元<x≤2000 元

（3）2000 元以上　　　　　　　　　（4）不清楚，没算过

12. 您父亲的职业为：

（1）政府机关、党群组织的负责人或中高级官员

（2）企业事业单位的管理人员

（3）专业技术人员或其他专业人士

（4）技术工人

（5）政府或企业事业单位普通员工

（6）个体户

（7）自由职业者（泛指作家、动画师、程序员、配音师等自由工作的脑力劳动者）

（8）务农

（9）其他职业

（10）待业

13. 您母亲的职业是：

（1）政府机关、党群组织的负责人或中高级官员

（2）企业事业单位的管理人员

（3）专业技术人员或其他专业人士

（4）技术工人

（5）政府或企业事业单位普通员工

（6）个体户

（7）自由职业者（泛指作家、动画师、程序员、配音师等自由工作的脑力劳动者）

（8）务农

（9）其他职业

（10）待业

14. 您父亲的文化水平：

（1）初中及以下　　　　　　　　（2）高中/中专/技校

（3）大学本科/大专　　　　　　　（4）硕士及以上

15. 您母亲的文化水平：

（1）初中及以下　　　　　　　　（2）高中/中专/技校

（3）大学本科/大专　　　　　　　（4）硕士及以上

16. 您家家庭成员的健康状况：

（1）很差　　　　（2）较差　　　（3）一般　　　（4）良好

17. 您是否是独生子女：

（1）是　　　　　（2）否

18. 您的家庭月收入大约是：

（1）≤5000 元　　　　　　　　　（2）5000 元<x≤10000 元

（3）10000 元<x≤20000 元　　　　（4）20000 元以上

第二部分　主体调查

1. 您的数学竞赛经验如何？

（1）从未参加过　　　　　　　　（2）参加过，但表现较差

（3）参加过，表现一般　　　　　　（4）参加过，表现较好

（5）参加过，多次获奖

2. 您在学校数学课程中的成绩如何？

（1）较差　　　　（2）一般　　　（3）良好　　　（4）优秀

（5）杰出

3. 您的高级数学课程学习经验如何？

（1）从未学习过　　　　　　　　（2）学习过，但困难重重

（3）学习过，一般　　　　　　　（4）学习过，顺利完成

（5）学习过，取得高分

4. 您在数学研究项目中的经验如何？

（1）从未参与过　　　　　　　　（2）参与过，但经验有限

（3）参与过，有一定经验　　　　　　（4）参与过，积极参与

（5）参与过，取得成就

5. 您在解决实际问题和分析数据方面的经验如何？

（1）从未尝试过　　　　　　　　　　（2）尝试过，但经验有限

（3）有一些经验　　　　　　　　　　（4）较有经验

（5）非常有经验

6. 您的统计学和数据分析经验如何？

（1）从未学习过　　　　　　　　　　（2）学习过，但经验有限

（3）有一定经验　　　　　　　　　　（4）较有经验

（5）高水平经验

7. 您的计算工具使用经验如何？

（1）从未使用过　　　　　　　　　　（2）使用过，但经验有限

（3）有一定经验　　　　　　　　　　（4）较有经验

（5）高水平经验

8. 您是否有数学历史方面的学习经验？

（1）从未学习过　　　　　　　　　　（2）有一定了解

（3）有一些学习经验　　　　　　　　（4）较多学习经验

（5）深入研究过

9. 您的阅读频率：

（1）每天都有时间阅读　　　　　　　（2）大约每周阅读一次

（3）大约每月阅读一次　　　　　　　（4）难得读一次或几个月都不读

10. 您的阅读时长：

（1）每天阅读 1 小时或更长时间　　　（2）每周阅读 1~5 小时

（3）每月阅读少于 1 小时　　　　　　（4）很少或几乎不阅读

11. 您常阅读的阅读类型：

（1）小说或文学作品　　　　　　　　（2）教材或学术文献

（3）新闻或时事杂志　　　　　　　　（4）杂志或期刊

（5）博客或社交媒体

12. 您最常使用的阅读媒介：

（1）纸质书籍　　　（2）电子书　　　（3）网络文章　　　（4）社交媒体

13. 您的阅读主动性：

（1）我主动寻找新的阅读材料并持续学习

（2）我偶尔会读书，但不会特别积极

（3）我只在有课业或任务要求的情况下阅读

（4）我几乎不主动阅读

14. 您的阅读计划完成度：

（1）我总是能按照自己制订的阅读计划完成任务

（2）我有阅读计划，但不总能如期完成

（3）我很少有具体的阅读计划

（4）我没有阅读计划

15. 你认为阅读对你的学术和个人发展有多大影响？

（1）非常有影响　　　　　　　　（2）有一些影响

（3）一点影响都没有　　　　　　（4）不确定

16. 想象一下，您的储蓄账户有 10000 元，利率为每年 1%，通货膨胀率为每年 2%。一年后，您的储蓄账户中的钱发生了怎么样的变化？

（1）比 10000 元多　　　　　　　（2）正好 10000 元

（3）比 10000 元少　　　　　　　（4）这取决于我想要购买的东西的种类

（5）不知道　　　　　　　　　　（6）拒绝作答

17. 假设您将 100 元存入储蓄账户，每年保证利率为 2%。第一年结束时账户中会有多少钱？

（1）102 元　　　（2）120 元　　　（3）不知道　　　（4）拒绝作答

18. 您现在借给同学 500 元，三个月后同学还给您 500 元，假定银行的年贷款利率为 4.35%，他为此支付了多少利息？

（1）5.4375 元　　　（2）21.75 元　　　（3）0 元　　　　　　（4）不知道

19. 假设您在银行里存 1000 元，年利率为 2%，五年末您的账户余额是多少钱？

（1）超过 1100 元　　（2）正好 1100 元　　（3）少于 1100 元　　（4）从既定的信息无法判断

20. 高回报的投资可能是高风险的？

（1）正确　　　　　（2）错误　　　　　（3）不知道　　　　（4）拒绝作答

21. 高通货膨胀意味着生活成本迅速增加？

（1）正确　　　　　（2）错误　　　　　（3）不知道　　　　（4）拒绝作答

22. 通常，可以通过购买各种股票来降低投资股票市场的风险？

（1）正确　　　　　（2）错误　　　　　（3）不知道　　　　（4）拒绝作答

23. 选择 15 年而不是 30 年的抵押贷款可以节省利息成本？

（1）正确　　　　　（2）错误　　　　　（3）不知道　　　　（4）拒绝作答

24. 分散化投资能降低风险吗？

（1）正确　　　　　（2）错误　　　　　（3）不知道　　　　（4）拒绝作答

25. 如果利率下降了，您认为债券的价格将会：

（1）下降　　　　（2）上升　　　　（3）不知道　　　　（4）拒绝作答

26. 银行的营业网点人民币对美元的外汇报价显示为：6.3215 元/美元～6.3220 元/美元。您认为哪个数字指的是美元的买入价？

（1）6.3215　　　（2）6.3220　　　（3）不知道　　　　（4）拒绝作答

27. 考虑到很长一段时间（例如 10 年或 20 年），哪种资产通常会获得最高的回报？

（1）储蓄账户　　（2）债券　　　　（3）股票　　　　（4）不知道

（5）拒绝作答

28. 通常情况下，哪种资产显示出最大的收益波动？

（1）储蓄账户　　（2）债券　　　　（3）股票　　　　（4）不知道

（5）拒绝作答

29. 债券通常比股票更具风险？

（1）是　　　　　（2）不是　　　　（3）不知道　　　　（4）拒绝作答

30. 假设您的朋友今天继承了 10 万元，而他的兄弟将在 3 年之后才继承 10 万元。谁会因为这笔遗产而变得更加有钱？

（1）我的朋友　　（2）朋友的兄弟　（3）不知道　　　　（4）拒绝作答

31. 股票共同基金结合了许多投资者的钱来购买各种股票。

（1）正确　　　　（2）错误　　　　（3）不知道　　　　（4）拒绝回答

32. 如果降低商业银行的存款准备金率，您认为整个经济中的货币量会：

（1）减少　　　　（2）增加　　　　（3）不知道

33. 如果您持有了某公司股票，那么：

（1）无论短期持有，还是长期持有，您实际上都是把钱借给了公司。

（2）无论短期持有，还是长期持有，您实际上都是公司的股东。

（3）长期持有的时候，是公司的股东；短期持有，实际上是把钱借给了公司。

（4）不知道。

34. 普通的医疗保险，免赔额度越高，所要缴纳的保费：

（1）越多　　　　（2）越少　　　　（3）不变　　　　（4）不知道

35. 您知道如何维护个人信用评级吗？

（1）我申请的信用卡越多，我的个人信用评级就越有利。

（2）按时支付当期应付款项。

（3）申请个人信用报告会降低我的信用等级。

（4）不确定。

36. 不良信用记录对个人有何影响？

（1）个人可能会被拒绝获得银行贷款

（2）获批的贷款金额可能偏低，或贷款利息偏高

（3）申请信用卡或现金卡时，个人可能会被拒绝或只批准较低的信用额度

（4）以上所有

（5）不知道

37. 分期付款购买汽车时，总付款额通常会高于一次性付款。

（1）同意　　　　（2）不同意　　　　（3）不确定

38. 您可以在以下哪些机构申请个人信用报告？

（1）对应的银行　　　　　　　　（2）中国人民银行征信中心

（3）户籍登记处　　　　　　　　（4）警察局

（5）不确定

39. 您认为自己对财经知识的掌握程度如何？（1＝非常低；7＝非常高）

1　　　2　　　3　　　4　　　5　　　6　　　7

40. 我倾向于今朝有酒今朝醉而不去考虑明天（1＝完全不同意；5＝完全同意）。

1　　　2　　　3　　　4　　　5

41. 相比存钱而言，我更愿意把这些钱花掉（1＝完全不同意；5＝完全同意）。

1　　　2　　　3　　　4　　　5

42. 我对目前的财务状况感到满意（1＝完全不同意；5＝完全同意）。

1　　　2　　　3　　　4　　　5

43. 在我买东西之前，我仔细考虑一下我是否能负担得起（1＝完全不同意；5＝完全同意）。

1　　　2　　　3　　　4　　　5

44. 我会按时偿还借款（1＝完全不同意；5＝完全同意）。

1　　　2　　　3　　　4　　　5

45. 我会密切关注自己的财务事宜（1＝完全不同意；5＝完全同意）。

1　　　2　　　3　　　4　　　5

46. 我制定了长期财务目标并努力实现这些目标（1＝完全不同意；5＝完全同意）。

1　　　2　　　3　　　4　　　5

47. 我通常能根据自身的情况和外部环境变化制定下一步的行动方案（1＝完全不同意；5＝完全同意）。

1　　　2　　　3　　　4　　　5

48. 我有勇气面对自己曾经犯过的错误（1＝完全不同意；5＝完全同意）。
1　　　　2　　　　3　　　　4　　　　5

49. 我会为自己的行为负责（1＝完全不同意；5＝完全同意）。
1　　　　2　　　　3　　　　4　　　　5

50. 我知道自己应该和什么人交朋友（1＝完全不同意；5＝完全同意）。
1　　　　2　　　　3　　　　4　　　　5

51. 我通常会把自己的事情做得井井有条（1＝完全不同意；5＝完全同意）。
1　　　　2　　　　3　　　　4　　　　5

52. 离开父母后，我能照顾自己的生活（1＝完全不同意；5＝完全同意）。
1　　　　2　　　　3　　　　4　　　　5

53. 我的内心非常强大（1＝完全不同意；5＝完全同意）。
1　　　　2　　　　3　　　　4　　　　5

54. 我的独立生活能力强（1＝完全不同意；5＝完全同意）。
1　　　　2　　　　3　　　　4　　　　5

55. 我会对我说出的话负责（1＝完全不同意；5＝完全同意）。
1　　　　2　　　　3　　　　4　　　　5

56. 我借用了他人的东西，我都会如期归还（1＝完全不同意；5＝完全同意）。
1　　　　2　　　　3　　　　4　　　　5

57. 我会尽最大努力履行我对他人的承诺（1＝完全不同意；5＝完全同意）。
1　　　　2　　　　3　　　　4　　　　5

58. 我认识的人都很信任我（1＝完全不同意；5＝完全同意）。
1　　　　2　　　　3　　　　4　　　　5

59. 他人交办我的事，我都能按时保质完成（1＝完全不同意；5＝完全同意）。
1　　　　2　　　　3　　　　4　　　　5

60. 周围的人都认为我非常诚实（1＝完全不同意；5＝完全同意）。
1　　　　2　　　　3　　　　4　　　　5

61. 您多久筹划一次您未来更高学历的教育？（1＝从不；5＝经常）。
1　　　　2　　　　3　　　　4　　　　5

62. 您多久筹划一次您未来的工作？（1＝从不；5＝经常）。
1　　　　2　　　　3　　　　4　　　　5

63. 您多久筹划一次您未来的家庭？（1＝从不；5＝经常）。
1　　　　2　　　　3　　　　4　　　　5

64. 您大学毕业后实现更高学历教育计划的决心有多大？（1＝决心没有；5＝决心很大）。

1　　　　2　　　　3　　　　4　　　　5

65. 您大学毕业后实现未来工作计划的决心有多大？（1＝决心没有；5＝决心很大）。

1　　　　2　　　　3　　　　4　　　　5

66. 您大学毕业后实现未来家庭计划的决心有多大？（1＝决心没有；5＝决心很大）。

1　　　　2　　　　3　　　　4　　　　5

67. 我经常不能集中精神思考一个问题（1＝完全不同意；5＝完全同意）。

1　　　　2　　　　3　　　　4　　　　5

68. 我尽量避免需要深入思考某些内容的情况（1＝完全不同意；5＝完全同意）。

1　　　　2　　　　3　　　　4　　　　5

69. 苦苦思索很长时间，使我几乎没有满足感（1＝完全不同意；5＝完全同意）。

1　　　　2　　　　3　　　　4　　　　5

70. 我能实现自己设定的大多数目标（1＝完全不同意；5＝完全同意）。

1　　　　2　　　　3　　　　4　　　　5

71. 面对艰巨的任务时，我相信自己会完成的（1＝完全不同意；5＝完全同意）。

1　　　　2　　　　3　　　　4　　　　5

72. 我相信，只要我有决心，做任何事情都可以成功（1＝完全不同意；5＝完全同意）。

1　　　　2　　　　3　　　　4　　　　5

73. 我将能够成功克服许多挑战（1＝完全不同意；5＝完全同意）。

1　　　　2　　　　3　　　　4　　　　5

74. 总的来说，我认为我可以获得对我很重要的结果（1＝完全不同意；5＝完全同意）。

1　　　　2　　　　3　　　　4　　　　5

75. 我一直尝试吃健康的食物，因为从长远来看，它会有所回报（1＝完全不同意；5＝完全同意）。

1　　　　2　　　　3　　　　4　　　　5

76. 多年以来，我试图用我的行为影响周围的人（1＝完全不同意；5＝完全同意）。

1　　　　2　　　　3　　　　4　　　　5

77. 我试图明智地花钱（1＝完全不同意；5＝完全同意）。

1   2   3   4   5

78. 我一直觉得自己的辛勤工作最终会得到回报（1＝完全不同意；5＝完全同意）。

1   2   3   4   5

79. 为了达成目标，我放弃了身体上的愉悦或舒适（1＝完全不同意；5＝完全同意）。

1   2   3   4   5